教育部人文社会科学重点研究基地（华东师范大学俄罗斯研究中心）重大项目"俄罗斯经济外交与新时期的中俄合作"的研究成果（2009JJD810006）

俄罗斯经济外交与中俄合作模式

田春生 主编

ELUOSI JINGJI WAIJIAO YU ZHONGE HEZUO MOSHI

中国社会科学出版社

图书在版编目(CIP)数据

俄罗斯经济外交与中俄合作模式/田春生主编. —北京：中国社会科学出版社，2015.9
ISBN 978 - 7 - 5161 - 6888 - 2

Ⅰ.①俄… Ⅱ.①田… Ⅲ.①对外经济关系—研究—俄罗斯②国际合作—经济合作—研究—中国、俄罗斯 Ⅳ.①F151.25②F125.551.2

中国版本图书馆CIP数据核字(2015)第213724号

出版人	赵剑英
选题策划	刘 艳
责任编辑	刘 艳
责任校对	陈 晨
责任印制	戴 宽

出　版	中国社会科学出版社
社　址	北京鼓楼西大街甲158号
邮　编	100720
网　址	http://www.csspw.cn
发行部	010 - 84083685
门市部	010 - 84029450
经　销	新华书店及其他书店
印刷装订	三河市君旺印务有限公司
版　次	2015年9月第1版
印　次	2015年9月第1次印刷
开　本	710×1000　1/16
印　张	26.5
插　页	2
字　数	468千字
定　价	98.00元

凡购买中国社会科学出版社图书，如有质量问题请与本社营销中心联系调换
电话：010 - 84083683
版权所有　侵权必究

目　录

绪论　新时期的俄罗斯经济外交：国内外的研究与本专著的视角 ……（1）

第一篇　当代俄罗斯经济外交的涵盖、理论与战略

第一章　俄罗斯经济外交的理论与学术诠释 ………………………（31）
第一节　关于"经济外交"的文献研究 ……………………………（31）
第二节　俄罗斯经济外交的学术诠释 ……………………………（38）
第三节　俄罗斯当代经济外交的核心：经济利益因素 …………（47）

第二章　新时期俄罗斯经济外交的战略定位 ………………………（54）
第一节　俄罗斯面对全球秩序的大变革 …………………………（54）
第二节　俄罗斯期望重新崛起的强国梦 …………………………（60）
第三节　俄罗斯经济外交的战略思想 ……………………………（68）
第四节　俄罗斯经济外交指向的特点 ……………………………（75）
第五节　俄罗斯经济外交的实施原则 ……………………………（84）

第三章　俄罗斯推行经济外交的力量支柱 …………………………（88）
第一节　俄罗斯的地缘区位优势 …………………………………（90）
第二节　俄罗斯的资源禀赋优势 …………………………………（91）
第三节　俄罗斯的军工遗产优势 …………………………………（94）
第四节　俄罗斯的经济增长潜力 …………………………………（96）
第五节　俄罗斯的制度模式因素 …………………………………（99）
第六节　本章小节 …………………………………………………（102）

第二篇　俄罗斯在国际经济关系领域的经济外交

第四章　俄罗斯在贸易领域的外交活动 …………………………（107）
 第一节　俄罗斯经济外交的贸易促进功能 ………………………（107）
 第二节　俄罗斯贸易外交的主要方式与做法 ……………………（112）
 第三节　贸易摩擦与外交交涉 ……………………………………（119）

第五章　俄罗斯在金融领域的外交活动 …………………………（126）
 第一节　俄罗斯对国际金融体系的改革设想与外交活动 ………（126）
 第二节　俄罗斯推进卢布国际化的举措与外交活动 ……………（130）
 第三节　俄罗斯推进卢布区的构想——卢布成为独联体国家的
    储备货币与中俄贸易本币结算 ……………………………（136）
 第四节　俄罗斯围绕债务问题展开的外交活动 …………………（144）

第六章　俄罗斯的能源外交 ………………………………………（153）
 第一节　俄罗斯能源外交战略的形成与发展 ……………………（155）
 第二节　新时期俄罗斯能源外交的主要特点 ……………………（160）
 第三节　俄罗斯对不同对象国能源外交策略 ……………………（170）
 第四节　俄罗斯能源外交的意义与基本趋势 ……………………（174）

第七章　俄罗斯的军售外交 ………………………………………（180）
 第一节　苏联时期的军工与军事技术遗产 ………………………（180）
 第二节　新时期俄罗斯军售外交的目的与市场 …………………（184）
 第三节　新时期俄罗斯军售外交的发展与特点 …………………（189）
 第四节　俄罗斯的军事外交是军售的主要手段 …………………（195）

第三篇　俄罗斯与国际组织的经济外交

第八章　俄罗斯对独联体的经济外交活动 ………………………（201）
 第一节　俄罗斯对独联体的经济一体化外交 ……………………（202）
 第二节　俄罗斯推动独联体次区域经济一体化的经济外交 ……（212）

第三节 欧亚经济一体化的前景:欧亚经济联盟 ………… (222)

第九章 俄罗斯融入国际经济性组织的经济外交活动 ………… (226)
第一节 俄罗斯对国际货币基金组织的外交活动 ………… (228)
第二节 俄罗斯对世界银行及相关机构的外交活动 ………… (235)
第三节 俄罗斯加入世界贸易组织的外交努力 ………… (241)
附录:俄罗斯18年入世历程——一波三折的马拉松谈判 ………… (253)

第十章 俄罗斯参与国际集团性组织的经济外交活动 ………… (255)
第一节 俄罗斯对八国集团(G8)的经济外交活动 ………… (255)
第二节 俄罗斯与20国集团(G20)的经济外交 ………… (261)

第十一章 俄罗斯参加国际合作性组织的经济外交活动 ………… (267)
第一节 俄罗斯与上海合作组织的关系 ………… (267)
第二节 俄罗斯对上海合作组织的经济利益诉求 ………… (273)
第三节 "俄罗斯因素"在上合组织中的作用 ………… (278)
第四节 俄罗斯与金砖国家的经济外交活动 ………… (282)

第四篇 俄罗斯国际交往中的经济外交

第十二章 俄罗斯对美、欧、日的经济外交活动 ………… (295)
第一节 俄罗斯对美国的经济外交活动 ………… (295)
第二节 俄罗斯对欧盟的经济外交活动 ………… (301)
第三节 俄罗斯对日本的经济外交活动 ………… (310)

第十三章 俄罗斯经济外交活动的次优领域 ………… (318)
第一节 俄罗斯在投资领域的经济外交 ………… (318)
第二节 俄罗斯与国际官方发展援助 ………… (325)
第三节 俄罗斯经济外交中的经济制裁 ………… (331)

第五篇　经济外交推动下的中俄合作模式

第十四章　经济外交努力下的中俄合作：模式与机制 …………（339）
  第一节　经济外交下的中俄经济贸易合作历程 …………（339）
  第二节　经济外交努力下的中俄经贸合作条约 …………（342）
  第三节　经济外交努力下的中俄经济合作原则 …………（346）
  第四节　经济外交努力下的中俄经济合作机制 …………（351）
  第五节　经济外交推动下的中俄经济合作效果 …………（357）

第十五章　经济外交视阈下的中俄经济关系 ………………（367）
  第一节　中俄经贸合作中的问题与矛盾 …………………（367）
  第二节　经济利益视角下的中俄合作关系：比较利益的抉择 ……（375）
  第三节　经济外交视阈下的中俄博弈：合作与竞争 …………（384）
  第四节　经济外交战略下的中俄关系：路径与前景 …………（392）
  第五节　本篇小节 ……………………………………（402）

结束语：对中国经济外交的延伸思考 ……………………（404）

主要参考文献 ………………………………………（406）

附录 ………………………………………………（417）

后记 ………………………………………………（418）

绪论　新时期的俄罗斯经济外交：国内外的研究与本专著的视角

经济外交就其本质特性与功能作用而言，是世界大国实现其国家战略的主要手段之一，也是各国发挥其在国际舞台上作用的重要工具。由于各个国家在不同时期具有不同的国际政治经济与国家利益诉求，一些国家特别重视经济外交的运用，而另一些国家则较少运用这一工具。但是在当前时期，世界各个大国都逐渐重视经济外交的功能与作用。

在国际政治和国际经济关系中，俄罗斯是能够充分运用经济外交实现其国家战略的一个重要国家，俄罗斯是能够展现其"经济外交"的能量，将其外交功能与经济手段结合起来的国家之一。这是因为，历史上，苏联就是一个非常重视国家对外战略和外交政策的国家，也是少数能够运用经济外交实现其对外战略的国家。转型后，俄罗斯再次将经济外交作为其实现国家崛起的战略手段之一，并取得了一定的效果。新俄罗斯时期，从国际背景看，冷战终结和全球化时代的开启，使经济实力对国际事务的影响力大大提升，运用经济手段达到国家的政治目的与战略构想成为一个国家外交决策的决定性因素，而经济状况制约着每一个国家在不同时期的外交行为，并在一国的对外政策调整中得到反映。在全球一体化条件下，作为经济外交指导原则的俄罗斯对外政策几经调整，俄罗斯经济外交在指导思想和基本原则、经济外交的地位与作用、主要任务及其职能等方面也随之相应发生根本的变化。就其国内因素而言，苏联解体和俄罗斯经济社会的转型，俄罗斯从经济接近崩溃到逐步复苏，俄罗斯国内综合实力的下降和对国际地位的提升诉求，必然导致俄罗斯国家战略及其发展任务的转变，这些因素都使俄罗斯更加重视经济外交。

一 本研究的主要目的与现实意义

冷战终结至今,全球国际政治关系和世界经济秩序发生了巨大变化。这种变化的一个明显特点就是,经济实力对于国际关系的影响从来没有像今天这样如此广泛、如此深刻,"经济的确越来越成为当今国际关系中最重要的关键因素"[①]。这表现在,各国都把发展经济与国家崛起作为基本国策和对外政策的方针;将加快以经济贸易合作为主导的双边和多边外交,作为国际合作的重要议题;地区性或全球性的经济组织与联盟得到迅速发展,以经济为指向的"联盟化"和"区域化"或将成为一种国际趋势;以贸易、投资与金融领域的国际经济关系为纽带,全球市场的相互依赖与相互依存日益加深;一些国际性的经济组织,诸如WTO、IMF和世界银行在全球发展中的作用不断增强;各类区域性、集团性和专门性的经济组织以峰会、论坛和会晤等形式不断涌现。与此同时,意识形态和军事力量在全球格局中的影响力相对减弱,经济因素在国际事务中的力量更显增强,即"经济权力已经取代军事权力成为国家权力的首要源泉"[②]。

这表明,经济因素与经济实力在当代国际关系中的分量越来越重。如果说国际关系的主要内容在冷战时期主要表现为美苏两个超级大国搞集团政治争夺世界霸权,那么在冷战结束后,经济全球化是影响国际关系的一个主要因素,国际竞争的核心更多地表现为以经济实力为基础的综合国力的竞争。

在冷战终结和全球化时代下,第一,经济利益逐渐成为各国的首要选择,经济实力成为决定一国国际地位的重要因素。随着经济全球化和区域经济一体化的深入发展,经济实力已经不只表明一个国家经济的强弱,而且经济因素对于一国对外政策和外交行为的重要影响是:经济利益是国家对外政策目标的核心,是国家利益的最基本的物质内容;经济利益的矛盾与经济实力的差异,是导致国际政治对抗与国家冲突的一个内在根源,经济方式是国际关系中实现国家政治目的的一个常用的手段。总之,当前经

---

① 《在亚太经济合作组织领导人非正式会议上江泽民主席发表讲话》,载《人民日报》1994年11月6日。

② [美]威廉·内斯特:《国际关系——21世纪的政治与经济》,姚远、王恒译,北京大学出版社2005年版,第103页。

济因素在国际关系中逐渐成为基础性的、起决定作用的因素。

第二，各国对经济利益的角逐与竞争，在一定程度上促进了经济与外交日益紧密的联系。冷战后，国际政治经济学关注的一个视角就是，如何寻求政治与经济、国内与国际的关联性与互动性。俄罗斯外交学院教授谢季宁（В. Д. Щетинин）强调经济外交的经济与政治的融合性，认为经济外交是经济与政治的融合，这种融合达到了涉及制定和实施管理决策的水平，借助于这些决策使当代世界的合作与竞争得以实现，使市场经济发展和完善的形式与方法得以确立，并最终使市场经济成为那些涉及经济和社会进步的关键问题得以解决的重要因素。① 在我国，也有一些学者从经济与政治之间关系的角度论证经济外交问题。

第三，在经济全球化下经济的涉外性大大提高，使经济外交的基本要素相互联系并互为影响，经济问题的涉外性和外交问题的经济性都有了明显的提高。我们看到，在国内外关于经济外交的相关著述中，对于经济外交实践的论述更多地集中在国际贸易、国际金融、国际投资、区域经济一体化、经济同盟和国际经济组织等方面。可以看出，一些原本泾渭分明的领域出现了相互交融的趋势。印度学者基尚·拉纳在论述经济与外交时说到，建立贸易和经济关系，早期曾被视为最好留给商务部长和其他部门的专家的次要活动，而现在已成为外交的中心，富国与发展中国家一样认为，动员外国直接投资（FDI）和促进出口是在国外推进利益的精髓，因此经济是当代"综合外交"的一个重要组成，是总体外交的主要内容。总之，经济已经融入外交。②

因此，为国家政治目的和经济利益服务，已经成为当前经济外交活动的主要功能。俄罗斯学者在对经济外交概念进行解释时，强调"保护经济的外交"、"服务于经济的外交"、"利用经济的外交"和"新经济外交"这样的一些概念。③ 从经济外交的研究范畴中也可以看出，经济外交

---

① [俄] В. 谢季宁：《经济外交》，莫斯科，国际关系出版社2001年版，第15页，转引自李中海《俄罗斯经济外交的理论与实践》，博士学位论文，中国社会科学院研究生院，2010年，第23页。

② [印度] 基尚·拉纳：《双边外交》，罗松涛、邱敬译，北京大学出版社2005年版，第55—56页。

③ 《Экономическая дипломатия》, ПРОГРАММА ДИСЦИПЛИНЫ. ГОСУДАРСТВЕННЫЙ ИНСТИТУТ МЕЖДУНАРОДНЫХ ОТНОШЕНИЙ（Университет）МИД РОССИЙСКОЙ ФЕДЕРАЦИИ, 2004.

包括外交学中内含的经济外交的传统范畴，主要集中在国际经济援助、经济制裁与经济合作等一些领域。其中，经济制裁在经济外交中仍然被运用，而经济制裁是冷战思维的结果，有的学者因此对经济外交这样解释，"经济外交的大多数研究成果都集中在负面经济外交方面，即经济制裁"，负面经济外交定义的两个边界：一是民族国家作为行为主体和客体，排斥了任何由私人和非政府发动的经济制裁；二是作为外交工具，既包含了有限影响目标国各项政策的经济制裁，如人权争议、恐怖主义威胁或核不扩散承诺等，也包含了破坏目标国政府的政治稳定或阻止其对外实行军事冒险行动的经济制裁。[①] 冷战结束后，以传统方式实现的经济外交，已经难以满足和准确反映现时代特点。而现当代，经济外交的研究范畴和立足点基本上不再基于冷战思维，而是以自己的国家利益、国际关系作为出发点，因而国际经济关系体系所包括的基本内容，如国际贸易、国际金融、国际投资和跨国公司等，在一定程度上成为经济外交的主要实践范畴。因此，以经济全球化和金融贸易自由化为主要形式的贸易外交、投资外交、金融外交、能源外交、市场外交、商业外交、环境外交等新的经济外交概念内容相继问世。这在一定程度上能够构成经济外交的体系化，从而反映经济外交在理论与实践上的统一。

自21世纪以来，国际秩序与全球治理都进入了一个新的时期。这个时期的特点就是：经济全球一体化提升了经济实力对国际政治的影响。一方面，随着美苏两大集团的对立终结，国家经济交往真正具有了世界性。经济全球化、一体化、区域化和"联盟化"不断加深，国家间的相互依赖更加紧密，经济联系日益广泛和复杂；另一方面，国际竞争更加激烈，国家间的经济矛盾随之增加，各国的经济利益博弈表面化，经济外交的必要性和重要性随之上升。这一时期的经济外交逐渐超越传统的外交框架，经济外交的发展与国际政治和世界经济的变化趋势相辅相成。

因此，经济外交在国际关系中得到重视与运用，主要表现为：

首先，经济外交涉及内政与外交等多个方面，经济外交的主体越来越

[①] 张曙光：《中国经济外交战略考察》，载《文汇报》2012年8月20日。作者对负面经济外交的认识，乃是基于2001年由美国斯坦福大学和威尔逊国际学术中心联合出版的专著"Economic Cold War"（《经济冷战》）中对于"经济外交战略"的定义，即一国、多国或国际组织作为发起者为了实现国际政治和国际安全的目的——而非经济或国内政治目的——对目标国家使用经济武器的战略设计与外交实施的整合，而"经济冷战"应该认为是冷战思维的结果。

具有多元性。俄罗斯学者认为，"在新千年的世界舞台上，国际关系的可持续发展、国际关系的特点、内政与外交之间的关系都呈现出了许多纷繁复杂的变化，这些变化不仅使职业外交官而且使各国学者对外交问题特别是峰会、多边外交、非政府外交等外交模式的关注度陡然提升"。[①] 由于现代经济的多样性和复杂性，经济外交的主体也显现出多元性特点。在经济外交主体方面，除了政府和外交部等国家机构外，国家的许多经济性机构也登上国际舞台，诸如银行、电信、工农业和交通等部门，此外还包括区域性和一体化组织、各种国际性的峰会和论坛、各类国家与地区集团、非政府组织和行业协会以及各类经济的甚至非经济的组织。它们在经济外交领域的活动获得了更大的空间。在解决诸如制定国际经济规则，缓解货币、债务和金融危机，协调与克服关税壁垒，保证国际金融和经济体系的稳定等方面的作用已经不可或缺。

其次，经济外交从双边向周边和多边外交展开，通过外交领域实施的协商、对话、会晤、论坛、峰会等更加频繁。经济合作以国际性与地区性、双边与多边、经济一体化和集团化为主要形式而不断得到发展。这些形式大致包括以下几种类型：（1）举行定期与周期性的会晤，如八国集团（2014年5月俄罗斯被制裁后暂为"七国集团"）、20国集团、金砖国家首脑会晤等。（2）利用各种国际组织进行外交活动，如世贸组织、国际货币基金组织、世界银行、各种发展银行、各种专门性的组织如联合国粮农组织等。（3）服务和执行机构，如联合国原子能机构、国际清算银行等。还有许多经济组织与集团，如发展中国家的77国集团、新兴市场经济的"金砖国家会晤机制"、上海合作组织、欧亚经济共同体，等等。这些国际性的经济组织作为经济外交的实现途径与对话机制，通过举办国际经济会议、进行多边会谈、提供贷款与援助等方式，发挥着单一国家机构所不能发挥的作用。

最后，经济外交的内容与层面更加宽泛，手段与形式越来越多样化。现代经济外交的内容除了传统的促进出口和推动贸易发展，实施经济援助或制裁，如封锁、禁运、取消计划项目、撕毁合同、逼债或冻结资金等方式之外，还包括了国际经济关系领域的各个层面，诸如贸易外交、金融外

---

① Зонова Т. В., Дипломатия: наука и искусство, Дипломатический вестник. №10. С. 47-50, 2000.

交、能源外交等；经济外交的手段也灵活务实，例如利用国际会议、论坛、访问和会晤等机会实施经济外交，体现"首脑外交"、"夫人外交"的作用，[①] 以及采取提供经济利益比如开放市场准入、优惠关税、开展经济合作、实施经济政策协调等现代方式。

一方面，在当今国际关系中，经济外交的地位和作用日益突出，经济外交的作用不断提升。利用外交手段实现经济目的和为经济服务，已经成为更多国家为其发展所采取的重要方式，目前美国等发达国家则更为关注。这为经济外交的理论研究与学术拓展，提供了历史的机遇和现实的条件。另一方面，迄今为止，因国内外关于经济外交的概念尚无确切而公认的定义，这使得各国对于经济外交的学术研究尚显不足，各国越来越重视经济外交的实践，这就需要学术界对经济外交的实践与行为进行理论诠释。

近年来，俄罗斯国家的"经济外交"作用不断提升，并对中俄合作产生了影响。一方面，在中国，经济外交已成为我国外交和对外政策的重要组成与实现手段。研究俄罗斯在经济外交领域的理论与实践，能够为我国更好地以对外政策服务于国家经济发展提供借鉴。另一方面，中俄关系与合作水平都取得了很大的发展。但是，两国合作中的问题仍然需要从经济外交的视角加以研究。通过分析俄罗斯的经济外交，能够更好地把握俄罗斯国家对外政策与战略，这对于提升中俄合作的整体水平，提高中俄经济的合作质量，都具有十分重要的理论与现实意义。

二　关于经济外交研究的理论述评

早期，尽管经济外交是外交史中的偶然现象古已有之，但是在国际经济关系中更多用作外交手段以达到国家政治目的，却是近代以来的现象。对于经济外交的学术研究，学术界普遍认为始于第二次世界大战之后的日本，因为"经济外交"的概念，首次见于日本政府1957年发表的《外交蓝皮书》。日本学者将其定义为："在对外政策中，为实现某国的经济利益而由该国政府尽可能地动员本国的资源来推行的对外交涉的一种方

---

① Зонова Т. В., *Современная модель дипломатии: истоки становления и перспективы развития.*, М.: РОССПЭН, С. 172. 2003.

式","有关贸易、资本、金融、服务等的市场开放,伴随经济摩擦的出口限制,以及经济制裁、经济援助等的日本政府的诸政策"。① 20世纪50年代至60年代,日本采取了"振兴出口,开拓海外市场"、"加强产业的国际竞争力,扩大出口"的政策。20世纪70年代,日本进一步坚持实行这些政策并明确提出,日本应"从扩大自由贸易的立场,与保护主义作斗争";20世纪80年代后,日本"进一步开放市场",提出"把开放的市场提供给世界,从国际贡献的角度讲是必要的",并实行了结构改革和规制缓和等政策。② 日本学者根据本国的外交实践,率先对经济外交进行了广泛的探讨和研究。

尽管一些国家在经济外交中取得进展,但在国内外学术界和政府方面看来,对于经济外交的意义和必要性仍然存在各种不同的观点。

(一) 美国研究机构对于经济外交的论点

对于美欧国家经济外交的理论与实践,在一些学者看来,以往关于经济外交的研究中,美国和欧洲关于经济外交的理论研究和著述并不多见,学术界对于美欧经济外交实践分析也显不足。但就战后美国成为全球经济和政治大国的现实而言,美国不能不说是一个运用经济外交的成功国家之一。早在第二次世界大战结束之际,美国的经济外交活动就已十分活跃,美国运用外交手段将国际经济组织〔国际货币基金组织、世界银行和国际贸易组织(其前身为关税与贸易总协定,即GATT)〕全部掌控其中。例如,布雷顿森林体系的建立、"马歇尔计划"的制定和实施、世界银行和国际货币基金组织的建立等,均离不开其经济外交手段。只是在当时的国际背景下,由于美国的这些行动在更大程度上带有战后世界秩序重建和争夺国际势力范围的政治色彩,一些人将之命名为"美元外交",因而未采用经济外交概念加以解释。但是,我们从经济外交的基本内涵来看,美国在二战结束前后的经济外交活动为其确立世界大国地位起到了重要而关键的作用。

自2011年以来,一个值得关注的趋势是,美欧国家也开始关注经济外交,以美国前国务卿希拉里·克林顿的讲话为标志。希拉里·克林顿是

---

① 金熙德:《日美基轴和经济外交》,中国社会科学出版社1998年版,第30页。
② 参见〔日〕小原雅博:《日本走向何方》,加藤嘉一译,中信出版社2009年版。

美国第一位明确提出经济外交概念的官员。她在2011年提出，美国的外交政策导向应进一步向经济方面倾斜。她说，美国目前所面临的最大挑战"并不是军事上的敌人"，而是如何在当今的经济条件下加强自身的全球领导地位。希拉里认为，目前的世界形势受诸多因素影响，国家安全不仅凭借军事力量，更要依靠强大的经济实力。因此，经济因素在各国制定外交政策时所占的比重近年来显著加大。[①] 而导致美欧国家提升对经济外交的重视，也是因为新兴经济体国家的崛起。希拉里·克林顿进一步解释说，很多新兴经济体如印度和巴西，都将经济作为其外交政策的核心。它们在处理国际和国内问题时都首先会问：这对我们的经济增长有什么影响？我们同样也应该问自己这个问题。[②] 因此她认为，美国不仅要在亚洲展现强大的军事和外交实力，还应发挥巨大的经济影响力，并将这一影响力持续下去。

美国研究机构的学者对于俄罗斯经济外交的分析认为，俄罗斯经济外交第一也是最为重要的目标就是：俄罗斯试图通过经济外交手段，夺回苏联时期失去的俄罗斯的势力范围，在被苏联国家称为"卫星国"或者被俄罗斯称为"近邻国家"的地区扩大其影响力。第二，使俄罗斯实现经济多元化，不再依赖石油、天然气出口并保持经济繁荣。而履行俄罗斯经济外交职能的机构主要为俄罗斯外交部，其职能是处理国家的外部事务；俄罗斯工业与贸易部，其职能是起草国家政策和制定工业的法律条款；俄罗斯经济发展部的职能则是制定国家发展政策，并提出社会经济和商业发展的国家分析预测方面的发展政策。第三，俄罗斯试图成为世界上的领导国之一。美国的研究报告认为，俄罗斯的经济外交缺乏战略调整，主要目的是应对政治意愿与改变商业利益。俄罗斯将经济外交看作恢复苏联国家影响力并成为世界领导者之一，重新成为世界主要领导国，成为WTO的一部分和另一个集团的重要国家的手段。[③] 美国的经济外交研究者更加强调经济外交的战略，将俄罗斯经济外交的策略认定为以下几个主要方面：

---

① 新华社记者牛海荣等纽约报道：《希拉里称美国外交政策应进一步向经济倾斜》，中新网2011年10月15日。http://www.chinanews.com/gj/2011/10-15/3390764.shtml.

② 同上。

③ The Columbia University School of International and Public Affairs, p. 119. "Exploring Public and Economic Diplomacy", p. 11. School of International and Public Affairs, Columbia University Capstone Project Final, Report-Spring 2012.

(1) 强制性的经济外交技术；(2) 保护石油和天然气市场；(3) 吸引投资进入俄罗斯；(4) 发展高新技术产业。

(二) 苏俄研究者对于经济外交研究的观点

俄罗斯经济外交的研究者认为，历史上，外交在苏俄的对外经济关系中曾经发挥了重要作用。[①] 一些分析认为，在俄罗斯，迄今为止，关于"外交"概念的基础性定义是在20世纪20年代形成的。在俄罗斯外交部的官方网站中这一定义并不存在，国内外的国际关系理论研究者通常试图规避或者绕开对于外交概念的具体解释，所以经济外交的概念目前在俄罗斯不具有获得共识的科学定义。[②] 因此，在俄罗斯学者论述"经济外交"问题时，往往首先将其理解的"经济外交"进行阐述。从俄罗斯理论学术界关于经济外交的理论研究来看，无论是在苏联时期还是在新俄罗斯时代，更多的学者侧重于从外交学或国际关系学的角度，展开对经济外交的研究。

例如，对谢季宁教授的论点，尽管有的学者认为他的关于现代经济外交的研究不是很充分，但是其研究在俄国学术界仍然得到了肯定。谢季宁是俄罗斯外交研究领域中对于现代经济外交研究得较为系统的学者之一。他对经济外交的定义是：经济外交是经济与政治的融合，这种融合达到了涉及制定和实施管理决策的水平，借助这些决策使当代世界的合作与竞争得以实现，使市场经济发展和完善的形式与方法得以确立，并最终使市场经济成为那些涉及经济和社会进步的关键性问题得以解决的主要手段。对于谢季宁教授的这一定义，俄罗斯的一些专家这样评价，认为它是俄罗斯现代经济外交定义的成就，经济外交是国际关系与外交领域内容所有的融合，其中包括经济、社会、法律、军事、情报，以及对国际政治经济和海外资产实施以国家经济为目的的一种管理机制。

苏联是世界上运用外交手段实现其国家战略和利益的国家之一。二战结束后，由苏联主导建立的经互会是苏联经济外交的主战场，苏联在建立

---

① Щетинин В. Д., *Экономическая дипломатия. Дипломат. акад. МИД России.* М.: Междунар. Отношения, С. 15. 2001.

② Савойский Александр Геннадьевич, "Экономическая дипломатия как средство внешней политики", 2009. http://www.dissercat.com/content/ekonomicheskaya–diplomatiya–kak–sredstvo–vneshnei–politiki.

经济联盟对抗西方的封锁的同时,还利用各种途径发展同亚非拉的经济关系,扩大其在全球的影响。与此同时,苏联也并不排除同西方国家展开经济外交,为苏联国家利益服务。苏联是世界上为数不多的一个拥有能够充分施展其经济外交的能力和巨大潜力的国家,其外交能力和潜力又得益于它的外交的继承性,"继承性可以界定为对外政策以及该国外交风格和方法产生长远影响,在不断变化的国内政治和国际形势下以某种形式保存下来的内部和外部因素的总和"[1]。它是任何一个国家对外政策与外交的重要方面。苏联学者对于经济外交进行过深入研究,具有厚重的理论积淀和深厚的学术底蕴。正如一些学者所指出的,昔日的苏联之所以能够成为一个超级大国,靠的不仅仅是庞大的军事力量,还有苏联学者对国际关系理论以及现实问题的深邃思考与研究。[2] 尽管在苏联时期,以"经济外交"为题的专著并不多见,其中关于经济外交本身的论述也很有限,但是在国际关系理论和外交学理论研究方面,苏联在当时还是体现出了较高的学术水平。

21世纪以来,俄罗斯推行经济外交的思想得以体现,经济外交手段与行为对增加其国家影响力发挥了重要的作用,并且对中俄合作产生了重要的影响。普京主政后,其对外政策和国家战略日益清晰,并贯穿于俄罗斯对外战略的调整、完善与实施的过程之中,俄罗斯政府重视并推行经济外交,以为其实现国家崛起之战略服务。普京曾提出,俄罗斯经济外交所体现的为实现国家崛起的战略性,根基于俄罗斯国家利益与实现发展战略的迫切性和必要性。在俄罗斯前任外交部长伊·伊万诺夫《俄罗斯新外交:对外政策十年》一书中,他详尽阐述了俄罗斯对外政策的新构想和外交新视野。转型以后,俄罗斯外交的新视野包含什么内容呢?他认为,在俄罗斯对外政策中,"经济外交"的作用在不断提高,经济因素对国家的对外政策以及全球性和地区性国际关系的发展,发挥着越来越大的作用。这指的是,越来越广泛和积极地利用对外政策和外交手段去促进完成这样一些任务,如保证经济的持续稳定增长,使俄罗斯与世界经济联系体制全面接轨,其中包括使国家参与世界经济组织,帮助俄罗斯企业家走向

---

[1] [俄]伊·伊万诺夫:《俄罗斯新外交:对外政策十年》,陈凤翔等译,当代世界出版社2002年版,第12页。

[2] 徐向梅:《当代俄罗斯经济外交研究》,博士学位论文,外交学院,2008年,第6页。

国际市场，保证他们与国外伙伴进行平等和不受歧视的贸易往来，为吸引外资和调节外债问题创造有利条件。① 这说明，俄罗斯对拓展经济外交的重要意义认识得越来越深入。

俄罗斯经济外交在国家战略层面体现出经济外交为实现国家发展战略和服务于国家整体利益的内涵。"国家利益主导"不仅是俄罗斯国家战略的出发点，而且它在俄罗斯经济外交活动与实践中得以实施。俄罗斯经济外交的基本特点体现为，经济外交的经济性作用增强并突出为国内经济服务的目的。"其核心目标是维护和拓展国家利益，取得具体的商业成果。"② 以经济手段开展的维护国家安全、发展和长远利益的外交活动，也包括以经济利益为目的的其他类型的外交活动。有的学者提出，经济外交是国家在国际层面推行经济利益的外交努力。③ 因此，经济外交是通过外交活动在全球实现国家经济利益。俄罗斯经济外交活动，主要包括两个方面：（1）以维护和实现国家利益为目的，运用经济手段展开的外交活动；（2）"通过外交手段实现经济目的"，为维护和实现国家经济目的开展的各种外交活动。

正是由于俄罗斯经济外交服务于国家发展战略与国家利益，俄罗斯外交官员将经济外交视为国家对外政策的一个重要部分。这一观点以俄罗斯外交部长С.拉夫罗夫为代表。持同一看法的学者认为，在全球化和国际竞争加剧的条件下，经济外交具有了一些新的特点，主要体现在经济外交的内容、形式与工具上。政治（包括国际政治）被大大经济化，而经济则更带有政治化条件。对外经济政策领域的外交活动，已经越来越具有国家间经济调节的功能。这些优先位置孕育了一种特殊的外交，即所谓的"经济外交"。在当代条件下，作为国家对外政策的最重要的方式，经济外交概念是获得多于政治特征的类型多样化之特点，是保障国家战略和国外的经济利益的实现，旨在实现长期政治方针必不可少的工具。还有的学者认为，经济外交就是外交过程呈现经济化特点，外交活动越来越多地参

---

① ［俄］伊·伊万诺夫:《俄罗斯新外交:对外政策十年》，陈凤翔等译，当代世界出版社2002年版，第127页。

② 徐向梅:《当代俄罗斯经济外交研究》，博士学位论文，外交学院，2008年，第193页。

③ Амиль МАГЕРРАМОВ, Гаджиага РУСТАМБЕКОВ, "ЭКОНОМИЧЕСКАЯ ДИПЛОМАТИЯ КАК ИНСТРУМЕНТ РЕАЛИЗАЦИИ НАЦИОНАЛЬНЫХ ИНТЕРЕСОВ", 2011. http://www.ca-c.org/c-g/2011/journal_rus/c-g-1-2/06.shtml.

与全球的劳动和经济分工，与世界经济一体化和全球化的联系越来越紧密。

总结俄罗斯关于经济外交的学术研究，尽管俄罗斯经济外交的研究者对于经济外交的理论论述和分析角度不同，但有一点是更多经济外交研究者的共识，即经济外交是服务于经济的外交，并将经济外交看作实现俄罗斯国家利益和战略的重要手段，因而强调在现阶段要重视经济外交的作用。

我们认为，俄罗斯学术界对于这一问题的研究大致分为两个时段。前一时段是苏联时期关于经济外交的理论研究。苏联解体前的学术界曾经出版了一些关于经济外交的专著。但是一些研究者对此认为，苏联时期的经济外交研究大多并不针对苏联本国，而是侧重于对其他国家和国家集团经济外交的研究。这一时段，学者们在经济外交的研究上率先将外交与经济发展联系在一起，探究了两者之间的内在联系；与日本在二战后对于经济外交的研究相比，苏联时期的经济外交理论研究往往缺乏明确的针对性，对于经济外交的研究大多以国际关系的视角论述，从而给人以空泛的感觉。后一时段是转型后新俄罗斯时期关于经济外交的研究。这一时期，俄罗斯关于经济外交的研究以俄外交学界的一些学者关于经济外交的研究为主[1]，也有一些研究成果面世[2]。其中，谢季宁教授所著《经济外交》具有较强的理论性，伊万诺夫所著《俄罗斯的经济利益及其经济外交》侧重于对国际现实问题的考察，利哈乔夫所著《俄罗斯经济外交：全球化条件下的新挑战与新机遇》则兼顾了理论与现实两方面，是俄罗斯经济外交领域最新研究成果的展现。

我们通过研究发现，莫斯科国际关系学院的研究团队将俄罗斯经济外

---

[1] 李中海：《俄罗斯经济外交：理论与实践》，社会科学文献出版社2012年版，第6页。Орнатский И. А., *Экономическая дипломатия*, Издательство Международные отношения, Москва, 1980 г.；Обминский, Э. Е., *Группа 77. Многосторонняя экономическая дипломатия развивающихся стран*. Издательство：Международные отношения, Москва, 1981 г.；Градобитова Л. Д., Пискулов Ю. В., *Экономика и дипломатия*, Москва：Наука, 1985 г.

[2] Щетинин В. Д., *Экономическая дипломатия*, Международные отношения, Москва, 2001.；Иванов И. Д., *Хозяйственные интересы России и ее экономическая дипломатия*, Росспэн, Москва, 2001.；Лихачев А. Е., *Экономическая дипломатия России：новые вызовы и возможности в условиях глобализации*, Экономика, Москва, 2006 г.；Морукова А. А., *Экономическая дипломатия как элемент механизма обеспечения экономической безопасности*, М.：Изд-во Акад. налоговой полиции ФСНП России, 2003 г.

交研究向前推进了一步。在俄罗斯，经济外交的研究群体以外交家和国际问题学者居多。① 俄罗斯外交部所属莫斯科国际关系学院世界经济教研室教授、经济外交问题专家伊·卡彼扎（Л. М. Капица）教授在其所授课程中，从世界经济的角度对经济外交给出了诸如"经济外交就是包括经济的外交"、"服务于经济的外交"、"为经济提供服务的外交"等解释。② 她还特别分析了法国学者卡隆·德拉·卡里艾尔（Ги Каррон де ла Каррьер）关于"经济外交是通过外交手段实现经济目的"③ 的论点，作者指出，随着一些国家的经济日益开放和国际劳动分工的深化，经济外交的作用不可避免地增强，并以此取代传统的偏重暴力方式解决国际冲突。在俄罗斯经济外交的学术研究中，法国学者的上述解释获得了较多的引用与认同。

（三）中国研究者对于俄罗斯经济外交研究的看法

近年来，经济外交的研究得到了我国学术界的关注，我国关于经济外交的论著随之问世。对于俄罗斯的经济外交，中国的学者们从不同角度对问题进行了较为详尽的研究。④ 从他们的研究来看，经济外交是一个"含义模糊"、"充满争议"的概念。⑤ 一些学者将经济外交的特点归结为"复合型外交"⑥；而另外一些学者则认为，经济外交是某些大国在特定的历史时期，对一般意义上的外交的一种变通，是国际关系领域的新时尚，它具有非决定性、双重性、阶段性和易妥协性的特点⑦。（关于本研究中

---

① 被认为在这一领域具有影响的研究者主要有：В. Д. Щетинин，В. И. Попов，Т. В. Зонова，Ги Каррон де ла Каррьера，G. R. Berridge，M. Nicholson，Hans J. Morgenthau и другие。

② Капица Л. М.，МОСКОВСКИЙ ГОСУДАРСТВЕННЫЙ ИНСТИТУТ МЕЖДУНАРОДНЫХ ОТНОШЕНИЙ （Университет）МИД РОССИИ，*ПРОГРАММА курса "Экономическая дипломатия"*，Москва. 2004.

③ Ги Каррон де ла Каррьер，*Экономическая дипломатия. Дипломат и рынок*. М.：МГИМО，РОССПЭН，С. 51 – 53. 2003.

④ 李中海：《俄罗斯经济外交：理论与实践》，社会科学文献出版社2012年版；王树春：《经济外交与中俄关系》，世界知识出版社2007年版；徐向梅：《当代俄罗斯经济外交研究》，博士学位论文，外交学院，2008年；周红：《普京对德经济外交探析》，硕士学位论文，外交学院，2008年。

⑤ 李中海：《俄罗斯经济外交：理论与实践》，社会科学文献出版社2012年版，第1页；王树春：《经济外交与中俄关系》，世界知识出版社2007年版，第22页。

⑥ 李中海：《俄罗斯经济外交：理论与实践》，社会科学文献出版社2012年版，第16页。

⑦ 王树春：《经济外交与中俄关系》，世界知识出版社2007年版，第50页。

对于经济外交的学术诠释和梳理，参见本书第一章。）不过，也有的中国学者认为，"俄罗斯关于经济外交的研究如同许多学者的著述一样，尽管也是洋洋洒洒、下笔万言，但书中的许多论述与核心论题的联系并不紧密"①，作者以阿列克谢·利哈乔夫撰写的《俄罗斯经济外交：全球化条件下的新挑战与新机遇》一书为例，认为该书在有关经济外交机制的一节中，美、欧、日、中等国的经济外交机制都谈到了，但对于俄罗斯本身的经济外交决策与执行机制却是一笔带过、言之寥寥。更为重要的是，这一著作并没有深刻地揭示出俄罗斯经济外交的内在规律和发展趋势，未给我们带来"最解渴"的东西。有的中国研究者也提出，俄罗斯在经济外交方面的研究"令人遗憾"，认为以佐诺娃为代表的俄罗斯外交学者对经济外交的研究，仅局限于以外交手段促进经济发展这一层面，对以经济手段实现外交目的方面则无涉及。从理论上讲，这显然不能不说是一个缺憾，在实践上，无论是就理论研究对国家外交决策的建言献策，还是就理论实践的引导而言，这种忽视都不利于俄罗斯经济外交的发展，有害而无利。② 不同的观点认为，近年来，俄罗斯在以经济手段（主要是运用能源外交）实现其外交利益上频频进取。

（四）西方学术界对于俄罗斯经济外交的评价

在政治家和主流学者看来，全球化背景下的经济外交具有毋庸置疑的必要性与重要性。他们认为，经济实力不仅是一国国力的表现，而且它直接影响着一个国家在国际舞台上的地位。代表性观点如"国家间竞争的性质改变了，经济政策变得比传统的对外政策（领土竞争）更重要"、"争夺市场比捍卫领土重要得多"、"贸易就是战争"等。与此同时，在一些国家的外交官或者学者们中，也出现了对经济外交的反对之声。首先，经济外交很难获得所有外交官的认同。许多外交官坚持认为"在外交中占有首要地位的是政治问题"。外交官喜欢自我辩解说"我是政府代表，而不是企业代表"，甚至认为外交与经贸的联系贬低了他们，降低了他们的威望和重要性。③ 其次，持新自由主义观点的学者们也不认同经济外

---

① 徐向梅：《当代俄罗斯经济外交研究》，博士学位论文，外交学院，2008年，第9页。
② 宫世霞：《当代俄罗斯外交学研究》，博士学位论文，外交学院，2011年，第121页。
③ Langhorne R., History and evolution of diplomacy. In Kurbalija J. (ed). Modern Diplomacy. Malta, pp. 148–149, 1998.

交。他们认为，全球化使经济超越国界，并形成了经济竞争，但经济竞争应该独立于政治，而不应为一国利益所驱使。某些私人企业家也声明，希望在商业行为中摆脱国家机构的干涉，认为每个企业都应该是独立的，国家没有干涉企业的特权。

对于西方政界、外交界和学界对经济外交存在意义的争议，俄罗斯经济外交著名研究者、莫斯科国际关系学院教授佐诺娃则认为，在经济全球化背景下，经济"游戏规则"尚不完善，任何公司和企业若想在激烈竞争的环境中生存下来，避免成为牺牲品，都必须获得国家外交的支持，只有通过外交手段才能建立"游戏规则"，只有国家才能在关于贸易、投资、市场准入及签订空运、开设银行等协议的国际谈判中捍卫国内经济集团的利益。① 俄罗斯一些学者对于运用经济外交手段帮助企业参与国际竞争有着深刻的认识，莫斯科国际关系学院世界经济教研室副教授杰格捷列夫曾撰文阐述在全球化背景下外交官角色的转型。他指出，在俄企业和产品参与国际竞争过程中，运用经济外交手段帮助本国企业和商品在激烈竞争中取胜是国家的一项义务。然而，由于俄罗斯经济结构依赖能源和原材料，恰恰在这些领域不存在很强的竞争力，因此更多的压力是来自加工业和技术创新领域。为促进创新工业的发展和吸引外资，俄外交人员应发挥更多作用。②

三 对经济外交异同的梳理与看法

在关于经济外交的理论与学术认知方面，国内外学术研究中还存在着不同见解与若干分歧。本书综合国内外研究者的理论视角对其进行梳理，提出主要的分歧和值得进一步研究的方面。

学术研究中关于"经济外交"的争议焦点主要集中在如下方面：

其一，经济外交的概念和含义模糊乃是导致"经济外交"缺乏认同的重要原因。因为从经济外交的定义来看，其中外交的成分是主要的。问

---

① Зонова Т. В., *Современная модель дипломатии: истоки становления и перспективы развития*. М.: РОССПЭН, С. 172. 2003.
② 林雪丹:《外交官成为经济发展重要"推手"》，载《人民日报》2013年4月8日。http://www.chinadaily.com.cn/hqgj/jryw/2013-04-08/content_8694580.html.

题在于，经济外交由于"外交"一词在使用上的混乱而变得含糊不清。①对于经济外交的认识，一些人从纯政治角度来定义，认为凡是以经济手段追求政治、安全上的目的的国际活动都属于经济外交；而如果从经济角度为经济外交下定义，认为经济外交是为了经济利益，通过经济手段开展的外交活动。② 俄罗斯外交部的基本看法是，经济外交是保证实现俄罗斯国家经济利益的主要工具。

其二，经济外交的本质是经济还是外交，这是广为争议的主要焦点。对此，有的学者认为，一般来说，狭义的外交指的是传统的外交，广义的外交则包括三个部分：传统外交、对外贸易和发展合作，是为了国家利益所展开的国际协作和斗争。③ 也有学者提出，经济外交的概念混乱和内涵不清，其根本原因在于对外交概念的理解。因为，对于外交概念的理解有狭义和广义之分，从狭义看，外交范畴指的是主权国家、政府之间或是它们与国际组织间的政治关系，是一个国家政治的对外延续，外交并不直接管理或处理经济问题；广义地看，任何主权国家的外交都包括政治外交、军事外交、经济外交、文化外交等内容，其中既有政府外交，又有非政府的民间外交。而在当前，广义的外交概念已为越来越多的人所接受，特别是在全球化的大趋势下，各国都在千方百计地通过外交活动保护自己的经济利益，发展自己的经济实力，防范各种经济危机破坏经济安全，从而将发展国家、地区间的经济关系作为外交活动的重要内容，这使得经济外交日益受到高度重视。④

其三，经济外交的跨学科特点，乃是导致争议的学术根源。对于经济外交的学科归属，较多的研究者认为，经济外交是一个跨学科的研究领域，它涉及国际经济学、国际贸易、国际金融以及国际关系学与外交学等诸多学科。跨学科研究是一项容易引起分歧和争议的学术研究，而经济外交具有跨学科性质的特点，需要用不同的学术语言阐释同一现象，难免令

---

① 这一解释来自日本学者山本满第一部关于经济外交的专著《日本经济外交——其轨迹与转折点》，转引自张建《战后日本的经济外交》，天津人民出版社1998年版，第2页。
② 张学斌：《经济外交》，北京大学出版社2005年版，第5页。
③ 刘晓强：《经济外交：范畴、背景及中国的应对》，载《国家行政学院学报》2004年第6期。
④ 张学斌：《经济外交》，北京大学出版社2003年版，第4—5页。

人产生"牵强附会"的印象。① 在经济外交活动实践上,尽管外交行为与经济行为有差异,但是两者之间的关联与影响是主要的,这成为经济外交的一个特点。

长期以来,外交学作为国际政治学的一门分支学科,是以国家对外行使主权的外交行为所特有的矛盾性作为主要研究对象,是研究国家实行其对外政策的外交实践经验,探索外交行为的规律性的学科。② 因此,它关注的是国家间的关系。随着国际政治经济化和国际经济政治化的交互发展,外交在经济领域展开。如果将外交本质和经济领域特征结合起来,经济外交的概念便应运而生。所谓经济外交,不外是外交在经济领域的拓展,外交服务于经济,是国家和国家联合体执行特定的外交政策,以和平方式处理国家之间在经济领域中出现的摩擦与纷争的活动。执行外交政策和实现国家利益是一切外交的灵魂,经济外交亦不例外。作为执行政策的手段,经济外交可以是为一个国家的战略和外交目的服务,也可以是为一个国家的经济和社会目标服务,这都取决于最高国家利益的优先次序。当然,对外经济政策本身不是经济外交,外交政策(Foreign Policy)也不等于外交(Diplomacy)。经济外交的方式和手段是通过国家间的法律和外交手段来处理经济事务,调节经济政策,协调利益冲突,用政治手段达成一定的经济目的,成为各国经济外交的一个新发展。③ 在21世纪的新千年世界舞台上,国际关系的可持续发展、国际关系的特点、内政与外交之间的关系都呈现出了纷繁复杂的变化,这些变化不仅使职业外交官而且使各国学者对于外交问题特别是峰会、多边外交、非政府外交等外交模式的关注度陡然提升。④

四 如何解释经济外交的认知差异

在学术范畴,由于"经济外交"涉及经济和外交两个学科范畴和领

---

① 参见李中海《俄罗斯经济外交的理论与实践》,博士学位论文,中国社会科学院研究生院,2010年,第1页。
② 鲁毅:《外交学概论》(第8版),世界知识出版社2003年版,第6页。
③ 赵可金:《经济外交的兴起:内涵、机制与趋势》,载《教学与研究》2011年第1期。
④ Зонова Т. В., Дипломатия-наука и искусство, Дипломатический вестник. №10. С. 47–50, 2000.

域，其分歧除了在于经济外交是否涉及经济与外交这两个领域外，实际上，各国学者对于经济外交概念的理解差异，还体现在学者们对于问题认知的角度不同。这种对于经济外交概念认知的差异，主要来自于各国经济外交的实践。例如，日本是最早提出经济外交概念的国家，二战后日本将经济外交作为实现其经济利益的重要手段。他们认为，"经济外交一方面可以解释为以经济为目的，将经济作为手段，把谋求扩大经济利益作为目标；反之，也可以采用以经济为手段谋求对外目标，或依托经济力量来实现对外目标的含义"[①]。

外交学界人士对于是否运用这一概念以及在何种情况下运用，存在着分歧。因为，在各国研究经济外交的学者当中，多数人从事外交领域的工作，他们更多地从外交实践或外交学的角度，侧重于对经济外交的"外交"属性的认定。在对于"经济外交"的经济属性上，一些学者从经济外交的"经济"特性加以分析，认为因经济外交源自于"外交学"，而且学者们多从"外交学"或者国际关系学领域加以论证，因而在一定程度上可以说，"经济外交"是外交学在经济领域的延伸。例如，有的学者认为，经济外交是一个国家总体外交的组成部分，经济外交受一国的总体外交的制约。另外一些学者虽然没有明确从外交学的角度对"经济外交"加以解释，但是在对问题的把握与论证中，实际上是沿用了外交学的若干原理，把"经济外交"看作外交的一种方式，认为当代外交中涵盖经济外交，它与多边外交、首脑外交、公共外交一样，也是当代外交的一种方式和手段，在实现和维护国家利益的过程中，外交手段与军事手段和经济手段同样是重要的选项。[②]

由此可见，更多的学者是从外交学、政治学和国际关系学的角度，对"经济外交"的概念加以阐释和论证的。在国际学术界，除日本、俄罗斯以及近年来的中国等少数国家之外，西方国家的官方政府较少使用"经济外交"（Economic Diplomacy）这一概念。它们不赞同采用这一概念的理由，大致可以归纳如下：第一，认为外交的本质属性是政治。外交活动是一种政治行为，没有必要特别突出其中的经济因素。第二，认为经济和

---

① [日]山本满：《日本的经济外交》，转引自周永生《经济外交》，中国青年出版社2004年版，第4页。

② 何中顺：《新时期中国经济外交：理论与实践》，时事出版社2007年版，第27页。

政治不可分割。搞好本国经济建设、提高人民生活水平、发展生产力、提升以经济为基础的综合国力等，这些问题不仅是一国重要的经济问题，也是一国最根本的政治问题。所以，即使外交为本国的经济利益服务，实质上也是为本国的政治利益服务，没有必要把与经济相关的外交单独作为一个类别列出。第三，认为把外交分为经济外交、政治外交、安全外交、文化外交等复杂类别，容易产生概念的混淆，误导人们对外交范畴的理解。第四，使用"经济外交"概念，容易导致"经济外交"的涵盖范畴被无限地扩大。第五，"经济外交"概念的功利色彩太浓，容易使人产生只重视利益，甚至搞经济殖民主义的感觉。[1] 过去一段时期，正是由于学者们对于"经济外交"概念的理解存在差异，所以对于经济外交的功能特点缺少认知与深入分析。

俄罗斯学者更加注重经济外交与国际关系和对外政策之间的联系。在俄罗斯学者看来，经济外交是国际关系中经济要素的作用和重要性不断增强的结果，在经济外交领域，经济问题作为外交斗争和国际合作的客体和手段，是一国对外政策和国际行为的有机组成部分；对外政策决定经济外交的目标和任务，经济外交是实施对外政策所采取的实际措施、形式、手段和方法的总和。[2] 基于中国大力提升经济外交的作用，一些学者从国家利益是经济外交的政策基础和追求目标的角度总结到，对于世界上的大国来说，经济外交有两个层面的目标：一是指国家通过外交活动为国内经济建设创造有利的外部条件；二是国家要以经济为手段去实现国家对外战略的政治目标，是国家以外交为手段为经济建设服务，又以经济为手段去达到实现国家对外战略的政治目标的一系列活动。[3]

从经济外交的"复合型外交"[4] 特点角度来看，所谓"复合型外交"，则是国际关系变化的一个重要结果。"复合型外交"的出现，则是在多极化世界格局形成过程中，在经济全球化和区域经济一体化背景下，外交行为者和外交的议程呈现出多元复合特征。这要求外交领域出现新的

---

[1] 周永生：《经济外交面临的机遇和挑战——经济外交概念研究》，载《世界经济与政治》2003年第7期。
[2] ［苏］《简明对外经济词典》，国际关系出版社1984年版，第220—221页。
[3] 何中顺：《新时期中国经济外交：理论与实践》，时事出版社2007年版，第66—68页。
[4] 李中海：《俄罗斯经济外交：理论与实践》，社会科学文献出版社2011年版，第15—32页。

变化，要求国家总体外交应从传统的国与国之间的交往、交涉、谈判、游说等，过渡到对双边和多边的管理上，突出外交手段对国与国关系的管理职能。经济关系因素对于国际关系的影响，体现在以下几个方面：其一，经济领域的竞争与合作日益加强，正在成为国际关系和各国外交的重要内容，国家之间的竞争已经从军事和意识形态的竞争，逐渐转向经济领域的争夺；其二，经济利益的角逐成为推动国际关系发展的强大动力，各国都竭尽全力地通过外交活动争取自己的经济利益，努力提升本国的经济实力，将经济关系作为外交活动的重要内容；其三，经济手段成为影响和协调国际关系的重要途径，资源成为影响外交的新工具，资源充裕的国家能够操纵国际市场，以经济为工具获取国际影响；其四，经济安全成为国际关系研究的新课题，研究者越来越关注经济因素对于国际关系的影响。[①]

在当今国际关系中，原本属于国内政策范畴的问题，在特定条件下可能会转化为外交问题；原本属于国际事务范畴的问题，在特定条件下也会对国内政治进程和国内政策产生巨大影响。在国际事务中，政治议题与经济议题之间出现了联系越来越紧密、界限越来越模糊的现象。[②] 这一现象，对于人们理解"经济外交"具有十分重要的意义。在俄罗斯的对外政策中，俄罗斯经济外交作用的不断提升，则是在这样的国际背景下发生的，"这反映出一种世界性的发展趋势：经济因素对国家的对外政策以及全球性和地区性国际关系的发展，发挥越来越大的作用"[③]。随着全球化和市场化的不断深入，一方面，在国际经济交往中，经济问题的涉外性和外交问题的经济性在明显增强；另一方面，经济问题与外交问题已经不仅仅局限于各自单一的领域范畴，在国际政治与世界经济的现实中，经济与外交相互交融，经济问题与外交问题互为条件，而且这一趋势对于一国、他国甚至一些国家都产生了影响。这导致"经济外交"在国家对外关系中的地位与作用，"隐性"或者"显著"地得到提升。

冷战终结和苏联解体，意味着一个新的全球化时代的到来。这一时代使整个世界形势和国际关系都发生深刻变革，它对传统外交形态和手段的冲击最强，全球化进程的迅猛发展极大地改变了国家间关系的结构、议程

---

① 程毅等：《国际关系中的经济因素》，华中师范大学出版社2001年版，第4—7页。
② 李中海：《俄罗斯经济外交：理论与实践》，社会科学文献出版社2011年版，第1页。
③ ［俄］伊·伊万诺夫：《俄罗斯新外交：对外政策十年》，陈凤翔等译，当代世界出版社2002年版，第127页。

和维度，同时也改变了相关议程的优先顺序。这种国家间关系结构的变化，正是复合型外交迅猛发展的基础和根本原因。概括起来讲，复合型外交具有区别于传统外交的显著特征：（1）外交行为主体多元化。在传统的外交活动和外交关系中，外交的行为主体是主权国家的专职外交机构和职业外交人员。全球化发展正在改变人们对外交的传统理解，全球化在拉近国家间的距离的同时，也明显地揭示出国家政治在国际关系中的局限性。一方面，国家职能部门越来越多地参与到对外经济、文化、科技和军事交流的活动中，成为专职外交机构之外的外交活动主体。另一方面，大量的民间社会团体、个人等非官方行为主体参与到国家间的交往中，成为影响国家间关系的重要力量。特别是一些非国家行为主体越来越多地卷入到世界性政治议题中，成为全球外交活动的重要参与者。（2）外交议程和外交形式日益多元化。全球化背景下的外交议程呈现出无所不包的特征，特别是经济全球化使不断上升的国家间经济、金融、社会、技术和文化上的相互依赖日益成为国家间外交的核心议题。外交形式也日益多元化，私人外交、民间外交、文化外交、能源外交、人质外交、危机外交等外交形式和外交维度不断发展，使外交的内涵日益丰富。（3）外交作为国内政策的延续，其与内政的界限日益模糊。同时，多边国际组织和区域合作机制日益成为国家间外交的重要补充。从外交的目的来看，外交为内政服务，外交内涵的丰富和发展使许多过去看来属于内政问题的事务，比如市场准入、个人权利保护、司法审判、税收政策、孤儿领养等，因为涉及外国公司、外国资本和外国公民等，逐渐上升为外交问题。因为外交问题的多元化，国家间双边外交问题越来越多地泛化为多边外交问题，多边国际组织和区域合作机制等平台在外交活动中的地位日益突出，逐渐成为全球治理和全球外交活动的核心场所。

综上所述，关于经济外交的定义在各国之间存在较大分歧，仁者见仁，智者见智。我们认为，根据经济外交的实际作用，从最一般意义上理解经济外交的含义，可以认为：凡是包含经济利益动机，将经济因素作为对外活动的手段和工具的外交活动，都可以看作或者被理解为"经济外交"。归纳起来，学者们对经济外交的定义不外乎以下几个方面：（1）经济外交是运用经济手段追求国家经济利益的外交活动。（2）经济外交是运用经济手段以追求各种国家利益为目的的外交活动。（3）从经济外交的性质上讲，所谓经济外交包括两条主线：一是以经济利益为目的、以经济力量或者经济杠杆为手段或为依托的外交活动；二是以经济为杠杆的外交活动、服务于国家利益、服务于国家整体发展战略的对外政策。

从经济角度给出"经济外交"的定义，以"经济"为"经济外交"理论与实践的轴心，延伸新时期经济外交的新的特点和基本内涵，能够更加深刻地反映出俄罗斯经济外交的现实性与时代性。可以认为，"经济外交"是一个国家争取和维护国家经济利益，从而保证国家长远发展战略而展开的外交活动的重要手段。经济外交已有的实践表明，一个国家的经济越是进入快速发展与崛起的时期，其经济外交中的"经济轴心"作用越是明显。日本学者是较早认识到经济外交的经济轴心这一作用机制的，二战后日本成功运用经济外交的实践则是证明。在经济外交的研究中，日本学者关于经济外交的研究以及日本运用经济外交的实践，被研究经济外交的后来者广为关注。

关于经济外交定义的分歧，实际上反映了经济全球化时代外交活动的多维复合特征。在当代国际关系体系中，深深渗透着国家经济实力及其影响因素。经济外交中"经济"的成分与因素和"外交"的功能与作用相互交融，并共同作用于国家利益。如果说过去时代经济外交的目标性还不够强，手段性还不够灵活，作用力还不够显著，那么在国际经济秩序变革的时代，通过外交活动和手段实现经济目的的行为不断增强，这为经济外交在理论上的突破提供了一定依据。因此，对经济外交做广义化的解释，在现时代是适宜的。换言之，对"经济外交"进行广义化的理解，不仅是对外交研究的深入，也是经济外交学科得以发展和走向成熟的需要。对"经济外交"的广义化理解，也得到了俄罗斯学者的大致认同。在俄罗斯学者看来，当代经济外交是多层次的，它是运用从传统的谈判外交到在全球市场上对国家利益进行游说（lobbyism）的一系列的方法与工具。①

本研究认为，对于任何国家来说，不同时期各国对外战略与外交重点是有差异的，这决定着各国对待"经济外交"的取向与态度。主要表现在，"经济外交"的重点，或是以维护国家主权和安全为重心，或是以创造有利于国内发展的外部环境为重心，对于俄罗斯这样一个大国和转型国家来说更是如此。冷战结束后，特别是 21 世纪以来，国际政治和经济秩

---

① Лихачев А. Е., *Экономическая дипломатия России. Новые вызовы и возможности в условиях глобализации*, М.: Экономика, С. 49. 2006.

序加速变革，国际社会"大动荡、大调整、大变革"的趋势日益明显。同时，经济外交本身也是增强国家竞争力的一个重要因素，在全球化条件下，积极的有时甚至是有野心的经济外交的重要作用在提升、渗透并占有世界市场，越来越成为经济外交的目的。① 在全球处于动荡、调整和变革的时期，经济实力和国际竞争力越来越成为各国在国际社会角逐的基本力量，俄罗斯对外政策和外交战略所出现的一个根本性变化就是，经济外交在俄罗斯对外政策和外交战略中的地位不断提升。

国际经济关系的发展与变化表明，"经济外交"实际上是作用于国家对外政策和经济关系的。其一，经济外交是经济关系的外部化，它是国家对外政策的一种表现形式。外交的本质是它的涉外性。因此，在经济外交中，以对外经济关系为指导思想的国家对外政策的目标指向，实际上也成为经济外交的作用对象。其二，经济外交是经济关系的国际化，它与国际经济关系密不可分。从一定意义上说，经济外交与国际经济关系联系密切，经济外交不仅是经济关系的国际化，而且是经济关系在外交领域的拓展。在全球化时代，全球性的资本、信息、通信、产品和资源的流动，使最为本土的发展都可能产生巨大的全球性后果。在这个意义上，国内与国际、本土与外界之间的界限变得模糊。因此，无论是我国学者还是国外的学者，他们在阐述经济外交理论时，对于国际经济关系的论述，诸如对外贸易、国际投资、国际金融、区域经济一体化等的分析，是必不可少的内容。例如，有日本学者就提出，"经济外交是一种对外政策，在贸易、资本、金融、服务等方面的市场开放，伴随着经济摩擦而实施的输出限制措施，以及日本政府有关经济制裁、经济援助等政策"②。

五　本书的思路与结构

（一）本书的思路

综上所述，无论是国际还是中国，无论是苏联还是俄罗斯，学者们关于经济外交的认识、阐述和界定的分歧大于共识。但是，从学术探讨的角

---

① Лихачев А. Е., *Экономическая дипломатия России. Новые вызовы и возможности в условиях глобализации*, М.：Экономика, С. 50. 2006.

② 张健：《战后日本的经济外交》，天津人民出版社1998年版，第2—3页。

度来看，我们需要把研究界定在一个大致清晰明确的范畴之内。从俄罗斯经济外交的研究中可以看出：（1）经济外交涉及的外交行为、活动最多，因此与外交活动、行为和手段的联系最为紧密；（2）经济外交以追求和实现国家战略和利益为诉求，因此体现国家经济利益目的和为经济服务的主旨；（3）经济外交的手段以外交手段为最多，例如谈判、交涉、制裁、援助、会晤、论坛、国际组织等形式，因此经济外交与国家的对外政策和外交活动互为一体。基于这种情况，我们给出本研究对经济外交的内涵界定和基本理解，即：第一，以经济手段为主要方式，在经济领域进行的外交活动；第二，以经济利益为行为诉求，运用各种手段从事的外交活动。总之，经济性是经济外交最鲜明的特征，离开经济范畴和领域，则不能被称为经济外交。因此，本研究从这一理解分析俄罗斯的经济外交。

本书认为，对外政策和外交手段完全体现着国家利益，俄罗斯经济外交突出体现了其以经济利益为诉求，以实现国家崛起为发展战略。在经济外交领域，一方面，外交活动服务于国家战略，这是各国对外政策始终不渝的一贯方针，而经济外交是以经济为目的的外交活动，以经济杠杆为手段的外交活动，国际社会对于以外交手段加强国家的国际地位更加重视；另一方面，以经济为杠杆和手段的外交活动，又是为了实现国家战略和国家利益。因此，经济外交的分析是一种经济与外交活动和目的的综合。

本书突出俄罗斯经济与外交的综合，反映俄罗斯经济外交的基本特征。俄罗斯经济外交的基本功能和主要特性大致概括为两条主线：第一条：以经济为目的的外交活动，以经济杠杆为手段的外交活动；第二条：外交活动服务于国家战略，以经济为杠杆和手段的外交活动服务于国家战略和实现国家利益。俄罗斯将国家利益的主导性、最大化居于其对外政策的中心；外交活动为经济发展和国家崛起服务，外交活动服务于国家战略，是俄罗斯经济外交的指导思想。

在对俄罗斯经济外交实践的分析中，本书将俄罗斯经济外交的研究范畴分为：俄罗斯经济外交的国际经济层面、俄罗斯经济外交的国际组织层面和国际交往与大国关系层面。

经济外交的国际经济层面。国际经济关系是经济外交的主要作用范畴。21世纪以来，随着经济全球化的发展，经济因素在国际关系中的作用日益突出，经济实力决定一个国家在国际舞台上的地位和在国际事务中的作用，而经济实力主要通过国际经济关系的基本范畴加以体现。国际经济范畴包括国际贸易、国际金融、国际投资和跨国公司等。在经济外交及其相关分析中我们发现，国内外学者多是从国际经济关系的范畴对经济外交行为和活动加以分析。过去的年份，俄罗斯融入全球经济和开展经济外交，则是通过国际经济关系领域实现。因此，对俄罗斯经济外交的研究，不能脱离国际经济关系的研究范畴。

经济外交的国际组织层面。国际组织（国际经济组织）具有超国界的协调作用，它是经济外交活动的重要方面，经济外交在很大程度上通过国际组织而展开。21世纪以来，各国在融入全球经济的同时，积极参与和参加国际性组织特别是国际经济组织，以此成为实现其国家发展战略的重要平台，例如国际货币基金组织（IMF）、世界贸易组织（WTO）等国际性经济组织。俄罗斯著名经济外交研究者、莫斯科国际关系学院教授佐诺娃将"国际组织"按名称分为四类：第一类多使用"组织"（организация）这种称谓，多为旨在达成军事或政治联合的多边外交机制，如北约等，"组织"被看作是国家相互影响的模式；第二类出现于40年代末到50年代初的欧洲，多是以"委员会"（совет）为名的多边外交机制，如欧洲委员会、经济互助委员会、北方委员会等，这种名称本身反映了成员国平等和集体主义决策的理念；第三类多采取"共同体"（сообщество）的名称，如欧洲经济共同体、欧洲共同体等，这是超越民族主义信仰的跨国界的联合；第四类多运用传统的"联盟"（союз、лига）的表述形式，如欧盟、独联体、非盟、阿盟等，是基于某种共同信念的联合。① 她还指出，多边外交的主体和形式，并不局限于由国家和政府首脑或外交部首脑参加的政府间会议，各类国际组织，联合国及其主要机构如全体大会、安全理事会、国际法庭、秘书处及其各下设的国际组织、基金会、代办处如国际劳工组织（МОТ）、经社理事会（ЭКОСОС）、粮农组织（ФАО）、教科文组织（ЮНЕСКО）、国际民航组织（ИКАО）、世界卫生组织（ВОЗ）、世界气象组织（ВМО）、世界知识产权组织（ВОИС）、国际货币基金组织（МВФ）、国际复兴开发银行（МБРР）等，以及在联合国倡导下成立的大量国际和区域政府间组织，如欧安会、欧盟、欧洲委员会、拉美国家组织、东盟、美洲国家组织、八

---

① Зонова Т. В., *Современная модель дипломатии: истоки становления и перспективы развития*, М.: РОССПЭН, С. 89–97. 2003.

国集团等既是政府间多边外交会议的场所，本身也是多边外交主体之一。[①]

可见，"组织"是一个宽泛的范畴。从各国专门性和区域性国际组织及其会议、峰会、论坛、会晤机制等的性质来看，它们是一个国家从事双边或多边外交活动的机制，对于主权国家来说，国际组织越来越被认为是一种外交制度安排，同时也是主权国家展示其国际地位和影响力的舞台。国际组织和国际会议一样，都是一个国家从事多边外交活动的场所。从外交实践上说，国际组织的机制与活动的基本特征是：第一，国际性组织的参加者是国家，少量非政府性的实体参加，要经过条约缔约国的同意；第二，国际组织的成立和活动，都是以主权国家之间彼此同意并签署国际协议为前提的……[②]国际组织的机制与活动作为重要的外交活动，也构成经济外交的主要内容。

近年来，国际局势不断变化，新兴经济体国家的崛起导致国际组织与集团发生新的变化与组合。各种力量和势力集团纷纷提出自己的战略理念和目标，加快了自身的战略调整，在国际权益的重新配置中占据有利地位。这种力量的变化史无前例地冲击着西方国家对世界事务的主导权，而西方国家对国际事务主导权的变化，也同时在国际组织的变化重组中得到体现。我国学者对于这一现象的分析，可以体现出时代变化对国际组织的影响。有的分析对此指出，"得势群体"主要指新兴大国以及富有进取心的国际性和地区性组织。"守势群体"既包括美国那样的国家行为体，也有诸如国际货币基金组织和世界银行这样的非国家行为体。"失势群体"是指欧盟、日本、俄罗斯以及独联体等国家和国际组织。"弱势群体"主要包括处境困难的发展中国家以及发展中的地区性组织[③]。

在俄罗斯经济外交的实践中，其经济外交的主要手段、活动或机制，就是参加各类国际性经济组织，参与各种国际经济会议和论坛，牵头组建不同类型的地域性或国际性的组织等。在实践中，多边外交通常通过国际组织、论坛和峰会等形式实现。现在，全球范围新的国际性、区域性和专

[①] Зонова Т. В., *Современная модель дипломатии: истоки становления и перспективы развития*. М.: РОССПЭН, С. 99. 2003.

[②] 鲁毅：《外交学概论》（第8版），世界知识出版社2003年版，第212页。

[③] 杨洁勉：《论"四势群体"和国际力量重组的时代特点》，载《世界经济与政治》2010年第3期。

业性的国际间的组织不断涌现,这些组织的主要功能则旨在促进成员国之间的经济合作与共同发展。例如,上海合作组织、"俄白哈"关税同盟和欧亚经济联盟、金砖国家合作组织等。2011年,普京在参加总统竞选前提出"欧亚联盟"战略,将原苏联地区的经济政治合作提到了空前的高度,此举得到了中亚国家的响应并具有进一步扩大的可能和倾向。这一现象被称为"联盟化"趋势。① 在当今的国际事务与外交实践中,除主权国家外,国家首脑、特使、大量国际组织——既包括那些由主权国家组成的国际组织如联合国、八国集团等,也包括许多由各国民间力量组成的非政府组织,以及大量的国家非外交部门如经济、军事、教育等的组织,事实上都已经以外交主体或准外交主体的身份介入了外交活动。这一点,已经得到了西方学者的认同,如尼科尔森在其《外交学》② 第2版中,就将国家首脑和那些由主权国家组成的国际组织列入了外交主体的范围。因此,本研究将国际组织作为一个重要范畴加以分析。

国际交往与大国关系层面。考虑到俄罗斯经济外交的主干结构(国际经济与国际组织部分)难以将这部分的内容纳入,但是这些内容又是俄罗斯经济外交所涉及的内容,因此这部分是对俄罗斯经济外交实践上述部分的一个补充。

(二) 本书的结构

本专著由五部分的内容构成,共分为五篇。

第一篇分为三章。第一章阐述俄罗斯经济外交的理论与学术诠释,包括对"经济外交"的文献研究、俄罗斯经济外交的理论学术、定义内涵、思想渊源,提出经济利益因素是俄罗斯经济外交的核心;第二章论述新时期俄罗斯经济外交的战略定位,包括俄罗斯面对国际秩序的大变革,俄罗斯重新崛起的强国梦,俄罗斯经济外交的战略思想和经济外交指向的基本特点;第三章论述俄罗斯推行经济外交的主要力量支柱,包括地缘区位优势、资源禀赋优势、军工遗产优势、经济增长潜力与制度模式因素。

第二篇分为四章。这部分主要从国际经济领域与视角,论述俄罗斯在贸易与金融方面的经济外交活动,特别阐述了俄罗斯经济外交独特的、重

---

① 王志远等:《转型国家联盟化发展趋势分析》,载《当代经济管理》2012年第34卷第11期。
② [美]哈罗德·尼科尔森:《外交学》,眺伟译,世界知识出版社1957年版,第24页。

要的构成部分：能源外交与军售外交。俄罗斯在国际贸易领域的经济外交活动和国际金融领域的经济外交活动，主要以国际经济学范畴为主要依托；俄罗斯的能源外交与俄罗斯的军售外交反映了俄罗斯独特的经济外交活动领域。

第三篇分为四章。这部分主要从国际组织领域与视角，论述俄罗斯的经济外交活动，包括：俄罗斯对独联体的经济外交、俄罗斯融入国际经济性组织的经济外交活动、俄罗斯参与国际集团性组织的经济外交活动、俄罗斯参加国际合作性组织的经济外交活动。

第四篇分为两章。这部分是对上述俄罗斯经济外交实践部分的一个补充，也是俄罗斯经济外交所涉及的内容，包括：俄罗斯对美、欧、日的大国经济外交活动；俄罗斯经济外交的次优领域。

第五篇分为两章。这部分论述俄罗斯经济外交与中俄经济合作的关系和影响，阐述在俄罗斯与中国的经济外交努力下，中俄经济合作过程中所形成的合作模式与机制，以及经济外交视域下的中俄经济关系。

第一篇

当代俄罗斯经济外交的涵盖、理论与战略

经济外交作为国家外交活动的一个重要维度，在国际事务中的影响越来越大。经济外交也是一个国家外交关系、外交活动和外交手段的组成部分。经济外交受制于国家外交战略的总体方向，服务于国家外交活动的基本任务。特别是随着现代国际关系的迅速发展，与全球化相适应的国际关系结构多层次化和复杂化，大大改变了原有外交关系的结构，丰富了外交关系的内涵，复合型外交成为当代外交的基本特征。[①]

随着俄罗斯国家的重新崛起，经济外交作为俄罗斯国家对外战略和政策的组成部分，已经并继续显现出它的作用。本部分着重阐述在俄罗斯对于"经济外交"的基本诠释和当前理论；分析俄罗斯经济外交的理论基础、学术思想、目标与战略、实现方式和运作机制；阐述俄罗斯经济外交的目标取向、战略思想、基本理论，全面把握新时期俄罗斯经济外交的理论与政策。

---

① 关于复合型外交的概念和内容，李中海在《俄罗斯经济外交：理论与实践》中进行了比较充分的论述。参见李中海《俄罗斯经济外交：理论与实践》，社会科学文献出版社2011年版，第16—26页。

第一章 俄罗斯经济外交的理论与学术诠释

第一节 关于"经济外交"的文献研究

在西方各个国家早期的政府官方文件中,往往并不明确使用"经济外交"(Economic Diplomacy)这一概念。二战以后,"经济外交"才逐渐出现在一些国家的国际交往和外交领域中。

一 日本是战后率先提出经济外交并付诸实践的国家

国际上,日本是最早关注"经济外交"理论并付诸实践的国家,曾任日本首相的吉田茂最先提出"经济外交"的概念。二战结束后,日本作为战败国力图将恢复经济作为国家发展的中心。1952年吉田茂在其施政演说中提出,日本政府将开展一系列经济外交活动,如缔结通商航海条约、通商协定等,在这里首次使用了"经济外交"概念。[①] 其后,日本从官方角度把经济外交作为一项政策提了出来,"经济外交"一词可见于日本政府1957年发表的《外交蓝皮书》中。日本学者将其定义为:"在对外政策中,为实现某国的诸经济利益而由该国政府尽可能地动员本国的资源来推行的对外交涉的一种方式","有关贸易、资本、金融、服务等的市场开放,伴随经济摩擦的出口限制,以及经济制裁、经济援助等的日本政府的诸政策"。[②]

日本学者根据本国的外交实践,对经济外交进行了比较广泛的探讨和

---

① [日]吉田茂:《十年回忆录》,韩润棠、阎静先译,世界知识出版社1965年版,第123页。

② 金熙德:《日美基轴和经济外交》,中国社会科学出版社1998年版,第30页。

研究。比如，日本学者山本武彦认为，如果对"经济外交"进行广义的定义，则可称为在对外政策上，为实现一国的经济利益，动用本国一切可以利用的资源，实行对外交涉的一种模式。① 这种定义方式强调为了实现本国经济利益而进行对外交涉这一核心内容，经济外交的目的是实现本国的经济利益，外交的手段和方式并不局限于经济手段，而是一切形式的对外交涉。在日本学者的研究中这种看法比较有代表性，反映了日本战后以经济发展为首要任务的认知度和迫切性。与这种定义思路和逻辑相近的，则是法国外交学学者卡里埃尔（Ги Каррон де ла Каррьер）的定义，他指出，经济外交是通过外交手段实现经济目的，无论其为实现这一目的是否使用了经济杠杆②。从现有文献来看，较早提出经济外交概念并付诸实施的政府官员是日本首相吉田茂；而日本是结合其二战后国家自身实际，率先对经济外交进行研究和实践探讨的国家③。

二 苏联是高度重视经济外交研究和运用的国家

苏俄现代国家政权建立以来，逐渐成长为一个军事和地域强国，在扩张领土和建立强大国家的过程中，始终是一个外交强国。俄罗斯独特的国家地缘特性决定了俄罗斯的外交思想独树一帜，这在俄罗斯外交方面有显著体现。在俄国发展史上，1780年叶卡捷琳娜二世提出的《武装中立宣言》就是国际法的一个重要文件，它是俄国外交独立的重要标志，也是俄罗斯经济外交史上的标志性文件之一。④ 历史上，俄国经济外交实践也是其对外战略的产物，它对于新时期俄罗斯经济外交的任务、经济外交的主体、经济外交的手段和形式等，都积累了宝贵的经验财富和思想财富，是俄经济外交的重要思想渊源。苏俄时期，列宁通过与德国签订《布列斯特和约》⑤（1918年3月），新生的苏维埃政权用割地赔款等经济手段换取时间，以整顿国内经济、建立红军、巩固政权。《布列斯特和约》是苏俄政府经济外交的初次尝试，之后签订的《俄英贸易协定》（1921年3

---

① 转引自周永生《经济外交》，中国青年出版社2004年版，第5页。
② Ги Каррон де ла Каррьер, Экономическая дипломатия. Дипломат и рынок, М: МГИМО, РОССПЭ, с. 51. 2003.
③ [日] 吉田茂：《十年回忆录》，韩润棠、阎静先译，世界知识出版社1965年版。
④ 林军：《俄罗斯外交史稿》，世界知识出版社2002年版，第57页。
⑤ 该条约随着德国战败和一战结束被废止。

月)、《俄德拉巴洛条约》(1922年5月)、《苏德经济贸易协定》(1925年10月)等都是新生的苏俄政权利用经济外交谋求国家生存、独立、安全和发展的典型案例。

在研究方面，在1965年莫斯科国际关系出版社出版了普列特涅夫教授主编的《外交与经济发展》一书。尽管该书还没有明确提出"经济外交"的概念，但其已将外交行为与经济发展联系在一起，开始探究两者之间的内在联系。该书在国际关系学界较早地提出了"地球村"的概念，并研究了"世界经济中的地球村"、"国际机动性与经济发展"、"国际清偿能力与发展中国家"、"实践中的列宁援助发展中国家的政策"、"发展中国家的经济合作"、"资本主义国家的发展援助政策"、"世界贸易组织的发展"、"国际经济合作与国际法"等诸多领域的问题。1977年在费多罗夫主编的《联邦德国：经济与经济外交》一书中在苏联国际关系学界第一次运用"经济外交"概念，[①] 其中专门阐述了联邦德国以经济外交助推其国家发展的经验。

目前可以查阅到的苏联时期专门探讨经济外交的著作，是奥尔纳茨基教授于1980年出版的《经济外交》一书。作者对资本主义和帝国主义国家对外政策中的经济因素、发展中国家经济发展和对外经济活动、帝国主义国家对新型独立国家的经济政策、国际组织与经济外交的关系进行了论述和分析。这部由奥尔纳茨基教授撰写的著作首次全面阐述了经济外交的起源与发展、经济外交的目的、国际组织在经济外交中的活动。作为具有鲜明时代烙印的研究成果，该书还对主要资本主义国家的经济外交机制、发展中国家经济外交的兴起与发展以及社会主义国家的经济外交进行了相应的分析。可以说，这是苏联研究经济外交的一部奠基性著作，尽管其中有些观点在现在看来有些过于意识形态化，但它所提供的思维框架与分析路径对研究今天的俄罗斯经济外交来说仍具有十分重要的意义。[②]

在1984年苏联出版的《简明对外经济词典》中，"经济外交"被定义为："经济外交是当代外交活动的特殊领域，在这一领域，经济问题既是国际关系中斗争与合作的客体，也是斗争与合作的手段。经济外交如同

[①] Федоров В. П., ФРГ: Экономика и экономическая дипломатия. М.: Издательство Международного отношения. 1977.

[②] 以上资料引用徐向梅《当代俄罗斯经济外交研究》，博士学位论文，外交学院，2008年，第7页。

一般外交,是一国对外政策和国际活动的有机组成部分;对外政策决定经济外交的目标和任务,而经济外交则是实施对外政策所采取的实际措施、形式、手段和方法的总和。"① 1985 年,莫斯科科学出版社推出了由格拉多比托娃和比斯库洛夫合著的《经济与外交》②,该书详细阐述了经济与外交的相互关系、作为多边外交媒体的经济外交、东西方关系中的经济外交以及西方资本主义国家外交官帮助本国公司拓展国际市场的活动。

三 美欧被认为经济外交研究未获重大进展的国家

根据我们的查询,在《美国对欧经济外交》(1919—1934)③ 一书的第七章中,阐述了美国在 1919—1934 年这一时期经济外交的行为及其特征。书中指出,美国推行经济外交时体现和伴随的是一种政府、民间合作的外交,以非武力、非暴力的方式来推行,并指出了其经济外交的成就和局限性。该书认为,美国在当时仍不具备承担国际霸权责任的能力,因为它的经济结构还有诸多问题,经济实力还不算超强,正是这些因素反过来大大削弱了其国际霸权的意愿。这是美国经济外交局限性的直接原因,而根本的原因在于其国内推行的自愿合作主义政策。④

我国的研究者认为,美欧国家没有给出经济外交的概念性界定。美国作为 20 世纪以来最强大的经济体,其经济外交作用对建立二战以来的国际政治经济秩序是巨大的。但就我国学者所能查阅到的文献资料,在美国政府的相关文件或文献中缺乏关于经济外交的确切界定及其学者们的详尽阐述。例如,美国曾经负责经济事务的助理国务卿安东尼·韦恩(Anthony Wayne)在《美国经济外交:优先方向和关切》一文中指出,美国经济外交专注于管理美国与其他国家之间的经济关系,其主要任务是:第一,开放市场;第二,经济增长和经济发展;第三,经济安全。⑤ 这种看法仍然是强调关注外交的经济利益这一目的,至于经济外交的手段和途径则并没有更多涉及。

---

① Краткий внешнеэкономический словарь, Издательство Международного отношения, Москва, с. 220 – 221. 1984.

② Градобитова Л. Д., Пискулов Ю. В. Экономика и дипломатия. М.: Наука. 1985.

③ 徐振伟:《美国对欧经济外交》(1919—1934),知识产权出版社 2012 年版,第 15 页。

④ 同上。

⑤ E. Anthony Wayne, U. S., Economic Diplomacy: Priorities and Concerns", http: // www. state. gov/e/eeb/rls/rm/2006/59303. htm, January 13, 2006.

但是值得关注的是，随着新兴市场国家经济崛起和金融危机对美国的深刻影响，最近几年美国和欧洲国家开始关注"经济外交"。美国一些研究机构将"经济外交"视为国际关系的战略与策略。在美国，由哥伦比亚大学国际与公共事务学院 2012 年初出炉的题为《探索公共与经济外交》的尖端项目最终报告中，详尽论述了各国的公共外交和经济外交问题。① 该报告在对各国的经济外交进行分析时，着重分析了各国所运用的经济外交的战略与策略。报告指出，希拉里·克林顿在美国明确提出了"经济外交"这一概念。从希拉里·克林顿的解释来看，"美国经济战略包括两个部分：一是我们如何调动力量，运用全球经济手段来增强我国的外交和海外存在；二是如何让我们的外交和海外存在发挥作用，加强我们的国内经济。美国为应对当前战略和经济挑战，正从四个方面调整外交：1. 将解决现实问题作为对外政策重点并贯穿其始终。美国学者关注亚太，因此寻求在太平洋两岸建立强大的关系网和经贸机制。2. 改进实现经济目标的方式。除援助和制裁外，美还将致力于整合地区经济、协助受援国的经济现代化以及向全世界推广自由市场、法治观念、自由交流等价值观。3. 营造公平竞争环境。4. 应对国有财富增长带来的特殊战略挑战"②。希拉里·克林顿特别强调，"我们正在更新我国的外交政策重点，将经济问题贯彻始终……我们的对外关系与经济关系依然密不可分"③。这一解释着重强调的是政治与经济之间的关系及它们之间怎样相互影响，其目的是实现美国更加广泛的外交政策和创造经济繁荣。美国使用经济工具或者作为奖励或者采取制裁，来实现外交政策的目标；美国也运用外交政策支撑其经济实力。在这份报告中，美国关于经济外交的主要内容被概括为：（1）提高美国就业水平；（2）吸引外国直接投资；（3）促进公平

---

① The Columbia University School of International and Public Affairs, "Exploring Public and Economic Diplomacy", School of International and Public Affairs, Columbia University Capstone Project Final Report-Spring 2012. http://sipa.columbia.edu/academics/workshops/documents/FORPUBLICATION_ BAHDiplomacy_ Report.pdf.

② 见美国国务卿希拉里·克林顿在 2011 年 10 月 14 日于纽约经济俱乐部的演讲。The Columbia University School of International and Public Affairs, "Exploring Public and Economic Diplomacy", p. 11. School of International and Public Affairs, Columbia University Capstone Project Final Report-Spring 2012.

③ 《希拉里阐述美国外交中的经济方略》，载新华社《参考资料》2011 年 10 月 26 日。美国国务卿希拉里·克林顿 2011 年 10 月 14 日在纽约经济俱乐部就美国外交中的经济方略发表演讲，该文是新华社根据美国国务院国际信息局所翻译的讲话译文。

竞争和全球市场经济；（4）加强经济上与美国最紧密关系的国家之间的经济联系；（5）将新兴经济体国家与地区整合到全球化经济之中①。在经济外交的策略方面，这份报告提出：（1）涵盖贸易、投资和商业外交的"工作外交"；（2）能源外交与经济繁荣至关重要；（3）促进社会革新和企业家精神；（4）作为商业契机装备美国的公司；（5）构建不断发展的美国国家能力。

英国外交和联邦商务部网站刊载威廉姆森·汉格（William Hague）的文章指出，经济外交要"支持英国企业和我们的经济作为一个整体：建立强大的双边关系与世界发展最快的经济体，利用访问、政治理解与我们的外交官的联系，帮助我们的企业扩大和投资，吸引新的投资进入英国和识别哪里有我们需要打破的贸易壁垒"②。

四 中国是改革开放后不断提升经济外交作用的国家

中国政府对于经济外交作用的认知，是随着我国工作的重心转移、改革开放以及外交政策调整和为中国实现现代化而逐步加深的；中国的经济外交，已经成为中国总体外交中的最为重要的一个方面。冷战结束后，经济全球化对中国的改革开放和现代化建设带来前所未有的机遇和挑战，中国加快融入国际体系。21世纪以来，经济外交在整体外交工作中的地位得到进一步提升，并且得到了中国高层领导的高度重视。胡锦涛总书记曾经指出，"新时期新阶段，我们要加强经济外交"③；2005年中国的《政府工作报告》中进一步明确，"随着经济全球化的深入发展和中国经济实力的增强，经济外交越来越成为中国总体外交的重要组成部分"。由此看出，经济外交已经被正式纳入中国的国家经济和社会整体发展战略。

第一，关于"经济外交"的概念，我国一些研究者从狭义与广义等

---

① The Columbia University School of International and Public Affairs, "Exploring Public and Economic Diplomacy", School of International and Public Affairs, Columbia University Capstone Project Final Report-Spring 2012. http://sipa.columbia.edu/academics/workshops/documents/FORPUBLICATION_BAHDiplomacy_Report.pdf.

② William Hague (2011), "The Business of Diplomacy-Speech to the Confederation of British Industry", 21November, 2011, http://www.fco.gov.uk/en/news/latest-news/? id=694968482&view=Speech.

③ 这是胡锦涛主席在2004年8月召开的中国驻外使节会上的讲话。

不同角度对其进行了研究。例如,有的学者指出,从狭义上说,经济外交就是指以实现各种经济利益为目的,借助经济手段进行的外交活动;从广义上说,经济外交不仅被政府作为追求经济利益的手段,而且被用来弥补政治、军事外交之欠缺,被用以追求政治和安全上的目的。[①] 这种看法实际上是"经济手段+经济目的"(或一切外交目的)的逻辑。还有一种看法认为,经济外交是以追求经济利益为取向的一种外交活动的表现形式。[②]

中国学者关于经济外交的主要观点可归纳为:第一,源自外交学视角的经济外交诠释,我国研究者中持这种论点者居多。例如,北京大学国际关系学院张学斌的看法具有代表性,他认为,"经济外交是主权国家的国家元首、政府首脑、政府各个部门的官员以及专门的外交机构,围绕国际经济问题展开的访问、谈判、签订条约、参加国际会议和国际经济组织等多边和双边的活动"[③]。一些学者虽然没有明确从"外交学"角度对经济外交加以解释,但是在对该问题的表述中实际上是沿用了外交学原理。例如,有的学者把"经济外交"看作外交的一种方式,认为当代外交中包括经济外交,它与多边外交、首脑外交、公众外交一样,也是当代外交的一种方式和手段,在实现和维护国家利益的过程中,外交手段与军事手段和经济手段同样是重要的选项。[④] 由此可见,一些学者是从"外交学"角度对经济外交给予解释。

第二,从经济外交的经济性特征加以阐述,以研究国际经济关系的研究者为代表。在我国,明确阐述"经济外交学"概念的学者是清华大学的何茂春教授。他在其《经济外交学教程》一书中对"经济外交"的定义是,"经济外交是以经济利益为目的的外交,包括一个国家、单独关税区和各类组织为实现对外经济目标而进行的外交外事决策、运筹和实践活动"。在其教科书中,他提出了经济外交的概念和内容、经济外交的主体、经济外交的基本原则、经济外交的策略与艺术、经济外交在国家社会经济发展中的作用和经济外交学的学科体系。[⑤] 他解释说,狭义的"经济

---

① 金熙德:《日美基轴与经济外交》,中国社会科学出版社1998年版,第30页。
② 王树春:《经济外交与中俄关系》,世界知识出版社2007年版,第31页。
③ 张学斌:《经济外交》,北京大学出版社2003年版,第6页。
④ 何中顺:《新时期中国经济外交:理论与实践》,时事出版社2007年版,第27页。
⑤ 何茂春:《经济外交学教程》,世界知识出版社2010年版,第2页。

外交"指"市场外交",即"对外经济贸易",狭义的对外经济事务的主要内容为对外商品贸易、服务贸易、技术贸易和其他一切形式的对外经济合作,即通常所说的"外经贸"等。在国际学术界的研究中还有的看法认为,经济外交是运用经济工具来保障国家的经济安全和战略利益,强调经济外交工具的经济属性,而对于经济外交的目的指向则相对泛化。还有的研究者认为,"经济外交是指各国以最大限度地促进经济合作,扩大和维护经济利益为出发点,来确定外交活动的目标,制定对外政策,并开展相互的外交活动。经济外交的目的是促进对外贸易,保持外贸平衡,增加外汇收入,增强国家实力,保护本国利益"[1]。

第三,从学科概念的角度出发,认为对经济外交难以给出确切的定义。因为对于"经济外交"的概念尚没有形成较为一致的认知。一些学者提出,经济外交是一个含义模糊的概念。之所以产生这样的问题,如前所述,其原因在于学者们对经济外交的内涵和行为在理解上存在着差异与分歧。[2]

第二节　俄罗斯经济外交的学术诠释

关于俄罗斯经济外交的学术诠释、思想涵盖及渊源,主要来源于俄罗斯外交基本理论、俄罗斯经济外交实践以及俄罗斯学者关于经济外交的理论探索。

一　关于俄罗斯经济外交的概念

就俄罗斯经济外交研究而言,由于苏联时期学者们曾进行了相关的国际关系理论的研究,从而在学术研究方面具备了深厚的理论积淀,学者们具备学术研究的素养与学术分析水平。这为以后俄罗斯关于经济外交的研究与运用奠定了较为坚实的学术基础。

苏联解体后的一段时间,由于俄罗斯转型带来的冲击和俄外部环境、对外关系的颠覆性变化,俄罗斯学者对国际关系和经济外交的研究一度陷入停滞状态。随着转轨型经济衰退趋于稳定和经济逐渐复苏,新的国际秩

---

[1] 程毅等主编:《国际关系中的经济因素》,华中师范大学出版社2001年版,第68页。
[2] 李中海:《俄罗斯经济外交:理论与实践》,社会科学文献出版社2011年版,导论。

序对俄罗斯生存发展提出了新的要求，该领域的研究再度活跃起来。进入21世纪，俄罗斯重新崛起的意图不断突显，经济外交的目的也在变化，俄罗斯外交界和学术界对"经济外交"进行的研究取得了一些新的成果。我们将俄罗斯经济外交研究大致分为以下几个派别。

其一，官员派。官员型的研究者对于俄罗斯经济外交的认定，其视角是依据外交实践和国际关系现实阐述对经济外交的理解。2001年，俄罗斯政治百科全书出版社出版了当时担任俄罗斯外交部副部长（1999—2001）的伊·伊万诺夫的学术专著《俄罗斯经济利益及其经济外交》。作为一名学者型的高级外交官，伊万诺夫既熟悉日常的经济外交实践，参与重要的经济外交决策过程，又对俄罗斯的经济利益与经济外交战略有着深刻的理论思考。该书全面分析了当代俄罗斯的对外经济关系、俄罗斯经济外交的主要地区方向、俄罗斯经济外交的重要领域以及俄罗斯经济外交的协调机制。可以认为，这是一部论述当代俄罗斯经济外交的奠基性著作。由于该书出版于2001年，当时俄罗斯的经济还处于复苏的起始阶段，经济外交并未全面展开，因而许多领域还未引起他的关注。当时，伊·伊万诺夫给出了经济外交的定义："经济外交是全球化条件下为保障国家的经济发展和经济安全，着眼于国家利益，依靠国家及非国家机构的协作，在对外经济领域中采取的具有法律和行政意义的各类工具及行动的总和。"①

2006年，俄罗斯经济出版社出版了俄罗斯外交部官员阿列克谢·利哈乔夫（А. Е. Лихачев）撰写的《俄罗斯经济外交：全球化条件下的新挑战与新机遇》② 一书。利哈乔夫长期从事对外经济事务，参与了俄罗斯加入世界贸易组织、俄罗斯与巴黎俱乐部等国际经济组织的谈判。他的这部著作是当代俄罗斯经济外交研究的集大成之作。该书共分七章，分别论述了"全球化进程对发展国际经济联系的意义"、"全球化条件下经济外交的主要方向和特点"、"当代俄罗斯经济外交的内容与机遇"、"作为实现国家利益重要因素的经济外交"、"俄罗斯经济外交的贸易政策与一体化方面"、"俄罗斯经济外交的投资与金融方面"以及"俄罗斯的资源外

---

① Ивнов И. Д., *Хазяйственные интересы России и ее экономическая дипломатия*, Росспэн, Москва, с. 4. 2001.

② Лихачев А. Е., *Экономическая дипломатия России: Новые вызовы и возможности в условиях глобализации*. М. 2006.

交"。阿列克谢·利哈乔夫提出的经济外交概念是,"经济外交是指在世界经济体系中国家、社会各界和商业界为实现国家经济利益,利用传统的和现代的外交手段的联合活动,有一整套本国的对区域和多边机构的经济体制,旨在提高国家的国际竞争力"。[①]

2003年,莫斯科国际关系出版社出版了维克托尔·伊万诺维奇·波波夫教授的《现代外交:理论与实践》一书,该书是其对毕生外交实践所做的理论思考。这位俄罗斯资深外交学家、外交学院荣誉教授、历史学博士,著有关于苏联、英国、美国、德国外交政策等方面的著述近10部,是俄罗斯外交学界的重要代表人物之一。尽管该书着墨不多,但作者还是对贸易外交以及美国的经济外交做出论述。他从外交学的角度对经济外交定义,认为经济外交是利用经济作为参与国际社会竞争与合作主体的活动的一个领域。[②] 他还指出,俄罗斯外交中经济外交的任务是:(1)尽量减少俄罗斯实行一体化的全球风险,并确保国家经济安全;(2)在俄罗斯全权参与国际组织的条件下建立公正的国际贸易体系;(3)扩大本国产品出口及进口合理化,反对国外歧视俄罗斯生产商;(4)吸引外国投资到俄罗斯经济的优先领域;(5)保证俄罗斯联邦在国外的所有权;(6)促进国际经济关系领域全面立法,外交部必须确保经济利益在俄罗斯对外政策中的重要作用。

其二,学者派。学术型的研究者以国际关系和世界经济为研究对象,对经济外交的范畴给出解释并加以界定。在俄罗斯,学者型经济外交研究者大部分集中在俄罗斯莫斯科国际关系学院和一些高等院校。以莫斯科国际关系学院为首的研究团队为代表,其经济外交研究的主要领军者为该院的外交教研室主任佐诺娃(Т. В. Зонова)教授。2003年,佐诺娃出版了代表作《现代外交模式:理论与实践》,这部著作开启了当代俄罗斯"新外交学"研究的一个新领域。书中,佐诺娃对冷战后国际环境的变化给俄罗斯外交带来的影响进行了深入分析,她不仅探讨了冷战后国际上外交体系主体的多样性和公共问题解决的复杂性,而且对外交主权的让渡与

[①] Лихачев А. Е., *Экономическая дипломатия России. Новые вызовы и возможности в условиях глобализации*. Издательство: Экономика, С. 461. 2006.

[②] Попов В. И., *Современная дипломатия: теория и практика. Дипломатия наука и искусство: Курс лекций 2-е изд.* http://rudocs.exdat.com/docs/index-546611.html? page=19#423041.

共享进行了深入研究,提出了外交使命从国家利益的代表者和捍卫者向对话者和协调者转变的新观点。这一观点对于当代俄罗斯外交实践确立以合作为主导的外交关系具有直接的思想指导意义,这些研究视角和观点对俄罗斯"新外交学"的后续研究非常具有启发性,留下了巨大的研究空间。①

佐诺娃对于经济外交概念的解释是:"经济外交当然不完全是外交,但外交又不可能忽视经济问题,更不可能完全专注于经济问题。可以确定的是,经济外交已经形成了自己独特的优势,这种优势就表现为具有现代世界经济调解功能的各种机构所举行的一些多边论坛。经济外交有自己的节奏、独特的活动空间以及独特的问题领域。"② 俄罗斯国际关系学院世界经济研究所博士、副教授伊·卡彼扎(Л. М. Капица)从经济外交的"经济性特点"阐述经济外交概念,认为经济外交是指"保护经济的外交、服务于经济的外交、为经济提供服务的外交和新经济外交——双边和多边的现代经济外交,它包括与联合国、世贸组织、世界银行等机构的多边谈判程序"③。

俄罗斯外交学院教授谢季宁在《经济外交》(2001)一书中对经济外交的系统阐述,被认为是新世纪俄罗斯学者关于经济外交颇具代表性的理论探讨。他在书中指出:"经济外交是经济与政治的融合,这种融合达到了涉及制定和实施管理决策的水平,借助于这些决策使当代世界的合作与竞争得以实现,使市场经济发展和完善的形式与方法得以确立,并最终使市场经济成为那些涉及经济和社会进步的关键问题得以解决的重要因素。"④ 俄罗斯外交学专家阿列克谢·利哈乔夫在其撰写的《俄罗斯经济外交:全球化条件下的新挑战与新机遇》一书中提出,"经济外交是国家、社会和实业界使用传统的和现代的外交工具,综合运用对外经济合作的机制性安排、区域内机制和多边机制,为其在世界经济体系中实现国家

---

① Зонова Т. В., *Современная модель дипломатии: истоки становления и перспективы развития*, М.: РОССПЭН, 2003.

② Татьяна Владимировна Зонова, *Экономическая дипломатия.* Внешнеэкономическиесвязи №6, июнь. 2005.

③ Московский государственный институт международных отношений (Университет) МИД России (Кафедра Мировой экономики). http://www.mgimo.ru/files/15790/ec_diplomacy.doc.

④ Щетинин В. Д., *Экономическая дипломатия*, Международные отношения, Москва, с. 15. 2001.

经济利益及提高国际竞争力而采取的联合行动"①。

其三,政府派。俄罗斯政府关于经济外交的解释与界定,在俄政府对外政策中具有指导作用。俄外交部的基本看法是,经济外交是保证俄罗斯国家经济利益的工具。俄罗斯联邦对驻外大使馆规定的经济外交职能主要有:(1)搜集与分析有关问题的信息;(2)发展俄罗斯联邦同与其有经济贸易合作的国家的关系;(3)促进东道国商业的不断增长;(4)实施关于建议不断增长与潜在的有利于投资的合作伙伴的业务;(5)与相关的部门(贸易、金融和经济部门)保持经常性的联系。俄罗斯外交学院院长巴扎诺夫在2013年表示,俄外交的主要目的即是为国家经济可持续增长、为国家实现现代化、为提高人民生活水平构建一个良好的外部环境。这也自然成为俄罗斯外交官的责任。具体来说,外交官们的任务是:要打破外国限制俄罗斯及其企业的贸易政策,反对贸易保护主义;在涉及世界经济发展、能源和粮食安全以及贸易和交通运输合作的大型国际论坛上坚持本国立场,为俄罗斯争取利益;为扩大俄在国际市场上的影响创造有利的政治条件;更多地吸引外国资本。②

俄罗斯资深外交学家、外交学院荣誉教授维·伊·波波夫从外交部的职能角度,提出了俄罗斯外交部的经济职能。他指出,俄罗斯外交部负责经济问题的部长职责体现在:第一,国际经济合作,与国际经济组织进行联络,监控国际货币金融领域的发展趋势;第二,国际经济组织,与国际社会经济集团保持联络,例如联合国等;第三,与整个欧洲的合作,协调与欧盟的合作关系;第四,与独联体实现经济一体化合作。在波波夫教授看来,当前,俄罗斯在经济外交方面的一个发展趋势是,越来越多的本地企业对俄罗斯官方外交更加信任,并在一些问题上积极参加政府和政府间委员会的活动。③

从学术角度归纳俄罗斯关于经济外交的有关理论学术,结合俄罗斯

---

① Лихачев А. Е., *Экономическая дипломатия России*: *Новые вызовы и возможности в условиях Улпобализации*. М. 2006.

② 林雪丹:《外交官成为经济发展重要"推手"》,载《人民日报》2013年4月8日。http://www.chinadaily.com.cn/hqgj/jryw/2013 - 04 - 08/content_ 8694580. html.

③ Попов В. И., *Современная дипломатия*: *теория и практика. Дипломатия наука и искусство*: *Курс лекций 2 - е изд*. http://rudocs. exdat. com/docs/index - 546611. html? page = 19#423041.

外交实践所依据的理论逻辑,俄罗斯经济外交理论的要点大致是:第一,将俄罗斯"经济外交"视为经济与政治上的融合。其代表人物是俄罗斯外交学院教授谢季宁。他特别强调经济外交的"经济与政治融合"的特点,即经济外交从过去仅仅直接研究国际经济的现实问题,转变为对国家进行管理的经济问题,在全球范围则研究通过国际合作机制对国际经济合作进行管理。他给出的"经济外交"定义是,"经济外交是经济与政治的融合,这种融合达到了涉及制定和实施管理决策的水平,借助和通过所制定的决策,实现当代世界的合作与竞争,并最终使市场经济成为那些涉及经济和社会进步的关键问题得以解决的重要因素"①。曾任俄外交部副部长的伊·伊万诺夫强调"经济外交"的"行政—法律机制",以及经济外交具有非常明确的目的性,在全球化下着眼于稳定发展与经济安全之目的。在他看来,"经济外交"是全球化条件下"为保障国家的经济发展及经济安全着眼于国家利益,依靠国家及国家机构的协作,在对外经济领域中所采取的具有法律和行政意义的各类工具及行动的总和"②。因此,俄罗斯学者认为,经济外交正在成为政治和经济领域国际合作动态结合的一门学科,它是政治与经济的相互依赖和相互依存功能相结合的外交。因为,在政治或经济层面上的每一具体外交活动都是相互关联的,经济外交决定着政治与经济的相互依赖与相互依存关系,这种在功能上相关的外交具有多能量的特点,所以政治或经济层面的每一项外交活动都是相互关联的。③

第二,俄罗斯经济外交以实现并维护国家利益为主要目的。俄罗斯经济外交的主要目的是实现和维护俄罗斯国家利益。在经济领域,以经济手段开展的维护国家安全、发展和长远利益的外交活动,也包括以经济利益为目的的其他类型的外交活动。有的学者提出,经济外交是国家在国际层

---

① Щетинин В. Д., *Экономическая дипломатия: Учебное пособие*. М.: Междунар. отношения, С. 11 – 15. 2001. 引自 Мавланов И. Р., *ЭКОНОМИЧЕСКАЯ ДИПЛОМАТИЯ В НАЧАЛЕ XXI В: ВЫЗОВЫ И ТЕНДЕНЦИИ РАЗВИТИЯ*, 12.06.2008г. http://iwep.kz/stariysite/index.php? option = com_ content&task = view&id =1109&Itemid =63 Наши координаты.

② Иванов И. Д., *Хозяйственные интересы России и ее экономическая дипломатия*. М.: РОССПЭН, С. 4. 2001.

③ Павол Баранай, президент "Diplomatic Economic Club", "Современная экономическая дипломатия", http://www.proza.ru/2010/10/30/706.

面推行经济利益的外交努力。① 在俄罗斯，一些专家将"经济外交"视为在国际市场实现国家经济利益的活动，并以外交方式维护国家经济安全。例如，И. 马夫拉诺夫（И. Мавланов，2007）提出，经济外交是"国家机构在社区和商业组织的帮助下，利用现代经济、政治、法律和科学的知识以及现代外交的工具、方法和形式，通过双边和多边机构，为在世界舞台上实现国家经济利益，旨在面向社会的市场经济持续稳定发展的活动"。更为简单的表述是，经济外交是在世界舞台实现国家经济利益的活动，以外交方式维护国家经济安全。

第三，俄罗斯将"经济外交"视为国家对外对内政策的一个重要部分，也是对内政策的一个优势。这一观点以俄罗斯外交部长拉夫罗夫为代表。持这一看法的官员型研究者认为，在当前全球化和国际竞争加剧的背景下，经济外交具有了一些新的特点，主要体现在经济外交的内容、形式与工具上，诸如政治问题（包括国际政治）大大经济化，而经济问题则政治化。对外经济领域的外交活动已经越来越具有国家间经济调节的功能。这些优先方面形成了一种特殊的外交，即所谓的"经济外交"。在当代条件下，作为国家对外政策的最重要的方式，经济外交概念是第一次获得多于政治特征的多样化特点，是保障国家战略和在国外的经济利益，旨在实现长期政治方针所必不可少的工具。还有的学者认为，经济外交就是外交过程呈现出经济化特点，外交活动越来越多地参与全球的劳动和经济分工，与世界经济一体化和全球化的联系越来越紧密。

第四，总之，俄罗斯经济外交活动包括两个主要范围和领域的外交活动。（1）以实现和维护国家利益为目的，运用经济手段展开的外交活动；（2）为实现和维护国家经济目的而开展的各种外交活动。简言之，把"经济外交"理解为"通过外交手段实现经济目的"。我们通常所说的经济外交是狭义的以经济活动为主要内容，为了经济利益而进行的外交活动。另外，它也包括以非经济手段为经济利益服务的外交活动，或者以经济手段为国家战略利益服务的外交活动。俄罗斯经济外交的主体是国家机构，经济外交的主要参与者和主导者是公司、企业法人和其他非政府主

---

① Амиль МАГЕРРАМОВ, Гаджиага РУСТАМБЕКОВ, ЭКОНОМИЧЕСКАЯ ДИПЛОМАТИЯ КАК ИНСТРУМЕНТ РЕАЛИЗАЦИИ НАЦИОНАЛЬНЫХ ИНТЕРЕСОВ, 2011. http：//www. ca‐c. org/c‐g/2011/journal_ rus/c‐g‐1‐2/06. shtml.

体。或者说，各种主体参与的、以促进国家经济和非经济利益为目的的、由国家经济外交政策指导的、具有经济内容性质的外交活动，都属于俄罗斯的经济外交范畴和内涵。

可以看出，以上关于经济外交概念界定的内涵具有泛化和广义的特征。也就是说，俄罗斯关于"经济外交"的理解尚过于宽泛，有的学者理解的是"非常宽泛的范畴"。这种宽泛的理解，使其在一定程度上失去了这一概念的特性和界限而显得模糊，似乎经济外交逐渐成为经济、政治、外交、战略、国际关系、对内政策等的泛指的研究对象。

在这种情况下，本书提出俄罗斯的经济外交的内涵可以在两个层面上加以理解：第一，为了国家利益而开展的主要运用经济手段在经济领域进行的外交活动；第二，以经济利益为目的，主要运用外交手段进行的外交活动。

二 俄罗斯经济外交的思想渊源

在俄罗斯的国家发展史上，亲西方派、欧亚派和斯拉夫派是俄罗斯国家民族意识、民族思维、社会哲学、文艺创作的基本理论哲学流派。苏俄的国际关系理论和外交政策，也受到了这些理论流派与思潮的影响。

第一，亲西方派思想作为一种社会政治思想，可以追溯到彼得大帝的欧洲化时期。彼得大帝以欧洲国家为典范，对俄罗斯的军队、政府、社会、教育、文化乃至日常生活等领域进行了全方位的西化，以此为标准推动俄罗斯的现代化。这一政策取得了显著的效果，被俄国历史学家高度推崇。亲西方派哲学思想在俄罗斯的发展史上若隐若现，对俄罗斯社会历史产生了非常重要的影响。亲西方派强调理性主义的决定性意义，与俄罗斯的另一个哲学流派——斯拉夫派强调的集体主义或互助精神相互对立。就外交取向和外交实践而言，亲西方派强调俄国文明的欧洲属性、俄国发展的欧洲道路和俄国外交的欧洲方向。在俄罗斯的发展道路上，每当社会发展停滞或重大制度问题、发展道路问题无法解决时，亲西方派的影响就会来到社会的前台。彼得大帝的欧化改革、尼古拉二世的农奴制改革、戈尔巴乔夫的新思维、叶利钦的浪漫自由主义政治经济转型目标和方案，无不深受亲西方派思想的影响。1992年启动转型以来，俄罗斯经济外交中的实用主义和国家利益至上的思潮在很大程度上受到了亲西方派的影响。甚至普京和梅德韦杰夫在关于俄罗斯是一个什么样的文明和国家的定位问题上，亲西方派的影子也若隐若现。

　　第二，欧亚派是俄罗斯地缘政治学的缩影，也是俄地缘政治学中最有影响的一个流派。欧亚派强调俄罗斯既不是欧洲国家，也不是亚洲国家，而是"欧亚—俄罗斯"；欧亚派对把俄罗斯转向西方文明的企图持坚决否定的态度，强调俄罗斯作为欧亚文明的接合部，是独特的文明，反对欧洲中心论和进行重新的民族自我认识；欧亚主义主张，健全的社会只能建立在信仰以及人与上帝的联系之上，俄罗斯民族的自我意识是基于东正教的独特民族心理共同体，俄罗斯发展的历史是一种必然选择。欧亚主义是俄罗斯历史学、地理学、民族学和自然科学相关知识的综合，尽管无法给俄罗斯的发展指明道路，但其坚持自我主体的视角成为解决俄罗斯身份认同的基石。苏联解体后，俄罗斯亲西方政策遭遇挫败，使俄罗斯重新回到平衡外交政策中。1996年普里马科夫取代科济列夫担任俄罗斯外长之后，提出"多极化"外交构想，指出冷战之后的世界秩序正在向以平等伙伴关系为主导的多极世界过渡；恢复俄罗斯的大国地位，使之成为多极世界的一极，是当代俄罗斯外交的主要任务；俄罗斯的外交政策是独立的、积极的、全方位的与平衡的，即使在极端不利的条件下也要捍卫国家利益；独联体地区是俄罗斯外交政策的优先方向。普京在外交政策上的布局也具有欧亚派的影子，特别是欧亚联盟的设想和俄在独联体地区的外交布局，也反映了欧亚派的外交思想。

　　第三，斯拉夫派是当代俄罗斯国际关系理论中的一个重要派别。斯拉夫派的基本论题是证明俄罗斯独特的发展道路，反对俄罗斯照搬西欧社会政治发展道路。在外交问题上，斯拉夫派认为，由于俄罗斯不仅拥有独一无二的地缘政治地位，更拥有东西方两种文明之间的优势，因而长期以来俄罗斯是东西方文明和世界力量平衡的"天然"维持者。普京在第二任期中提出的坚持俄罗斯发展道路的独立性，坚决捍卫俄罗斯主权，坚持奉行独立自主的对外政策，坚定维护俄罗斯的国家利益，倡导建立多极世界和公正民主的国际秩序等，都是俄罗斯的斯拉夫主义思想在外交政策方面的反映。

　　总的来看，无论是俄罗斯理性实用主义的外交方略、国家利益至上的外交原则，还是坚持俄罗斯发展的独特道路，把独联体地区作为外交包括经济外交的优先方向，推动独联体地区的一体化等，都体现出俄罗斯外交政策的思想和主张。

第三节　俄罗斯当代经济外交的核心：经济利益因素

一　经济利益因素在国际关系中的作用加强

冷战结束之后，随着东西方军事对峙的消除与经济全球化的迅猛发展，自由市场体制逐渐成为全球更为通行的经济发展模式，经济利益逐渐成为国家利益最重要和最根本的组成部分。在对当代外交政策、经济外交和国际关系的理解中，人们注意到经济利益因素在国际事务中已经起着越来越重要的作用，以经济和科技为基础的综合国力较量成为国家间，特别是大国间竞争的力量重心，国际关系中经济因素的影响和作用明显上升，经济安全成为国家安全战略考量中的重要内容。这是冷战后国际政治尤其是大国关系中的新特点。这正如新自由主义的代表人物之一罗伯特·基欧汉所指出的："自由主义之所以能够得到贯彻，部分原因在于符合美国的利益，从而得到美国持续不断的支持。同时，国际经济交往所带来的效率和福利也符合各国利益。为获得这些福利，还需要订立一系列的协议。"[①] 因此，一旦经济利益成为国家利益内涵的重要组成部分，各国在经济上相互依赖的紧密关系所要求的国际经济法律自由化变得明确，即制定符合世界市场统一趋势的国际经济规则成为各国欲求之目标。[②]

经济利益因素在国际关系中的作用加强，可以从20世纪90年代之后所签订的经济条约中体现。据统计，截至2002年底，各国签订的双边投资条约总数已达2181个，绝大部分为20世纪90年代以后所签订，这些条约涉及的国家增加到176个，其中超过45%为发展中国家之间所签订。与之相应，截至2002年底，各国之间共签订了2256个避免双重征税的协定。同时，这一时期区域经济一体化蓬勃兴起，尤其以北美自由贸易区、欧盟、东盟等为代表；此外截至2012年底，WTO这一全球最大的国际经济组织的成员已经达到156个。而且，仍有国家和地区为加入该组织而展开谈判。其他国际经济组织或国际经济条约也一样，如ICSID公约，其成员数量截至1996年10月荷兰加入时只有20个，至2003年11月已增长到

[①]　[美]罗伯特·基欧汉：《霸权之后：世界政治经济中的合作与纷争》，苏长和、信强等译，上海人民出版社2001年版，第248—249页。

[②]　刘志云：《国家利益观念的演进与二战后国际经济法的发展》，载《当代法学》2007年第1期。

154个。①

经济利益因素的加强对各国的国家利益产生了深刻影响,它使因国家经济利益(发展本国经济、维护国家经济安全、获取本国经济发展所需的资源和外部政治及市场环境)加强所发生的各种外交活动不断增多。作为对外关系核心的外交活动,同时出现新的趋势。英国外交家巴斯顿在《现代外交》一书中指出:"外交涉及处理国家之间和国家与其他行为者之间的关系。从一个国家的角度来看,外交的作用是提出、制定和执行外交政策。外交本身是国家通过正式和非正式的代表以及其他行为者,运用通信、各种会谈、交换观点、说服、访问、威胁或其他相关的行动来阐明、协调和维护特殊的和更广泛的利益的手段。"② 显然,上述对外交的广义化定义,反映了当前外交关系发展的现实。否则,我们无法用外交的传统定义来解释目前非常活跃的"民间外交"、"政党外交"、"多维外交"、"公共外交"、"经济外交"等现象;如果不对外交进行广义的和宽泛的解释,就难以说明当前被广为运用的如"政党外交"、"首脑外交"、"公共外交"、"民间外交"、"科技外交"、"能源外交"、"气候外交"等现象。

二 国家利益深化对经济外交产生重要影响

在全球一体化经济时代,国家利益的争夺更多地体现为国家的发展和经济实力的变化,发展本国经济,保障国家安全,提高本国的国际地位等,逐渐成为现代国家利益的核心。维护和实现这种国家利益的手段,越来越体现在经济外交领域。这主要是因为,经济因素对国际关系的影响已经大大改变了国际关系结构的基本特征和国际政治的核心议程。当前,经济因素对国际关系的影响主要体现在以下几个方面:一是经济领域的竞争与合作成为国际关系和各国外交的重要内容;二是经济利益的追逐成为国际关系发展的巨大推力;三是经济手段成为协调国际关系的重要途径;四是经济安全成为国际关系的新课题。③

通过外交活动塑造有利于本国国家利益的国际关系结构是外交的最根本的目的。国际关系理论大师汉斯·摩根索把国家利益称为国际政治中

---

① 刘志云:《国家利益观念的演进与二战后国际经济法的发展》,载《当代法学》2007年第1期。
② [英] R. P. 巴斯顿:《现代外交》,赵怀普等译,世界知识出版社2002年版,第1页。
③ 程毅等:《国际关系中的经济因素》,华中师范大学出版社2001年版,第4—6页。

"实际上的最后的语言"。总体上看,国家利益的具体表现受内外两种因素的影响,即国家外部环境的变化和国家内部社会政治经济形势的变化。现代国际政治实践、当今民族国家的国家利益一般包括以下共同要素:国家实体的生存、国家精神价值(国家共同体价值观)的生存、基本政治制度的维持、国家经济的发展、主权领土的完整等。通常,经济因素在全球化时代对国际关系的影响,是由国际关系两个方面的特征表现出来的。一方面是经济实力已经成为现代国家综合实力的基础,国家间的竞争已经从军事争夺战转变为一场经济争夺战。冷战时期美苏争霸的结果归根结底是由经济实力决定的,是由美苏两国利用资源的效率、生产方法的先进程度、对世界市场和国际能源的控制程度等因素决定的,军事实力实际上是经济实力的延续,是以经济实力为基础的。[①] 另一方面,经济实力已经成为国家获得国际影响力的重要手段。在国家利益中,除了安全和发展利益之外,一个非常重要的国家利益维度是国家影响力,它是国家精神价值合法性、国家制度合法性和文化价值影响力的基础。经济合作、经济谈判和经济相互依赖,日益成为国家影响力的主要渠道和途径。正是由于经济因素在现代国际关系中的影响和地位,经济外交在外交中的地位也上升到了一个前所未有的高度。经济外交是外交的有机组成部分,从概念上看,经济外交既指以经济手段维护国家利益的外交活动,也指为国家经济利益(发展本国经济、维护国家经济安全、获取本国经济发展所需的资源和外部政治及市场环境)所进行的各种外交活动。

在全球化时代,非对抗的和平外交关系是国家间关系的最主要的特征,外交手段是非战争时期国家间和平相处的主要方式。那么,此时经济外交在外交中的特殊重要性就得以充分体现。

第一,冷战终结后,以经济手段维护国家利益成为这一时期国家间关系的最主要内容。全球化特别是经济全球化使世界市场统一为单一的全球市场体系,资源、劳务和资本的全球流动和配置成为世界各国经济发展的重要助推器。在这种情况下,以经济手段来实现和维护国家利益,即通过经济外交手段维护自身的国家利益,是一种非常有效的方式。

第二,在和平与发展的时代,以合作共赢促进国家关系与经济发展,

[①] [美]莱斯特·瑟罗:《二十一世纪的角逐——行将到来的日美欧经济战》,张蕴岭译,社会科学文献出版社1999年版,第12页。

为本国经济发展而展开外交活动，使外交为本国经济发展服务，成为各国外交活动的核心内容。

第三，国家间的竞争越来越表现为经济竞争，提升各自国家的经济实力，为本国经济开拓国际市场，以本国经济的发展获取海外资源和国际先进技术，是当今外交活动的一项最主要的内容。

三　国际政治经济学的延伸视角

从本质上讲，外交政策、外交活动是对一个国家的国际关系结构有意识地影响、塑造和主动调整。目前，主导外交实践的还是现实主义国际关系理论。[①] 现实主义者认为，国际关系的实质就是无政府条件下争夺权力的斗争，其核心概念是权力。[②] 因此，国际关系结构的发展，其本质是权力政治角逐过程中国家间权力关系演化与体系结构选择问题。国际关系作为一种权力结构，包括政治、经济、军事、社会、文化等多个维度。国际关系发展历史表明，一国对外政策的基本目标是实现国家安全和利益最大化，国家间相互博弈的结果可以是零和的，可以是共赢的，也可以出现两败俱伤的"负"的结果。

随着全球化的发展，现代外交已经发展出了不同于传统外交的一系列特征。全球化时代的外交的核心目标仍然是追求国家利益，外交活动的主体仍然是主权国家，外交的核心议程仍然是主权安全。但是经济外交在现代外交中的作用大大提升，经济外交是现代外交的一个核心维度，其目的仍然遵循国家主权和领土安全、国家生存与发展利益、国家影响力的三位一体外交目的，经济外交的主体是主权国家和附属于主权国家的各类经济活动主体，经济外交的议程仍然围绕利益、安全和国际影响力。只是在现代国际关系的演化过程中，国家利益的内涵发生了重大变化，以经济手段和国家间的经贸关系为主要内容的经济外交越来越受到各国际关系主体的重视，成为外交活动的一个核心维度。

一个国家通过外交手段处理与其他国家双边和多边关系的目的有三个

[①] 在以美国、欧盟、俄罗斯、日本、中国为主要核心力量的国际关系博弈中，这些主导力量奉行的国际关系理论仍然以现实主义的国际关系理论为主。其中，美国和俄罗斯是现实主义国际关系理论的最忠实执行者。

[②] 秦亚青：《权力政治与结构选择》，载《权力·制度·文化》（国际关系理论与方法研究文集），北京大学出版社2005年版。

基本方向①：第一，为本国主权独立和完整创造安全的外部生存环境（security）；第二，在国际竞争中为国家生存和发展谋取最大化利益（benefit）；第三，在国际竞争中谋取影响国际秩序的更大政治权力或国际影响力（power）。从所追求目标的急迫性排序来看，以上三重目标按照"安全—利益—力量"的顺序递进排列，即外部安全是国家整体对外关系的首要目标，其次是生存和发展利益的最大化，在此基础上追求国际影响力和国际秩序制定的话语权。国际著名学者罗伯特·吉尔平从国际政治的研究领域，提出国际体系的理论主要有三大派别，分别是新现实主义、新自由主义和建构主义。新现实主义从物质主义本体论出发，强调国际秩序的无政府状态，世界由"互动的"国家组成，国际体系结构就是单元（各个国家）之间权力分配的结果，而权力则是由物质实力构成的②，体系层次的"权力分配"体现为"物质力量的分配"③。例如，著名学者罗伯特·吉尔平认为，国际体系变革的主要原因在于体系的失衡，由于大国兴衰导致实力对比开始逆转，从而使体系结构遭到破坏而重组。④ 新自由主义认为，虽然国家是唯一重要的国际关系行为体，国家之间的利益不是不可协调的，但在无政府的国际体系中，国家之间可以通过国际机制进行合作，相互依赖而产生的"软权力"发挥越来越大的作用；同时还认为，影响国际体系的因素主要有两个：权力结构和国际制度，由于国家之间的权力结构的变化是缓慢的，因此国际制度就成为国际体系最主要的变量。⑤ 在建构主义学派看来，其主张从社会学的方法来解读国际政治，创始人亚历山大·温特认为，新现实主义的物质结构仅仅是表面现象，物质力量只有

---

① 下面的讨论借鉴徐坡岭《试论经贸关系对现代国际关系结构的影响——以俄美欧关系为例》，载《社会科学》2008年第10期。

② 新现实主义学派代表人物肯尼思·华尔兹（Kenneth Waltz）提出该概念时主要指一国的军事力量，而笔者认为，结合当今的世界发展现实，我们可以将该概念扩展为以经济实力为核心的综合实力。

③ 张建新：《建构主义国际体系理论及其社会结构观》，载《世界经济与政治》2002年第12期。

④ 俞正樑：《论当前国际体系变革的基本特征》，载《世界经济与政治论坛》2010年第6期。

⑤ 高尚涛：《主流国际体系理论研究述评》，载《外交评论》2006年第2期。基欧汉将国际制度定义为，"一系列围绕行为体的预期所汇聚到的一个既定国际关系领域而形成的隐含的、明确的原则、规范、规则和决策程序"，具体可指政府间国际组织和非政府国际组织、国际机制和惯例等。［美］罗伯特·基欧汉：《霸权之后》，苏长和等译，上海人民出版社2001年版，第65页。

通过观念才起作用，国际体系的基本特征是国际文化（即国际社会的共有知识）而不是权力，国际体系结构是深层次的观念结构。[1]

冷战后，不仅全球各国的相互依赖和相互依存不断加强，而且相互依赖与相互依存的"传导"也更加明显，这导致国际上各种因素的影响作用广为交融。尤其是全球性问题日益突出，使世界经济中的相互依赖关系不断加强。因而，"复合相互依存"理论随之问世。这一理论的集大成者罗伯特·基欧汉和约瑟夫·奈都解释说，过去人们接受用现实主义眼光看待国际政治，这一观点并没有分析经济的相互依赖给资本主义国家间的政策配合带来影响的方式，也不能帮助我们理解这些国家的政府为什么在国际贸易、国际金融等领域确立调节相互关系的一系列规则。[2] 经济联系已远远超出一国疆域和国界，形成以某一大国或区域为核心，你中有我、我中有你、相互依存的格局。国际经济向区域一体化、全球一体化方向发展，这已成为国际经济趋势。这种大趋势要求经济外交必须彻底改变冷战时期"拉一些国家，打击另一些国家"的思维模式，以与各国合作共赢为目标的国家利益作为经济外交的出发点和主要思路。

尽管当今世界是一个相互依赖与相互依存的世界，但是各国的国家利益仍然以守护其国家主权和利益为底线。在国际政治关系和国家关系中，国家利益通常指在一个国家里有利于其大多数居民共同生存与发展的各种因素的综合，它主要包括国家的经济利益、政治利益、安全利益和文化利益等，这些利益构成相互联系的有机整体。利益关系是影响民族国家和国际行为的根本因素，国家利益是在国际政治中发挥作用最持久、影响力最大的因素，它是国家对外活动的最基本的动因；国家利益是关系到外交政策的本质以及全部政治学说的基本问题，是制约、影响国家在国际关系中的行为的根本原因，国家之间的关系反映了不同政治经济实体之间的利益关系。

在国际政治经济学研究中，更多的学者提出，"只有将政治与经济关系结合起来，才能较全面地反映国际关系的现实，国际关系理论作为一门

---

[1] 高尚涛：《主流国际体系理论研究述评》，载《外交评论》2006 年第 2 期。温特对文化的定义为"社会共有知识"，是社会成员在社会场景中通过互动而形成的共有观念，是社会成员所具有的共同的理解和期望，是一种观念性的因素，而非物质性的。

[2] ［美］罗伯特·基欧汉和约瑟夫·奈：《权力与相互依赖》，门洪华译，北京大学出版社 2002 年版，第 37 页。

综合性学科，首先应研究国际政治与国际经济的总和及其相互关系"①。在当代的国家利益中，体现为政治、经济、军事、安全、文化等各个方面，它们是一个相互联系、相互制约、相互影响的有机整体。美国学者唐纳德·纽科特赖因（Donald Nuechterlein）曾在文献中将国家利益分为四个层次：生存利益、紧要利益、主要利益和次要利益，并对四种利益的含义分别做了详细的界定。② 按照其界定，在当今国际背景下，对于大多数国家而言，国家利益主要是紧要利益和主要利益。

不同的国家，其国家利益的优先方向与国家利益诉求是不尽相同的。具体而论，经济利益在国家的发展次序中日益占据优先的位置，尤其是对于俄罗斯和中国这样的国家。20世纪上半叶，在国际关系中，政治和军事利益是影响各国关系的主要因素，决定着国际关系中双边或多边的经济因素和利益关系，一些少数军事或政治强国通过对外战争、武力甚至核威胁等手段，谋求其政治、军事和安全等的利益。二战后特别是冷战的终结，传统的谋取国家利益的手段如军事方式越来越受到限制，随着信息技术的飞速发展，国家间的依赖性不断加强，各国对经济利益关系更加关注，主权国家在实现其国家利益的手段和方式上具有更多选择，例如通过经济贸易活动、国际经济规则、经济和科技支持与制裁、国际经济组织等。

21世纪以来，经济实力对于主权国家在国际政治中话语权的影响日益强大，这种趋势和特征得到加强，经济发展成为一国政治、军事、文化以及价值观输出的基础。这就为经济外交的展开提供了可能。

---

① 倪世雄等：《当代西方国际关系理论》，复旦大学出版社2004年版，第93页。
② Donald Nuechterlein, "The Concept of National Interests: A Time for New Approach", Orbis, Vol. 23, No. 1 (Spring 1979), pp. 73 – 92.

第二章　新时期俄罗斯经济外交的战略定位

21世纪以来，俄罗斯经济外交日益突出其实现国家崛起之战略目的，俄罗斯对外政策和国家战略日益清晰，并贯穿于对外战略的调整、完善与实施的过程之中。随着俄罗斯国家渐强，外交活动服务于国家战略的特点更显突出，"经济外交"的努力与效果得以展现。俄罗斯"经济外交"的努力对于俄罗斯的发展与国家实力的增强，起到了一定的预期成效。本部分的研究重点是，分析俄罗斯经济外交不断加强的国内和国际背景，俄罗斯经济外交的基本特点和功能，决策机制与行为主体；俄罗斯实施经济外交的手段及其主要支柱，俄罗斯经济外交与国家重新崛起的战略相关性；全面把握新时期俄罗斯经济外交的战略思想与行为模式。

第一节　俄罗斯面对全球秩序的大变革

一个国家的"经济外交"与其对内对外政策有着密切联系。任何一个国家内外政策的变化，都不是凭空想象或偶然因素的作用，而是与其特定的历史或现实紧密联系，是国内外各种因素综合作用的结果。俄罗斯独立后，面临着国内和国际的诸多挑战，俄罗斯的对外政策就是在俄国内危机重重、国际地位下降与国际形势严峻的背景下，是在对叶利钦时期内外政策修订与扬弃的基础上逐渐形成并完善的。新时期俄罗斯对外政策的变化以及"经济外交"作用的提升亦是如此。

21世纪，随着普京就任俄罗斯总统，普京强硬而又有谋略的治国方针，大大提升了"经济外交"作为对外政策组成部分的作用。对于21世纪俄罗斯所面临的国内和国际环境，俄罗斯前外交部长、著名外交家伊·

伊万诺夫在《俄罗斯新外交：对外政策十年》一书中，详尽阐述了苏联解体后俄罗斯的对外政策和国家战略的形成及其变化。[①] 他分析了在20世纪90年代与世纪之交俄罗斯所面临的主要问题，21世纪初俄罗斯所处的国际地位、面临的国际环境和国际新秩序等，并论述了俄罗斯所应采取的对内和对外政策。在论述俄罗斯"外交新视野"部分中，他明确指出在苏联解体后俄罗斯对外政策中"经济外交"作用的不断提高。他认为，这反映出一种世界性的发展趋势：经济因素对国家对外政策以及全球性和地区性国际关系的发展起着越来越大的作用。具体地说，这指的是越来越广泛地积极利用对外政策和外交手段去促进解决这样一些任务，诸如保证经济的持续稳定增长，使俄罗斯与世界经济体系全面接轨，其中包括使国家参与世界经济组织，帮助俄罗斯企业家走向国际市场，保证他们与国外伙伴进行平等和不受歧视的贸易往来，为吸引外资和调节外债问题创造有利条件。[②]

2003年是俄罗斯政府加大经济外交努力的重要时期。俄罗斯政府发布了《2003年俄罗斯经济外交》报告。其中指出，"2003年俄罗斯外交部加强了对外政策中经济方面的工作。有效的经济外交促进了俄罗斯市场改革的成功，增强了其国际威望和在国际市场上的地位，扩大了对全球和地区经贸、外汇、金融和投资合作的参与"；报告还指出，根据俄总统普京在《国情咨文》（2003年5月）中提出的任务，俄罗斯经济外交关注的重点是：使俄罗斯不断地融入世界经济，推动俄罗斯加入世界贸易组织，加深独联体经济一体化，发展与欧盟的战略伙伴关系，与金融恐怖主义作斗争。俄罗斯外交部在对外经济活动中向俄罗斯企业提供全面的帮助，使俄罗斯在国外树立良好形象，吸引外国投资。俄罗斯经济外交的主要任务是：融入多边经济体系和八国集团，推动俄罗斯加入世界贸易组织，继续加强同经济合作与发展组织的合作、与国际金融和经济组织的合作（包括国际货币基金组织、国际复兴开发银行、欧洲复兴开发银行），扩大对外经济联系的地域范围（包括独联体国家、欧亚经济共同体）等。

俄罗斯所处的时代背景——国际秩序和全球治理的大变革时期，是俄

---

① ［俄］伊·伊万诺夫：《俄罗斯新外交：对外政策十年》，陈凤翔等译，当代世界出版社2002年版。

② 同上书，第127页。

罗斯不断提升其经济外交的重要国际因素。因此，新时期俄罗斯对"经济外交"认识的提升，是出自对冷战结束、苏联解体、俄罗斯中东欧转型、新俄罗斯面临的困境等客观现实所做出的一项应对策略。

第一，冷战终结之后，面对各国在经济甚至政治方面的相互依赖、互为影响的不断加强，俄罗斯不能独善其身。全球经济的相互依赖和互为依存不断加深，成为当代国际政治经济的重要特征之一。在国际关系学中，通常将"冷战的终结"作为国际关系研究和国际经济秩序变革的重要标志，苏联解体、俄罗斯转型，宣告了冷战时期的美苏军事实力和军备竞赛的国际格局结束。在经济全球化浪潮下，东西方之间的意识形态冲突减弱。追求国家经济利益、解决经济摩擦和参与全球化进程，决定了各国日益重视经济外交，经济外交的地位明显上升，已成为许多国家对外关系中的优先选择，并且成为许多国家对外政策的重要手段而被频繁地付诸实施。发展的问题成为国家的战略任务，经济外交从外交领域的边缘向外交领域的中心地带延伸。

苏联解体以来的20多年，世界格局处在一个大分化、大调整、大变革的过程中，这种变化由浅入深、由点到面、由单一到多级，对于各个国家都在不断产生着深远影响。特别是包括中国和俄罗斯这样的新兴国家力量的崛起，正在改变着世界格局的力量对比。全球政治不再由美国等发达集团主宰。面对变化的世界，各国千方百计使自己的国家在变革中能够获得有利的位置，能够保护自己国家的利益不受侵犯。俄罗斯经济发展已经逐渐融入世界市场。随着各国经济联系的加深，围绕经济问题的矛盾、争执和摩擦也日益扩大，国家之间调节经济矛盾、摩擦的任务越来越重。在这样的背景下，各国激烈的经济利益竞争要求俄罗斯必须动用外交的手段来为本国企业开拓市场，为俄罗斯获得更多的国际经济利益服务。

第二，国家安全从传统政治与军事安全为主转向国家政治和经济安全并重，进入"地缘经济时代"（指区域经济一体化趋势不断加强），各国经济利益的诉求日益明确。在当代国际关系中，一方面，政治因素、军事因素和意识形态因素等传统的国际关系因素对各国的影响仍在；另一方面，经济因素在国际事务中的影响日益增强，成为当代国际政治经济中的重要特征之二。

21世纪，各国都把国家战略重心转向发展经济，经济利益成为各国制定对外政策的基本出发点。所谓"经济因素"在国际关系中的作用加强,即指"经济权力已经取代军事权力成为国家权力的首要源泉"①;经济因素对一国的外交政策以及全球性和地区性关系的发展,发挥着越来越大的作用②。不仅如此,各国国家利益也往往体现为国家经济利益诉求。俄罗斯具有的独特地缘经济优势成为其发挥经济外交的优势,也成为 21 世纪初俄罗斯外交政策的重要内容和外交战略的重要组成。

在苏联解体、两极体系瓦解后,从地缘政治与地缘经济的角度看,国际关系力量对比也在不断发生变化。冷战时代,地缘政治是各国较量的主要因素,政治因素与安全因素是国家战略的基本要素。现时代被一些学者称为"地缘经济时代",它指的是冷战结束后,世界经济由地缘政治时代的两极化转向区域化、多极化、一体化混合成长并互相影响的地缘经济时代,地缘经济的影响因素不断增强。多极化的世界决定任何一个单一大国都不可能实行强权政治,普京在谈到"时代"的问题时指出,当今时代是一个和平与发展的时代,国家间相互依存的增强和相互合作的加深,为建立稳定的国际体制提供了可能性。2000 年《俄罗斯联邦外交政策构想》指出:"国际关系的转变、对抗的停止、'冷战'后果的逐步消除以及俄罗斯改革的推进使国际事务中的合作机会有了显著扩大。发生全球核冲突的危险已降到最低程度。……国际经济联系的深化和多样化,使国家间的相互依赖性具有了一种全球性质,为建立更加稳定、能够抵御危机的国际体制创造了前提条件。"③

21 世纪,经济实力对于主权国家在国际政治中话语权的影响日益强大,这种趋势和特征的加强为经济外交的展开提供了可能。大量事实表明,国际经济关系已经成为主权国家实现政治目标的有效手段。由于世界经济的相互依赖和相互依存,由于世界市场的争夺日益激烈,经济因素在国际政治中的重要性逐渐得到重视,经济利益在国际政治和民族国家的利益结构中的地位趋于增强。

---

① [美]威廉·内斯特:《国际关系:21 世纪的政治与经济》,姚远、王恒译,北京大学出版社 2005 年版,第 103 页。
② [俄]伊·伊万诺夫:《俄罗斯新外交:对外政策十年》,陈凤翔等译,当代世界出版社 2002 年版,第 127 页。
③ 俄罗斯联邦总统普京于 2000 年 6 月 28 日批准的《俄罗斯联邦外交政策构想》。

第三,由于各国政治、经济、军事和外交等作用取决于国家经济实力,导致经济关系的政治化、政治关系的经济化互相交融,经济实力的作用突出与加深。当代国际关系呈现出明显的全球经济政治化和全球政治经济化的互动融合趋势,成为当代国际政治经济中的重要特征之三。当代国际关系呈现出越来越明显的世界经济政治化和世界政治经济化的互动融合趋势。20世纪90年代以来,发展问题日益成为各国外交面临的首要问题,"基于发展的外交"受到前所未有的重视,在外交日程的先后次序中日益占据优先的位置。① 冷战结束后,国际政治的多极化和经济全球化的发展,促使各国更加关注经济的发展。

在我国,王逸舟教授最早提出,在国家关系中构成了越来越明显的世界经济政治化和世界政治经济化的互动融合趋势。② 因为在全球化下,一方面,世界经济的区域化、集团化和一体化不断发展,推动了人类社会相互依存的日益加深,各种区域性的经济集团、组织与经济同盟的出现,使政治经济因素的地缘色彩更加明显;另一方面,新的区域性经济集团、组织与经济同盟的出现与发展,也促进了世界经济与国际政治之间的相互渗透和相互影响。从某种意义上讲,经济外交就是国际经济关系政治化和国际政治关系经济化的重要表现形式。"所谓国际经济政治化是指国际经济不断受到政治的影响,且有浓厚政治色彩的一种倾向,它包含相互联系的两个方面:一方面,国际经济活动和国际经济关系被赋予政治目的;另一方面,国家积极参与国际经济活动,力求以政治、外交手段谋求本国的经济利益。而与此相联系,国际政治经济化是指国际政治不断受到国际经济的影响,具有浓厚经济色彩的倾向,它也包含相互联系的两个方面:一方面,国际政治活动和政治关系被赋予经济目的;另一方面,国家积极参与国际经济活动,力求以经济手段谋求本国的政治利益。"③

经济因素在国际事务中的重要性日益凸显,经济安全和经济利益正占据着国家对外战略的核心地位。国际政治和世界经济日益融合,国际政治经济化已经成为当今世界的一个整体现象。从一国对外经济对本国外交活

---

① 赵可金:《经济外交的兴起:内涵、机制与趋势》,载《教学与研究》2011年第1期。
② 王逸舟:《当代国际政治析论》,上海人民出版社1995年版,第12页。
③ 张蕴岭:《世界经济中的相互依赖关系》,经济科学出版社1989年版,第4页。

动的决定性影响或从一国外交活动必然为本国对外经济服务方面来看，经济外交是国际政治关系经济化的表现；从一国外交活动对本国对外经济的影响或从一国对外经济必然服务于本国外交活动方面来看，经济外交是国际经济关系政治化的表现。二战后，随着战争和军事因素在国际关系中逐渐减弱，一个国家在政治利益和经济利益之间的界定越来越难以明确区分，许多政治活动往往被打上经济烙印。德国军事理论家克劳塞维茨曾说过，战争是政治的延续。然而我们看到，二战之后的历次战争，即使是在局部战争、政治利益的冲突、民族宗教矛盾纠纷集中的中东等地区，也没有哪一次战争能够完全地实现政治目的。这一事实说明，经济利益正是战争真正想获得的重要成果。

经济实力是国家间权力竞争的核心因素，也是推动国际秩序变革的基本动力。以日本经济外交为例，经济外交最先在日本受到重视，是因为二战后日本被剥夺了在安全、防务和其他政治领域的权力，唯有经济领域可以让日本外交有所作为，唯有经济实力能够提升日本的国际地位。由此，成就了日本对经济外交的先知先觉。到20世纪末21世纪初，对于大多数国家来说经济外交仍然只是处于边缘地带，外交问题的中心主要还是战略性问题，例如国家安全问题、领土主权问题、海空权益等问题。目前，"基于发展的外交"（Development-based Diplomacy）受到重视，围绕发展办外交，办好外交促发展，已经成为世界各国普遍的共识。在这种"外交共识"的导向下，经济外交向国家的整体外交中心地带移动，成为外交格局中的客观趋势。

可见，决定一国在世界政治中地位和作用的不再仅仅是军事装备的数量和质量，还包括其经济发展水平、在世界经济中的竞争力、在世界经济和全球信息领域的发展程度以及国家政治制度的稳定性，而国家安全保障的重要途径是国家经济发展和与邻邦一体化的不断加强。[1] 一国的经济能否持续发展取决于能否建立这样的经济体制，从而决定其在新时期国际秩序中的角色和地位。

---

[1] 张文茹：《俄罗斯的"世界新秩序"论与外交选择》，载《俄罗斯研究》2004年第4期。

第二节　俄罗斯期望重新崛起的强国梦

因苏联解体而出现的经济衰退直接影响到俄罗斯的国际地位,因此新俄罗斯面临的首要问题,就是实现重新崛起,重振大国雄风。普京的"强国意识"坚定不移,他多次提出俄罗斯要在2020年之前进入世界五大经济体行列的目标。在2011年6月普京指出,到2020年俄应"进入世界五大经济体行列,人均GDP达到3.5万美元,超过目前的法国和意大利"[①];在2011年9月召开的统一俄罗斯党第十二次代表大会上,普京又指出,当今的世界有很多无法控制的风险,这在客观上要求俄罗斯的发展速度必须超过目前的速度,在今后五年内成为世界五大经济体之一,这绝对是非常现实的任务,而且这样的增长不应该是原料型,而应该是建立在投资、先进科技和高效率基础上的。[②]

俄罗斯实现重新崛起与国家复兴,是普京政府及其领导人始终不渝的奋斗目标。2012年5月,俄罗斯外交部推出的"有效利用外交因素推动俄长期发展计划"的指导性纲领公布,其中的核心思想是俄罗斯要转向采用更加实用的外交政策,旨在与美欧建立更加紧密的联系以帮助俄落后的工业实现现代化,强调要与欧盟及美国结成"现代化联盟"[③]。梅德韦杰夫提出,外交政策应有助于使俄罗斯不发达的经济实现现代化,借以学习和利用西方的先进技术,吸纳欧美投资、人才和管理经验。

俄罗斯增强国家经济实力和实现经济复兴,是俄不断提升其经济外交作用的重要内部因素。俄罗斯转型以来经济急剧衰退,每况愈下,甚至在经济实力与增幅上已经远远落在中国之后。普京在题为《千年之交的俄

---

① 参见普京在2011年6月14日日内瓦联合国有关社会发展和就业大会上的讲话。
② 彭晓宇译《统一俄罗斯党的竞选纲领》。[俄]《真理报》2011年9月27日至28日。转引自中共中央编译局俄罗斯研究中心《俄罗斯研究信息》2011年第7期,第2—3页。2011年9月24日,统一俄罗斯党召开了第十二次代表大会,时任俄罗斯总统的梅德韦杰夫与总理普京在大会上讲话,将这一讲话称作为"统一俄罗斯"党竞选2012年国家杜马选举的纲领。
③ ПРОГРАММА эффективного использования на системной основе внешнеполитических факторов в целях долгосрочного развития Российской Федерации. http://www.runewsweek.ru/country/34184/. 2010年7月20日。中文内容参见新华网: http://news.xinhuanet.com/world/2010-05/12/c_1293150.htm。

罗斯》讲话中最为深切地指出,"首先,我国已不属于当代世界经济和社会发展高水平的领先国家;其次,我国面临着十分复杂的经济和社会问题,20世纪90年代俄罗斯国内生产总值几乎下降了50%,按国内生产总值计算,我们的国内生产总值仅相当于美国的十分之一,相当于中国的五分之一。在1998年危机之后,我国的人均国内生产总值降至3500美元,这还不到'七大国'平均水平的五分之一"。摆在俄罗斯面前的一个迫切需要解决的问题是:今后怎么办?怎样才能消除社会上日益严重的思想和政治分裂?在21世纪,俄罗斯在国际社会中应占有怎样的地位?俄罗斯的强项和弱项是什么?俄罗斯今天到底拥有怎样的物质和精神资源?这是生活本身提出的问题。[1]

俄罗斯认为,经济衰退绝不仅仅是一个经济问题,它被认为是威胁俄罗斯国家安全的重要问题。俄罗斯《总统国家安全咨文》指出,俄国家经济安全面临的内部威胁主要是来自内部的经济问题,即"经济改革不彻底,市场经济体制薄弱,用出口燃料和原料换取进口高技术机器、设备和生活用品;各地区社会经济发展差距拉大";来自外部的主要经济威胁是:"一方面,这是由于俄罗斯正经历着经济危机,国家保护经济利益的体制不太有效,投资气候不利等;另一方面,一系列外部因素也加大了这种危险"。这些外部因素是:外债巨大,俄罗斯在一系列国外市场上受到限制;外国伙伴鼓动高级专家外流;外汇和重要战略物资外流;商品流通结构扭曲,机器制造业基础遭到破坏;支持进出口和使进口结构合理化的现代金融、组织和信息基础设施不够发达等。[2]尽管目前俄罗斯经济已经摆脱"转轨型衰退"的全面危机,但是在激烈的国际经济竞争时代,俄罗斯经济仍然面临着诸多问题。这些问题主要表现在以下几个方面:

第一,在全球经济中,与世界发达经济体和中国相比,俄罗斯的经济增长和经济发展水平存在着很大差距。无论在经济总量还是增长结构上,俄罗斯都不具有优势,见图2-1、图2-2。

---

[1] [俄]普京:《千年之交的俄罗斯》,《独立报》1999年12月30日。普京:《普京文集》中译本,中国社会科学出版社2002年版,第2—5页。

[2] [俄]《独立报》1996年6月14日。

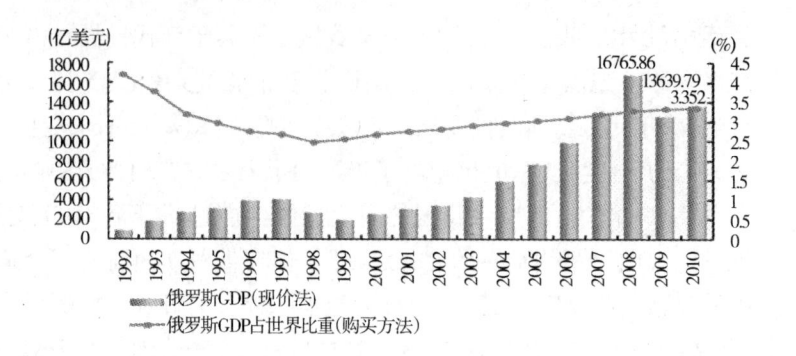

图 2-1 1992—2010 年俄罗斯经济总量及占世界经济比重变化

资料来源：世界银行数据库。

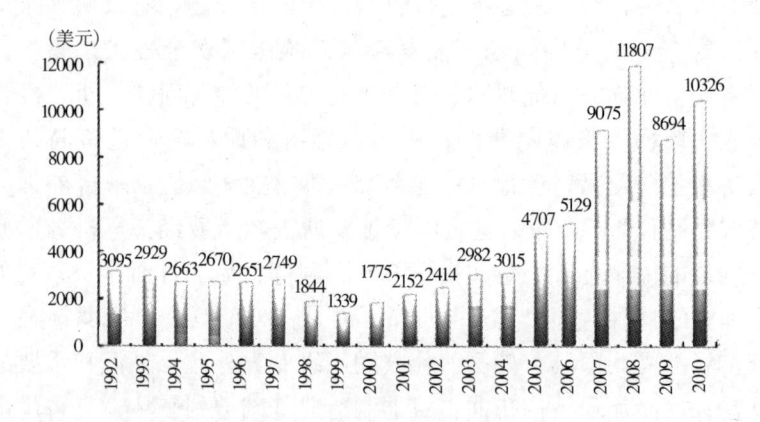

注：2009 年因国际危机出现经济滑坡。

图 2-2 1992—2010 年俄罗斯人均 GDP 的变化

资料来源：世界银行数据库。

第二，在当代国际分工中，俄罗斯经济处于全球经济产业链的低端。随着科技进步和市场竞争的推动，国际分工的形态已经从早期的产业间分工和产业内分工，演进到如今的产品内分工。① 在这样的国际分工模式下，根据要素禀赋的比较优势，分工参与国只从事生产流程中特定阶段的专业化生产，在全球价值链的特定环节或位置中获取属于本国的那部分增

---

① 唐海燕、张会清：《产品内国际分工与发展中国家的价值链提升》，载《经济研究》2009 年第 9 期。

加值。正是经由产品内国际分工这一途径，产品价值链的各个环节得以在全球范围内合理分布，充分利用各国的要素禀赋，最大限度地降低生产成本和提高生产效率。法国政治学家卡雷尔·德·安科斯女士于1993年发表的《俄国：在寻找失去的过去》一文中阐述，大国地位不仅取决于领土大小、武器和军队数量的多少，而且取决于技术成果和经济实力。[1] 俄罗斯在国际产业链中有比较优势的是自然资源，处于产业链的低端，而不是现代生产科学技术。

第三，在对外贸易中，资源出口始终是俄罗斯经济增长的重要拉动因素，经济增长对资源禀赋的依赖性和依存度很高。据俄罗斯国家统计局的数据，2011年俄罗斯资源开采总量占GDP的9%[2]。从图2-3中可知，2000年石油和天然气收入占俄罗斯GDP的比重达到40%以上，此后虽然呈现波浪式的下降趋势，但2009年该比例仍然达到19.25%。此外，俄罗斯经济增长率的走势与国际石油价格变化的走势存在很强的趋同性。2008年金融危机发生后，2009年全球经济陷入衰退，世界各国对能源的需求下降，国际原油价格下降幅度曾一度达到57.7%，而同年俄罗斯年GDP的增长率仅为-7.9%。2010年，全球经济出现复苏迹象，国际石油价格上升，价格涨幅达到22.4%，俄罗斯的年度GDP增速同步上升至4.03%。俄罗斯对石油、天然气等资源出口的依赖程度最高，经济呈现出"资源驱动型"的特点。

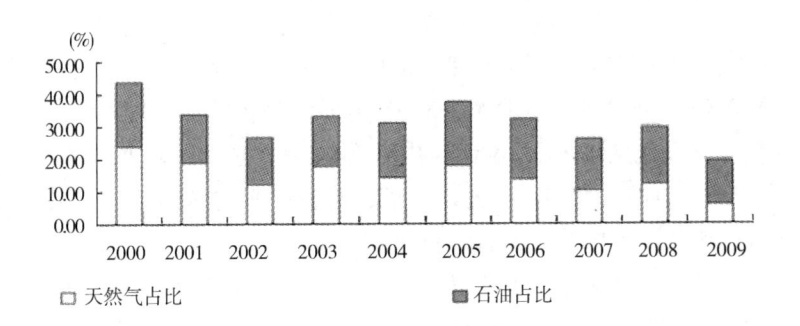

图2-3 俄罗斯石油和天然气产值占GDP的比例

资料来源：根据世界银行数据库统计整理。

---

[1] 引自孙午生《经济外交——俄罗斯强国的关键》，载《南开大学法政学院学术论丛》2002年第S2期。

[2] 《世界能源效率指数排名公布，俄罗斯位于前列》，载《俄中评论》2012年12月28日。http://ezhong.ru/articles/2012/12/28/19973.html。

在俄罗斯的资源经济中,能源不仅是俄罗斯实现经济增长的重要支柱,它们在俄罗斯的外贸出口、政府财政收入增加、维持社会公共开支等方面发挥着举足轻重的作用。由世界经济论坛和埃森哲公司共同编制的全球105个国家燃料动力综合体效率指数排行榜于2013年发布,俄罗斯排在第27位。2011年2月9日举行的俄罗斯燃料能源行业总结会议发布的数据显示,2010年俄罗斯石油产量首次超过5.05亿吨,俄罗斯政府预算收入中来自燃料能源企业的收入超过4.1万亿卢布(约合1370亿美元),占全部预算收入的50%以上。[①] 有的学者测算,单桶石油价格每下跌1美元,俄罗斯财政收入就缩水20亿美元。[②] 俄罗斯经济发展对能源的严重依赖引起了国际经济组织的高度重视。俄罗斯对外贸易依存度一直略高于世界平均水平。2002年之后,俄罗斯的贸易依存度一度略低于中国,但俄罗斯的净出口对经济的贡献率却明显高于中国,2000年甚至达到了20%。这说明,俄罗斯经济已经融入世界市场。

第四,在国际竞争中,俄罗斯面临实现经济现代化的任务。在全球市场中,俄罗斯经济缺乏国际竞争力,经济仍然没能摆脱粗放经济增长方式。所谓粗放型增长,是指主要靠投入大量的劳动力、资源和资金,扩大基础设施建设规模,通过粗放经营外延扩大再生产,获得经济增长。[③] 表2-1反映了俄罗斯与其他经济体(包括世界总体水平)每单位能耗所产生的GDP,通过比较可以看出,俄罗斯单位能耗所产生的GDP数值要低于中国,也低于中上等收入国家的平均水平,只有世界平均水平的一半左右。按照以2005年不变价格计算的购买力平价,2008年俄罗斯每千克石油(换算值)所产生的GDP为3.05美元,中国为3.58美元,美国为5.76美元,欧元区为8.22美元,中上等收入国家的平均水平为4.41美元,世界平均水平为5.46美元。可见,与世界平均水平相比,俄罗斯和中国的经济增长对自然资源的依赖程度较高。

普京坦言,效率低下是俄罗斯经济和社会未来10年面临的最严峻挑战,从俄罗斯的国际竞争力全球排名来看,俄罗斯在2010年位于全球第

[①] 翰墨:《俄罗斯中亚东欧经贸动态》,载《俄罗斯中亚东欧市场》2011年第4期。
[②] 臧文茜:《油价跌1美元俄罗斯财政收入缩水20亿美元》,载《第一财经日报》2008年10月29日。
[③] 景维民、郎梦圆:《苏联、俄罗斯经济增长方式的转变及其对中国的启示》,载《俄罗斯学刊》2011年第3期。

51位。① 普京在2012年《竞选纲领》草案中提出，俄罗斯在劳动生产力和能源效率方面落后于主流国家，仅为这些国家的1/2或1/3，因此应把俄罗斯劳动生产率翻倍，并将其作为未来10年的战略目标之一。俄罗斯如果提高其国际经济竞争力，则必须在实现经济现代化方面迈出更大步伐。转型以来，俄罗斯的传统体制模式已经得到了改造，经济逐步恢复并出现一定增长，但是在经济发展方式上，并未摆脱资源依赖型的发展路径。与中国等新兴经济体相比，俄罗斯经济发展仍然显得相对滞后。特别是2008—2009年在国际金融危机的冲击下，其经济发展模式的弊端充分显现，俄罗斯实现现代化的主张被提上政府议事日程。② 对此，时任俄联邦总统的梅德韦杰夫曾向联邦议会发表其国情咨文，整篇咨文以"俄罗斯全面现代化"为宗旨，客观地指出目前俄在各个领域存在的问题与弊端。按照梅德韦杰夫的看法，过去的几年，俄罗斯并未采取足够的措施解决历史遗留问题，未能摆脱粗放型经济结构和对原材料的依赖，对出口的依赖阻碍了创新经济的发展，企业至今偏爱进口产品，而本国产品的竞争力又低得可怜。③

表2-1　　　主要国家每单位就业人口创造的GDP比较

（以1990年不变价格计，购买力平价）　　　　（单位：美元）

国家/地区	2003年	2004年	2005年	2006年	2007年	2008年	平均水平
中国	6465.00	7048.00	7710.00	8536.00	9574.00	10378.00	8285.17
俄罗斯	13843.00	14738.00	15589.00	16640.00	17850.00	18702.00	16227.00
欧盟	39351.53	40195.21	40655.15	41284.37	41775.03	41901.44	40860.46
美国	60391.00	61919.00	62655.00	63207.00	63783.00	65480.00	62905.83
中上等收入国家	9446.25	10074.59	10747.38	11536.55	12482.86	13158.39	11241.01
世界	14719.34	15238.21	15726.07	16281.45	16891.29	17306.63	16027.17

资料来源：世界银行统计数据库。

---

① 瑞士洛桑国际管理学院（IMD）对全球国际竞争力的评价。
② 李中海：《梅德韦杰夫经济现代化方案评析》，载《俄罗斯中亚东欧研究》2011年第4期。
③ 中国驻俄使馆经商参处：《梅德韦杰夫2009年国情咨文》（2009年11月12日），商务部网站：http://ru.mofcom.gov.cn/aarticle/ztdy/201004/20100406860934.html。

第五，在国际经济体系中，俄罗斯寻求重新崛起的契机。首先，国际金融危机的影响。2008年国际金融危机的爆发成为国际制度变革的转折点。当今，国际制度的变革更多地体现出新兴经济体的利益，更多地向"全球共治"的方向转变。国际制度改革的趋势，主要表现在以下两个方面：一是G20逐渐取代G8，成为全球经济协调与合作协商的平台。[①] G20作用的"复活"，既是冷战结束以来国际力量变化长期积累的结果，也是对2008年国际金融危机的一种反应（G20的建立就是对1998年亚洲金融危机的反应）。美欧发达国家不得不正视和接受中国、俄罗斯等新兴大国崛起的现实，也力图将其纳入自己仍占主导地位的新国际机制中。[②] 二是国际金融组织和国际货币体系的改革将更多体现新兴国家的利益。发展中国家在世界银行中的投票权，已经从危机前的44.06%提高到47.19%；在国际货币基金组织中的投票权，由危机前的40.5%上升为42.1%。而在国际货币体系改革方面，由于此次金融危机的爆发再一次暴露出"美元霸权"的国际货币体系存在的巨大缺陷，新兴经济体国家已致力于通过G20的协商平台或者类似"金砖国家领导人峰会"的区域合作平台，不断推动国际货币体系的改革。

其次，金砖国家崛起的机遇。近年来，金砖国家的崛起，发展中国家经济力量的增强，成为影响并导致国际经济秩序变革的一个重要因素。以中国、俄罗斯、巴西、印度和南非等国为代表的新兴经济体国家经济持续增长，而欧美等发达国家的经济增长则相对缓慢。新兴大国的崛起对世界战略格局和国际秩序产生了深刻影响。国内有学者指出，国际力量的重组导致了得势、守势、失势和弱势群体的形成。[③] 当今世界力量对比的基础是经济、政治、军事以及文化等综合实力的较量，但是较量的核心是经济实力。

[①] 2009年9月25日，G20匹兹堡峰会发表的《领导人声明》宣布，G20将取代G8成为永久性的全球经济主要协调和合作机制。

[②] 李永辉：《"G时代"的国际新秩序：变局与变数》，载《现代国际关系》2009年第11期。

[③] 杨洁勉：《论"四势群体"和国际力量重组的时代特点》，载《世界经济与政治》2010年第3期。"得势群体"主要指新兴大国以及富有进取心的国际性和地区性组织。"守势群体"既包括美国那样的国家行为体，也有诸如国际货币基金组织和世界银行这样的非国家行为体。"失势群体"是指欧盟、日本、俄罗斯以及独联体等国家和国际组织。"弱势群体"主要包括处境困难的发展中国家以及发展中的地区性组织。

以金砖国家为代表的新兴经济体的崛起，将促使国际秩序发生深刻的变化。这种变化主要体现在以下几个方面：一是美国的"独超地位"受到影响，其推行的单极世界战略受挫，世界多极化进程或者"无极化"①趋势将加速推进；二是西方社会模式的影响弱化，世界各国将出现多样化模式，这将逐渐成为国际社会一个可能的现实；三是推动世界金融秩序由单边支配向多边作用过渡②。此外，在由新兴经济体崛起导致的国际秩序变革中，中国的快速崛起及其国际影响力的扩大最引人注目。在很多问题上，中国对于世界的影响力在增强，所谓"中美共治"已经成为上述革命性变革的一种象征，它们的权重和作用凸显出来，双方之间实力差距会持续缩小。③ 对于国际秩序变革来说，中美是否能够合作共赢，将成为未来国际秩序和世界局势稳定的关键。

最后，俄罗斯致力于成为世界一级的可能性。苏联解体后国际格局发生重大变化，俄罗斯的势力迅速从欧洲中部地区后退，失去了波罗的海三国、中亚五国和外高加索三国，特别是失去了白俄罗斯和乌克兰，俄罗斯的疆域正在退向亚洲。美国利用苏联解体、俄罗斯走弱之机，加强对俄罗斯战略空间的挤压。因此，俄罗斯必须明确其在国际舞台上的角色，必须对自己国家进行重新定位。转型后初期，俄罗斯曾推行"亲西方"的外交政策。但是"亲西方"的"一边倒"外交没有得到西方应有的尊重，而建立俄罗斯主导的国际秩序在此时的条件下又不可能。在这样的背景下，俄罗斯在对外政策上逐渐形成多元化的新外交理念，推动形成多极化的世界格局并保证俄罗斯国家的地区利益，成为俄罗斯的国家诉求。

普京执政后，俄罗斯确立了确保俄罗斯大国地位的对外战略的基本目标。他在首次担任总统后所颁发的第一份《俄罗斯联邦对外政策构想》中就提出，俄罗斯要致力于建立能够真实反映当今世界及其利益多样性的国际关系体系。随后他又强调，"新的世界秩序——这是稳定的和平发

---

① 所谓"无极化"，这里指美国作为超级大国的地位下降，而其他国家没有一个国家可以成为世界领先的大国。
② 尹承德：《新兴大国的崛起与国际秩序的重构》，载《南京政治学院学报》2009年第1期。
③ 俞正樑：《论当前国际体系变革的基本特征》，载《世界经济与政治论坛》2010年第6期。

展,没有危机和动荡。为此,必须建立多极的,也可以说是'非垄断的'国际关系体系,容纳世界所有成员和保障世界多样性和平衡的体系①"。从而俄罗斯不再追求世界霸主地位,而是转向努力成为"世界中的重要一极"。普京指出,俄罗斯唯一现实的选择是做强国,做强大而自信的国家。② 俄罗斯要确保大国地位,关键是要稳定并振兴俄罗斯经济;在振兴俄罗斯经济方面,首先是实现俄罗斯经济与世界经济一体化。"经济贸易关系是跨国关系的一个重要基础"③,世界多极化、多边主义和多边外交,也促使俄罗斯力图成为多极世界中的重要一极。俄罗斯国家需要广泛参与国际经济关系体系,为俄罗斯的稳定发展、经济的振兴、居民生活水平的提高创造条件。正是在这样的背景下,普京向俄罗斯外交部提出,"在外交部和我国其他涉外机构的工作中,经济外交的比重应该增加。总的来说,经济方面的工作还留有许多未能加以利用的资源,外交部的中枢机关有时未能完全掌握贸易经济领域的各种问题和情况"④。

第三节 俄罗斯经济外交的战略思想

实践表明,经济外交的概念是对经济与外交相互关系的现象和行为的总结与解释,而经济外交思想则是人们对外交在国际事务中运用经济手段、体现经济性功能与作用、实现国家利益的方式的概括。这样,经济外交就是以经济力量为手段或依托的。俄罗斯经济外交除具有一般外交所具有的共性(外交的基础、外交的目的、外交的主体)之外,其经济外交的战略特点突出体现在:现阶段它以追求国家经济利益为强烈诉求,以实现国家崛起为战略目的。这可以被看作是经济外交的概念内涵,它概括地反映了经济外交的本质属性即经济性,具有这一本质属性的外交活动,就是经济外交。

经济与外交之间呈现出越来越密切的互动与促进关系,使经济外交的"经济性"目的凸显。经济外交所围绕的中心问题就是国家与国家在经济领域中的问题,它既包括经济行为体之间在贸易、投资、金融、科技等领

---

① [俄]普京:《普京文集》,中国社会科学出版社2002年版,第193页。
② 普京于2000年7月8日向俄罗斯联邦会议提交的2000年国情咨文。[俄]普京:《普京文集》,中国社会科学出版社2002年版,第78页。
③ 普京于2001年5月31日在欧亚经济共同体跨国委员会工作会议上的讲话。
④ 普京于2001年1月26日在俄罗斯联邦外交部的讲话。

域的摩擦，也涵盖国家间在经济贸易等方面的合作与纷争。离开了经济性的问题领域，所谓经济外交就不再是经济外交。这一点在当前的国际社会表现得十分突出。例如，世界各国领导人出访时所签署的经济合作文件的数量，已经成为评价出访成果的主要参数之一。就经济外交的本质特征而言，经济外交除具有一般外交（总体外交）所具有的共性——共同的行为主体、共同的行为目的（服务于国家利益）等以外，其个性特点在于它的经济性。具有经济因素的外交活动和行为，都可视为经济外交活动。具体来说，经济外交一是以经济利益为目的的外交，二是以经济力量或者经济杠杆为手段或为依托的外交活动。

随着全球化时代经济关系与外交关系的渗透与交融，全球政治经济化和全球经济政治化的新特点在经济外交活动的这一概念内涵中日益清晰。从经济外交内涵来看，我们所理解的经济外交包括两条主线：一是以经济利益为目的，以经济力量或者经济杠杆为手段或为依托的外交活动；二是以经济为杠杆的外交活动服务于国家利益，服务于国家整体发展战略的对外政策。从经济角度给出"经济外交"的定义，以"经济"为"经济外交"理论与实践的轴心，延伸新时期经济外交的新的特点和基本内涵，能够更加深刻地反映出俄罗斯经济外交的现实性与时代性。因此，"经济外交"是一个国家争取和维护国家经济利益，从而保证国家长远发展战略而展开的外交活动的重要手段。经济外交与国家发展的阶段性有着很大的关系，已有的实践表明，越是一个国家经济进入快速发展与崛起的时期，其经济外交中的"经济轴心"作用越加明显。日本学者是较早认识到经济外交的经济轴心这一作用机制的，战后日本成功运用经济外交的实践则是证明。在经济外交的研究中，日本学者关于经济外交的研究以及日本运用经济外交的实践，被研究经济外交的后来者广为关注。

在俄罗斯，一些权威学者认为，"经济外交是经济与政治的融合"，经济外交的目标是保障国家安全，实现国家利益，服务于市场经济的建立和国际竞争力的提高"[1]。经济是外交的基础，一个国家的外交最根本的

---

[1] 在俄罗斯经济外交的文献中，外交学院著名学者谢季宁所著的《经济外交》被认为是俄最为系统和全面、最具理论深度的著作。他在论述经济外交的经济与政治融合时提出，这种融合达到了涉及制定和实施管理决策的水平，借助于这些决策使当代世界的合作与竞争得以实现，使市场经济发展和完善的形式与方法得以确立。参见李中海《俄罗斯经济外交：理论与实践》，社会科学文献出版社 2011 年版，第 42 页。

目的是实现本国的国家利益,在推动外交发展的诸多因素中,经济因素最具决定性影响。根据经济外交的实际作用,从最一般的意义上理解经济外交的含义,可以认为:凡是包含经济利益动机,将经济因素作为对外活动的手段和工具的外交活动,都可以被看作或者被理解为"经济外交"。如果说,在过去年代诸如一些学者所认为的,"从本质上来说,经济外交不是经济,而是外交,它属于外交的一个内部分支,这种外交的个性特点在于它的经济性"[1]。那么在经济全球化时代,经济外交则体现出经济目的的重要性,体现出以经济利益和目的为重,外交是实现国家经济战略和利益的手段。

俄罗斯不仅是一个传统上(苏联时期)重视经济外交的国家,更是能够充分运用经济外交手段实现其战略目标的国家。普京执政后,根据国际形势的变化,对俄罗斯对外政策进行了必要的调整与发展,他的调整与发展主要就是,提出外交为经济服务,国内目标高于国外目标;发挥大国作用要考虑俄罗斯的国力,从实际出发,量力而行;处理对外关系既要坚持原则,又要善于妥协,避免对抗。普京的这一外交思想与乔治·凯南和亨利·基辛格的现实主义外交政策不谋而合。这两位现实主义外交思想家都认为,一个国家的外交政策目的是有限的而非无限的。过多的要求不仅实行不了,反而有损自身利益。俄罗斯前任外交部长伊·伊万诺夫特别强调,我们越来越确信,对外政策唯一可靠的方针是始终捍卫国家利益。[2]俄罗斯经济外交在国家战略层面体现出经济外交为实现国家发展战略和服务于国家总体利益。俄罗斯经济外交体现出的战略性,又根基于其实现国家利益与发展战略。"国家利益主导"不仅是俄罗斯国家战略的出发点,而且它在俄罗斯经济外交活动与实践中得以实施。俄罗斯的战略性在理论与政策层面,大致体现出以下几个方面的特点。

一 "国家利益主导"是俄罗斯外交的优先方面

在俄罗斯外交活动中,以经济为杠杆的外交活动服务于国家利益和实现国家战略,这一主旨在近年来俄罗斯的对外活动中得到了充分的体现。

---

[1] 徐向梅:《当代俄罗斯经济外交研究》,博士学位论文,外交学院,2008年,第4页。
[2] [俄]伊·伊万诺夫:《俄罗斯新外交:对外政策十年》,陈凤翔等译,当代世界出版社2002年版,第6—7页。

苏联解体、俄罗斯成为独立国家后，对于其国家利益的重视程度不断提高。俄罗斯在明确其在当代世界中的国际定位和自身国家利益追求的基础上，俄罗斯联邦安全会议于1994年撰写了《俄罗斯经济安全构想》。1996年4月，俄罗斯通过《俄罗斯联邦国家经济安全战略》；1996年6月公布《总统国家安全咨文》；1997年5月通过《俄罗斯联邦国家安全构想》①。在俄罗斯1996年颁布的《总统国家安全咨文》中强调，俄罗斯"应把国家安全理解为维护国家利益，抵御国内外的威胁，保证个人、社会和国家的稳步发展"。这是新俄罗斯第一次阐明其对国家利益的理解。②之后，"国家利益"一词在俄罗斯的各种文件中得以出现并不断被加以诠释，普京执政后从多个角度反复强调"俄罗斯国家利益"。他指出："将权力移交给新国家元首时，我想说的是，维护俄罗斯国家利益过去是我的职责，现在仍然是我的职责。"③ 普京如此重视国家利益，为俄罗斯维护其国家利益留下运筹的空间。

　　国家利益是国际关系理论与实践的核心概念，也是外交学和经济外交实践所涉及的重要内容。国际政治经济学和国际关系学中关于"国家利益"概念有着充分的论述。④ 我国学者阎学通在其《中国国家利益分析》一书中对国家利益进行了详尽独到的分析。他认为，国家利益是指一切满足民族国家全体人民物质与精神需要的东西。在物质上，国家需要安全与发展；在精神上，国家需要国际社会的尊重和承认。国家利益的基础是该国公民的个人利益，集体利益和全民利益是国家利益的构成要素。从国际政治学角度来解释，所谓国家利益，就是一个主权国家在国际社会中生存需求和发展需求的总和，国家利益是决定国家外交政策和外交行为的根本因素。从经济学的理论视角理解的"国家利益"指的是，国家利益就是满足国家效用、需求或目标的能力；而财富和权力是国家利益的重要体现，是国家的最终追求，它们构成国家利益的基本内容。⑤ 广为认同的观点是，一个国家的国家利益有多个层面，其中首先是国家的生存和安全，

---

① 郑羽：《俄罗斯国家经济安全战略与1998年金融危机》，载《东欧中亚研究》1999年第6期。
② 同上。
③ 普京2008年5月7日在参加梅德韦杰夫新总统就职典礼时的讲话。
④ 张宇燕等：《国际关系的新政治经济学》，中国社会科学出版社2010年版，第70页。
⑤ 同上书，第70—89页。

同样重要的是对财富和经济增长与权力的追求,"国家利益是指国家在经济、军事或文化上的目标和抱负"①。因此,国家利益从某种意义上来说决定一个国家的国家行为;作为民族国家的整体利益,国家利益的合成、实现及其条件等,又对国家利益本身产生着巨大影响。

普京执政后,俄罗斯开始进行对外战略的调整。其主要内容集中体现在2000年发表的《俄罗斯联邦安全构想》和《俄罗斯对外政策构想》中,它标志着俄罗斯开始将"国家利益"置于外交战略的首要地位,"俄罗斯对外政策的基础是务实、经济效益、国家利益至上"。在当今时期,俄罗斯对外政策应首先"服务"于国内发展的切身利益。即为稳定经济增长尽可能创造良好的条件,提高人民生活水平,巩固国家的统一和完整,稳固国家宪法秩序基础,促进国民社会的团结,保卫国民和国外侨民的权利。"俄罗斯外交方针至高无上的优先方向是保护个人、社会和国家的利益。"② 时任外交部部长的伊·伊万诺夫对此指出:"俄罗斯在对外政策领域所遇到的问题的性质,促使我们要现实地评价国际形势,并对我们的目标和任务采取务实的态度。在充满矛盾的国际形势条件下,我们越来越相信,对外政策唯一可靠的方针是始终捍卫国家利益。只有在此基础上,才能对当代的威胁和挑战做出相应的反应,就一系列国际问题自觉地形成自己的立场,目标明确地确定同其他国家的关系。"③

俄罗斯坚持推行灵活务实和避免对抗的对外政策,将俄罗斯国家利益具体化,突出国家利益至上,利用外部世界的矛盾以确保自身利益,进一步减少意识形态因素对俄罗斯对外政策的影响。普京认为,"俄罗斯外交的首要任务,是在俄罗斯周边营造稳定的安全形势,以便能为其最大限度地集中力量和资源解决国家和社会经济问题创造条件"④。对此,也有学者将俄罗斯的外交称为"利益外交",其指的是:俄罗斯重新制定的对外政策构想更强调外交的国家、社会和公民利益原则,在于将俄罗斯外交方针与获得经济利益挂钩,以获得经济利益的大小权衡外交成就或者决定具体外交立场的取舍。俄罗斯著名国际问题专家阿列克谢·阿尔巴托夫在分

---

① 引自"维基百科",参见 http://zh.wikipedia.org/wiki/。
② [俄] 伊·伊万诺夫:《俄罗斯新外交:对外政策十年》,陈凤翔等译,当代世界出版社2002年版,第7页。
③ 同上书,第8页。
④ [俄] 普京:《普京总统谈俄罗斯外交任务》,载《国际生活》2001年第2期。

析普京所实施的外交原则时这样解释:"在与其他国家的关系中,俄罗斯将本国的经济利益作为重点。"① 按照阿尔巴托夫的看法,俄罗斯外交在确定"利益原则"的同时,具体政策方面的不确定因素会相应增多。在一般情况下,俄罗斯不会参与有损经济利益的外交行动,并为了获取某种经济利益或其他利益而变换外交政策、手段和措施。他同时指出,20世纪90年代初俄罗斯制定的外交构想也关心外交的经济利益,但没有作为外交活动的主要参考指标。②

二 强国战略是俄罗斯国家利益的基本目标

从俄罗斯的官方文件和领导人的讲话中可以看出,俄罗斯国家发展战略和指导思想就是"强国思想和战略",即俄罗斯将用 20 年左右的时间进入具有世界"一级"地位的强国之列。在这一战略思想的基础上,普京审视了 20 世纪末不断变化的世界格局,形成了其独特的外交战略思想,明确了俄罗斯确保大国地位的对外战略基本目标。普京指出,"俄罗斯唯一现实的选择是做强国,做强大而自信的国家"③;而要确保俄罗斯的大国地位,振兴俄罗斯经济是关键。他在《千年之交的俄罗斯》中指出,俄罗斯已经不属于当代世界经济和社会发展高水平的领先国家,而面临复杂的经济和社会问题;俄罗斯的"强国思想和战略"主要体现在:经济是关键,内政是基础,外交和军事是保障,这也构成俄罗斯国家发展战略的基本思想。

普京总统反复强调"俄罗斯新思想"的理念,其内涵包括:爱国主义、强国意识、国家观念和社会团结。其深刻性在于,普京在对俄罗斯新思想加以论述后,紧接着就提出俄罗斯要建立"强大的国家"和"有效的经济"。"强大的国家"是指在俄罗斯建立强大的国家政权,建立民主、法制、有行为能力的联邦国家;"有效的经济"则是指国家要加大对经济和社会进程的影响力,在经济社会领域建立一套完整的国家调控体系。④

---

① 《莫斯科新闻时报》专家委员会研究报告:《普京外交学说的本质》,载《莫斯科新闻时报》2002 年 7 月 25 日。
② 丁佩华:《俄罗斯外交曲线与外交变数》,载《世界经济研究》2003 年第 11 期。
③ [俄] 普京:《国情咨文》2000 年 7 月 8 日。
④ [俄] 普京:《千年之交的俄罗斯》,载普京:《普京文集》,中国社会科学出版社 2002 年版,第 2—13 页。

与叶利钦时期相比，普京的外交战略更加务实、灵活、进取，它更加突出了为国内经济建设服务，为经济增长创造良好外部环境的思想。

在强国战略的实施方面，首先，政治稳定和发展经济是普京推行强国战略的重中之重，普京将政治稳定和保障经济快速增长看作是"国家最主要的头等任务"①。他多次强调，俄罗斯一切都要为国内经济发展服务，其他方面都应围绕这一核心任务。其次，政治稳定是普京实施经济发展战略的重要前提。普京认为，只有实行俄式"主权民主"才能保持国家长期稳定。再次，对外战略是普京振兴经济的重要保障，同时也是俄实现国家发展战略目标的重要环节。最后，军事战略调整成为普京确保国内经济增长和国家安全，最终实现"强国战略"目标的又一重要保障。一方面，俄罗斯强调外交政策的国内目标高于国外目标，为此俄罗斯"经济外交的比重应该增强"，"外交的优先任务是在俄罗斯周边建立稳定的、安全的环境，建立能够让我们最大限度地集中力量和资源解决国家的社会经济发展任务的条件"②；另一方面，俄罗斯收缩对外关系的战线，确立力所能及的对外政策目标③。

三　国家现实利益是新时期俄罗斯外交的基本诉求

俄罗斯独立后，外交活动对象不再以意识形态划分，俄放弃在苏联时期对外政策中的"超级大国"心态，也放弃过去在外交上"为参与而参与"的做法。伊万诺夫对此说，"90年代就对外政策进行的争论，不止一次地提出这样一个问题：什么是俄罗斯的国家利益？对这一问题的回答，直接决定着我国在国际舞台上具体的行为方式"。他的解释是，之所以会产生国家利益不清的问题，原因就在于"苏联对外政策留下的遗产是'超级大国'心理，极力参与各种各样的国际进程，有时甚至付出国内资源难以承受的代价"。因此，俄罗斯认同其超级大国国际地位的消失，转向采取现实的态度和务实的精神。

---

①　[俄] 普京：《稳定经济是国家最主要的头等任务》，载普京《普京文集》，中国社会科学出版社2002年版，第30—31页。

②　[俄] 普京：《外交政策的优先任务是为社会经济发展创造外部安全环境》，载普京《普京文集》，中国社会科学出版社2002年版，第252页。

③　蒋莉、刘桂玲、李东：《试析俄罗斯国家发展战略》，载《现代国际关系》2006年第4期。

任何国家的国家利益,特别是像俄罗斯这样的地缘性大国的国家利益,从来都是有头等的和次要的、长期的和当前的利益之分。如果现实地看,俄罗斯首要的现实的国家利益是经济利益、安全利益和政治利益,最后是文化利益。① 俄罗斯在 2000 年颁布的《俄罗斯联邦国家安全构想》(简称《构想》) 中提出,俄罗斯的经济利益是最主要的国家利益,只有在稳定发展经济的基础上,才能解决与实现俄罗斯国家利益有关的问题。② 按照《构想》,随着冷战终结和两极对抗时代的结束,尽管军事实力仍然在国际关系中起作用,但是经济、政治、科技、生态和信息技术发挥着越来越大的作用,一些国家削弱俄罗斯在国际政治、经济和军事领域的地位,已经对俄罗斯国家安全构成严峻挑战。发展与各国的互利关系和世界经济一体化,符合俄罗斯的对外政策利益,有利于加强全球和地区安全,为俄罗斯参与世界贸易、科技和金融信贷合作创造有利条件。在《俄罗斯联邦 2020 年前国家安全战略》中也对俄罗斯新国家安全战略进行了阐述,其中突出论证了俄在国防、内政、外交及经济等领域面临的主要安全威胁及应对手段,并界定了俄罗斯国家安全利益所在,提出俄国家安全体系的目标和发展任务,"俄联邦国家利益"是国家对保障个人、社会和国家安全及持续发展的内部和外部需要的总和"③。

第四节 俄罗斯经济外交指向的特点

普京执政之后,在俄罗斯外交政策中明确外交为经济发展服务的方针。俄罗斯经济外交的基本特点体现为,经济外交的经济性作用增强,对外活动为国内经济服务,以促进国内经济实力不断增强。经济外交被置于俄罗斯对外政策和外交战略的优先方面,普京在 2000 年 2 月 25 日致选民公开信中指出:"我们的优先方向是从本国的国家利益出发制定对外政策","内部目标高于外部目标,切实的国家利益,其中包括经济利益,

---

① 阎学通:《中国国家利益分析》,天津人民出版社 1997 年版,第一章;庞大鹏:《国家利益与外交决策——普京执政以来的俄罗斯外交》,载《世界经济与政治》2003 年第 2 期。
② 《俄罗斯联邦国家安全构想》,发表于俄罗斯《独立军事评论》1999 年 12 月 3 日。
③ 梅德韦杰夫于 2009 年 5 月 12 日批准《俄罗斯联邦 2020 年前国家安全战略》。2009 年 5 月 13 日公布于俄罗斯联邦国家安全会议网站,http://www.cetin.net.cn/cetin2/servlet/cetin/action/。

理应成为俄罗斯外交家的法则"。① 2001年，普京在俄外交部讲话时又指出，在外交部和俄罗斯其他涉外机构的工作中，经济外交的比重应该增加。总的来说，经济方面的工作还有许多没有加以利用的资源，外交部的中枢机关未能完全掌握贸易经济领域的各种问题。② 在全球化条件下，推进俄罗斯与世界经济的全面接轨，保障俄罗斯经济能够持续稳定增长，帮助本国企业走向国际市场，吸引外资和调解外债等，都需要将国家的对外经济活动与外交活动更加紧密地结合起来；需要深入把握世界经济和国际关系的发展趋势，寻找俄罗斯参与经济全球化的途径与机制，发展与完善俄罗斯对外政策中的经济外交手段，将经济外交提到更高的位置，使俄罗斯更好地融入世界经济体系，并且能够更好地利用世界经济的舞台发挥俄罗斯的作用。

那么，经济因素的考量是否已成为各个大国对外政策的依据呢？"经济外交"是否已成为国家"总体外交"中的决定性或主导性因素呢？对此，国内一些学者认为，至少在当前的国际形势下，这是一个有争议的问题。其理由是：目前经济因素还没有成为国际政治的主导因素。我们认为，就经济外交实践而言，影响一国对外政策和总体外交的因素很多，但起决定性作用的因素主要是国内和国际两个方面的因素，最为根本的还是国内因素，是国家在一定时期内所要实现的目标和任务。对于像俄罗斯这样的大国，通过外交方式和手段，维护和保障本国经济利益，实现国家崛起并恢复其强国地位之目的，就是俄罗斯对外政策的重要内容。

俄罗斯对外战略的基本目标是确保俄罗斯恢复大国地位。俄罗斯能否恢复其大国地位，关键在于其能否尽快振兴经济。为此，普京反复强调"21世纪俄罗斯面临的最大威胁就是经济上的落后"，在充分论证的基础上，他提出，俄罗斯"10年内至少使国内生产总值翻一番"③ 的任务。这正如普里马科夫后来所述，在普京担任总统期间，俄罗斯奉行的外交政策的主要特征是捍卫国家利益，它主要体现在外交活动为经济发展服务、外交活动服务于国家战略，这是俄罗斯经济外交的基本理念。

---

① ［俄］《独立报》2000年3月24日。
② 普京于2001年1月26日在俄罗斯联邦外交部的讲话。
③ 参见普京在2003年5月16日发表的国情咨文，http://www.china.com.cn/chinese/kuaixun/331104.htm。

基于这样的理解，俄罗斯的一些著名学者，例如俄罗斯前国家杜马议员、俄罗斯科学院世界经济与国际关系研究所国际安全中心主任阿列克谢·阿尔巴托夫指出，毫无疑问，普京的外交学说已经形成，它由两个主要组成部分：其一，在与其他国家的关系中，俄罗斯将本国的经济利益作为重点；其二，在涉及安全问题方面，俄罗斯将新的、非传统的安全威胁作为重点。①

俄罗斯经济外交活动突出了如下特点：

一 俄罗斯经济外交活动的目的性：以国家经济利益为目的

俄罗斯经济外交活动的实践表明，俄罗斯经济外交的指向是明确的，"其核心的目标是维护和拓展国家利益，取得具体的商业成果"②。关于俄罗斯经济外交的目的性，俄罗斯外交部长拉夫罗夫在总结俄的外交工作时这样说，俄罗斯外交全部工作的核心是实现总统提出的任务：将整个对外政策活动与国家全面实现现代化和向创新经济过渡最紧密地结合起来；我们的外交努力将集中在实现俄罗斯对外政策的主要目标上，即为俄罗斯的发展创造良好的条件③。正如我国的学者所阐述的："经济外交的目的是执行特定的外交政策。执行外交政策和实现国家利益是一切外交的灵魂，经济外交也不例外。至于所执行的外交政策究竟是政治政策、安全政策，还是经济政策和社会文化政策，都无碍于经济外交。作为执行政策的手段，经济外交可以是为一个国家的战略和外交目的服务，也可以是为一个国家的经济和社会目标服务，这都取决于最高国家利益的优先次序。当然，对外经济政策本身不是经济外交，这与外交政策（Foreign Policy）不等于外交（Diplomacy）是同样的道理。"④

普京特别强调俄罗斯国家经济利益的重要性，他将维护国家经济利益置于国家对外政策的优先地位。俄罗斯在强调国家安全利益和地缘政治战略利益重要性的同时，逐步将维护国家经济利益置于优先的位次，提升非

---

① 新华社莫斯科 2001 年 7 月 25 日俄文电：《普京外交学说的本质》，原文载俄罗斯《莫斯科新闻时报》，http://www.cetin.net.cn/cetin2/servlet/cetin/action/HtmlDocumentAction?baseid=1&docno=157517。

② 徐向梅：《当代俄罗斯经济外交研究》，博士学位论文，外交学院，2008 年，第 193 页。

③ 俄罗斯外交部长拉夫罗夫在总结俄 2009 年外交工作的新闻发布会上的致辞，见俄罗斯外交部网站 2010 年 1 月 22 日。参见新华社《参考资料》2010 年 1 月 28 日。

④ 赵可金：《经济外交的兴起：内涵、机制与趋势》，载《教学与研究》2011 年第 1 期。

传统安全利益，为了寻求其经济利益，不惜在一定程度上让渡其地缘战略利益。经济利益是任何国家对外政策的核心目标之一，而承认"经济标准"的重要性，则是经济外交运行的一个条件。俄罗斯著名国际问题专家、前国家杜马国防委员会主席阿列克谢·阿尔巴托夫在谈到俄罗斯对外政策之所以发生变化时指出，如果俄罗斯国内达不到一定的经济标准，在更大程度上只是社会政治标准（这些标准关系到民主制度的稳定性、民主自由、各种分支权力的正常作用、政治多元化），俄罗斯就不可能成为文明欧洲世界的一部分。没有这些，俄罗斯所有的战略，哪怕是出于最好愿望的战略都注定是策略，而且基础是脆弱的。[①]

经济利益是国际政治行为在国际经济中的地位以及由此决定的经济需要的直接反映，它主要表现在一个国家的经济发展、人民生活水平和质量的提高与社会的不断繁荣等方面，因而是国家利益的重要组成部分。国家利益是主权国家对外政策追求的基本目标和对外行为的基本动因。国家利益的核心是有利于国家的生存和发展，而经济利益既是生存的基本条件，又是发展的基本保障。由于经济利益是国家对外政策的核心目标之一，因此经济利益的矛盾和差异也就成了国家间政治对抗和冲突的基本根源，在各种政治军事冲突和对抗的背后，都可以找到经济利益上矛盾和冲突的原因。

二 俄罗斯经济外交活动的战略性：以经济和外交手段服务对外战略

经济外交是经济与政治有机结合与相互协作的过程，是以经济为手段达到实现国家战略和国家利益的政治目的的一系列活动。俄罗斯前外交部部长伊万诺夫在《俄罗斯新外交：对外政策十年》一书中，详尽阐述了俄罗斯对外政策的新构想和外交新视野。转型以后，俄罗斯外交的新视野包含什么内容呢？他认为，在俄罗斯对外政策中，"经济外交"的作用在不断提高，经济因素对国家的对外政策以及全球性和地区性国际关系的发展，发挥着越来越大的作用。这指的是：越来越广泛和积极地利用对外政策和外交手段去促进解决这样一些任务，如保证经济的持续稳定增长，使俄罗斯与世界经济联系体制全面接轨，其中包括使国家参与世界经济组

---

① 转引自［俄］伊·伊万诺夫：《俄罗斯新外交：对外政策十年》，陈凤翔等译，当代世界出版社2002年版，第127页。

织，帮助俄企业家走向国际市场，保证他们与国外伙伴进行平等和不受歧视的贸易往来，为吸引外资和调节外债问题创造有利条件。[①] 特别是在国际金融危机以后，俄罗斯深刻感受到整个国际经济格局的变化和国际秩序调整的重要性。

回顾新俄罗斯的对外战略构想，其目标清晰可循，其意图期许可待。苏联解体后，俄罗斯试图通过独联体集体安全条约组织、欧亚经济共同体和独联体自贸区、俄白哈关税同盟和欧亚联盟，建立一个由俄罗斯主导的环俄罗斯的政治、军事、经济共同体。俄罗斯认为，在当今条件下，对外政策比以往任何时候都应该被看成国家发展总体战略的组成部分，在俄罗斯的对外政策中，对外战略与其对外经济政策之间紧密地相互协调。为此，俄罗斯经济外交努力实现的任务目标是：第一，探索理顺全球化进程的途径，"不能对那些决定世界经济发展长期趋势的决议袖手旁观"。这样，俄罗斯在国际舞台上积极参与讨论制定与全球化相关的各项决议。第二，俄罗斯加强与国际经济组织的相互协作，包括加入WTO的谈判、磋商、会晤的全部努力，以改变俄罗斯在国际市场上被歧视的状况。俄罗斯外交活动极大地促进了俄罗斯加入WTO。1999年7月在德国科隆举行的"八国"峰会上，西方主要工业国均表示支持俄加入WTO，俄外交部领导人以及驻欧洲和亚太地区的区域性组织的代表，在俄罗斯加入世贸组织的谈判中发挥了重要的作用。[②] 2011年12月16日，在瑞士日内瓦举行的世界贸易组织第八届部长级会议通过了《关于俄罗斯加入世界贸易组织的决定》。最终，俄罗斯经过长达18年的努力终于加入世界贸易组织。第三，俄罗斯积极发展与周边国家的经济一体化，在双边和多边的基础上开展经济与贸易合作。俄罗斯在深化独联体范围内的经济合作和一体化发展上首先取得重大突破。2011年7月，俄罗斯、哈萨克斯坦、白俄罗斯三国的"关税同盟"正式开始运作，首先排除不利于同盟国之间的商贸、资本和人力资源流通的障碍。普京认为，将于2012年启动的俄白哈"统一经济空间"，"不仅对这三国，而且对苏联地区的所有国家来说，都是

[①] [俄] 伊·伊万诺夫：《俄罗斯新外交：对外政策十年》，陈凤翔等译，当代世界出版社2002年版，第127页。

[②] 同上书，第128页。

具有历史意义的里程碑"。① 之后的 2011 年 10 月,普京呼吁前苏联国家统合为"欧亚联盟",俄罗斯提出创立更高一体化程度的"欧亚联盟"的目标。按照普京的说法,关税同盟和统一经济空间将成为欧亚联盟的基础,"欧亚联盟"将是一个类似欧盟的超国家实体,其作用主要是"协调成员国的经济和货币政策",因此它是一个经济性质的组织。俄罗斯的意图是期望通过欧亚联盟,逐步成为"当代多极世界中的一极",与美国、欧盟和亚洲分庭抗礼。② 俄罗斯认为,成立欧亚联盟将使其成员在 21 世纪的世界中占据应有地位,欧亚联盟有助于俄罗斯以更加强大的姿态更快融入欧洲。

三 俄罗斯经济外交活动的层次性:以经济为杠杆的多元外交活动

现当代外交的一个基本特点就是外交活动的功能、区域和领域不断扩展,具有角逐化特点,或者说"复合型"特征③。一般的分析认为,经济外交具有"双边性",我们认为,俄罗斯经济外交不仅是外交层面的"双边性",而且包括多个层面和内容。在俄罗斯经济外交活动中,一方面,俄罗斯经济外交涉及的领域包括能源外交、军售外交、贸易外交;另一方面,在俄罗斯经济外交的活动范围上,它具有重点领域和边缘领域。在俄罗斯的经济外交活动主体上,既有政府外交,也有非政府组织外交和国际组织外交等,其行为主体具有多边性。

在一些西方学者看来,外交的政治属性不可分割,但总体上倾向于把经济外交作为维护国家安全和政治利益的手段,因此一般不大愿意在外交前面加上界定词。例如,美国国际政治经济学家罗伯特·基欧汉和约瑟夫·奈从国际关系学方面分析了"复合相互依赖"的概念,提出了与现实主义相对立的假定:一是否认现实主义以国家为国际关系唯一行为体的命题,认为国家不是单一的理性行为主体,其他超国家和次国家行为体也在国际关系中产生着重大影响;二是军事安全并非总是国家的首要问题,其他问题也会具有极大的政治意义;三是军事力量不是或不完全是国际关

---

① 《晨报》2011 年 10 月 5 日报道,转自新华网 2011 年 10 月 7 日,http://news.xinhuanet.com/world/2011-10/07/c_122123216.htm。

② 《独立报》2011 年 10 月 5 日报道,转自新华网 2011 年 10 月 7 日,http://news.xinhuanet.com/world/2011-10/07/c_122123216.htm。

③ 李中海:《俄罗斯经济外交:理论与实践》,社会科学文献出版社 2011 年版,第 16 页。

系中实现国家对外政策的最有效的手段。杰夫·贝里奇等人在《外交辞典》中认为，经济外交包括两个方面：（1）处理经济政策问题的外交，包括派遣代表团出席由世界贸易组织这样的机构组织的外交。经济外交不同于外交使团的商务外交，但是也包含了类似的工作，例如监督和报告接受国的经济政策和发展状况，就如何施加影响提出建议；（2）使用经济资源进行的外交工作，包括经济援助或经济制裁等方式，其目的在于实现某项外交政策目标，有时也被称为"经济治国术"（Economic Statecraft）。[1] 这一界定显然更强调经济外交作为一种执行手段，至于执行的是外交政策还是经济政策，就显得不那么重要了。

普京执政以来，俄罗斯逐渐从一个"失败的国家"转变为"新兴经济体"。海外利益的拓展增强了俄罗斯开展经济外交的需求，经济实力的上升增加了俄罗斯开展经济外交的信心。普京明确提出："在外交部和我国其他涉外机构的工作中，'经济外交'的比重应该增加。必须建立一种在国外推进和保护我们的经济利益的体系，使之能为俄罗斯经济作出最大的贡献，把我们和世界经济实现一体化的各种途径的风险降到最低程度。我认为极其重要的是，要让对外政策部门更加注意对最大型的对外经济项目的护驾，注意让它们和国家的利益衔接起来。必须争取在国外为俄罗斯的企业活动创造条件，至少要不比俄罗斯给外国商界提供的条件差。"[2]

四 俄罗斯经济外交活动的行为主体

1. 俄罗斯经济外交的行为主体

经济外交作为俄罗斯国家外交战略的重要组成部分，其实施主要从三个层面展开：作为经济外交的行为决策者，俄罗斯的政府机构、对外部门是俄罗斯国家对外政策的主要决策机构；作为国家经济外交主体的官方经济外交，其职能是做出经济外交的各种决定及其相关决策，并推动它们的实施；作为国家经济外交重要补充的民间经济外交，其作用是促进俄罗斯民间经济的发展。

---

[1] ［英］杰夫·贝里奇：《外交理论与实践》，庞中英译，北京大学出版社2005年版。
[2] 转引自徐向梅《当代俄罗斯经济外交研究》，博士学位论文，外交学院，2008年，第18页。

俄罗斯经济外交的行为主体分为官方经济外交与非官方经济外交。官方经济外交是主要的行为体和决策者，这决定了官方外交在对外政策中的决策作用及其机制。关于俄罗斯对外政策的决策机制请参见图2-4。其经济外交的决策机制的基本特征被一些学者归结为，"总统高度集权和对外政策过程的执行权力机构的直接领导"、"对外政策各部门之间的水平联系相对较弱"、"立法机构只拥有有限的制衡权"；总统掌握着根本性的决策权力，处于整个决策结构的顶端。因此，俄罗斯"对外政策方针的制定、对外政策活动的进行以至外交代表的任免都要经过总统的同意和首肯"。在俄罗斯经济外交的决策主体和行为者中，既有国家领导层面的国家首脑及其相关机构，也有大型经济组织，诸如众所周知的在俄罗斯能源外交中起着重要作用的俄罗斯天然气公司等企业。但是，就经济外交的性质而言，在国家层面中，经济外交的决策主体是政府机构。

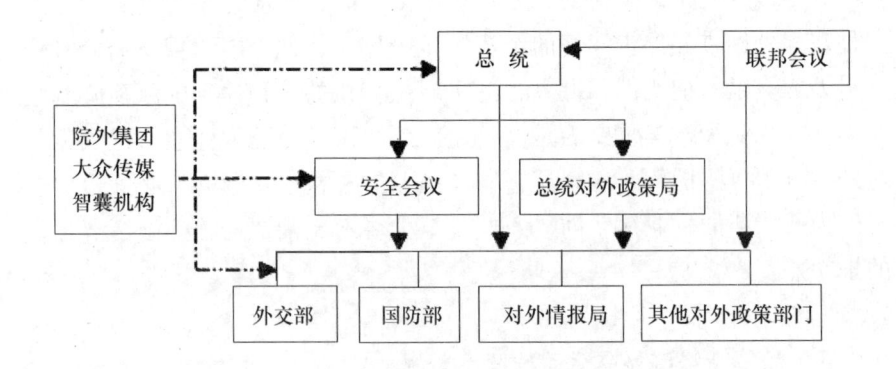

图2-4　俄罗斯对外政策决策机制静态结构图

资料来源：转引自冯玉军《当代俄罗斯对外政策决策机制研究》，博士学位论文，外交学院，2001年，第101页。

根据俄罗斯宪法及其他重要立法，俄罗斯拥有外交权限的主体包括联邦总统、总统机构、联邦政府和议会等。有的学者将俄罗斯经济外交的行为主体分为"政府行为者"和"非政府行为者"，其中"非政府行为者"包括大公司、行业协会和作为咨询协商机构的非政府团体。[①] 这

---

① 李中海：《俄罗斯经济外交：理论与实践》，社会科学文献出版社2011年版，第105—111页。

是因为，从经济外交的性质上考察，经济外交本身包含两个实质性内容：其一，它是由一国政府或代表其政府的机构或官员，以本国经济利益为目的而进行的对外交往活动；其二，它是一国政府或代表其政府的机构或官员以经济力量为手段或依托，为实现和维护本国的国家战略目标而进行的对外交往活动。① 因此，不仅政府和政府部门例如外交部、商务部等是实现经济外交活动的行为主体，随着俄罗斯加入 WTO 及其经济与国际经济的不断融合，其企业和非政府机构也已经并将逐渐在俄罗斯的经济外交活动中发挥作用。在实践中，普京更加注意确保俄罗斯及其公司的具体经济利益，在他的会谈和演讲中，这些问题所占的位置之重大大高于他的前任。这说明了普京时期的外交政策与苏联时期传统的外交政策之间的差异。

2. 俄罗斯经济外交的行为内容

（1）官方经济外交的主要方式

从官方经济外交的角度看，经济外交的主要手段和基本形式主要体现在以下几个方面：

第一，以双边和多边经济合作的协议等方式，建立各个层面的经济外交关系。俄罗斯转型以来，为融入国际经济循环，为获取海外市场、海外资源和海外技术，俄罗斯与一系列国家签订了双边经贸合作协定，建立了双边经济互惠关系，利用多边条约组织推动经济外交。

第二，加入各类组织和集团等，发展俄罗斯的双边和多边经贸合作关系。经济转型以来，俄罗斯先后融入国际货币基金组织、世界银行和八国集团等，并把加入 WTO 作为最主要的经济外交议程。除了加入 WTO 之外，俄罗斯通过谈判与欧盟签订互惠贸易协定，参与亚太经合组织的合作进程，并建立起与各类国际和地区性组织的经济合作关系。

第三，推动组建俄罗斯主导的经济一体化合作组织。俄白哈"关税同盟"是俄罗斯主导建立的最主要的多边经济合作平台。在这方面，俄罗斯下一步的目标是建立欧亚经济联盟。

第四，俄罗斯利用在一些领域的垄断优势地位开展经济外交。例如，俄罗斯在独联体内部进行的"卢布国际化"活动，俄罗斯在与乌克兰的外交博弈中利用天然气价格实现其他方面的国家利益等。再如，俄罗斯利

---

① 周永生：《邓小平经济外交思想初探》，载《北方论丛》1996 年第 1 期。

用自己先进的空间技术，在国际空间合作中力图占据主导或主动地位，为俄罗斯谋取国家利益。俄罗斯的能源和资源外交是俄罗斯经济外交的重要方式和手段。

第五，在个别情况下，俄罗斯也利用经济制裁、经济封锁和经济打击等手段，开展威慑性经济外交。

（2）非官方经济外交的主要方式

从非官方经济外交的手段和形式来看，随着俄罗斯社会政治经济转型的深入发展，俄罗斯社会的开放性、多层次性越来越成为社会的重要特征。特别是市场经济制度的发展和市场经济主体的成长，使俄罗斯在经济外交方面拥有了更多的选择。在这方面，俄罗斯学者对经济外交主体的认识更接近西方的观点，甚至更为强调吸收社会力量参与俄罗斯的经济外交决策和经济外交活动，强调各级政府机构和各类非政府团体及企业在经济外交活动中的协商与合作，强调对外经济活动的整体性和协调性。俄罗斯原外交部副外长伊万诺夫就指出，经济外交以国家经济利益为基础，包括旨在实现和保障国家经济利益的外交行动的形成机制和协商机制。在市场经济条件下，这一机制的主体既包括国家政权机关，即联邦中央政府的行政、立法和司法机关，也包括地方政府机关、实业界行会和商会、代表特定社会阶层的非政府组织、政党和大众传媒。[①]

在非官方经济外交中，非官方的公司、个人和其他非政府经济主体在俄罗斯经济外交中的作用日益突出。这方面最具影响力的经济外交手段是公司或个人推动的俄罗斯对外投资、国际借贷和国际贸易活动。

第五节　俄罗斯经济外交的实施原则

俄罗斯经济外交是在其总体外交的框架下运作的，其实施具有与其总体外交保持一致的基本特点。俄罗斯外交的务实性是其施展"经济外交"的基础。21世纪之初普京执政后，"务实外交"就成为普京时期俄罗斯对外政策的新特点，也即外交政策中突出"外交的务实性"。所谓"务实"，按照普京总统的解释，就是为经济发展服务和"国家利益至上"。因此，

[①] Ивнов И. Д., *Хазяйственные интересы России и ее экономическая дипломатия*, Росспэн, Москва, c. 104. 2001.

总的来看，俄罗斯"务实外交"的基本原则就是最大限度地维护俄罗斯的国家利益，为俄罗斯国家崛起和复兴服务。普京认为，俄罗斯对外政策的主要变化就是，"国内目标高于国外目标"，"我们对外政策的基础是务实、经济效益、国家利益至上"。① 用普京的话说，"我们的优先方向是从本国利益出发制定对外政策，在切实的国家利益当中包括经济利益"。俄罗斯对外政策的务实性，是俄罗斯务实外交的"新特点"。一些学者将这种务实性概括为以下三个方面：（1）适当收缩外交战线，以实现目标与手段的平衡，其实质是在目前国力所能允许的范围内确保俄罗斯最基本的国家利益；（2）突出经济外交，普京的经济外交与振兴俄罗斯经济的国内首要任务相配合，着重扩大俄罗斯产品出口市场，扩大武器输出等；（3）在实现俄罗斯国家利益方面强调外交的"进攻性"，这表现为不再屈服于西方尤其是美国的压力，在力所能及的范围内追求俄罗斯外交利益（包括对外经济利益）的最大化。②

一 "国内目标高于外部目标"

俄罗斯转型后，需要找到一条符合俄罗斯国情的发展道路。普京执政后，俄罗斯坚持"内部目标高于外部目标，切实的国家利益当中包括经济利益，理应成为俄罗斯外交家的法则"。俄罗斯的国内目标是实现中长期经济发展战略，扭转俄罗斯在国际经济竞争中的不利地位，实现强国富民的国策和战略。这说明，俄罗斯已经将国内经济发展的任务置于国家战略的首位，为俄罗斯国家崛起奠定物质基础。普京曾明确表示，俄罗斯在国际上的地位取决于俄罗斯能否成功地解决自己的内部问题。

二 突出外交政策中的经济色彩

俄罗斯经济外交指向明确，其核心的目标是维护和拓展国家利益，取得具体的商业成果，强调"俄在经济领域的国家利益是最主要的国家利益"。冷战结束后的全球化时代，俄罗斯在不断思考国际环境的变化。俄认识到，当前和未来的国际竞争正在越来越多地从军事与意识形态领域转

---

① ［俄］普京：《俄罗斯国家：强国之路》，俄罗斯新闻社2000年7月8日。
② 潘德礼主编：《俄罗斯十年：政治·经济·外交》下卷，世界知识出版社2003年版，第747—748页。

向经济领域,在这种情况下,俄罗斯大国地位的恢复更主要的是依靠经济实力的提升。目前俄罗斯社会已形成共识,认为俄罗斯外交方针至高无上的优先方向是保护个人、社会和国家的利益,只有国家制度的进一步巩固、公民社会的团结以及尽快实现经济的持续增长,才能确保俄罗斯在世界上占据应有的位置。就目前阶段而言,俄罗斯社会发展的主要任务就是稳定和发展经济,用普京的话说,"稳定的经济——这是民主社会的主要保障,是世界上受尊重强国的基础之基础"①。

三 俄罗斯主动"融入国际社会"

对于俄罗斯融入国际社会与经济外交的努力,俄罗斯认为,在国际社会经济外交作用具有加强的趋势。第一,在世界经济自由化不断增强和集体谈判的国家日益增多的条件下,政府的单边行动在捍卫国家利益时往往失去效率,与此相关的是限制使用传统手段调节对外经济关系,例如海关限制、进口限额、贸易补贴等,需要确立统一协调的规则,以加强国际合作。第二,经济外交的趋势与世界经济全球化、生产力国际化不断深入相互关联。② 俄罗斯关注世界经济体系的实质特点,要求参与制定决定世界经济发展趋势的重要决议,争取对世界经济"游戏规则"制定的参与权。第三,俄罗斯经济外交的努力可以归纳为:不再以融入西方,加入所谓"文明世界"作为政策的最终目标;强调经济合作,但不再以争取外部世界对俄罗斯的援助作为政策重点;明确宣布俄罗斯将建立多极世界与国际政治经济新秩序,恢复俄罗斯大国地位作为对外政策的基本取向。第四,把俄罗斯利益具体化,突出对自身利益的追求。③

四 中俄经济关系是俄罗斯务实经济外交的典范

2001年7月16日,中国国家主席江泽民与俄罗斯总统普京签署了《中俄睦邻友好合作条约》。该文件的核心思想是:在不结盟、不对抗、不针对第三国的基础上发展两国长期睦邻友好与互利合作,将两国世代友

---

① [俄]普京:《普京文集》,中国社会科学出版社2002年版,第80页。
② Лихачев, А. Е., *Экономическая дипломатия России. Новые вызовы и возможности в условиях глобализации*, М.: Экономика, с. 57. 2006.
③ 王建新、李渤编写:《俄罗斯政治与外交大纲》,参见李渤《俄罗斯政治与外交》,时事出版社2008年版,第一章。

好、永不为敌的和平思想和永做好邻居、好朋友、好伙伴的坚定意愿,以法律的形式确定下来。这是指导两国关系长期健康稳定发展的纲领性文件。① 普京认为,"这是构建整个现代国际关系的最重要的因素","像中国和俄罗斯这样的世界大国之间的以条约为基础的国际法关系准则,必将以极其重要的方式对整个世界事务产生影响"。② 中俄两国不仅在政治互信上达到了新的高度,而且两国政治、经济、军事和文化等各领域的交流合作也日趋密切。近年来,中俄之间的经济合作奠定了两国睦邻友好合作前行的基础,中俄双方的双边贸易额预计在 2015 年前提升至 1000 亿美元,在 2020 年前提升至 2000 亿美元。这充分体现了中俄关系务实外交和现实主义的色彩。

---

① [俄]伊·伊万诺夫:《俄罗斯新外交:对外政策十年》,当代世界出版社 2002 年版,第 239—244 页。
② [俄]普京:《俄中睦邻友好合作条约将对整个世界的和平与稳定产生促进作用》,载普京:《普京文集》,中国社会科学出版社 2002 年版,第 371 页。

第三章　俄罗斯推行经济外交的力量支柱

支撑一国外交能力的是该国的综合国力或者说是"综合优势",它是任何一个国家能否成功运用经济外交的重要条件。俄罗斯运用经济外交的实践,充分说明了这一特点。在世界各国中,俄罗斯是能够充分运用外交手段的国家之一。这是因为,俄罗斯不仅拥有重视和运用外交手段的传统,而且还拥有施展外交手段的强有力支柱。

独立后的俄罗斯曾一度陷于经济衰退和国力下降,社会经济处于危机之中。尽管普京执政以来,俄罗斯经济持续复苏,但与苏联时期相比,俄罗斯的国力仍然薄弱。当今的俄罗斯与过去的苏联相比,其实力已经大大削弱,这是不争的事实。但是,俄罗斯继承了苏联的大部分国家遗产,包括大约75%的领土、51%的人口、76%的大型企业和生产资料、90%的石油和100%的天然气,等等。俄罗斯还拥有成为世界强国的基本"要素"——资源、人才、军力和外交优势,也即俄罗斯拥有能够成为世界强国的地缘资源、自然资源、人文资源和军事资源。以2008年国际金融危机为例,无论在中国还是西方都有相当一些人认为,这次金融危机将使俄罗斯经济再一次走到崩溃的边缘,因而对于俄罗斯的对外经济能量和未来前景不看好。但是,俄罗斯经济很快复苏并实现了经济增长。在美国的战略分析家劳伦·古德里奇等人看来,俄经济具有强大支柱,并且能够运用自如。无论是现在还是历史上,俄罗斯都不曾清偿任何国家的债务,也从不把经济稳定当作政治实力或社会稳定的基础,"事实上,俄罗斯依靠的是自己的一套丰富手段"。他们认为,对于俄罗斯来说,支撑其实力的六大支柱比以往任何时候都更加强大和运用自如。这六大支柱是:(1)地理位置。即俄与自己想要投放力量的大部分地区接壤,没有任何地理屏障将俄与其目标隔开,例如乌克兰、白俄罗斯、波罗的海国家;俄罗斯与中亚之间也没有地理障碍。(2)政治控制。俄运用铁腕统治维持对国内的控制，而其国内几乎没有政府无法控制或协调的势力。(3)民众对俄政府的支持。(4)丰富的自然资源。(5)强大的军队。(6)情报系统。①

俄罗斯正是凭借上述独一无二的优势跨入金砖国家行列，其资源等优势与其独享的国家发展潜力，使俄罗斯具有能够实现崛起的"综合优势"。一些学者从"综合优势说"诠释作为大国的经济，认为一个"大国"的优势应体现为"综合优势"，它一般指一国的硬国力（硬实力）和软国力（软实力）两个方面。所谓"硬实力"主要包括：经济实力、资源覆盖、科技教育、军事能力等有形资源；所谓"软实力"则应包括：政治制度、社会制度、价值观念、思想文化等无形力量。② 对于俄罗斯来说，它的"综合优势"其实是明显的，主要体现在其资源优势方面，资源优势是俄罗斯国家能够发展的硬实力，也成为拉动经济增长的重要因素。当今世界，俄罗斯的资源优势及其对经济增长的拉动作用，不仅是支撑俄罗斯经济外交的主要支柱，也是俄罗斯在未来能够成为世界强国的重要因素。

在各国经济相互依赖和相互依存的时代，哪一国拥有充足和富裕的资源，就能够获得更大经济影响力，能够实现对经济外交的运筹帷幄。为了尽快恢复其国力并进入强国行列，俄罗斯外交不断从被动应付转向主动参与，经济外交的目的也从化解俄罗斯的问题和矛盾，转为力求实现国家崛起的努力。按照普京的说法，"对外政策是国内状况的风向标和重要因素，我国在国际舞台上的威望以及俄罗斯国内的政治与经济形势，都取决于我们能在多大程度上文明而有效地利用自己的外交资源"③。俄罗斯能够充分运用经济外交手段就在于它拥有的资源，这使得俄罗斯往往对资源品种、资源出口和资源价格等加以操纵，从而对资源需求国家施以外交影

---

① 美国战略分析家劳伦·古德里奇等：《金融危机与俄罗斯实力的六大支柱》，美国战略预测公司网站2009年3月3日。

② 关于"大国综合优势"的"综合优势说"，可以参看湖南商学院大国经济研究中心课题组完成的专著《大国综合优势》，该书对于大国经济进行了系统全面的研究和论述。书中，作者筛选出国土面积、人口数量和经济总量三个易于量化或排序的初始条件，将大国定义为：同时具有幅员辽阔、人口众多和经济总量大的条件，并对世界经济发展有相当影响力的国家。俄罗斯符合"特大国"的定义条件。书中提出"大国综合优势"的概念和评价指标等，这对于分析俄罗斯经济外交之所以能够运转并成为其经济外交的支柱方的原因具有借鉴意义。参见欧阳峣编著《大国综合优势》，格致出版社2011年版。

③ 见俄罗斯联邦总统普京在2001年4月3日俄罗斯联邦会议上发表的《俄罗斯国内形势与国家内外政策基本方针》的国情咨文。

响，使资源短缺或者匮乏的国家接受各种形式，包括外交手段的影响。

总之，我们在论证俄罗斯经济外交作用的时候，必须考虑并分析其支撑经济外交的主要支柱和基本因素。作为一个大国，俄罗斯国家发展的硬实力主要是它的资源优势，此外还包括地缘优势、资源优势和军事优势等；俄罗斯国家的软实力，主要包括科教水平、人文素质等。这些优势和因素是俄罗斯能够重新崛起的基本条件。俄罗斯能够充分运用经济外交这一手段和工具，则是凭借其所拥有的各种优势，尽管俄罗斯尚未实现重新崛起，但是俄罗斯是世界大国之一，它具备重新崛起的条件和能力。

第一节 俄罗斯的地缘区位优势

俄罗斯国家幅员辽阔，横跨欧亚大陆的疆域凸显其地缘优势，俄罗斯经济外交深受其地缘因素的影响。由于疆域广阔，俄罗斯不可能独立于国际社会之外。俄罗斯的国土面积为1707.54万平方公里，数倍于欧盟国家的总面积，居世界第一位。俄罗斯位于欧洲东部和亚洲北部，西起波罗的海沿海，东至太平洋沿岸，亚洲部分占其领土面积的3/4。俄罗斯陆地边界为20000多公里，与14个国家相邻，它们是挪威、芬兰、爱沙尼亚、拉脱维亚、立陶宛、波兰、白俄罗斯、乌克兰、格鲁吉亚、阿塞拜疆、哈萨克斯坦、蒙古、中国和朝鲜。俄罗斯海上边界为38000多公里，同12个国家有海界，它们是挪威、芬兰、爱沙尼亚、立陶宛、波兰、乌克兰、格鲁吉亚、阿塞拜疆、哈萨克斯坦、美国、日本和朝鲜。中俄边界长达4300多公里。俄罗斯的东西跨度为9000多公里，南北跨度4000多公里，东接亚太地区，西连中东欧地区，南与中国、蒙古接壤，它是连接欧亚大陆的核心地带。俄罗斯的海洋资源使其国家可支配的资源能量更加强大。俄罗斯既面向西方，能够发展同欧盟和欧洲各国的关系；也面向东方，发展与中国、日本、韩国等东亚国家的关系。

俄罗斯独特的地缘优势和国土资源，使其在国际舞台扮演着重要的角色。20世纪90年代，东欧剧变、苏联解体，美国取得海湾战争的胜利，使全球地缘政治格局发生了巨大变化。俄罗斯曾一度产生一种被西方围堵，在地缘战略上孤立无援的困惑。但是很快，俄罗斯凭借其地缘优势找回了自己。作为一个拥有丰富自然资源、雄厚经济基础及庞大核武库的传统大国，俄罗斯不甘于做布热津斯基所说的"第三世界的一个地区性大国",俄逐渐形成了"靠东稳南保西"的地缘构想,即立足欧亚大陆腹地,阻止海上强国同大陆边缘地带国家联合向大陆中心区域推进,把自己包围且孤立于大陆中心。对于俄罗斯,布热津斯基认为,俄罗斯的地理面积和位置决定了它再孱弱、经历的痛苦再长,都会是一个"主要的地缘政治玩家"[①]。俄罗斯的地缘优势,使其能够在对外战略方面攻守灵活,这是所有地缘狭小的国家所难以比拟的。

第二节 俄罗斯的资源禀赋优势

资源是支撑一国经济可持续发展的重要基础,资源禀赋对于一国经济发展虽不具有决定性的作用,但在当今全球经济激烈竞争和资源日益短缺的时代,许多国家的发展都受到资源的限制,因此资源蕴藏与出口越来越成为一国经济发展的重要条件。与世界其他大国不同,俄罗斯的发展非但不受资源条件的约束,反而还可以把资源禀赋作为经济外交的工具,以争取有利于发展和崛起的有力支撑。俄罗斯的自然资源能够覆盖几乎人类需求的各个方面,而且国家能够支配的资源能量强大,这是俄罗斯作为一个世界大国的基本特征,也是它能够对世界政治经济格局产生影响的重要因素。

俄罗斯的自然资源总量居世界首位。据俄罗斯统计年鉴的数据,俄资源储量占世界资源总量的21%,在世界各国资源实力排名中位居第一。目前,不包括土地、矿产和森林在内的俄国民财富总量为445771亿卢布。[②] 而根据苏联解体后俄科学院社会政治研究所2004年出版的《俄罗斯:复兴之路》报告称,俄罗斯是世界上唯一的一个自然资源几乎能够完全自给的国家。作为世界资源大国,俄罗斯已经探明的资源储量约占世界资源总量的21%。[③] 俄罗斯《共青团真理报》曾在一篇题为《俄罗斯值多少钱?》的文章中指出,俄罗斯所有自然资源的总价值约为300万亿美元;其中,俄已经探明的资源储量价值约为30万亿美元,居世界首位。俄著名学者奥·切尔科维奇在题为《世界经济背景下的俄罗斯》的论文中援引权威数据称,与俄罗斯相比,美国已经探明的自然资源储量价值为

---

① 陈弘:《不确定的俄罗斯力量的回归》,载《国外理论动态》2008年第6期。
② 俄罗斯国家统计局:《俄罗斯统计年鉴》2004年版,第1318、537—548、184页。
③ 《环球时报》驻俄罗斯特约记者常喆:《俄罗斯资源价值惊人》,http://world.people.com.cn/GB/14549/3477084.html。

10万亿美元,中国为5万亿美元,西欧为2.5万亿美元。①

  从类别看,俄罗斯各种资源储量几乎都位居世界前列,特别是在其他国家非常短缺的矿物、森林、土地、水等资源方面俄罗斯优势明显。首先,俄罗斯的石油、天然气和森林资源分别占世界资源总量的25%、40%和20%,水能资源、煤炭资源和矿产资源等也居世界前列。俄罗斯自然资源的丰裕还体现在:它拥有苏联90%以上的森林面积和水能资源,70%的煤炭,80%的天然气,100%的磷灰石,60%的钾盐和大部分铁矿石。俄罗斯的石油出口到全世界50多个国家,其中欧洲是俄罗斯石油出口的主要市场,约占俄罗斯出口原油的2/3,其次是独联体等多个国家。俄罗斯石油天然气公司不仅是国家经济的重要支柱,也是证券市场中市值最大、交易最活跃的蓝筹股,其股票市值占到总体市值的70%左右。

  其次,俄罗斯拥有世界1/5的森林资源,其森林资源储量已经超过整个北美的森林资源。它的森林覆盖面积约为8.67亿公顷,占国土面积的50.7%,居世界第一位。它的树种以针叶、硬阔叶和软阔叶为主,占森林覆盖面积总量的90%。俄罗斯已成为世界木材的第三大出口国,仅次于美国和加拿大。

  再次,俄罗斯农业用地为2.1亿公顷,其中耕地为1.25亿公顷,人均耕地为0.85公顷;而全世界耕地面积不过14.57亿公顷,人均只有0.32公顷。值得注意的是,俄罗斯的土地是世界上最肥沃的土壤,黑土地带是俄罗斯的主要财富。目前,俄罗斯的粮食已实现连年出口,2009年俄罗斯粮食出口量居世界第三位,在国际粮食市场所占份额约为13%。2010年7月,俄农业部部长叶连娜·斯克伦尼克表示,如果俄罗斯粮食产量到2013年增加到1.06亿吨,那么俄粮食出口额将达到50亿美元。目前,俄粮食已经出口到15个国家,而未来目标是扩大到20个国家。

  最后,俄罗斯有丰富的水资源,它发挥着运输、通航、发电和灌溉等作用,甚至能够提供纯净的饮用水。其淡水资源丰富,仅贝加尔湖就容纳了全球地表淡水总量的1/5。境内的河流达10万余条,分别流入东南西北各海。1000公里以上的河58条。俄罗斯拥有500多条通航河流,总长度为30万公里,实际通航里程为8万公里。俄罗斯在大小河流上陆续

---

① 《环球时报》驻俄罗斯特约记者常喆:《俄经济实力已恢复七成　军事实力仅次于美国》,http://military.china.com/zh_cn/critical2/23/20060227/13128041.htm。

修建了水坝和水电站，丰富的水力资源每年为国民经济提供8500亿千瓦时电。如果俄罗斯的全部水力资源被利用，每年可发电2万亿千瓦时。极为丰富的水资源也是一笔巨大的财富，随着淡水短缺时代的到来，淡水很可能成为俄罗斯换取外汇的重要来源。

俄罗斯的自然和矿产资源蕴藏量丰富、品类齐全，这为其发展多部门的基础工业，形成国家完整的工业体系奠定了重要的物质基础。据俄罗斯科学院经济研究所测算，从已探明的储量来看，俄罗斯各类矿产资源的保障程度都相当高，石油为35年，天然气为81年，煤在60至180年之间，铁矿石为42年，铜、镍、钼为40年，钨为37年，锌为18年，铅为15年，黄金为37年，磷酸盐为52年，钾盐为112年。目前，俄罗斯正在开采的最重要矿产资源有50多种，已开采的矿物种类囊括了门捷列夫元素周期表上所列的全部元素。俄罗斯的石油探明储量为65亿吨，占世界探明储量的12%至13%；天然气探明可采储量为47.57万亿立方米，占世界总储量的27.2%，居世界第一位，按现有的开采水平来看，俄罗斯天然气查实储量可供开采78年。

俄罗斯是世界上最大的矿物原料及加工产品出口国，有色金属出口占俄罗斯出口总值的7%左右。2008年，俄罗斯矿产品出口占到出口总量的69.6%，其中最主要的出口品种是铁矿石，有色金属在俄罗斯出口总值中所占的比重约为7%。俄罗斯是有色金属铝、镍、铜、钨和锌的出口国，是世界上最大的镍生产国、第二大原铝生产国和第六大精铜生产国，也是世界上最大的铂族金属生产国，世界约70%的钯、20%的铂，都是由俄罗斯的企业生产提供的。俄罗斯的西伯利亚和远东地区是全世界自然资源丰富地区，也是俄罗斯的"仓库"。这里的森林面积达5.03亿公顷，木材蓄积量达600多亿立方米。还有大量的金属矿藏，如铁、铜、镍、锌、锡、霞石、金刚石、水银、镁、云母、铝、钨、金、银等。西伯利亚拥有大量的珍贵皮毛动物和价值较高的药用植物，远东地区海域生物资源丰富，总量为2850万吨，其中鱼类资源2300万吨。

得天独厚的资源蕴藏，不仅成为俄罗斯建设强大国家的有力支撑，而且依托自然资源优势，俄罗斯能够形成其特有的支柱产业，这是大国自然资源优势的直接体现。21世纪以来，俄罗斯凭借其能源和资源优势，使其成为拉动经济增长的动力。例如，俄罗斯拥有丰富的能源资源，这使俄能源工业规模庞大，能源产值占到俄罗斯工业产值大约30%以上，能源产业成为俄罗斯的支柱产业。更为重要的是，在当今世界，能源已成为地缘政治博弈的战略武器。目前，俄罗斯拥有约 2800 个商业性石油油田和天然气田，近几年每年勘探发现的新油气田为 20 至 40 个，每年新增石油储量 4 亿至 5 亿吨、天然气储量 5000 亿至 6500 亿立方米。从俄罗斯能源的影响力看，根据国际能源署（IEA）首席经济学家比罗尔（Fatih Birol）的统计，目前欧洲（共 42 个国家，含欧盟 25 国）44% 的天然气、30% 的石油需求都从俄罗斯进口，其中波兰和立陶宛两国对俄罗斯石油依赖的程度分别为 95% 和 100%。[1]

第三节 俄罗斯的军工遗产优势

苏联曾是与美国并驾齐驱的军事强国。苏联时期，每年 10% 以上的国民生产总值、占全国科研经费 40% 的军事研发投入、450 个国防科研所、134 个武器总装配厂、3000 多个分系统生产厂、千余万的军工生产服务人员，使苏联在航空航天、舰船制造、武器系统等方面都取得了世界领先地位，堪与美国相抗衡，并与美国形成了全球两大军工生产体系。苏联时期遗留的军事遗产和军事科研能力，令俄罗斯的军事技术、军工企业在全球具有重要影响力，苏联解体后，俄罗斯的军事力量成为支撑其大国地位的一个有力支柱。

目前，俄罗斯仍然是世界第二大军事强国，是军事领域唯一能够与美国竞争的国家。国际上认为，俄罗斯的军事实力仅次于美国。[2] 尽管与苏联时期相比，俄罗斯在军事规模和军事实力上有所削弱，但根据俄媒体的看法，如果说俄经济实力已经恢复至苏联时期的七成，那么俄军事实力则相当于苏联时期的 80%。普京担任俄罗斯总统后，坚持继续发展俄罗斯军事工业。俄政府通过不断完善军工企业结构、理顺军火出口机制、对军工企业提供一系列的扶持政策、积极开拓军火出口市场，使俄罗斯国防工业保持全球排名第二的位次。俄罗斯每年大约有 50 亿美元的军火和武器出口，这使俄罗斯在全球军火贸易中常年占据 15% 的市场份额。[3] 在

---

[1] 陈强：《能源威慑：俄罗斯的新世纪能源新政》，中国金融网 2008 年 9 月 4 日。
[2] 《环球时报》驻俄罗斯特约记者常喆：《俄经济实力已恢复七成 军事实力仅次于美国》，http://military.china.com/zh_cn/critical2/23/20060227/13128041.htm。
[3] 中金公司研究报告：《2010 年俄罗斯经济研究报告》，第 36 页。

2001—2005年，俄常规武器出口累计达到164亿美元，仅次于美国的282亿美元，位列第二。① 其中，印度是俄军工品出口最多的国家，2001—2005年俄向印度累计出口了73.4亿美元的常规武器，目前印度近65%的武器装备都从俄罗斯进口。

俄罗斯仍然保持了独立、完整和发达的军事工业体系，全国80%的机械制造企业与军工生产有关。② 俄罗斯依靠雄厚健全的军事实力，在军事上和美国叫板，使其成为仅次于美国的第二军火出口大国，并依靠巨额的军火出口收益，资助俄罗斯保持其军事科技的优势。苏联解体后俄罗斯军队继承了苏联军队70%的军事力量，现役部队的编制人员大约为150万人，由战略火箭军、陆军、海军、空军、防空军、预备役部队和准军事部队组成。随着经济形势的好转，从2004年开始，俄罗斯加大军队建设的投入。俄罗斯的武器装备更新逐年加快，2005年国防订货比上年增长26%，2006年又比上年增长25%，其中新式装备采购费增加50%。

俄罗斯军工企业结构改造进展顺利，贯彻"大量研制、适量生产、扩大出口、以售养研"的方针取得成效，军事技术储备日益雄厚。随着经济实力的提升，俄罗斯积极推进国防现代化，以打造一支"新俄军"。为了实现军队现代化和国防工业现代化改造，俄罗斯需要耗资20多万亿卢布，用于军队的发展、现代化改造和军事技术装备。普京在2002年初表示，俄罗斯国家将尽其所能拨出这笔款项。③ 在恢复俄罗斯军力和实现军事国防现代化方面，俄罗斯采取的主要措施是：（1）继续确保核力量的威慑与遏制作用；（2）大力研发和装备新式常规武器；（3）改革现有军事指挥体系，提高军队应变能力；（4）加快推进军队职业化改革，走精兵之路；（5）频繁军演提升军队实战能力。近年来，这些措施已经逐渐取得成效。目前，俄罗斯国防工业有1700家左右的生产型企业和科研院所以及设计单位，国防综合体职工中3/4直接为生产服务，1/4工作在科研开发领域。其科研生产能力除满足俄罗斯所有武器装备的需求外，还能满足大量出口的需求。

军事实力是可以转化为一国综合国力的大国优势。在俄罗斯政府的年

---

① 中金公司研究报告：《2010年俄罗斯经济研究报告》，第36页。
② 同上。
③ 俄罗斯新闻网，http://rusnews.cn/eguoxinwen/eluosi_anquan/20120225/43348444.html.

度国情咨文中普京必谈"富国强兵",强调俄罗斯是个"拥有核武器及强大军事政治影响的世界大国"。目前,俄罗斯拥有庞大的核武库和先进的军事技术,其强大的军事力量与威慑能力,在全球战略格局中仍然具有举足轻重的地位。军事实力对国家的基本作用,表现在既能阻止他方为所欲为,也能强制他方做其不愿做的事情。军事实力能够最终制止暴力、冲突和控制战争,因而军事实力是一个国家实力的最终体现。在国际军力的排名中,俄罗斯军事实力始终名列第二位[①]。就全球最具威慑力的核武器来说,根据美国核问题权威杂志《原子科学家公报》最新公布的数据,俄罗斯目前有大约7800枚可以使用的核弹头,在俄罗斯的核武库中还有大约9000枚已经退役或等待拆卸的核弹头。[②] 美国专家根据电脑模拟进行推算,俄罗斯通过陆地潜艇发射的战略核弹头的总爆破当量,相当于12万枚当年在日本广岛爆炸的原子弹。

在俄罗斯整体国力下降的情况下,发展核武器是俄运用军事手段与西方国家抗衡的唯一法宝。在俄学者看来,拥有强大的核武库,是俄罗斯赢得世界尊重并被邀请加入八国集团的重要因素。俄军事分析家维克托·列托维金说,"正是因为有800枚战略导弹,俄罗斯才被邀请加入'八国集团'"。除在核弹头的数量上继续保持强大的威慑力外,在新型核导弹的研究上,俄罗斯继续投入大量的人力和资金,确保能拥有先进的导弹系统。美国《洛杉矶时报》记者戴维·霍利说,尽管美国是目前世界唯一的超级大国,但俄罗斯仍然有实力将美国摧毁好几次。

第四节 俄罗斯的经济增长潜力

经济实力是衡量一国综合国力、战略地位和国家影响力的决定因素,经济外交的运作往往以经济实力为基础。从俄经济的年度数据来看,自2000年以来,除受国际金融危机影响,2008—2009年俄经济大幅下滑之

[①] 参见"环球军力"(Global Fire Power)公布的2011年各国军力排名结果。根据"环球军力"的解释,在和平年代不会爆发世界性的大战,所以没有考察核武器。核武器在很大程度上是一种威慑性武器,以提高国家实力和国际事务中的发言权。因此,"环球军力"2011年的这次军力排名,主要根据45项技术统计结果得出,考虑了各个国家和地区的后勤保障、远程兵力输送与经济等因素。

[②] 《俄核武器库大盘点,有实力将美国摧毁好几次》,http://www.people.com.cn/GB/guoji/14549/3038922.html。

外，其余年份俄罗斯经济始终保持增长。按照彼得森国际经济研究所的报告，1999—2008 年是俄经济"增长的 10 年"；该研究还指出，同期俄罗斯居民实际收入增加了 2.5 倍，实际工资增加了 3 倍以上。[①] 有文章援引世界银行的报告说，俄罗斯"经济增长是符合穷人利益的经济增长"[②]。不少西方学者持这种看法，认为俄罗斯经济不断增长，确实惠及俄罗斯中产阶级和穷人，而不仅使社会富裕阶层和非常富裕阶层受益。正是俄经济增长惠及更多民众，美国学者安德森·施莱弗提出，俄罗斯已经成为一个"正常国家"。

自 2000 年至 2012 年，俄罗斯国内生产总值年均增长率（按不变价格计算，即扣除通货膨胀和货币贬值等因素）为 4% 至 5%，见表 3-1。根据俄罗斯国家统计局的初步统计，2012 年俄罗斯国内生产总值按当前价格计算，名义 GDP 为 623569.20 亿卢布，折合 20067.12 亿美元，人均名义 GDP 折合 14033 美元，俄罗斯跻身世界第六大经济体和中高收入国家行列。对于俄罗斯经济发展前景，普京在"俄罗斯—2012"国际投资论坛上向全球的经济界人士表示，未来 10 年是俄罗斯面临巨大挑战、风险和变革的时期，而俄罗斯将成为未来全球新的经济中心之一。

表 3-1　　2000—2013 年主要年份俄罗斯国内生产总值增长率　　（单位：%）

年份	2000	2005	2006	2007	2008	2009	2010	2011	2012	2013
GDP 增幅	10	6.4	8.2	8.5	5.2	-7.8	4.5	4.3	3.4	1.4

资料来源：俄罗斯联邦国家统计局网站，http://www.gks.ru/wps/wcm/connect/rosstat_main/rosstat/ru/statistics/accounts/。2013 年数字为修正后的数据。

经济增长潜力也可以视为一国经济发展的可持续能力，俄罗斯经济具有能够实现持续增长与发展的潜力。2003 年美国高盛集团首次提出"俄罗斯重新崛起"的说法后，国际社会评估俄罗斯经济实力的文章逐渐增

---

① 彼得森国际经济研究所谢尔盖·古里耶夫（Sergei Guriev）和艾勒·奇温斯基（Aleh Tsyvinski）：《全球经济危机后的俄罗斯》（第一章），国务院发展研究中心信息网，2010 年 9 月 17 日。

② 世界银行专家在 2007 年 4 月 17 日公布的关于俄罗斯经济状况报告中指出，俄经济增长是符合穷人利益的增长：1999—2006 年，俄罗斯经济年均增长速度约为 6%，经济总量增加了 70%。同时俄罗斯工资和人均收支增加了 500%，扣除通胀后其人均收入实际增长超过 200%。需要说明的是，这一观点虽在网上广为流传，但是笔者一直没有找到原文。

多。2011年底,在金砖国家这一概念问世10周年之际,高盛公司董事长、前首席经济学家吉姆·奥尼尔在其新书《发展路线图:金砖国家的内外机遇》中预言,俄罗斯不需要经济的高速发展,如果俄罗斯能够避免发生危机和冲突,那么俄在2030年就可能成为欧洲最大的经济体,甚至会加入欧盟。如果俄罗斯能够做到"避免危机",那么其国内生产总值在2017年就会超过意大利,在2020—2030年就会超过法国和英国,并最终超过德国。[①] 一方面,国际上的许多看法认为俄罗斯仍然是"一只熊",对于俄经济前景并不看好;另一方面,相当多的人提出,必须把俄罗斯作为一个重新崛起的大国看待。

对于俄罗斯的经济前景,两个因素最为关键。

第一,俄罗斯能否推进并致力于经济现代化。在2008年国际金融危机的冲击下,俄罗斯经济发展模式的弊端充分显现,俄罗斯推进全面现代化被提上政府议事日程。实现经济现代化成为当今俄罗斯实现国家崛起的目标。俄罗斯提出实现经济现代化的五大战略目标是:其一,要成为在生产运输效率和能源利用效率方面领先的国家,同时要为国内外市场加强新能源研发;其二,保持并提高核技术水平;其三,利用超级计算机技术和其他必要的物质基础,提高信息技术水平,并对全球公用数据网络的发展进程产生重大影响;其四,发展空间技术和通信技术,为信息交流、旅游、科学研究、农业和工业生产提供便利;其五,加强医疗领域高新技术研发。如果俄罗斯能顺利推进经济现代化,那么俄罗斯的经济总量以及产业结构将会发生质的改变。

第二,俄罗斯能否按照世贸谈判的承诺开放市场。2012年8月23日,俄罗斯正式成为WTO成员国。加入WTO之后,俄罗斯不仅承诺降低关税,还开放了电信、保险、银行、交通、分销等11类服务部门中的116项服务。这样,中俄双方在服务领域的合作机会将会大大增加,从而进一步扩大双边的服务贸易。更为关键的是,俄加入WTO之后将会促使其市场机制、市场环境以及投资环境不断改善,这些无疑会为中俄双方在制造业、能源等领域开展经贸合作提供"制度红利"。以中国最为重视的

---

① 《导报》2011年11月30日;《"金砖国家概念之父"预言,俄罗斯20年后或加入欧盟》,载新华网2011年12月4日,http://news.xinhuanet.com/world/2011-12/04/c_122373075.htm?prolongation=1。

能源领域为例，价格问题一直是中俄在能源合作中最大的矛盾和困难。①而在俄罗斯加入 WTO 后，石油、天然气价格将更多取决于市场价格。此外，俄罗斯为了改变单纯依赖资源出口的局面，俄能源部制定了 2030 年建设新生产装置和基础设施的全面计划，把下游石化业发展作为未来经济增长的关键，计划 10 年内在俄罗斯建成 6 个石化集群。然而，目前俄罗斯大型石化项目的工程与建设服务水平较低，随着俄罗斯服务领域的逐步放开，资本、技术相对缺乏的俄罗斯对石油中下游投资合作需求会日趋加强。

第五节　俄罗斯的制度模式因素

迄今为止，俄罗斯基本完成了大规模的制度变迁，以 1993 年俄罗斯确立宪政制度体系为标志，俄国的总统制、联邦制、政党制开始运转并逐渐制度化，宪政民主和市场制度作为俄罗斯的立国之基，已经确立并难以动摇。

俄罗斯的宪政体制平稳运行。苏联解体后，俄罗斯在宪政结构方面建立了以总统治理为特征的行政、司法和立法三权分立的政权形式。俄罗斯在 1993 年宪法中确立了总统制，完成了从设立总统职位到形成总统制度的转变。总统制是俄罗斯政治体制的重要组成部分，1995 年俄罗斯议会通过了《俄罗斯联邦总统选举法》，规定了俄罗斯联邦总统选举的组织、程序和方法，并明确了总统与议会、政府及司法权力机构的关系，总统处于议会、政府、法院之上，拥有广泛的重要权力。俄罗斯的政党制度和政党活动趋于有序，继续向制度化和规范性方向发展，形成了相对稳定的政党体制。为避免政治多元与地区分立导致中央丧失对地方的控制，普京上台后进行了联邦制改革，并建立起联邦中央对地方领导人及其立法机关的法律干预机制。2004 年，普京向国家杜马提交俄联邦主体领导人的

---

① 俄罗斯天然气出口长期实行"三轨制"：俄罗斯对白俄罗斯等独联体内部成员出口天然气价格为 55 美元/千立方米，几乎接近成本价格；对乌克兰等已自立门户的独联体国家，出口价格是 90 美元/千立方米；对欧盟各国则执行市场价格。在中俄天然气合作中，俄方希望根据其"向欧洲销售石油/柴油价格"的公式确定对中国天然气出口的市场价格，但中方无法接受。参见史云庆《中俄能源合作：管道上的博弈》，中国贸易救济信息网，http://www.cacs.gov.cn/cacs/webzine/webzinedetails.aspx? webzineid = 2486。

改选提案，规定地方行政长官的产生需经由总统提名，从而使中央最终掌握了地方官员的任免权。在政党改革上，俄已形成多党共存、一党统领的局面。公民权利被认为是衡量一个社会政治民主化的重要标志，反映在公民的民主权利方面，俄罗斯公民的言论自由、行使民主的权利不断扩大。有学者认为，目前俄公民的言论自由、结社自由等各项自由权限已经基本得到实现，包括政治反对派的政治权利也得到了法律保障，例如"8·19"事件和"十月事件"的领导人被释放后，都可以自由地著书立说、发表政见、从事政治活动。[①]迄今，俄罗斯以总统制为特点的国家权力体制已经相对稳定。

俄罗斯的市场制度不可逆转。俄罗斯独立后，在经历了"休克疗法"式改革的失败和野蛮的市场经济的混乱后，普京适时地提出，"必须加大国家对经济和社会进程的影响力"。其原则是，"需要国家调控的地方，就要有国家调控；需要自由的地方，就要有自由"，让国家成为"经济和社会力量的有效协调员"。[②]俄罗斯的市场经济主要体现在：（1）保护所有权和财产权；（2）保证市场经济的平等竞争与经营自由；（3）实施社会政策；（4）建立国家统一的经济空间。目前，俄罗斯市场经济的宪法强调对各种所有制的一体保护。俄罗斯宣布，在俄罗斯联邦境内平等地承认和保护私人的、国家的和其他各种形式的财产所有权，对私有制、国家所有制、市政所有制以及其他所有制形式予以同样的承认和保护；保障在俄罗斯联邦内经济空间的统一，商品、服务和资金的自由流动，鼓励竞争，经济活动自由。

俄罗斯能够保持政局大体稳定。21世纪以来，俄罗斯经济社会秩序逐渐稳定。俄罗斯前外交部部长、著名政治家伊万诺夫这样认为，21世纪初是强调主权民主的时代，在苏联解体后的20年中，俄罗斯新的一代人已经获得了选举权，接受共产主义传统教育的苏联老一辈社会活动家正在缓慢地，但却不可避免地让位于更年轻、更活跃的一代。[③]他同时强调，克里姆林宫在保持对民主进程控制权的同时，将会竭尽全力确保国家

[①] 李渤等：《俄罗斯政治与外交》，时事出版社2008年版，第68页。
[②] ［俄］普京：《千年之交的俄罗斯》，载普京《普京文集》，中国社会科学出版社2002年版，第13页。
[③] 参见［俄］伊戈尔·伊万诺夫《政治学家对俄罗斯稳定发展的见解》，2012年1月10日，http://www.russia-online.cn/Overview/detail_。

的稳定发展,因为"任何动荡都将使执政精英的治国能力受到质疑"。俄罗斯卡内基中心的尼古拉·彼特洛夫认为,俄罗斯政治轨迹的前景仍然很不确定。① 但是,普京政府对于保持国家平稳发展的重要性有着清醒的认识,普京早就提出,俄罗斯需要稳定发展 10 年,需要 10 年的正常生活和目标明确的工作,需要恢复 20 世纪所失去的东西。因此,在未来的 10 年里,俄罗斯国家将会保持一个平稳的发展时期。这意味着俄罗斯的对外政策和外交战略在"长普京时代"仍将首先是为国内发展服务,即将以是否有利于俄罗斯重新崛起、是否有利于俄罗斯国家利益作为既定标准。

历史经验表明,俄罗斯国家的发展有的时候非常奇特。在历史上,俄罗斯曾历经磨难,遭到列强的侵略。但是俄罗斯却总能绝处逢生,重新崛起。这与俄罗斯民族不畏强暴、不甘落后、勇于挑战、追求强国地位、善于克服困难和富有坚忍不拔的毅力不无关系。美国著名国际关系学者汉斯·J.摩根素论述道,"在影响国家潜力的具有决定性的三项因素中,民族性格和国民士气是突出的因素,因为我们难以对它们进行合理的预测,也因为它们对于一个国家在国际政治天平上的重量,有着持久的并且经常是决定性的影响"②。俄罗斯是横跨欧亚大陆的国家,这种特殊的地理位置对其外交具有巨大影响,也决定了俄罗斯人的文明认同。

有学者认为,俄罗斯外交不应该奉行欧洲中心主义,而应维持与欧美外交和亚太外交之间的平衡,欧美和亚太地区的外交是俄罗斯腾飞的两翼,同时俄罗斯也应重视与亚太国家发展关系,否则俄罗斯不可能实现真正的发展。俄罗斯民族不甚勤奋,但却极富创造精神。由此,有的观点指出,俄罗斯民族是可以以"跨越式发展"的"非常规方式"前进的国家。苏联仅用短短十几年的时间,就实现了国家工业化;二战后,仅用几年的时间就恢复了受战争重创的经济,并发展为能与美国相抗衡的超级大国;当前,俄罗斯虽已势衰,但其特殊的经验和独特的民族气质,将为其重新崛起提供可能。俄罗斯民族具有爆发力,愈是在艰难困苦的条件下,愈能顽强奋斗。从俄罗斯国家发展路径依赖的角度推断,未来俄罗斯这个国家有可能创造出新的奇迹,因为俄罗斯已有多次跨越式发展的经验。

---

① Nikolai Petrov, "Russia in 2020: Scenarios for the Future", http://carnegieendowment.org/2011/11/21/russia-in-2020-scenarios-for-future/8kik.
② [美]汉斯·J.摩根素:《国家间政治》,徐昕、郝望、李保平译,中国人民公安大学出版社 1990 年版,第 175 页。

第六节　本章小结

经济外交必然与国家总体外交构成一个整体，或者说，经济外交是一国总体外交的组成部分。国际政治发展历程表明，任何国家的对外经济政策和对外经济关系都并非为纯粹经济性质，而是具有并体现其一定的政治目的。俄罗斯国家利用经济和外交手段开展对外经济活动，实质是为了促进其国家发展和实现其国家利益，谋求本国在国际事务中的影响力。经济目的与手段影响着一国与他国的政治关系，经济利益对一国对外政策的抉择起着举足轻重的作用，我们从各国经济之间的货币战、贸易战、金融战、汇率战和对资源的争夺战中都可以窥探出其政治目的。特别是对于俄罗斯来说，自其独立以来，它从未放弃过"重回世界大国"的梦想，俄罗斯经济趋好和国际能源价格提升，为俄罗斯利用经济外交实现政治目的提供了有利的条件。

对外政策作为国内政策的延续，在逻辑上必然与其国内政治和政策保持统一。对于经济外交这个学术范畴来说，重要的是，"经济外交"不仅包含有关经济的外交行为，也包含有关经济的对外政策。对于任何一个国家，能在多大程度上有效地运用外交手段，不仅取决于这个国家在国际舞台上的地位，同时更取决于其国内的经济实力和政治形势。俄罗斯著名外交家、外交学院教授谢季宁指出，经济外交是经济与政治的融合，这种融合达到了涉及制定和实施管理决策的水平，借助于这些决策使当代世界的合作与竞争得以实现，使市场经济发展的形式与方法得以确立，并最终使市场经济成为那些涉及经济和社会进步的关键问题得以解决的主要因素。① 美国著名战略家基辛格的观点是，国内结构的形式是既定的，对内政策是对外政策的根据；在精确制定某一国家的积极目标方面，国内结构起着最终的决定性作用。② 在俄罗斯的对外政策及其演变的过程中，基本上反映了俄罗斯经济外交的国内政策对对外政策的决定性作用。20世纪90年代在实现社会经济转型后，俄罗斯的对外政策几经调整，其指导思

---

① ［俄］谢季宁：《俄罗斯的经济利益及其经济外交》，莫斯科国际关系出版社，2001年俄文版，第4页。
② ［美］亨利·基辛格：《美国对外政策》，复旦大学资本主义国家经济研究所译，上海人民出版社1972年版，第1—4页。

想反映在《俄罗斯对外政策构想》中。① 迄今，俄罗斯对内对外政策的基本思想仍然没有脱离普京对俄罗斯的发展理念与政策构想。

就经济外交的作用范畴而言，它是一国既涉及对内经济关系，也必然涉及一国对外政策的学科范畴。从对外关系和国际政治的范畴来看，国家对外政策与外交的联系最为紧密，因为外交是执行对外政策的工具，一国的对外政策能够反映出其外交的目的。进一步看，一个国家的对外经济政策是国家处理对外经济活动的方针政策，也是国家对对外经济活动加以管理的基本原则，经济外交是执行对外经济政策的手段，对外政策又与经济外交紧密相联。近些年，俄罗斯对外政策更加趋向于经济利益因素，其意图是在恢复俄罗斯经济实力的基础上，重振俄罗斯大国雄风。因此，俄罗斯国家利益的总体原则是：国家利益中经济利益至上，国内目标高于国外目标，突出经济外交为国内经济发展服务的宗旨，采用更加务实的内外政策。按照普京的执政理念和致力于俄罗斯实现强国梦的战略，今后一段时期，俄罗斯仍会坚持其"经济崛起至上，国内目标高于国外目标"的基本原则。

从新时期俄罗斯经济外交的演变来看，俄罗斯对转型后的自身地位有了更为清醒的认识，其在确立国家发展目标上也更为实际。这突出体现在俄罗斯经济外交中的经济性目的在增强。正如俄罗斯外交和国防委员会在其提交的报告中所说，"在制定今后20年对外政策时，俄罗斯的出发点是：我们未必能够大大改变国家关系的现有结构，未必能够动摇美国的霸权。美国目前在拉开同发达国家的距离，更不用说俄罗斯了。我们的目的——不改变世界（我们不承担无法胜任的任务，只是深入解决自己的危机），最低限度——找到自己在世界上的地位；最大限度——为俄罗斯争取到应有的经济和政治地位"②。在国际经济关系领域，俄罗斯外交政策的优先方面是促进国家经济发展。总的来看，经济外交仍然是俄罗斯实现国家战略和服务于国家利益的重要手段，俄罗斯仍将充分利用经济外交的各种手段为国家发展战略服务。

---

① 俄罗斯政府先后于1993年4月、2000年1月和2008年7月颁布各个版本的《俄罗斯对外政策构想》。

② 俄罗斯外交和国防委员会：《俄罗斯对外政策面临21世纪挑战》，2000年4月15日。

第二篇

俄罗斯在国际经济关系领域的经济外交

国际经济关系领域是实现经济外交的重要领域。俄罗斯在国际贸易领域的经济外交活动、国际金融领域的经济外交活动以国际经济学范畴为主；俄罗斯的能源外交与俄罗斯的军售外交，反映了俄罗斯国家独特的经济外交领域。过去时期，俄罗斯更加注重的是政治外交、安全外交等，随着21世纪经济全球化和国际经济的发展，外交本身的功能与作用也在变化，体现在国际经济方面，就是使经济外交的作用领域更加广泛，经济主体和经济手段更加多样，经济活动与外交活动的联系更加紧密。本篇主要从国际经济关系的领域与视角，论述俄罗斯在贸易与金融领域的经济外交活动，特别阐述了俄罗斯经济外交独特的、重要的构成部分：能源外交与军售外交。

第四章 俄罗斯在贸易领域的外交活动

国际经济关系中的贸易外交，主要包括对外贸易政策实施，以外交手段促进经济和贸易的发展以及利用国际贸易的协调机制，促进国家的贸易发展。从经济外交的视角看，在国际经济关系领域，外交与贸易之间的关系密不可分。经济外交作为执行国家对外政策的工具，在对外贸易的各个环节中都发挥着重要的作用。国际贸易领域出现的新变化，直接影响着经济外交的任务、内容和形式；经济外交活动也对国际贸易规则和贸易秩序的形成发挥着重要的作用。正如英国外交学领域的著名专家巴斯顿所指出的，贸易是外交的一个主要特征，而不是传统外交下的一个不显眼的或者可以分开的活动领域。外交官的任务是不断对国家的贸易与本国对外政策之间的关系进行评估，对贸易和外交之间利益的冲突进行必要的调解，同时探索对外贸易合作的前景。[1]

从对外贸易的视角来看，俄罗斯经济外交主要集中在出口促进、外贸政策和贸易手段、解决贸易争端以及使用经济制裁手段维护国家安全利益等方面。由于对外贸易是各种因素合力推动的，故经济外交对上述各项任务的推动作用也不尽相同。

第一节 俄罗斯经济外交的贸易促进功能

经济外交的贸易促进功能首先体现在确立国家间贸易关系以及制定国家间贸易规则方面。外贸政策是实现经济外交的重要政策和手段，俄罗斯的国家和政府领导人、外交与经济部门都将促进贸易出口作为其经济外交的基本任务之一。对外贸易不仅是拉动俄罗斯经济增长的重要因素，也是

---

[1] ［英］R. P. 巴斯顿：《现代外交》，赵怀普译，世界知识出版社2002年版，第209页。

其国家预算收入的最主要来源之一。俄罗斯独立以后，贸易条件的变化对其经济乃至国家兴衰起着举足轻重的作用。[①] 从俄罗斯政府颁布的各项经济政策文件来看，鼓励出口与改善出口结构一直是外贸政策的重点。俄罗斯前任经济发展与贸易部部长格列夫在 2004 年俄罗斯外交部使节会议上指出："制定和实施统一的贸易政策是俄罗斯经济持续发展的重要条件，也是俄罗斯巩固国际地位的重要条件。俄罗斯应通过执行统一的贸易政策，消除贸易歧视和贸易中的双重标准，并与世界各国进行建设性合作；通过提高科技水平，走创新型发展道路，扩大制成品和服务的出口，提高俄罗斯的竞争力。"[②]

一 用经济外交手段促进对外贸易发展的必然性

从俄罗斯国家演进的历史来看，苏俄对外贸易与国家兴衰历来表现为一种正相关的关系，即对外贸易的增长或萎缩与国家兴衰周期相吻合。俄国学者 B. 西姆切拉在其《俄罗斯经济百年》一书中，对 1900 年以来的俄国对外贸易长期变化进行了研究，他在对各个时期贸易进出口数据进行比较分析后得出了三个基本结论：一是苏俄各个时期的对外贸易的发展速度极不均衡，呈现出一种大起大落的周期性特点。在过去大约 100 年间，有 21 个年份的对外贸易总额与上年相比呈现下降趋势，有 3 个年份的数据持平，有 76 个年份呈现增长趋势。如果按年代划分，20 世纪 20 年代、40 年代和 70 年代是苏联对外贸易快速发展时期。其中，前两个时期分别为世界大战的战后恢复期，而 70 年代为贸易繁荣期。二是苏俄对外贸易增长期与国家稳定和国力强盛时期相吻合。其中，1951—1980 年是其对外贸易稳定增长时期，这 30 年间对外贸易总额增长了 12.8 倍。如果以各时期国家领导人执政的年代划分，赫鲁晓夫、勃列日涅夫和普京执政期间是俄国对外贸易发展较快的时期，而其他时期或发展缓慢或萎缩。[③] 三是苏俄对外政策和对外贸易的发展趋势与地区结构密切相关。1949 年"经

---

① 贸易条件是指出口商品与进口商品的交换比率，或者说出口价格与进口价格之间的比率，又被称为交换比价。

② Материалы к выступлению Министра экономического развития и торговли Российской Федерации Г. О. Грефа на пленарном заседании и совещания послов в министерстве иностранных дел РФ, http://viperson.ru/wind.php?ID=293915&soch=1, 12 июля 2004 года.

③ Симчера В. М., *Развитие экономики России за 100 лет*, М.: Экономика, с. 239. 2006.

互会"建立后，对外贸易带有计划性质。在这一时期，苏联的贸易伙伴主要是社会主义国家，"经互会"成员国占有很大比重。从 20 世纪 50 年代中期起，由于苏联在西西伯利亚发现了大型油田，而西方世界在 20 世纪 70 年代遭遇了能源危机，进而苏联与西方工业国家的贸易量迅速提高。同期，苏联与越南等发展中国家的贸易发展也在加快。苏联还向那些宣布忠于社会主义原则的国家提供优惠信贷，以优惠条件帮助这些国家建设工业企业，供应军事装备。

现阶段，俄罗斯的对外贸易与经济增长之间的联系仍然紧密，俄经济增长对出口贸易的依赖性仍然较强。外贸依存度是指一国外贸总额与其国内生产总值（GDP）之比，是用于衡量一国经济对国外市场依赖程度的指标。如果一国的对外贸易依存度高，则说明该国经济的外向性强，经济发展对外部环境和市场的依赖性高。俄罗斯商品与服务贸易总额占 GDP 总额的 60% 以上，其中外贸收入不仅是企业资金的来源之一，也是俄联邦预算的重要来源，联邦预算收入的 1/3 来自于出口收入。[1] 同时，俄罗斯对外贸易在全球贸易中所占比重较低。尽管 2004 年俄罗斯已进入世界十大出口国之列，但其在全球贸易出口总额中的比重仅为 3%。这表明，俄罗斯对全球贸易的影响力并不大；反之，国际贸易对俄经济和国家收入的影响却是显而易见的。

二　俄罗斯对外贸易的基本政策及其特点

贸易政策决定着贸易外交的重点，贸易外交又服务于贸易政策。俄罗斯独立后，确立实施自由化的贸易制度，彻底放开主要商品的贸易经营权。对外贸易考虑动态的、全面的贸易发展战略，即在时间、区域、产业上多层次全方位综合考虑，实现进口替代与出口导向、自由贸易政策与保护贸易政策、发挥比较优势与培育竞争优势的综合互补和辩证统一。[2] 从俄罗斯的外贸政策来看，其对外贸易的主要矛盾或矛盾的主要方面，仍然在于通过财政、金融、税收、关税和非关税措施，促进俄工业制成品和高附加值商品的出口，为国内生产型企业提高国际竞争力创造条件。

---

[1] Под общ. Ред. С. А. Ситаряна, *Стратегические ориентиры внешнеэкономических связей России в условиях глобализации*. М.：Наука, С. 24 – 25. 2005.

[2] 高际香：《俄罗斯对外经济关系研究》，中华工商联合出版社 2007 年版，第 40 页。

第一，俄罗斯贸易制度的自由经营与垄断特性。俄罗斯实行自由化的贸易政策，主要体现在从事对外贸易的主体不受限制。根据俄现行法律，俄罗斯国内和在俄罗斯的外国法人和自然人均可从事外贸活动。除国际条约和俄罗斯法律有特殊规定外，外贸经营权不受限制。根据俄罗斯国家海关委员会统计，到2003年初，俄罗斯有7.5万个从事外贸活动的单位和个人。这些单位和个人分为以下几种类型：一是生产型出口企业。其中包括工业企业、贸工企业和合资企业。二是中介机构。其中包括外贸中介机构，贸易企业，生产、运输、仓储、科研、信息以及银行和保险行业的企业，国有专业外贸公司，国际非政府组织等。三是促进型组织。其中包括外贸协会、工商会、生产型企业和出口企业联盟、报关代理公司等。但是，在国际市场上的俄罗斯贸易企业主要以大企业为主，其中一些企业是国家参股和控股企业，如俄罗斯天然气工业公司、石油运输公司、统一电力系统公司等。在外贸主体中，约有1500个纳税大户，在数量上占外贸企业总数的2%，但纳税额占联邦预算收入的2/3。其余约5万个中小型外贸企业和个人的贸易额非常小，有些属于非贸易组织。[①] 这说明，虽然俄罗斯贸易制度是自由化的，但却存在着事实上的垄断。

第二，俄罗斯外贸政策的主要实现工具。主要包括：以关税和非关税手段调节对外贸易，采取经济性和行政性措施，对服务的对外贸易和知识产权的对外贸易进行限制或禁止；进行双边和多边贸易谈判，签订政府间协议，为对外贸易的发展创造条件；参与全球和地区层次上的国际贸易和经济组织，使俄罗斯融入世界经济体系；与实业界进行合作，保障俄罗斯在境外的经贸利益，扩大商品和服务的出口，支持本国生产企业，保护国内消费市场。外贸政策的主要方针是：采取国家调控性的措施，保障进出口的稳定性，支持俄罗斯商品的竞争力并打入国际市场，有效保护本国市场和生产者，扩大俄罗斯与其他国际组织的合作。

第三，俄罗斯贸易政策的保护主义特点。从理论上讲，贸易政策大体分为两种类型，即自由贸易政策和保护贸易政策。自由贸易政策的主要内容是，政府取消对进出口贸易的限制和障碍，取消对本国进出口商品的各种特权和优惠，使商品自由进出口，在国内外市场上自由竞争。保护贸易

---

① Под общ. ред. С. А. Ситаряна, *Стратегические ориентиры внешнеэкономических связей России в условиях глобализации*, М.: Наука, с. 150–151. 2005.

政策是指国家采取各种措施限制进口，保护本国市场和本国商品免受外国商品的竞争，对本国的出口商给予优惠和补贴，鼓励本国的商品出口。根据《俄罗斯调节外贸活动基本原则法》，俄罗斯外贸政策的目标定位是，为出口者和进口者、生产者和消费者创造良好的条件。俄罗斯规范和调整外贸活动的主要文件，包括35部法典与联邦法律、17份总统令、77份政府决议和政府主管部门颁布的大量文件。[①] 从本质上看，俄罗斯外贸政策是以保护国内市场为出发点的，具有贸易保护主义色彩。

在俄罗斯外贸政策中规定了大量的保护性条款。根据俄罗斯现行法律，对外贸易现行关税是根据《海关法典》和《关税法》征收关税。按照《关税法》规定，俄罗斯境内执行统一的关税税率，不论其人员、商品种类及其他因素；关税税率分为从价关税、特别关税和组合关税，税率由联邦政府根据《关税法》确定。俄罗斯进口管理措施包括关税和报关费、非关税措施（配额、禁止和许可证制）、进口商品专卖、进口环节增值税、产地规则、海关估价、特别保护措施（WTO规则称为保障措施）、反倾销和反补贴措施、技术标准和卫生检疫措施等。俄罗斯法律规定，对某些种类的商品可以征收季节性关税或特殊关税（包括特别保护税、反倾销税和反补贴税）。

俄罗斯现行法律针对保护国内市场规定了许多条款。其中，非关税壁垒包括数量限制、配额、禁止和许可证制度。数量限制的规定，是来自于2003年12月8日俄罗斯关于《国家调节对外贸易活动基本法》。该法虽对商品进出口没有数量限制，但规定了若干例外条款。例如，对国内市场短缺的重要商品实施临时性出口限制或禁止；对某些可能损害俄罗斯生产企业的进口采取数量限制措施；禁止某些种类商品的进口。对出口商品配额的规定是，政府确定配额分配方法，确定竞标和拍卖的程序；对许可证制度的规定是，对某些种类的商品实行临时的进出口数量限制；对国家安全、人民生命和健康、自然人法人资产、环境、动植物等有害的商品进出口，采取许可证制度；执行国际义务；提供某些种类商品的进出口绝对权利。2001年6月21日，俄罗斯颁布《关于贵金属和贵宝石进出口的命令》以及《金刚石原料和珠宝进出口条例》，规定对上述商品的进出口实

---

① Обзор торговой политики Российской Федерации, http://www.cis.minsk.by/main.aspx?uid=10430, 15.05.2008.

行许可证制度。根据俄罗斯联邦政府2005年7月7日《关于输入防伪印刷品的决定》，对防伪印刷品实行许可证制度。

第二节 俄罗斯贸易外交的主要方式与做法

经济外交的功能之一是推动贸易利益的实现。在英国外交学专家巴斯顿看来，外交在国际贸易中的传统功能表现在如下方面：多边规则的制定与贸易规则的改变；在双边和地区层次上创造有利的政治环境或法律框架；解决贸易争端；切实促进商业的发展。[①] 俄罗斯的贸易外交也可以囊括这几个方面，只是在一些领域中存在更为具体的利益和更为可行的议程。这里将俄罗斯贸易外交的主要议程归纳如下。

一 俄罗斯贸易外交方面的主要谈判

俄罗斯贸易外交议程最重要的一个内容就是通过外交手段创造有利的贸易环境，解决外贸领域存在的难题，使贸易经营者获得利益，从而提高俄在国际贸易中的地位，并使外贸成为促进国内经济发展的助推力量。

其一，融入国际贸易体系并以平等条件加入世界贸易组织（如今已加入）的谈判。世界贸易组织被认为是多边贸易体制的代表，其核心是世贸组织制定的各项协定。因此，它是当今实现国际贸易多边规则的最重要组织，其贸易规则已成为国际贸易的通用规则。这些规则和协定包含了国际贸易通行的法律规则，它一方面保证各成员国的重要贸易权利，另一方面对各成员政府起到约束作用，使它们的贸易政策保持在各方议定且符合各方利益的限度之内，这样做是为了向产品制造者和服务者提供帮助，并便利进出口业务的开展。世界任何国家都难以在世贸规则之外从事对外贸易活动，在俄罗斯看来，其作为一个世界大国，长期游离于这样一个多边贸易组织之外，不符合俄罗斯的国家利益。

其二，谋求在特定领域建立行业性贸易组织的谈判。近年来，俄罗斯农业生产尤其是种植业生产得到了快速恢复，粮食产量有了很大提高。俄罗斯粮食出口到50多个国家和地区，已成为仅次于美国、欧盟和加拿大的全球第四大粮食出口国。俄罗斯粮食协会主席兹洛切夫斯基甚至表示，"我

---

① 参阅[英]巴斯顿《现代外交》，赵怀普等译，世界知识出版社2002年版，第200页。

们的任务是在近年内打入全球粮食出口国前两名"。以俄罗斯寻求建立所谓"粮食欧佩克"为例。2007年6月，时任俄罗斯农业部长的戈尔杰耶夫在俄罗斯与乌克兰政府间的农工综合体委员会会议上首次提出建立"粮食欧佩克"的建议。当时，乌克兰和哈萨克斯坦对俄罗斯的倡议表示支持。乌克兰农业部长梅利尼克表示，"俄乌哈拥有巨大的粮食资源，几乎占世界粮食产量的六分之一，只要协调行动，就可以更高的价格出售粮食"。为此，俄、乌、哈三国应在粮食市场上协调行动。哈萨克斯坦总理马西莫夫也表示支持建立"粮食欧佩克"的主张，认为在目前条件下，俄、乌、哈三国应对这一问题发出共同的声音。2009年5月，时任俄政府第一副总理的祖布科夫在接受媒体采访时指出，粮食出口国建立联盟关系符合粮食市场发展的需要，应建立一种确保国际社会对粮食问题做出快速反应的机制，将其称为"世界粮食政府"并不夸张。他还表示，俄罗斯作为一个粮食出口大国，应在克服世界粮食危机和建立新市场过程中发挥重要作用。他相信，西伯利亚能够成为生产高质量谷物的一个地区，未来几年俄罗斯在国际粮食市场上的影响将得到进一步加强。时任俄总统的梅德韦杰夫在2009年6月圣彼得堡经济论坛世界粮食分论坛上指出，俄罗斯已恢复了世界粮食供应者的角色，未来这一角色将继续得到加强。

其三，在能源贸易及其价格机制中提升管控权的相关谈判。在21世纪初以来的世界能源供应短缺而且价格高涨、国际能源需求持续增长背景下，俄罗斯在国际能源市场逐渐获得了优势地位。2004年以来，俄罗斯先后提高了对乌克兰、格鲁吉亚和白俄罗斯等国的天然气价格。其目的在于，一方面，通过提高价格，获取实际经济利益；另一方面，俄罗斯将能源作为外交武器，对具有明显反俄倾向的国家施加经济压力。

俄罗斯在贸易外交中被动应对的交涉性谈判。例如，俄美之间关于知识产权的外交交涉。根据1990年苏美贸易协议及苏联对外经济联络部副部长丘马科夫的信件，苏美两国建立了知识产权工作组。从90年代中期起，工作组定期在华盛顿或莫斯科召开会议，就相关问题进行磋商。2004年4月19日至23日俄经济发展和贸易部代表团访问华盛顿，就知识产权问题与美国政府和企业界进行了新一轮谈判，焦点问题是美国知识产权在俄罗斯的保护问题。2004年5月3日美国贸易代表机构发布报告，继续将俄列为"重点观察国家"。同年10月25日至27日，知识产权工作组在华盛顿就知识产权保护问题继续进行谈判。美方认为，知识产权是俄美双方经贸关系中最敏感的领域之一,其中盗版问题最为尖锐,美国指责俄反盗版措施不力,威胁将俄从特惠体系中除名。俄罗斯代表团向美方通报了俄知识产权保护的法律制度,其中包括俄修订了《著作权及相关权利法》,制定了《商业秘密法》等法规,并向美方介绍了俄罗斯政府打击知识产权侵权活动政府委员会及相关政府部门的活动,此外还提交了反映打击知识产权侵权措施的文件和影像资料。美国代表团对俄方修改法律,使其与现代国际法律要求相适应给予了积极评价。美方对俄方有关部门的活动表示满意。同时要求俄罗斯政府迅速采取措施,制定提高执法机关效率的措施。2005年4月29日,美国贸易代表机构根据境外知识产权保护情况,决定仍将俄罗斯列为"重点观察国家"。

二 俄罗斯贸易外交活动的主要形式与做法

贸易外交主要通过首脑外交、政府间外交、经济部门和外交部门间的外交活动来实现。

其一,俄罗斯以促进贸易出口为主导的首脑外交。首脑外交是功能极为重要、内容极其丰富的外交形式,体现在经济外交领域,其最重要的作用在于它的公关功能、协调功能和突破功能。国家元首和政府首脑作为国家最高代表,在外交行为者中是地位最高、影响最大的角色。在当今世界,首脑外交的活跃程度前所未有,首脑外交不仅具有礼仪性和象征性,而且具有越来越强的实用功能。首脑外交涉及的经济问题涵盖面宽,经济领域的重大问题无所不包。"首脑外交反映出当今世界关系的复杂和国际政治的活力……也反映出政治领域最高级别将责任和行动日益融为一体的倾向。"[1] 首脑外交具有很强的个人色彩,领导人个性和魅力的不同,对首脑外交的效果有直接影响。俄罗斯历来是一个重视首脑外交的国家,首脑个人因素对其外交活动有重要的影响。贸易促进即推动俄罗斯高科技产品和高附加值产品的出口,是普京执政以来首脑外交的重要内容之一。俄罗斯总统普京在其外交活动中注重务实,突出经济诉求,通过外交活动谋求现实利益。在普京所参与的各种双边和多边的会晤中,经济议题往往会成为重点内容。

---

[1] Elmer Plischke, *Summit Diplomacy: Personal Diplomacy of the President of the United States*, Westport: Greenwood Press, pp. 478–492, 1974.

其二，俄罗斯注重自身关切度较高的贸易问题。其中包括：第一类是诸如为俄罗斯加入世贸组织寻求支持，承认俄罗斯市场经济地位问题、外债问题和重大经济合作项目等问题。第二类是双方利益存在交集的领域，其中最突出的是军火贸易和航天与空间技术等领域的合作。军火贸易是俄罗斯对外贸易的重点之一。对俄罗斯来说，军火贸易的合同金额大，一项交易往往涉及数十亿美元的外汇收入，这些收入不仅可为国家带来巨额外汇，也可用于军工企业改造。对军火贸易买方来说，则涉及国防安全和国家军事实力问题。航天领域的合作也是俄罗斯的重要贸易出口领域。俄罗斯通过该领域合作能获得发展航天工业的资金，在国际市场推行俄罗斯的卫星系统运转标准；合作伙伴则能获得先进的航天技术，解决国民经济的重要问题，减少航天空间商业利用的支出。例如，在2004—2006年俄印峰会期间，两国签署了《俄罗斯全球卫星导航系统"格罗纳斯"和平利用和发展的协议》，确定俄印联合研制和生产新一代航天器，并就俄罗斯从印度航天发射场发射卫星问题达成协议。2006年2月俄总统普京访问西班牙以及2006年3月访问阿根廷期间，均就联合研制和使用航天空间问题与对方达成共识。第三类是合作伙伴关切度较高并急于寻求突破的领域，例如能源领域等。俄罗斯认为它在世界能源格局中占据有利地位，能源是其经济外交的有力杠杆。[1] 普京在总统任期内通过外交访问，取得了许多具体的成果。2000年普京访问印度期间，俄印签署总额为30亿美元的以许可证条件生产140架苏–30MK1歼击机的合同；2001年访问奥地利期间，俄奥两国企业签订总额达30亿美元的合同；2003年访问马来西亚期间，两国签订了总额为9亿美元的军火合同，俄罗斯向马来西亚出口18架苏–30MK1歼击机；2006年访问阿尔及利亚期间，双方就阿尔及利亚购买俄罗斯军火问题达成协议，合同总金额为75亿美元。[2]

其三，俄罗斯开展与外国政府间经贸和科技合作的磋商与谈判。与外国政府建立的政府间经贸和科技合作委员会，是俄罗斯进行对外贸易，促进双边经济合作的工具之一。通过与各国政府间的磋商与谈判等手段，确立双边或者多边贸易规则并实现贸易规划。目前，俄罗斯与独联体10多

---

[1] Лихачев А. Е., *Экономическая дипломатия России: новые вызовы и возможности в условиях глобализации*, М.: Экономика, с. 254–256. 2006.

[2] Андрей Злобин, МИД уполномочен продавить: Что мешает нашим послам лоббировать интересы российских компаний, http://www.smoney.ru/article.shtml? 2006/04/03/282.

个国家设有政府间经贸合作委员会，与独联体以外的 75 个国家建有类似的机构。政府间委员会的活动以双边协议为基础，委员会俄方的工作程序由《俄罗斯联邦与外国的经贸与科技合作政府间委员会俄方工作条例》确定。政府间委员会俄方部分的工作目标是：为俄罗斯与外国在经济贸易和科技领域的互利合作创造条件，保障俄罗斯对外经济战略与经济结构调整相对接；提高对外经济合作的效率，其措施包括发现有前景的合作方向，完善合作形式；积极吸收俄罗斯企业参与对外经济合作。政府间委员会俄方部分的职能是：就合作的原则问题和重大项目提出建议；监督政府间经贸和科技协议、长期项目和重大项目的落实情况；协调参与政府间委员会活动的俄罗斯政府各部门的活动；与政府间委员会外方机构保持工作联系；筹备政府间委员会会议，对在俄罗斯召开的例行会议落实组织、技术、材料和资金保障。政府间委员会俄方部分由俄罗斯政府副总理级官员或联邦部长领导，俄方秘书处的职能由经济发展和贸易部对外经济关系司和独联体经济合作司负责。政府间合作委员会的组成中，建有联合的、日常的和临时的工作机构（分委员会、工作组）。目前，与外国建有 250 多个工作组和分委员会。政府间委员会的决定以最后文件（会议纪要）的形式确定。委员会的地位能保障政府通过相应责成的方式落实。在休会期间，有关双边经济贸易关系的工作包括双方的副主席会晤、执行秘书会晤，工作组会议和分委员会会议，就现实问题进行特别磋商，召开实业理事会会议等。

其四，俄政府和驻外机构为其商品出口提供外交支持。俄罗斯经济发展和贸易部作为驻外商务代表处的主管部门，对商务代表处的贸易促进工作有具体要求，指示其完成政府年度计划所确定的指标。俄政府要求商务代表处要为本国企业在境外的活动提供外交护航，同时制定俄罗斯商品进入所有国市场的计划和措施；建立有关经贸合作信息的数据库，定期更新并保证数据库系统的开放性；制定商务代表处和外交代表处对俄罗斯出口企业和境外投资者提供政治和法律支持的相关制度；制定咨询服务和其他服务的标准；完善商务代表处和驻外代表机构支持出口的指标评价体系；制定改善俄罗斯企业在境外形象的综合措施，发布俄罗斯公司手册、有关法律文件的汇编及俄罗斯商务环境介绍；推介俄罗斯企业；等等。为使驻外的商务代表处及时了解国内经济信息，政府主管部门还定期向其发放有关俄罗斯出口导向型企业及展会的信息材料。其中，促进高科技产品、高附加值产品和服务的出口,是俄商务代表处的工作重点。

其五,俄罗斯驻外机构为实业界进入国际市场提供信息支持。邀请企业界代表参与政府间经贸合作委员会并参加政府代表团的出访,是提高经济外交效率的有效途径之一。企业界代表熟悉本行业情况,可随时提出企业所关心的问题,并可就相关问题及时与外方代表进行磋商。俄罗斯认为,建立政府间经贸合作委员会有力地促进了俄罗斯与伙伴国家之间的经贸合作,政府间经济外交可为双边实业界开展合作提供积极动力,促进合作项目的顺利展开。它的工作形式是:政府主管部门及时向企业进行信息通报,协助企业举办会展活动、研讨会和推介会等。2003年,俄罗斯外交部先后与俄罗斯工商会、俄罗斯工业企业家联盟、俄罗斯石油工业者协会签署了有关合作协议,其内容是俄外交部协助企业开展境外推广活动,通报境外市场信息,为企业提供必要的政治支持和领事服务等。俄经济发展和贸易部作为俄贸易外交的政府主管部门,在向企业提供信息支持方面发挥了关键作用。其主要活动包括:建立外贸信息互联网数据库;提供信息咨询服务;协助企业寻找合作伙伴。此外,俄罗斯经济发展和贸易部建立了"俄罗斯出口机会"网站,发布外国市场行情、外国公司合作需求、境内外会展信息以及有关国家的法律、世贸组织规则和市场准入条件等,以便企业能及时获得来自政府部门的权威信息。

其六,俄罗斯采取签订"关联合同"办法促进其工业品打入国际市场。为推动制造业产品进入国际市场,俄罗斯政府鼓励企业在与外国合作伙伴签订合同时,采用"关联合同"的做法,即针对重大投资和建设项目,在合同中规定俄罗斯企业为合同的主要供货方。在一些重大项目中,俄罗斯已采用了这种做法。俄罗斯政府和企业认为,签订"关联合同"有助于俄罗斯工业品进入国际市场。同时,俄罗斯还协调本国企业的境外活动,避免无序竞争。俄罗斯政府认识到,本国企业在境外市场的无序竞争是导致俄罗斯境外经济合作项目成本提高及对外贸易效率降低的因素之一,并给俄罗斯企业形象带来了许多消极影响。为此,俄政府主管部门制定了有关企业参与境外经济活动的规则,要求企业在必要情况下可组成财团,共同参与境外的招投标活动。

三 对俄罗斯经济外交的贸易促进功能的评价

工业制成品出口所占比重是衡量贸易外交绩效的一个主要指标。从近年来俄罗斯工业制成品出口比重看，俄罗斯经济外交对出口的促进作用仍然有限。例如，在2001—2006年间，俄罗斯工业制成品出口在增长速度上高于世界平均水平，但其工业制成品出口量不仅低于发达国家，也低于许多发展中国家。中国仅高新技术产品出口总额就比俄罗斯出口总额高17%。[①] 在俄罗斯工业制成品出口结构中，黑色金属、化学产品占到50%以上（见表4-1），高科技和高附加值产品的比重很小。

表4-1　　　　　俄罗斯工业制成品出口结构　　　　（单位:%）

	2001年	2002年	2003年	2004年	2005年	2006年
黑色金属	23.6	25.8	27.9	36.3	37.5	25.7
化学产品	25.7	24.8	24.9	23.1	25.4	25.0
木材加工制品	10.3	10.9	10.0	9.0	9.5	11.4
机械、设备、民用交通工具	21.2	17.5	17.9	16.2	13.2	25.8
军火和军事技术	14.7	15.9	14.6	11.2	10.9	10.4
纺织品、鞋	3.4	4.0	3.3	2.9	1.8	0.9
其他	1.1	1.1	1.4	1.3	1.7	0.8

资料来源：俄联邦海关局。转引自 Приходько С. В, *Стимулирование экспортной деятельности в зарубежных странах и практика поддержки экспорта в России*. Москва, с. 80. 2007。

由此可见，第一，俄罗斯经济外交对其贸易发展尤其是对特定商品的出口促进，起到了有限的辅助作用。第二，俄罗斯机械设备出口所占比重较低的原因在于其产品本身，老旧企业和设备难以生产出具有国际竞争力的产品。在过去的年份，俄罗斯机械设备制造行业的固定资产磨损率高达50%，使用年限超过16年的老化设备所占的比重高达74%，其中使用年限超过20年的设备所占比重达到52%。第三，俄罗斯对机械设备生产的固定资产投资较少，其占工业总投资的比重仅为6%，这一比重呈不断下

---

① Приходько С. В., *Стимулирование экспортной деятельности в зарубежных странах и практика поддержки экспорта в России*. Москва, с. 79. 2007.

降的趋势。据俄罗斯地区政策研究所的分析，固定资产投资在行业间的分配比例在未来8—10年内不会改变。① 这意味着，俄罗斯机械设备制造业在短期内难以形成竞争优势，依靠外交手段促进机械制造类产品的出口，则是不现实的。

第三节　贸易摩擦与外交交涉

贸易摩擦是国与国之间由于贸易利益不平衡而引起的贸易纠纷和争端。贸易利益不平衡主要体现在进出口的失衡，而商品的进出口不仅与国内经济和生产有着直接关系，而且与世界其他国家或地区的政治、外交、经济和产品流通都有密切关系。在全球化条件下，贸易利益不平衡导致国家之间的纷争越来越成为一种常态。贸易摩擦有许多表现形式，当前最为常见的是反倾销、反补贴和特别保障措施等；知识产权领域也不同程度地发生摩擦。在WTO框架下，当外国进口对一国国内产业造成负面影响时，该国政府可采取减轻乃至消除该类产业负面影响的措施，这类措施也被称为"贸易救济"（Trade Remedy）。一般来说，"贸易救济"措施的实施程序是：经过国内产业或其代表申请、或者经一国主管当局认为有必要而自行发起之后，主管当局发起一项反倾销、反补贴或者保障措施调查，最终确定对外国进口加征关税或者实行配额管理（保障措施中可能二者并用）。

一　外国政府针对俄罗斯商品发起的贸易救济措施

1. 俄罗斯商品遭遇的调查和准入限制

根据世贸组织秘书处发布的报告，俄罗斯是遭受其他国家反倾销调查和保障措施最多的国家之一。2005年根据商品进入国际市场遭受歧视的程度排名，俄罗斯占世界第七位，在非世贸组织成员国中居第一位。截至2007年7月1日，针对俄罗斯商品发起的贸易救济措施共76项，其中反倾销税48项，保护性关税9项，配额限制4项，价格限制3项，品类限制1项，禁止进口1项，额外征税2项，关税配额2项，卫生检疫和动植物检疫措施3项，许可经营2项，税收监管1项。

---

① Приходько С. В., *Стимулирование экспортной деятельности в зарубежных странах и практика поддержки экспорта в России.* Москва, с. 81. 2007.

在俄罗斯商品准入限制方面的突出特点是：第一，对俄罗斯商品发起贸易救济措施的国家范围较广。2007 年共有 18 个国家以及欧盟对俄罗斯商品实施了反倾销调查，这 18 个国家是澳大利亚、阿根廷、白俄罗斯、保加利亚、巴西、委内瑞拉、印度、哈萨克斯坦、加拿大、中国、墨西哥、秘鲁、乌兹别克斯坦、美国、泰国、土耳其、乌克兰、阿塞拜疆。俄罗斯估计因此损失 20.4 亿美元。[1] 第二，俄罗斯所遭遇的反倾销调查大多关系到黑色金属和冶金行业，外国政府对俄罗斯发起的反倾销措施中有 65% 是针对俄罗斯钢铁及其制品的[2]。据估计，俄罗斯每年因此损失 10 亿至 15 亿美元。第三，俄欧贸易摩擦有扩大的趋势，尤其是新加入欧盟的中东欧国家与俄罗斯的贸易矛盾加剧。仅 2003 年一年之内，欧盟针对俄罗斯商品（化肥、钢材等）启动反倾销程序或反倾销调查的案件就达到 13 起，欧盟对俄罗斯商品的反倾销使俄损失 2.5 亿至 3 亿欧元。2004 年欧盟扩大后，俄罗斯出口企业在欧盟市场的处境更加艰难。例如，欧盟新成员国入盟后，跟随欧盟原有成员国，对俄罗斯进口商品自动采用已经启动的关税和非关税措施。再如，俄罗斯是中东欧一些国家核电站所需核燃料和服务的供应国，而俄欧之间至今尚未解决核燃料的贸易问题，这必将波及俄罗斯与新入盟国家之间的核燃料贸易。此外，俄罗斯认为，欧盟对农产品的生产和出口补贴过高，这些产品进入俄罗斯将冲击其农产品生产企业，因此俄罗斯政府对来自欧盟的禽肉采取了数量限制措施，这使俄欧贸易争端难以得到缓和。第四，乌克兰和白俄罗斯对俄罗斯商品发起的贸易救济措施增加较快。仅 2006 年上半年，乌克兰就对俄罗斯进口商品发起了 4 项反倾销调查（针对铁矿石、汽车轮胎、钢索和石棉水泥板），2 项保障措施调查（针对轴承和亚麻针织品），1 项反倾销复审（针对火柴）。截至 2007 年 7 月 1 日白俄罗斯针对俄罗斯共发起 22 项行政措施，另有 3 项保障措施调查，对俄白贸易造成了严重冲击，见表 4-2。

2. 俄罗斯应对贸易救济措施的外交交涉

针对外国政府对俄罗斯商品发起的贸易救济措施，俄罗斯一些企业由于缺乏经验，对后果估计不足，多数不积极参与调查程序。贸易救济发起国的

---

[1] Приходько С. В., *Стимулирование экспортной деятельности в зарубежных странах и практика поддержки экспорта в России*. Москва, с. 87. 2007.

[2] Алексей Шаповалов, Запретные материалы, Коммерсантъ №212（3543）от 14.11.2006.

调查机构一般均根据申诉方提供的信息作出调查结论，俄企业因此蒙受了巨大损失。近年来，俄政府对这类问题的重视程度有了明显提高，外交部、经济发展和贸易部都将应对贸易救济措施作为其贸易外交的重要工作内容，采取了一些积极措施，例如：与有关国家进行谈判，促使贸易伙伴消除贸易障碍，或对已启动的反倾销措施进行复审；通过解决俄罗斯市场经济地位问题以及主动应对各种非关税措施，为俄罗斯境外企业解决歧视性待遇问题；与外国合作伙伴进行双边和多边谈判，保护俄罗斯利益；针对俄罗斯商品的市场准入问题制定统一的谈判立场，其中包括与政府有关部门和公司进行协商，为国内生产者进入外国市场创造良好的准入条件。

表4-2　　　　　白俄罗斯对俄罗斯采取的经济保护措施　　　　（单位：项）

序号	措施	案件数量
1	对来自俄罗斯的鱼类采取配额限制和许可证制度	2
2	对来自俄罗斯的烟草和烟草制品采取配额限制和许可证制度	5
3	对强制购买白俄罗斯本国生产的并在国内市场销售的商品实行配额最小化	1
4	要求政府采购必须购买本国商品	1
5	2006年从预算拨款1400万美元，用于购买替代性的白俄罗斯商品，并在农村地区销售	1
6	对批量进口的面包和萝卜类食品进行品质检查	1
7	对俄罗斯居民所有的带有过境号牌的新车征收过境费	1
8	对通行于M1/E30国际交通走廊通道的车辆征收过路费	1
9	对从白俄罗斯领土向西进入"布列斯特公路货物服务"终端车辆征收服务费	1
10	对白俄罗斯公路通行进行季节性限制	1
11	对俄罗斯承运人的货物运输指定押运	1
12	对本国工业企业提供国际惯例所禁止的补贴	1
13	针对俄罗斯白糖采取严格措施	3
14	提供补贴	1
15	对植物油、鱼子酱及替代品、鱼罐头、含气饮料、啤酒、低酒精含量的饮料、机油等商品的包装，强制作出检验标志	1
16	对沥青及类似产品进行保障措施调查	1
17	对糖果制品进行保障措施调查	1
18	对钢管进行保障措施调查	1

资料来源：Приходько С. В., Стимулирование экспортной деятельности в зарубежных странах и практика поддержки экспорта в России. Москва, с. 88. 2007.

俄罗斯经济发展和贸易部通过采取上述外交交涉措施,在解决俄罗斯一些商品的市场准入问题上取得了一定成效。比如:欧盟取消了自1984年开始启动的对俄罗斯碳化硅的反倾销调查;韩国在承认俄罗斯市场经济国家地位后,对其工字钢取消了反倾销税;南非在对俄罗斯冷轧钢倾销案进行复审后,作出了取消禁止性关税的决定,对俄罗斯铝业公司生产的铝箔取消了反倾销措施;加拿大对俄罗斯热轧钢板的反倾销措施进行复审后认定,复审确定的最低价格不是对俄罗斯商品的限制;乌克兰对俄罗斯的糖和淀粉取消了价格限制。俄罗斯两家化工出口企业在经济发展和贸易部的支持下,在巴西对其硝酸铵反倾销措施复审中,证明不存在倾销问题,对巴西企业并未造成损害,巴西取消了对俄罗斯这两家公司征收的反倾销税,使这两家公司可以继续向巴西出口硝酸铵。

虽然经过俄罗斯政府和企业的交涉,针对一些俄罗斯商品的反倾销税得以取消,但仍存在许多尚未解决的问题。例如:美国在对俄罗斯硝酸铵进行复审后,仍维持了原有的配额和价格限制,并且继续限制俄罗斯铀的进口;墨西哥继续维持对俄罗斯热轧钢材的反倾销税;阿根廷在对俄罗斯进口的热轧钢材进行复审后,反而提高了反倾销税。

二 俄罗斯针对进口商品的贸易救济措施

在俄罗斯加大市场开放的背景下,进口商品冲击国内市场是不可避免的。由于俄罗斯在入世谈判过程中承诺逐渐减免关税,面对进口商品的冲击,俄已不可能以提高关税的办法保护国内市场。根据世贸规则,在进口商品对国内经济造成实质损害的情况下,可以采取保障措施或征收反倾销税和反补贴税。保障措施是进口国对某些产品在公平竞争情况下因进口数量猛增而采取的紧急限制措施。[①] 当进口产品大量增加,并对生产同类产品或者直接竞争产品的国内产业造成严重损害或严重损害威胁时,进口国可以采取提高关税、配额制等保障措施,缓解这种严重损害或威胁。

在国际贸易中,倾销是指产品以低于正常价格的方式进口,并由此对国内已建立的相关产业造成实质性损害或者产生实质损害的威胁,或者对国内建立相关产业造成实质阻碍。在这种情况发生时,进口国可以采取必要措施来减轻或者消除这种损害或损害的威胁,这被称为反倾销措施。可

---

① 俄罗斯将特殊保障措施称为特别保护措施(Специальные защитные меры)。

以采取的反倾销救济措施，是征收反倾销税或者出口商提供价格承诺。补贴是指由出口国（地区）政府或者其任何公共机构所提供，并为接受者带来利益的财政资助以及任何形式的收入或者价格支持。某些贸易活动中的补贴实际上也是一种不公平贸易行为。当进口产品存在补贴，并对已经建立的国内产业造成实质损害或者产生实质损害威胁，或者对建立国内产业造成实质阻碍时，进口国可以采取的措施包括征收反补贴税、要求出口国政府停止补贴或要求出口商提供价格承诺等。

俄罗斯启动市场保护措施的权限属于俄联邦经济发展和贸易部，2008年6月俄机构改革后，这一权限移交给俄工业和贸易部。同时，俄罗斯政府对外贸易保护和关税政策委员会作为协调机构，可针对启动国内市场保护措施以及其他国家对俄罗斯商品的歧视行动采取报复措施等问题提出建议。俄罗斯对进口商品采取保护措施的法律依据是2003年12月8日通过的《针对进口商品实施特别保护措施、反倾销和反补贴措施法》。2004年10月13日，俄罗斯政府又以政府决议的方式颁布了规范性条例。2007年7月20日，俄联邦经济发展和贸易部颁布了关于国内市场保护调查的行政规范。上述法律法规明确了实施国内市场保护措施的启动条件和启动程序。

国内市场保护程序的启动与否取决于调查结论，根据俄联邦经济发展和贸易部制定的国内市场保护调查规范，在俄罗斯国内企业提出调查申请后，即可启动调查，条件是生产企业所生产的商品不低于同类商品产量的50%。企业在提交调查申请后，应提供启动调查和采取保护措施的足够证据，内容包括某些种类商品的进口增长状况，如增长过快，可启动特别保护措施调查，如存在倾销性进口或进口商品享受补贴，可分别启动反倾销调查和反补贴调查。如果调查与申请者提交的证据相符，联邦政府将根据进口商品的具体情形，启动相应的保护措施。

应该指出的是，近年来俄罗斯商品生产者的行业协会在提起保护措施调查方面发挥了越来越大的作用。俄罗斯针对特别保护措施的调查，很多都是由行业协会提出的，如食品和制造业生产者联盟、灯具生产者协会、玻璃纤维生产者联盟等。行业协会在这方面作用增强的趋势，能使生产者提出更多的更有效的保护措施。根据俄联邦经济发展和贸易部披露的资料，从1998年到2008年，俄罗斯共采取了20项国内市场保护措施，其中特别保护措施10项，反倾销措施8项，反补贴措施2项，见表4－3。

从 2005 年到 2008 年 2 月，共启动 12 项保护措施，其中特别保护措施 4 项，反倾销措施 7 项，反补贴措施 1 项。

表 4－3　　1998—2008 年俄罗斯针对进口商品采取的保护措施　　（单位：项）

	全部	特别保护措施	反倾销措施	补偿措施
启动调查	39	25	11	3
完成调查	36	23	10	3
采取保护措施	20	10	8	2
现有保护措施	12	4	7	1
过期措施	8	6	1	1

资料来源：Счетная палата Российской Федерации, Аналитический доклад 《Анализ и оценка мер, направленных на повышение эффективности системы регулирования внешнеторговой деятельности в условиях присоединения России к ВТО》, Материалы с официального сайта Счетной Палаты РФ, № 12 (132), 2008 г. http：//www.ach.gov.ru/ru/bulletin/313/.

三　俄罗斯对外贸易中的出口管制

出口管制是指国家通过法令和行政措施对本国出口贸易所实行的管理与控制。许多国家为了达到一定的政治、军事和经济制裁的目的，往往对某些种类的商品尤其是战略物资与技术实行管制、限制或禁止出口。其经济目的在于限制某些短缺物资的外流，有利于本国对商品价格的管制，减少出口需求对国内通货膨胀的冲击。同时，出口管制有助于保护国内经济资源，使国内保持一定数量的物资储备，从而利用本国的资源来发展国内的加工工业。政治和军事目的在于通过限制或禁止某些可能增强其他国家军事实力的物资，特别是战略物资的对外出口，来维护本国或国家集团的政治利益与安全。通过禁止向他国或国家集团出售产品与技术，防止大规模杀伤性武器扩散。出口管制作为非关税措施和对外政策工具，在大多数情况下都是经济外交的一个环节，对国家利益的影响是多方面的，对国家间高技术转移以及对公司和国家的竞争力有根本影响。同时，鉴于先进技术对国家竞争力和国家安全至关重要，技术管制也成为出口管制制度中最敏感的领域。

俄罗斯的出口管制制度分为四类：一是对军事装备和军事技术贸易的管制；二是对可能用于生产大规模杀伤性武器及运载手段的商品和技术进行贸易管制；三是为完成特定经济任务，实行对外贸易优惠和许可证制度；四是对特殊商品进行进出口管制（贵金属、宝石、麻醉物品等）。上述每类管制制度都有相应的法律规范，其中最主要的是出口许可证制度。不同种类的管制商品有不同的许可证管理制度，比如对与核相关的产品、技术、劳务和服务的管制和对两用商品和技术的管制，是俄罗斯承担的核不扩散义务的重要环节。1999年通过的《出口管制法》提出的"出口管制"主要针对敏感商品和技术的输出。该法律文件规定，俄罗斯出口管制的对象不只是商品和技术的输出，还包括在俄罗斯领土上将商品和技术转让给外国人的行为。管制商品和技术分为六类，分别是：可能被用于制造军事装备和军事技术的两用商品和技术；人和动植物疾病的病原体，发生基因变化的微生物、毒素以及相关设备和技术；可用于生产导弹的设备、材料和技术；可用于制造化学武器的化学品、设备和技术；核材料、核设备以及属于出口管制范围的非核材料和技术；用于核目的的两用设备和材料。

近年来，俄罗斯出口管制的重点发生了一些微妙变化。第一，从以实物管制为重点过渡到以技术转让为重点，加大了对技术转让的管制力度。技术转让管制的主要对象包括：可用于某些产品的研制、生产或使用的特殊信息，其中既包括技术资料，也包括技术援助。技术资料包括图纸、图表、晒图、模型、公式、表格、技术方案、技术规程和技术说明书等（纸质或其他媒介）；技术援助包括技术指导、技能提高、人员培训、生产经验的转让和咨询服务等。第二，加强对技术转移国际通道的全面管制，其重点是"不可触摸"形式的技术转移。这种形式的技术转移包括以下几个方面：一是人员之间面对面的接触和交流，比如学术研讨会、学术讨论、学术交流、报告、咨询、技术援助、讲座、培训等，其中包括对外国学生的培训；二是电子信箱、传真和电话形式的接触。特别需要指出的是，《针对两用商品和技术的对外经济活动管制条例》第3条对"不可触摸"形式的技术转移做出了具体规定。管制内容包括：其一，对外国人或国际组织以任何手段从俄罗斯输出和转让管制商品，包括对他们用邮寄或电子通信渠道输出和转让管制商品和技术进行管制。其二，在管制设备、商品和技术资料过境俄罗斯时，必须进行报关，并提交海关监管。同时，俄罗斯现行法律规定，"社会财产类"技术和基础科研类技术不在管制之列。但是，由于各国对"社会财产"概念的认定不同，实用研究和基础研究的界限模糊，对这一规定难以准确掌握，对此俄罗斯倾向于严格控制。

第五章 俄罗斯在金融领域的外交活动

国际金融关系是国际经济关系的重要内容，也是经济外交的重要作用领域。一方面，金融外交是为实现国家的经济社会发展服务，发挥维护国家金融安全、增强本国金融实力、提升本国金融国际地位等作用；另一方面，金融外交也在建立和发展国际金融体系、协调国际金融关系、解决国际金融争端、开展国际金融合作、化解国际金融危机、完善和改革国际金融秩序等方面有着重要的协调作用。金融外交主要有两种实现形式：一是国家为实现金融目标而开展外交活动，即以外交手段为国家谋取金融利益；二是国家为实现外交和政治目标（例如，创造良好的外部环境、提高本国国际金融地位等）而进行的金融活动，即以金融手段为国家谋求经济利益。

随着金融全球化的发展，金融外交在国际关系中的作用不断加强。21世纪，金融在国际经济中的核心地位更加凸显，金融及其相关问题上升为影响各国经济社会的重要因素，国家间的竞争逐渐转到以经济利益为核心的综合国力的竞争上来，金融力量成为当代大国外交的一种新型的更加有效的工具。在这样的背景下，俄罗斯也力图谋求其在国际金融中的地位，并将其目标付诸本国的外交实践。

第一节 俄罗斯对国际金融体系的改革设想与外交活动

2008年国际金融危机对于全球经济的直接影响就是，各国都更加关注其在国际金融体系中的话语权，关注国际金融规则的修订和国际金融体系的改革，这已成为世界各国经济竞争与合作的焦点问题。

一 俄罗斯关于改革国际金融体系的政策主张

国际金融危机后，俄罗斯针对国际金融领域的问题指出，当前的全球经济危机是旧的国际金融体系崩溃的结果，现今国际金融活动已不符合多极世界要求，国际金融机构未能采取适当行动应对近年来发生的事件，它未能对巨大风险给予应有的关注和重视。① 因此，俄罗斯官方研究报告提出建立国际金融体系新架构的原则、改革国际金融体系的途径以及实施宏观经济调控和金融监管的建议等。俄方提出，为确保世界经济在全球化条件下正常运行，必须建立"稳定的、可预见的和按照既定规则发挥功效的"国际货币和金融体系。

俄罗斯关于改革国际金融体系的主张，可以归纳为以下几个方面：

第一，确立和巩固国际金融体系的法律基础，使公认的国际法准则成为国际事务的游戏规则。各国均应遵循国际法准则，减少强权主义的单边行动，加强集体协商，保障国际秩序的稳定。

第二，建立多元化、多中心的国际体系。解决错综复杂的全球问题，需要完整的措施。俄罗斯将与有关各方一道，建立真正民主的世界秩序，不允许任何力量在任何一个领域占据优势地位。世界主要国家都已转向了务实的全方位外交，这证明了确立国际规制的现实性。俄罗斯将从这一立场出发参与八国集团、上合组织、金砖国家、亚太经合组织等国际组织的活动。

第三，以外交手段解决各类危机。事实证明，武力和封锁无助于解决问题，只有通过积极对话，才能化解危机。

第四，与伙伴国家进行定期对话，尽快制定规范国际金融秩序的新规则。俄罗斯认为，话语权和决策权的垄断不符合经济全球化的现实需要。新的金融秩序应充分保障有关各方的利益，不能使其成为某个国家或国家集团损人利己的工具。

第五，打造俄罗斯的国际金融中心，为此将制定一揽子法律法规，建设独立自主的具有竞争力的金融体系，俄罗斯国际金融中心将成为这一体系的核心。为此，梅德韦杰夫提出推行油气贸易的卢布结算以及发行以卢

---

① 《俄罗斯建议改革国际金融体系成立世界统一货币》，环球网，http://world.huanqiu.com/roll/2009-03/406002.html。

布标价的有价证券,提高卢布作为国际结算货币的地位,并最终使其成为地区通用货币之一。

第六,积极开展对外经济活动,推动俄罗斯与世界经济的一体化,将俄罗斯的竞争优势与创新发展结合起来,使俄罗斯企业在开放的市场经济环境中获得最大利益。为此,国家将对企业提供有力支持。[1]

二 俄罗斯关于改革国际金融体系的外交活动

第一,充分利用诸如 G20 峰会、圣彼得堡国际经济论坛等国际平台,表达其关于国际金融体系改革的主张。早在国际金融危机前的 2007 年 6 月 9 日第 11 届圣彼得堡国际经济论坛上普京就指出,国际金融体系需要进行重大改革,以保障发展中国家的利益。他认为,目前的国际金融体系是在特定历史条件下建立的,世界金融体系与个别货币挂钩,且金融中心数量有限,这些情况不符合全球经济当前及长远发展的需要。与世界金融体系挂钩的货币汇率不断波动,对众多国家的财政储备和它们的部分经济行业产生消极影响。而这一问题的出路在于,出现更多种类的全球储备货币和更多金融中心。因此,目前必须为全球储备货币多样化创造有利条件。[2] 普京在重回克里姆林宫后,又呼吁 20 国集团成员国在国际金融体制改革方面采取新措施:一是应当加强金融证券衍生品的调控,保障逐步采用金融调控机制——《新巴塞尔协议》,该协议将减少各种类型泡沫出现的可能;二是呼吁 G20 协助建立新的储备货币,扩大其在国际贸易和投资方面的使用范围。普京认为,银行领域出现大规模投机行为等一系列问题,其中存在着很多内部风险和矛盾,而且金融结构根基不稳,尤其金融市场的发展与实体经济的基本指数差距越来越大。这些都将进一步加深当前的不稳定局势,引发金融恐慌。[3]

在 2009 年 4 月 1 日伦敦 G20 峰会期间,中俄双方(胡锦涛与梅德韦杰夫)就国际金融体系改革交换了意见:第一,双方应该加强沟通和磋商,特别是在 20 国集团框架内协调立场,推动国际金融体系改革。第二,

---

[1] 俄罗斯建议改革国际货币金融体系,环球网—《环球时报》,2009 年 3 月 17 日。转引自 21 世纪网,http://news.21cn.com/world/guojisaomiao/2009/03/17/6009542.shtml。

[2] 刘洋:《普京呼吁改革国际金融体系》,新华社俄罗斯圣彼得堡 2007 年 6 月 10 日电,http://news.sohu.com/20070611/n250496604.shtml。

[3] 俄新网 2012 年 6 月 19 日报道。

双方应通过中俄金融合作分委会和中俄财长对话等渠道，就保持各国家经济金融体系和金融市场稳定、共同应对国际金融危机等议题进行深入沟通和交流。在同年9月的G20匹兹堡峰会上，梅德韦杰夫再次重申自己的改革主张，并敦促与会各国落实之前达成的有关国际金融监管以及在伦敦峰会上达成的各项决议。

第二，与金砖国家等新兴经济体进行交流合作，增强国际金融体系改革的压力。俄罗斯充分利用其外交手段与国际影响力，在各种会议上表达其对改革国际货币金融体系的主张。2008年12月，俄罗斯前总统梅德韦杰夫与到访的阿根廷总统克里斯蒂娜在莫斯科发表联合声明，提出摆脱金融危机后需要改革国际货币金融体系。2009年3月14日，俄罗斯与巴西、印度和中国发表联合公报，提出要提高新兴国家在国际金融体系中的发言权和地位，以使IMF等机构能够代表更加广泛国家的利益。2009年6月16日，"金砖四国"领导人首次峰会在俄罗斯叶卡捷琳堡举行，并发表《"金砖四国"领导人俄罗斯叶卡捷琳堡会晤联合声明》（简称《声明》）。《声明》强调：四国承诺推动国际金融机构改革，提高新兴市场发言权；国际金融机构负责人和高级领导层选举应遵循公开、透明、择优原则，建立一个稳定的、可预期的、更加多元化的国际货币体系；一个改革后的金融经济体系应包含以下原则：国际金融机构的决策和执行过程应民主、透明，坚实的法律基础，各国监管机构和国际标准制定机构活动互不抵触，加强风险管理和监管实践。2010年4月15日，"金砖四国"领导人第二次正式会晤在巴西首都巴西利亚举行，会后四国领导人发表联合声明，再次要求推进国际金融体系改革，并同意南非加入"金砖国家俱乐部"，"金砖四国"扩充为"金砖五国"，也称为金砖国家。2011年4月，金砖国家领导人第三次会晤在中国举行，五国领导人共同签署《金砖国家银行合作机制金融合作框架协议》，推进彼此国际贸易与投资间的本币结算。随着金砖国家经济实力的不断增强，彼此之间的金融合作将推动国际金融体系改革。

第三，利用国际媒体与舆论，宣传其关于国际金融体系改革的思想。2009年3月23日，中国人民银行行长周小川在央行网站发表题为《关于改革国际货币体系的思考》的署名文章，提出中国关于国际货币体系改革的构想。针对周小川的建议，2009年3月30日，俄罗斯总统助理阿尔卡季·德沃尔科维奇在莫斯科会见记者时表示，俄罗斯与中国在有关国际金融体系改革的问题上"立场相近",俄中两国都积极支持逐渐采用"超主权国际储备货币",并就此进行了讨论。2009年6月3日,俄罗斯克里姆林宫官方网站发布消息称,俄总统梅德韦杰夫在接受美国CNBC电视台采访时说,俄方支持有关创建"超主权国际储备货币"的构想,建立超主权国际储备货币的想法是有效的;当前,世界需要更多种类的储备货币,以便应对部分经济体可能出现的问题,这方面可以借鉴国际货币基金组织特别提款权的方式,创建超主权储备货币。

第二节 俄罗斯推进卢布国际化的举措与外交活动

金融危机后,俄罗斯一方面积极呼吁推动国际金融体系改革,另一方面开始探索卢布国际化的途径。卢布国际化是近年来俄罗斯对外政策的重要组成部分,实现卢布完全可兑换并使其成为国际储备货币,也是近年来俄罗斯金融外交追求的一个重要目标。2003年5月,普京总统在国情咨文中首次提出要实现卢布完全可兑换,由此开启了以实现卢布国际化为目标的金融外交。2006年7月俄完成了对《外汇调节与管制法》的修改,放宽了卢布在资本项下的管制,实现了卢布完全可兑换。此后,俄罗斯游说各国在双边贸易中进行本币结算,用卢布作为能源贸易的结算单位以及将卢布作为储备币种,这成为俄罗斯金融外交的组成内容。

一 俄罗斯推进卢布国际化的内外背景

俄罗斯推进卢布国际化是实现其国家崛起的重要步骤。所谓"货币国际化",通常指一国主权货币突破国别界线,在国际贸易和国际资本流动中行使交易媒介、价值尺度、贮藏手段等职能,在这种状态下的货币被称为国际货币。在国际货币基金组织的定义中,货币国际化是指某国货币越过该国国界,在国际范围内自由兑换、交易和流通,最终成为国际货币的过程。当前世界通行的国际货币——美元、欧元和日元都走过不同的货币国际化道路。各大国的货币之所以成为国际货币,是因为货币国际化对货币发行国带来多方面的利益。从经济角度看,不仅可带来国际铸币税收益,也可带来从境外储备资产的生产成本到金融运作的净收益,还可为国际货币发行国及其居民带来许多难以计量却真实存在的"实惠";从政治角度看,由于货币背后隐藏着政治、经济、社会制度乃至文化意识形态的某种自动与自愿的服从，拥有国际货币发行权，将可以启动货币政策制定权来影响甚至控制储备国的金融经济，并提升发行国自身抵御金融冲击的能力。最重要的是，国际货币发行国在国际金融体系中具有较大的话语权。这种话语权意味着在制定或修改国际经济治理规则方面拥有巨大的经济利益和政治利益。[①]

俄罗斯提出卢布国际化战略是出于多方面考虑的。从经济角度看，进入 21 世纪以后，随着俄罗斯政局的稳定和经济的复苏，卢布汇率保持平稳。2003 年后，国际油价的飙升巩固了卢布的强势地位，基于对国际油价将长期处于高位的良好预期，俄决定重启卢布自由兑换。从政治角度看，俄罗斯认为，现行国际货币体系无法适应世界经济结构的变化，这一体系不具备防范和应对金融危机的能力，无法保障世界货币体系和汇率的稳定，对各国金融市场的发展没有起到应有的促进作用。发达国家股市和汇率的波动影响发展中国家的市场，造成发展中国家货币金融失去稳定性。国际金融体系改革的重要方向是在货币领域实现从美国中心主义到多中心主义的转变，这种转变符合俄罗斯的利益。这是因为，俄罗斯一直主张建立一个没有超级大国的多极世界。如果在可预见的将来货币体系实现多中心格局，则表明国际政治经济秩序发生了新的根本变化。[②]

二 俄罗斯推进卢布国际化的主要措施

近些年来，俄政府为实现卢布国际化及提高卢布的国际地位，不断推出一些积极措施，并取得了一些成效。

第一，实现资本项目可兑换是实施卢布国际化战略的第一步。货币国际化的基础条件之一是货币可自由兑换。[③] 早在 1996 年 6 月，俄罗斯

[①] 陈雨露等：《作为国家竞争战略的货币国际化：美元的经验证据——兼论人民币国际化问题》，载《经济研究》2005 年第 2 期。

[②] А. Константинов, Будущее рубля как международной валюты, Институт Европы РАН, *Мировая валютная система и проблема конвертируемости рубля.* М.: Международные отношения, с. 160, 2006.

[③] 货币可兑换分为经常项目可兑换和资本项目可兑换。其中，经常项目可兑换是指本国居民可在国际收支经常性往来中将本国货币自由兑换成其所需的货币；资本项目可兑换是指一种货币不仅在国际收支经常性往来中可以本国货币自由兑换成其他货币，而且在资本项目上也可以自由兑换。资本项目可兑换意味着一国取消对一切外汇收支的管制，居民不仅可以通过经常账户交易，也可以自由地通过资本账户交易获得，所获外汇既可在外汇市场上出售，也可自行在国内或国外持有；国内外居民也可以将本币换成外币在国内外持有，满足资产需求。

就已按照《国际货币基金组织章程》第 8 条的规定，实现了经常项目下的卢布可兑换。但是由于种种原因，一直没有放开资本项目。2000 年以后随着经济形势好转，俄罗斯领导人开始将实现卢布完全可兑换提上议事日程。2003 年 5 月，普京总统在国情咨文中首次提出了这一问题；2006 年 5 月，普京在其国情咨文中再次提出实现卢布可完全兑换问题。2006 年 6 月 13 日俄中央银行宣布从当年 7 月 1 日起，俄罗斯完全取消1998 年金融危机后实施的针对卢布自由兑换的所有限制，放开俄公民卢布自由兑换的数量，提高允许出境携带外币的限额，允许俄公民在国外银行开设账户。俄罗斯国家杜马通过了《外汇调节和外汇监督法修正案》，该法案取消了对资本流动的所有限制，其中包括有关俄出口商必须向指定银行出售外汇以及对自然人向国外账户汇款超过 15 万美元实施限制等的规定。

第二，游说有关国家在相互贸易中互用本币结算。任何两国间的贸易实行本币结算的条件是：其一，两国贸易额较大，双方的贸易平衡即进出口规模相当；其二，货币必须是可兑换货币；其三，需要具备其他一些条件，如开立银行账户、控制汇率风险等技术性问题。目前，俄罗斯只在与少数邻国的贸易中用本币进行结算，其中俄罗斯与白俄罗斯 80% 的贸易和与哈萨克斯坦 30% 至 40% 的贸易是用本币结算。为进一步扩大对外贸易本币结算范围，俄罗斯与中国、委内瑞拉和土耳其等国进行了谈判，截至 2014 年已经获得突破。

中俄之间的货币合作开始较早，但是其数额有限。2002 年 8 月，中俄金融合作委员会签订《中国人民银行与俄罗斯联邦中央银行关于边境地区贸易的银行结算协定》，为两国本币结算业务的发展提供了纲领性指导。此后，双方签署了多份文件以扩大本币结算业务服务范围。2011 年 6 月 23 日，中国人民银行与俄罗斯联邦中央银行签订了新的双边本币结算协定，该协定规定两国经济活动主体可自行决定是否自由兑换货币、是否用人民币或卢布进行商品和服务的结算与支付。该协定签订后，中俄本币结算从边境贸易扩大到了一般贸易，并扩大了地域范围。除中国外，俄罗斯也与其他国家签订了本币结算协议。2009 年 9 月，俄罗斯与越南的中央银行就对外贸易本币结算问题达成了协议，但由于种种原因，两国在相互贸易中仍在使用美元进行结算。2010 年 1 月，在土耳其总理埃尔多安访问俄罗斯期间，俄土两国就本币结算问题达成了原则性共识。但是，俄罗斯对伊朗提出的相互贸易本币结算没有做出回应，俄罗斯认为，俄对伊的出口额远高于进口额，如两国实行本币结算，俄罗斯将持有大量伊朗货币而难以消化。针对这种情况，伊朗提出俄伊两国可考虑部分贸易尤其是能源合作可试行本币结算，目前这一问题仍未取得进展。

第三，要求能源进口国在能源贸易中用卢布进行结算。这一问题不仅关系到卢布国际化，也涉及俄罗斯的能源外交。首先，俄罗斯作为能源出口国，一直希望在国际原油定价机制中具有一定的发言权。为此，普京提出在俄罗斯建立石油交易所、天然气和其他产品的交易所，并用卢布进行定价和结算。2006年6月8日"俄罗斯交易系统"证券交易所正式开始石油远期合同交易。俄罗斯还在圣彼得堡建立了专门的石油交易所，并希望将其建设成为继纽约、伦敦、新加坡和东京之后的全球第五大石油交易所。其次，俄罗斯向其合作伙伴提出油气贸易以卢布定价和支付款的要求。俄罗斯向摩尔多瓦、蒙古和乌克兰提出同样要求，只有越南原则上同意了俄方的提议。此外，俄罗斯政府要求主要油气公司在其油气贸易中用卢布定价和交易。2008年底，梅德韦杰夫在其就任总统后的首个国情咨文中，要求俄企业加快以卢布结算油气贸易的进程，并在其他行业的对外经济活动中使用卢布。俄天然气工业公司和卢克石油公司等大公司已多次要求其合作伙伴用卢布支付贸易款项，但是迄今应者寥寥。

第四，积极打造莫斯科的国际金融中心地位，推动卢布国际化。国际金融危机的爆发，使俄罗斯更加认识到金融体系的安全性与开放性的重要意义。2008年，俄罗斯提出要"将莫斯科变成国际金融中心，让卢布成为地区主要兑换货币"；2009年，俄罗斯出台《2020年前俄罗斯金融市场发展战略》，力争用5年时间在莫斯科建立国际金融中心。俄罗斯政府在推动莫斯科金融中心的建设方面所采取的政策措施主要有以下几个方面。

其一，完善市场建设，整合莫斯科的两大证券交易所。2011年6月29日，俄罗斯两大证券交易所——俄罗斯交易系统（RTS）和莫斯科银行间外汇交易所（MICEX）在莫斯科签署合并框架协议，规定了两大交易所合并建立联合交易所的规则和程序；2011年12月19日，两大交易所正式启动联合交易平台，这意味着两大交易所在法律意义上完成合并。

分析认为，两个证券交易中心并存的局面在增加市场风险并降低市场效率的同时，将成为俄罗斯独一无二的交易平台，为俄罗斯和外国参与者提供股票、债券、金融衍生工具以及外汇等交易服务。

其二，组建专家团队，以国际化视野辅助决策。2010年12月29日，一个致力于将莫斯科建设成国际金融中心的国际咨询委员会成立。该委员会一共有27名成员，其中俄罗斯人8名，外籍人士19名，包括高盛、摩根大通、黑石集团的首席执行官等。2011年6月18日，俄罗斯进一步提出，在咨询委员会框架内成立两个专门小组，分别负责莫斯科国际金融中心的全球定位等问题。

其三，加速创新发展，推动高科技产业配套。新的国际金融中心需要拥有广泛的市场影响力，代表国际经济发展的先进水平，其经济基础不能仅根植于资源出口型经济，还需拥有现代化的创新型经济。俄罗斯将其第一个创建的高科技园区——斯科尔科沃创新中心选址在莫斯科，目的之一就是要助力莫斯科建设国际金融中心。

其四，更新基础设施，改善投资环境。为了解决莫斯科交通拥堵、人口密度过大的问题，俄罗斯将进一步扩大莫斯科行政区划，形成一个新的"首都联邦区"，并将一些国家机关和部委外迁到莫斯科大环路以外。莫斯科还将改建环线系统，增修立交桥，缓解交通压力。

尽管俄罗斯努力打造莫斯科成为国际金融中心，但要实现其目标还需要克服许多障碍[①]：第一，俄罗斯缺乏作为国际金融中心的历史底蕴。历史表明，国际金融中心的形成不是靠短期内的人为力量就可建成的，而是需要长期的社会经济实力的积累。俄罗斯处于国际金融市场分工链的下游，缺乏相关历史积淀。第二，经济发展的"结构拖累"。丰富的产业层次和行业结构是金融市场发展的基础条件，而俄罗斯产业结构单一，对能源依赖过重，不利于分散市场风险。第三，金融市场发展滞后。国际金融中心的形成离不开有活力的金融企业和良好的金融基础设施，然而俄罗斯金融市场的规模、发展水平、成熟度和竞争力"与金砖四国和八国集团的其他国家相比差距很大"，甚至还没有真正形成"世界标准的民族金融市场"。第四，缺乏有利于创新而又不失规范的法律监管体系。莫斯科国际金融中心建设呈现出鲜明的政府主导的"赶超"

[①] 唐朱昌：《莫斯科国际金融中心建设前景透析》，载《社会科学》2010年第4期。

特点，政府为了自身的利益目标，往往使自己的作用范围超过合理的边界，行政控制过度，市场自身力量不足，既不利于作为金融中心微观基础的企业建立良好的法人治理结构，也无法弥补市场失灵，提供既有效监管又相对宽松的有利于创新的金融环境。

三 俄罗斯推动卢布国际化的能源支撑与制约因素

关于卢布国际化的基础条件，正如俄罗斯前总统梅德韦杰夫所言，"目前，俄罗斯在世界经济中的地位不应该仅仅是原料资源的供应国，俄罗斯要谋求成为新的金融中心。俄罗斯拥有庞大的能源与其他矿产资源，而未来社会的货币价值的根基就在于这些资源"。可见，俄罗斯希望以其强大的能源出口推动卢布国际化。回顾历史，能源出口往往是国家崛起和本国货币充当国际货币的助推器。[①] 英国在成长为世界霸权国家的历史时期，就一直是煤炭出口国。根据《帕尔格雷夫世界历史统计》提供的数据，英国1837年煤炭出口突破100万吨，1867年突破1000万吨，1923年出口达8073万吨，占其煤炭总产量的29%。也是在这一时期，英国的金本位制度被欧洲主要国家效仿并成为国际货币制度。再看美国，美国成长为霸权国家的历史时期正是世界能源图景中的"墨西哥湾时代"。一战时期，石油已经影响战局；二战期间，石油地位举足轻重。美国在二战期间成为盟国的主要能源供应者，二战后美国几乎控制着世界原油产量的2/3。也正是在这一时期，美国完全确立了世界霸权的地位，美元成为了国际货币。根据英国BP公司发布的世界能源权威统计数据报告，2011年末，俄罗斯探明的天然气储量为4460万亿立方米，占世界储量的21.4%；石油储量为882亿桶，占世界储量的5.3%。[②] 俄罗斯在国际能源市场上的地位举足轻重，如果能够使卢布成为其与他国能源交易的结算货币，将会推动卢布国际化进程。

尽管卢布国际化具有强大的能源基础，但俄罗斯要想实现这一目标还面临着诸多障碍。其一，俄罗斯经济实力不足。根据俄罗斯联邦统计局的数据，按照年平均汇率计算，2012年俄罗斯名义GDP折合

[①] 管清友、冯维江：《追问"自由的卢布"》，载《南风窗》2006年第15期。
[②] 《俄罗斯石油储量占世界5.3%》，国家能源局网站，http：//www.nea.gov.cn/2012－06/20/c_131664484.htm。

20067.10亿美元，约占世界第九位。而反观英镑、美元以及日元的国际化之初，其所属国的经济实力均居世界前列。其二，俄罗斯国际贸易地位还无法支撑卢布国际化。就贸易规模而言，根据俄罗斯中央银行数据显示，2012年俄外贸总额约为8661亿美元，大约为日本的1/2、德国的1/3，不到中国或美国的1/4；就贸易结构而言，俄罗斯为初级产品出口国、工业制成品进口国。其三，受铸币税既得利益集团的掣肘。在一个比较长的历史时期中，美国仍然掌握着能源定价权，特别是新能源的价格，美元的国际储备和作为国际结算货币的地位难以撼动。

历史地看，从英镑霸权到美元霸权的更迭，都带有核心能源更替的强烈色彩，即以美元计价的石油取代了煤炭成为新的核心能源。制度惯性决定了美元与石油价格之间的密切联系得以长期维持，并不因美国作为石油供应者地位的升降而即时变动。在老的"石油—美元"框架下，巨大的制度转换成本也许是卢布走向世界货币途中很难逾越的一大障碍。另外，石油作为可耗竭的能源，具有一定的不可持续性，未来新的核心能源或许会取代化石能源的现有地位。如果俄罗斯不能在能源领域有新的作为，卢布要想借助能源的力量实现国际化，还存在着诸多不确定性。

第三节　俄罗斯推进卢布区的构想——卢布成为独联体国家的储备货币与中俄贸易本币结算

一　卢布在独联体的地位演变

苏联解体后，独联体国家曾提出建立统一卢布区的设想。但随着独联体成员国先后推出本国货币，统一卢布区的设想被束之高阁，独联体成员国开始用本国货币与卢布进行结算。俄独立初期，独联体成员国经济状况普遍恶化，本币币值极不稳定，成员国之间的贸易大多以实物或"硬通货"进行结算，国内经济中也出现了严重的美元化现象。1998年金融危机后，成员国之间停止了以实物结算对外贸易的做法，开始转向用"硬通货"进行结算。美元在独联体国家对外贸易中承担了价值尺度、支付工具和贮藏手段的职能。除美元外，卢布在独联体国家对外贸易结算和外汇构成中也占有较大比重。而独联体其他国家的货币则难以成为对外贸易的支付工具，更无法承担价值尺度和贮藏手段的职能。根据独联体统计委员会发布的数据，独联体成员国之间总出口的20%和总进口的38%为区域内贸易，2004年前11个月相互贸易规模达到950亿美元[①]，实际上具备了进行本币结算的条件。但是制约本币结算的因素仍大量存在。首先，虽然独联体国家间贸易依存度较高，但各成员国在信贷领域和证券领域的合作微乎其微，各国金融联系松散，金融基础设施和制度不完善，外汇市场发展滞后，各国政府对外汇市场的干预水平高。其次，一些成员国银行系统的流动性过低，无法承担起货币兑换的职能。

相比之下，卢布是最有可能成为独联体各国的储备货币币种。这是因为，卢布在独联体对外贸易中仍然扮演着仅次于美元的重要角色。首先，俄罗斯经济总量大，占独联体地区的70%以上，在独联体地区没有哪个国家可与之匹敌，这是卢布可能成为独联体主要货币的决定因素。卢布是独联体地区为数不多的可在交易所作为外币进行买卖的币种，各国中央银行均发布美元、卢布与本币的汇率牌价，而其他成员国之间的货币的汇率则是套算出来的。其次，俄罗斯为提高卢布地位采取了一系列措施，包括在国内市场禁止以美元、欧元或所谓"约定单位"对商品标价、部分出口商品开始用卢布标价等。2005年1月，俄政府决定按卢布价格向独联体其他成员国出口军火。这些措施为降低"美元化"水平、提高卢布地位创造了良好条件。

二 独联体国家间的本币结算

俄罗斯实施自由化外汇管理制度以后，独联体国家对在与俄罗斯的双边贸易中使用卢布的兴趣明显增强。独联体国家从事外贸业务的企业和个人开始倾向于接受卢布，并在银行账户中存入卢布。这是因为卢布兑换美元不存在困难，并且卢布的存款利率较高。独联体国家的商业银行出于种种考虑，也乐于向其客户提供卢布贷款，或进行卢布资产操作，或将卢布投入具有较高流动性的银行间信贷市场和公司债券市场。

目前，俄罗斯与欧亚经济共同体成员国间用卢布进行贸易结算的进程已经开始。2009年使用卢布的结算量达到相当于178亿美元的规模，约占欧亚经济共同体成员国支付总额的48%。由表5-1可以看出，俄罗斯

---

① Статкомитет СНГ, Экспресс-доклад. Янв. С. 33. 2005.

与白俄罗斯和哈萨克斯坦之间，约50%都是用卢布结算的。但是，美元仍然是除卢布以外最主要的结算币种之一。除美元外，卢布在独联体国家对外贸易结算和外汇构成中也占有较大比重。独联体其他国家的货币较少能够作为对外贸易的支付工具，更无法承担价值尺度和贮藏手段的职能。根据独联体统计委员会发布的数据，独联体20%的出口量和38%的进口量为区域内贸易，2004年前11个月相互贸易规模达到950亿美元[①]，实际上具备进行本币结算的贸易规模。

表5-1　　　　2009年俄罗斯与欧亚经济共同体成员国
　　　　　　　　　　支付体系中所使用的币种　　　　　　（单位:%）

欧亚经济共同体成员国	卢布	美元	欧元
白俄罗斯	51.9	33.6	14.0
哈萨克斯坦	48.5	48.1	2.1
吉尔吉斯斯坦	25.2	62.9	11.9
塔吉克斯坦	45.8	51.3	2.6

资料来源：俄罗斯中央银行。

欧亚经济共同体除俄罗斯以外的成员国之间的结算，卢布并不是最主要的币种。例如：在哈萨克斯坦与白俄罗斯的结算中，卢布所占比重约为25%，美元占58%；在哈萨克斯坦与吉尔吉斯斯坦的结算中，卢布占3%，美元占88%；在哈萨克斯坦与塔吉克斯坦的结算中，卢布仅占0.5%，美元占99%。这表明，在一定程度上，卢布可以成为俄罗斯与其他独联体国家之间的结算币种，但如果没有俄罗斯参与的结算，独联体其他国家还是倾向于使用美元进行结算。此外，独联体国家在对外贸易结算中使用本币的比例很低。又如，哈萨克斯坦坚戈、白俄罗斯卢布、乌克兰格里夫纳在与俄罗斯的外贸结算中虽扮演一定角色，但在对俄贸易结算中所占比例极低，不足2%。哈萨克斯坦在与欧亚经济共同体成员国进行外贸结算时，使用坚戈的比重仅为1%，相当于1.8亿美元，白俄罗斯在与欧亚经济共同体成员国的外贸结算中，其货币仅占0.5%，约为1.77亿美元。

---

① Статкомитет СНГ, Экспресс-доклад. Янв. с. 33. 2005.

三 俄罗斯推动独联体国家间的卢布结算

俄罗斯政府坚持不懈地推动独联体成员国间的卢布结算。为提高卢布与独联体其他国家货币的国际地位，在俄罗斯的推动下，独联体成员国于2004年9月15日颁布了《独联体货币领域合作与协调行动构想》（以下简称《构想》）。这份文件放弃了过去提出的建设统一卢布区的设想，转为提出成员国各自建设本国的货币体系、支付体系和外汇市场，进而为实现金融和货币一体化创造条件。《构想》确定了独联体国家货币合作的主要目标是：实现货币的完全可兑换；货币进入外汇市场交易；协调汇率政策，保持本币币值稳定；建立可靠、有效的货币转移制度，包括储蓄存款业务的转移；为经济主体和金融机构在金融服务领域提供国民待遇，共同制定限制金融市场准入的清单。为实现上述目标，独联体成员国计划采取的措施包括：实现国内外汇市场自由化，提高外汇市场的流动性水平，根据国际通用的规则制定经常项目和资本项目的调节规则，并使之趋同；完善支付结算机制，在支付结算中扩大本币的使用范围和使用量；汇率政策趋同，远景是建立消除汇率波动的协作机制；选择最优化的汇率制度，并协调行动，确定汇率波动的区间；建立协调货币政策的跨国结构，或对现有机构进行完善；对国际收支失衡的国家，建立联合的货币支持机制，稳定国际收支失衡国家的汇率和宏观经济平衡。

《构想》提出将分阶段完成上述目标：第一阶段（2004—2006年），实现经常项目下的货币可兑换；独联体国家的结算除使用"硬通货"外，还可使用本币。第二阶段（2006—2010年），各国货币法相互协调并趋于一致，保障资本自由流通。第三阶段（2010—2017年），各国进入经济稳定增长阶段；经济改革完成；支付结算采用现代标准；完成关税同盟建设，建立统一的内部市场，实现经济法律法规的高水平协调。最终目标是制定干预汇率的共同方针，针对货币金融政策做出集体决策，就共同货币达成一致，并使之成为国际支付手段和国际储备货币。2009年11月23日，独联体国家政府首脑理事会会议在雅尔塔召开，会议详细讨论了成员国之间的本币结算问题。各国政府都表示支持本币结算，用卢布结算或用其他货币结算，而不只是用美元结算。

从实际情况来看，一方面，卢布具备在独联体国家中使用的条件。首先，独联体国家间的贸易依存度较高，各国需要加强在金融领域的联系，国家有能力加强对金融货币市场的干预。其次，一些国家银行系统流动性过低，无法承担起兑换货币的职能。相比之下，俄罗斯卢布是最有可能成为地区货币的币种。最后，卢布在独联体地区对外贸易中扮演着仅次于美元的重要角色。俄罗斯经济总量大，在独联体地区没有一个国家可与其匹敌，俄经济总量占独联体的70%以上，这就决定了卢布的特殊地位；卢布是独联体地区为数不多的可作为交易外币进行买卖的币种，各国中央银行均发布美元、卢布与本币的汇率牌价，本币对独联体其他国家货币通过外汇进行套算。为提高卢布地位，近年来俄罗斯不断采取各种措施，以提高卢布的国际地位。

另一方面，卢布在独联体国家中的地位也受到许多限制。一是政治因素影响卢布在独联体国家中的使用。货币是国家主权的象征，独联体各国获得独立后，将本国货币视为主权独立的象征，对使用卢布持排斥态度。二是任何一种货币都需要有足够的商品保证，卢布能否被广泛接受，还取决于用卢布购买商品的能力。三是俄罗斯向独联体国家出口的商品中，能源占相当大的比重①，这些产品在传统上是用美元标价和结算的，卢布在能源贸易中既不是价值尺度，也不是支付手段，这种状况不利于卢布成为地区货币。此外，独联体各国除与俄罗斯开展经贸活动外，也与许多非独联体国家进行广泛的经贸活动，需要大量的自由可兑换货币。

四　中俄贸易本币结算：从试行到推广

中俄两国在相互贸易中推行以本币进行结算是两国贸易中面临的突出问题，也是两国金融合作的重点之一。自2003年中俄开始在边境贸易中试行本币结算以来，两国间的本币结算经历了三个发展阶段。

第一阶段始于2003年1月1日，这是中俄贸易本币结算的试行阶段。在2002年8月中俄总理定期会晤期间，两国中央银行签署了《关于边境地区贸易的银行结算协定》。该协定规定：(1) 双方商定，作为试点，自2003年第一季度起，在黑龙江省黑河市的中国的银行和在俄罗斯阿穆尔州布拉戈维申斯克市注册的俄罗斯的银行及俄罗斯的银行在该市注册的分行之间的边境贸易结算和支付，除使用自由兑换货币之外，也可使用人民

---

① 能源贸易在俄罗斯与白俄罗斯、哈萨克斯坦、吉尔吉斯斯坦、摩尔多瓦和乌克兰的贸易结构中所占的比重从24%提高到60%。

币和卢布。（2）为办理两国本币结算业务，两国指定银行可依据合同，彼此在对方开立相应的代理账户。（3）双方委托中国人民银行哈尔滨中心支行和俄罗斯中央银行阿穆尔州总分行，会同协定所指定的银行，依照两国现行法律，协商确定第2条所涉及的账户的管理办法，包括核定账户的透支额度、为法人和自然人办理日常支付的程序、两国本币兑换业务的操作程序、以两国本币提供贷款的业务操作程序以及执行本协定所必须解决的有关账户管理办法的其他问题。（4）为使双方能够实施对本协定执行过程的监督，中国人民银行哈尔滨中心支行和俄罗斯中央银行阿穆尔州总分行应至少每季度向各自总行通报本协定规定的试点的实施情况。（5）双方商定，为使本协定第1条规定的边境地区的居民之间的贸易和往来较为方便，位于上述地区的中国的银行和俄罗斯的银行在对等和相互尊重的基础上，在中华人民共和国法律和俄罗斯联邦法律允许的条件下，可以在各自地区办理人民币和卢布的现钞兑换业务。2002年12月，两国又签订了《关于实施2002年8月22日签署的〈关于边境地区贸易的银行结算协定〉的纪要》。上述两份协定的签署，标志着中俄边境贸易本币结算进行试点。

这一时期，两国一些大中型商业银行建立了代理行关系并设立了代表处，有的商业银行之间签署了出口买方信贷协议，为双方贸易的扩大提供了融资便利。截至2003年4月底，中国四大国有独资商业银行均与俄方商业银行建立了代理行关系。在出口信贷方面，中国工商银行、中国银行和中国建设银行先后分别与俄罗斯外贸银行签订了总额为6亿美元的出口买方信贷协议。中国光大银行黑龙江分行和俄罗斯外贸银行哈巴罗夫斯克分行签约建立了账户行和代理行关系，中国建设银行满洲里市分行与俄联邦储蓄银行赤塔分行在互开账户并办理国际结算业务方面达成了协议。此外，从2004年9月24日起，中俄本币信用卡结算也开始在两国边境地区推广。

第二阶段始于2005年1月1日，本币结算扩展到中俄两国毗邻的所有地区。根据2002年《关于边境地区贸易的银行结算协定》的规定，在协定执行18个月之后，双方将共同研究协定执行的结果，并在此基础上就是否有必要延长本协定的有效期，以及是否有必要将本协定适用范围扩大到中国和俄罗斯其他边境地区，作出协调一致的决定。两国中央银行根据这一规定，决定从2005年1月1日起，将本币结算范围扩展到中俄边境的所有地区，即从布拉戈维申斯克和黑河扩展到俄罗斯边境地区（阿尔泰共和国、滨海边疆区、哈巴罗夫斯克边疆区、阿穆尔州、赤塔州、犹太自治州）的俄罗斯银行（分行）和位于中国边境地区（黑龙江省、内蒙古自治区、新疆维吾尔自治区和吉林省）中国方面的银行。

在这一时期，中俄两国边境贸易本币结算以及中俄金融合作获得了新的发展。2006年9月，中俄双方批准了《信息交换指标的统一清单》。从2006年11月起，俄罗斯中央银行滨海边疆区总局与中国人民银行哈尔滨中心支行和长春中心支行开始交换信息。从2008年1月1日起，将本币结算范围从贸易领域扩大到旅游领域，规定两国旅游行业也可进行本币结算。随着俄罗斯经济的全面好转以及中俄两国贸易额的快速增长，俄罗斯方面在2008年提出了两国贸易完全转为本币结算的倡议。

第三阶段是2008年金融危机后两国探索全面实行贸易本币结算的新时期。2008年12月，中俄总理定期会晤机制下的银行分委会针对双方贸易中的本币结算问题进行了全面磋商，双方讨论了2002年8月22日签署的《关于边境地区贸易的银行结算协定》的落实情况。俄罗斯方面多次提出就两国全面实行贸易本币结算签订有关协议，中方则希望首先解决人民币与卢布汇率的关联问题。中方认为，如果不能解决两国货币的汇率形成机制问题，空泛地提出本币结算是没有意义的。2009年中俄最高级会晤所发表的联合声明再次提出了两国要在双边贸易中更多使用本币结算的目标。

截至2009年4月，黑龙江省有12家商业银行与俄罗斯19家商业银行建立了代理行关系。2008年，通过账户行办理本币结算业务折合7.9亿美元，较2003年增长了54倍。本币结算量在黑龙江省对俄贸易中所占比重逐年上升，从2003年的0.5%上升到2008年的7.1%。这一时期中俄金融合作的新进展是，2010年4月27日中国银行宣布，自即日起在中国境内推出卢布对人民币直接汇率项下的卢布现汇业务。随着首笔140万卢布汇款结汇业务的成功办理，中行黑龙江省分行成为中国境内首家成功推出卢布对人民币直接汇率项下的卢布现汇业务的省级银行。2010年底，人民币和卢布在对方国家挂牌交易，中俄贸易本币结算进入了新阶段。

自2002年以来，中俄贸易进行本币结算经历了从无到有、从城市试点到边境地区全面推广的发展进程，两国贸易的本币结算额有了很大提高。但同时应该看到，两国贸易的本币结算仍然存在许多亟待解决的问题。

首先，当前中俄贸易的本币结算还不是完全意义上的本币结算。最突出的是两个相互关联的问题，第一是人民币与卢布的汇率问题。2010年以前，中俄之间没有人民币与卢布的汇率。[①] 2010年底，中俄货币虽可在对方国家挂牌交易，但汇率仍然是套算出来的。第二是银行间的清算方式问题。由于人民币和卢布之间尚未形成直接的市场汇率，在中俄两国银行的清算系统中无法对日间业务进行直接清算，仍需通过第三国货币——美元进行套算；每日营业终了，要通过人民币、卢布和美元的汇率清算头寸，即将头寸调回账户余额并清零，所以现行的本币结算过程中没有人民币和卢布的流动，第三方货币实际上还是清算的中介，目前实行的本币结算，只是将企业的购汇行为变成了银行的购汇行为。

其次，卢布在双边贸易本币结算中占绝对优势。随着中俄两国边境贸易额的不断扩大和本币结算量的不断增加，卢布与人民币结算量不均衡的问题日益突出，即所谓中俄贸易本币结算中的"卢布化"问题。2003—2008年，黑龙江省通过银行办理边境地区本币结算业务累计折合194623万美元。其中卢布结算折合193851万美元，占本币结算量的99.6%；人民币结算折合772万美元，仅占本币结算量的0.4%。[②]

最后，本币结算并未明显降低贸易成本。由于当前的本币结算还不是真正意义上的本币结算，即人民币或卢布尚不能单独完成一笔贸易的完整结算过程，这使边境贸易的结算成本与普通的国际汇兑相比未见明显减少。目前的边贸结算成本包括0.1%的手续费、2.48%的汇兑差额以及100元的电报费，双重兑换造成的损失显而易见。[③] 此外，本币结算还存在业务范围窄、缺乏风险防范机制以及配套政策不完善等许多亟待解决的问题。[④]

[①] Рудько-Силиванов В. В., *Межбанковское сотрудничество: обмен опытом*, Деньги и кредит, №10. 2008.

[②] 张远军：《黑龙江省六年边贸本币结算试点报》，http://forex.jrj.com.cn/2010/01/1310336798193.shtml。

[③] 周逢民：《中俄本币结算模式亟待改善》，载《中国金融》2006年第10期。

[④] 引自李中海《卢布国际化战略评析——兼论中俄贸易本币结算》，载《俄罗斯研究》2011年第4期。

第四节 俄罗斯围绕债务问题展开的外交活动

在金融领域，围绕着债务问题所展开的外交活动乃是俄罗斯在20世纪90年代经济外交的重要内容之一，它可以被认为是俄罗斯经济外交中的不成功案例之一。我们从以下几个方面考察俄罗斯围绕债务问题所展开的外交活动。

一 俄罗斯围绕债务继承展开的外交活动

从俄罗斯的债务来源上看，俄罗斯的债务主要源自两个方面：继承苏联的债务和向市场经济转型过程中从西方新借的债务，见表5－2。其中，继承苏联的债务在20世纪90年代一直占据俄外债的最大份额。

表5－2　　　　1992—1998年俄罗斯外债来源结构　　　（单位：亿美元）

年份 \ 项目	苏联外债	俄联邦外债
1992	1049	28
1993	1037	9
1994	1086	113
1995	1030	174
1996	1008	242
1997	978	330
1998	950	550

资料来源：孙超：《俄罗斯外债研究》，硕士学位论文，吉林大学，2004年，第11页。

20世纪80年代至苏联解体前的外债规模剧增。1986年苏联曾是世界第15大债务国，到1992年已成为仅次于巴西的第二大债务国。1991年苏联解体时，其外债规模占GDP比重约为9%，外债余额与当年外汇收入之比为178.2%，偿债的还本付息金额占当年出口外汇收入的44%。[①] 苏联解体初期，在1991年12月4日，苏联及其继承国的代表签署了《苏联外债和资产继承权条约》，就苏联的外债及海外资产划分达成了协议。其

---

① 高际香：《俄罗斯外债问题》，载《俄罗斯中亚东欧研究》2008年第1期。

中苏联债务由15个加盟共和国按比例分摊，俄罗斯继承了苏联外债总额的61.3%，乌克兰为16.3%，白俄罗斯为4.1%，哈萨克斯坦为3.9%，乌兹别克斯坦为3.3%，格鲁吉亚为1.6%，阿塞拜疆为1.6%，立陶宛为1.4%，摩尔多瓦为1.3%，亚美尼亚为0.9%，塔吉克斯坦为0.8%，土库曼斯坦为0.7%，爱沙尼亚为0.6%。随后，各继承国同西方七国就苏联资产和债务继承权问题进行了谈判。1991年10月，独联体八国同西方七国签署了《关于苏联及其继承国所欠外国债权债务的相互谅解备忘录》，规定各加盟共和国必须"一致"，即集体和单独地承担苏联外债，债务管理由苏联对外经济银行或它的继承者执行。按照俄罗斯经济外交专家利哈乔夫的观点，此时俄罗斯经济外交的一个重要失误，就是没有启动注销苏联部分外债的外交行动，因而错过了西方国家出于政治动机注销苏联债务的机会。例如，苏联从东德撤军，同意两德统一等政治行动应该以注销部分外债作为补偿。[①] 当时其他继承国或是由于经济形势不好，或是由于外汇短缺，均未履行偿债义务。此时，俄罗斯经济外交的第二个重要失误，就是"幼稚地认为能够通过市场化改革迅速偿还外债"，因而决定接管苏联对外经济银行，并提出承担苏联100%的外债和全部国外存款。[②] 1993年4月2日，俄联邦政府在巴黎发表了关于俄罗斯在偿还苏联债务方面承担全部责任的声明，西方债权人正式承认俄罗斯为苏联外债的唯一继承国（苏联当时的外债规模见表5-3）。[③]

二 俄罗斯围绕债务举借展开的外交活动

积极筹借新债用来弥补旧债，是俄罗斯围绕着债务偿还所采取的外交活动之一。从一般意义上来说，国家的债务举借应当遵循适度原则并保证外债的有效运用。俄罗斯在债务举借方面的第一个失误是，债务举借严重背离了上述原则，而将希望寄托于对市场化转型的乐观预期。从苏联继承的债务已经使俄罗斯的债务率和偿债率超过了国际公认的警戒线，但是俄罗斯还继续大举借入外债，甚至不惜接受附带的苛刻条件。比如，1995年俄罗斯为了获得国际货币基金组织68亿美元的贷款,被迫接受了其提

[①] 李中海：《俄罗斯经济外交：理论与实践》，社会科学文献出版社2011年版，第221页。
[②] 俄罗斯经济外交专家利哈乔夫将这看作是俄罗斯20世纪90年代债务政策的致命错误。李中海：《俄罗斯经济外交：理论与实践》，社会科学文献出版社2011年版，第221页。
[③] 参见孙超《俄罗斯外债研究》，硕士学位论文，吉林大学，2004年，第8—9页。

表 5-3　　　　　　　　苏联 1974—1991 年外债规模

年份	总计 亿美元	总计 %	长期债务 亿美元	长期债务 %	短期债务 亿美元	短期债务 %	居民人均外债（美元）
1974	0.036	100	0.036	100	—	—	0.014
1975	12.324	100	12.324	100	—	—	4.9
1976	5.687	100	5.687	100	—	—	2.2
1977	12.046	100	12.046	100	—	—	4.7
1978	19.570	100	19.570	100	—	—	7.5
1979	21.165	100	21.165	100	—	—	8.1
1980	47.193	100	47.193	100	—	—	17.8
1981	42.911	100	42.911	100	—	—	16.1
1982	46.158	100	46.158	100	—	—	17.2
1983	53.641	100	53.641	100	—	—	19.8
1984	175.579	100	175.579	100	—	—	64.1
1985	282.964	100	213.964	75.6	69.00	24.4	102.4
1986	307.284	100	233.284	75.9	74.00	24.1	110.2
1987	383.188	100	297.188	77.6	86.00	22.4	136.0
1988	421.729	100	309.729	73.4	112.00	26.6	147.8
1989	539.418	100	357.418	66.3	182.00	33.7	188.1
1990	598.033	100	480.033	80.3	118.00	19.7	207.2
1991	679.432	100	549.422	81.3	126.01	18.7	232.9

资料来源：高际香：《俄罗斯对外经济关系研究》，博士学位论文，中国社会科学院研究生院，2006 年，第 56 页。

出的继续推进市场化改革、改变财政货币政策、加快私有化和贸易自由化进程、遏制通货膨胀、取消能源出口限额和许可证制度等干涉经济主权的一切条件。[①] 又如，1998 年 7 月 2 日俄罗斯与国际货币基金组织达成备忘录，国际货币基金组织同意向俄罗斯提供贷款，但俄罗斯必须按照国际货币基金组织的要求制订国内经济改革的行动计划与时间表。再如，1993 年美国向俄罗斯提供了购买谷物的 7 亿美元贷款，但同时又规定了条

---

① 郭连成：《俄罗斯对外经济关系研究》，经济科学出版社 2005 年版，第 4 页。

件——75%的谷物要由美国船只运送，而且运价极高（利比里亚船费每天1.5万至1.7万美元，而美国船费为2.5万至3万美元）。这就是说，7亿美元几乎全部留给了美国的谷物生产者和船主，而债务（包括利息）则留给了俄罗斯。[①] 事实上，俄罗斯的经济计划每年都要送交国际货币基金组织审议，为了证明俄罗斯提交的统计资料的准确性，国际货币基金组织要派代表在俄罗斯境内进行例行检查，俄罗斯当局不得加以阻拦。超过承受能力过度借债，甚至损害国家经济主权，这是俄罗斯债务举借方面的经济外交的第一个失误。

俄罗斯在债务举借方面的第二个失误是，它没有对外债进行合理的使用，而更多的是为了借新债还旧债，这种"拆东墙补西墙"的做法使外债投向主要用来弥补财政赤字和偿还到期债务，不但没有形成新的生产能力，反而破坏了俄罗斯偿还债务的经济基础，进一步增大了俄罗斯的债务规模。俄罗斯新增美元债务中有相当大一部分是本息滚动造成的。对此，俄罗斯国际银行开发与投资和信贷合作中心主任索科洛夫在1994年的一篇文章中说道："俄罗斯外债偿还情况如下：1991年125亿美元；1992年应为156亿美元；1993年190亿美元，但只支付了其中的20亿美元；1994年应付的债务总额为325亿美元……；延期还债的条件越来越苛刻：6月与巴黎俱乐部谈判达成的结果是，延期偿还70亿美元，第一季度利息为100%，然后一直到年底的利息是60%。"[②] 据统计，俄罗斯于1993—1996年发行了7期外币国债，举借了129.05亿美元新债，全部用于偿还旧债。另有数据表明，1995—1998年俄罗斯外债还本付息在预算支出中所占比例为9%、13%、23%和30%，而到2003年上升到70%。为了补偿偿债资金，俄罗斯不得不发行年息高达40%的新债来偿还旧债，结果形成了债务的恶性循环。[③] 对债务的不合理使用使俄罗斯在1998年发生了债务危机，而为了应对金融危机向国际货币基金组织申请的226亿美元紧急贷款也因此大多没有到位。

[①] 潘德礼主编：《俄罗斯十年：政治·经济·外交》下卷，世界知识出版社2003年版，第705—706页。

[②] ［俄］索洛科夫：《俄罗斯所面临的索套》，载《俄罗斯真理报》1994年8月4日，见潘德礼主编《俄罗斯十年：政治·经济·外交》下卷，世界知识出版社2003年版，第704页。

[③] 孙超：《俄罗斯外债研究》，硕士学位论文，吉林大学，2004年，第22、26页。

三　俄罗斯围绕债务重组和债务偿还的外交活动①

推迟支付到期债务和开展债务重组，是俄罗斯围绕债务偿还所采取的外交活动之二。俄罗斯债务按其融资来源，主要可以分为外国政府贷款（主要是巴黎俱乐部贷款）、外国商业银行和公司贷款（主要是伦敦俱乐部贷款）、国际金融组织贷款（主要是国际货币基金组织和世界银行贷款）和国家外币债券（主要是欧洲债券等）四个部分。关于俄罗斯外债融资结构，请参见表5－4和表5－5。其中，巴黎俱乐部和伦敦俱乐部所持有的债券，一度超过俄罗斯外债总额的95%，所以是俄罗斯开展债务重组的主要外交对象。20世纪90年代中期以前，俄罗斯的经济外交活动具有明显的"救火"的特点，其主要内容就是达成债务延期支付协议。比如，1992—1995年，俄罗斯几乎每年都与巴黎俱乐部就延期支付债务问题进行谈判。1992年1月俄与巴黎俱乐部达成协议，1991年1月1日前形成的并应在1991年12月到1992年3月偿还的债务延期；1993年4月2日俄向巴黎俱乐部申请延期偿还19个原苏联债权国150亿美元的债务，获得当事国的同意；1994年俄与债权国达成协议，将当年到期的近70亿美元债务延期；1995年俄与巴黎俱乐部签订了就80亿美元的苏联债务进行重组的协议。

20世纪90年代中期以后，俄罗斯基本理顺了与巴黎俱乐部和伦敦俱乐部的债务关系。1995年11月俄同伦敦俱乐部就处理250亿美元达成了协议，规定在25年内还清债务本金。1996年，在进一步的谈判中确定了债务总额为323亿美元，其中240亿美元是基本债务，83亿美元是未支付的利息。双方还对这些债务进行债券化处理，发行PRIN债券（Principal Notes）和IAN债券（Interest Areas Notes）。1996年俄与巴黎俱乐部就当期和长期债务重组达成了协议，对380亿美元的债务进行了全面重组，其中45%在25年内还清，其余55%包括对巴黎俱乐部的短期债务在21年内还清，重组后的债务本金将从2002年开始每年偿还一部分。1995—2002年为优惠期，在此期间只支付1/4的利息。这是巴黎俱乐部成立40

---

① 这部分内容主要参考了以下资料：陈柳钦：《俄罗斯外债问题研究》，载《东北亚论坛》2006年第3期；高际香：《俄罗斯外债问题》，载《俄罗斯中亚东欧研究》2008年第1期；潘德礼主编：《俄罗斯十年：政治·经济·外交》下卷，世界知识出版社2003年版；李中海：《俄罗斯经济外交：理论与实践》，社会科学文献出版社2011年版。

年来规模最大的一次债务重组。1999年，俄罗斯与巴黎俱乐部再次达成共识，允许重组1999—2000年到期的81亿美元债务，将其推迟到2020年偿还。2000年3月21日，俄与伦敦俱乐部达成新的债务重组协议，原318亿美元的债务将被免除103亿美元，其余63.5%（200亿美元）转换成偿还期为30年的欧洲债券。

表5-4　　　　　　　俄罗斯外债融资结构（一）　　　（单位：亿美元，%）

			1994年	2000年	2001年	2002年
融资结构	外国政府贷款	总额	683	496	431	401
		占外债比重	65.3	31.4	26.7	26.6
	外国商业银行和公司贷款	总额	351	393	395	353
		占外债比重	33.5	24.9	24.5	23.4
	国际金融组织贷款	总额	3	294	201	152
		占外债比重	0.3	18.6	12.5	10.1
	国家外币公债券	总额	0	256	357	351
		占外债比重	0	16.2	22.1	23.3
	其他债务	总额	9	141	230	252
		占外债比重	0.9	8.9	14.2	16.6
外债总额			1046	1580	1614	1509

资料来源：孙超：《俄罗斯外债研究》，硕士学位论文，吉林大学，2004年，第12页。

21世纪以来，俄罗斯债务外交的主要内容是从债务重组转变为债务偿还。2001年4月，俄罗斯不再提出债务重组的要求，而是按照1996年确定的时间表足额偿还债务。2004年，俄罗斯试图通过提前偿还债务来获得占债务总额10%至15%的折扣，但并未取得成功。2006年6月，俄罗斯与巴黎俱乐部就提前偿还全部欠款签署了多边议定书，同年8月21日，俄罗斯对外经济银行发表书面声明称，8月18日至21日，该银行受俄财政部委托向巴黎俱乐部债权国偿还了237.37亿美元的债务，从而不再是巴黎俱乐部的债务人了。对于伦敦俱乐部的债务，俄罗斯财政部于2006年底宣布，苏联债券转换成欧洲债券将于2010—2030年清偿完毕。10年期的债券共计1405亿美元（票面金额）将于2010年前清偿，30年期的债券共计9078亿美元（票面价值），将于2030年前清偿完毕。另外，俄政府还于 2005 年偿还了欠国际货币基金组织的 33.3 亿美元债务，从而还清了欠国际货币基金组织的全部债务。

表 5-5　　　　　　　　俄罗斯外债融资结构（二）　　　　（单位：亿美元）

	2003 年	2004 年	2005 年	2006 年	2007 年
巴黎债权人俱乐部	436	466	475	252	31
非巴黎债权人俱乐部	49	44	64	35	19
商业贷款	30	—	22	11	8
国际金融组织贷款	134	110	97	57	55
欧洲债券	399	425	353	315	319
国内外币债券	96	73	71	71	49
俄中央银行贷款	62	62	55	0	—
政府外币担保	26	23	4	3	3
外债余额（包括俄继承的苏联外债）	1244	1210	1141	765	520

资料来源：高际香：《俄罗斯外债问题》，载《俄罗斯中亚东欧研究》2008 年第 1 期。

四　对俄罗斯债务外交的简要评价

虽然俄罗斯债务外交是围绕其市场化过程中的特殊诉求所展开的外交活动，但其中仍然存在着值得深入思考的问题。

第一，与政治外交不同的是，经济外交一般应该遵循平等互利原则，但对于债务外交而言，债务人因急需资金而处于弱势地位，而债权人相应处于强势地位，这种债务人与债权人之间地位的不平等性决定了债务外交在实践中很难贯彻互利的原则，债权人往往要求附加条件以保护自己的利益。因此，债务外交很容易成为债权国控制债务国的战略性工具。西方对俄罗斯的债务外交即是如此，总的来看，西方对俄政策有两个基本点：一是削弱，尽可能削弱俄罗斯的实力；二是防范，防止俄罗斯重新崛起后对其形成威胁。所以对于俄罗斯减免苏联债务的请求，西方长期予以拒绝，诡称这对"俄罗斯的偿还能力具有重要意义，使其能在国际上继续得到贷款"[①]。而其实质，就是要使俄罗斯依附于西方，离不开西方，从而接

[①]　[俄] 索洛科夫：《俄罗斯所面临的索套》，载《俄罗斯真理报》1994 年 8 月 4 日，见潘德礼主编《俄罗斯十年：政治·经济·外交》下卷，世界知识出版社 2003 年版，第 704 页。

受俄罗斯本来不能接受的条件。

第二,对债务国而言,其债务外交的成败往往取决于能否维护自己的经济主权,保障自己的切身利益。外交是内政的延续,债务外交是为国内经济服务的。在俄罗斯的债务外交中,一个最大的问题就在于,在叶利钦时期,外交与内政的关系发生了变化,内政一度为外交服务,从而其国内经济关系在很大程度上是为了达到筹借外债的目标而根据债权人的需要发展的,这损害了俄罗斯的经济主权,使俄罗斯在债务外交中完全陷入被动的局面,在经济上完全依赖于债权人。而普京时期的债务外交所进行的一个重大变化,就是重新理顺了外交与内政的关系,使外交为内政服务,同时通过提前偿还贷款使俄罗斯不再依附于西方,维护了俄罗斯经济主权独立。在经济主权独立的情况下,经济外交反而因为更能够实现互利共赢而取得了更大的成效。

第三,对俄罗斯来说,在未来的经济外交中尤其值得吸取的教训是,必须理性看待西方。俄罗斯在叶利钦时期债务外交的失败根源在于把西方国家视为同盟,苏联时期,往往把同盟关系凌驾于国家利益之上,甚至不惜损害国家利益来发展同盟关系,其结果,两国关系好的时候是同志加兄弟,不好的时候则拿出对方援助的武器枪炮相见。而在现代国际关系下,国家利益对所有国家来说都是其进行国际交往的出发点。没有永恒的朋友,只有永恒的利益。普京时期债务外交的圆满解决,在于能够理性看待西方国家,在保障俄罗斯国家利益的前提下与之进行务实合作,这种做法遵循了经济外交中尊重国家主权的原则,维护了俄罗斯的国家利益。

第四,俄罗斯围绕着对外债权所展开的外交活动还有很大的提升空间。俄罗斯独立以来,除继承苏联900多亿美元的外债,还继承了1420亿美元的对外债权。但在2004年之前,俄罗斯围绕着对外债权所展开的外交活动比较缺乏主动性,且手段单一,主要是追缴、重组和减免。1992—1997年,俄罗斯曾以100多亿美元的债权折扣抵消了欠波兰、保加利亚、罗马尼亚、中国、土耳其、埃及以及其他国家的债务。1997年9月俄罗斯加入巴黎俱乐部后,还通过巴黎俱乐部机制回收债款,涉及金额超过360亿美元。[1] 21世纪以来,俄罗斯围绕对外债权所展开的外交活动逐渐丰富,主动性明显增强。比如:在2003年,通过对伊拉克债务减免

---

[1] 高际香:《俄罗斯对外债权》,载《俄罗斯中亚东欧市场》2007年第10期。

的方式，在伊拉克战后重建过程中，俄罗斯企业获得优惠待遇；2004年，俄罗斯通过减免蒙古债务获得了蒙古几家企业的参股权；2005年，通过对叙利亚的债务减免和重组获得了投资叙利亚的机会；2006年，俄罗斯通过减免阿尔及利亚的债务获得了军品出口合同。时至今日，俄罗斯已成为世界主要债权国之一，如果能够在对外债权基础上开展多样化的外交活动，促进对债务国的投资，加强向债务国的经济扩张，甚至对债务国施加影响，这将有利于俄罗斯巩固其在世界上的地位，在这方面，俄罗斯经济外交还有很大的提升空间。

第六章　俄罗斯的能源外交

能源外交是经济外交的重要组成部分。所谓"能源外交",是指由国家主导,能源企业及其他行为体参与,利用外交资源保障国家能源安全或者以能源关系谋求国家其他利益而进行的外交活动。① 俄罗斯能源外交权威学者斯·日兹宁在其2006年出版的《俄罗斯能源外交》一书中对"能源外交"概念的界定是,能源外交系指"对外政治、对外经济和能源部门,为实现对外能源政策的目标和任务所进行的实践活动,许多情况下有能源公司参与"②。由此可以看出,能源外交具有广泛性,多种行为主体参与其中。但是从本质上讲,能源外交是国家行为,国家居于主导地位,其他国际能源活动主体必须服从政府的指导和协调;能源外交的范畴具有一定的规定性,是政府外交部门和对外经济部门所进行的与能源相关的外交活动,以及能源企业所进行的带有外交特性的国际能源活动;能源外交具有明确的目的性,即"保障国家能源安全"和"谋求国家其他利益",包括政治和安全利益以及其他经济利益。

我们认为,能源外交是俄罗斯这样的资源型国家的特权。俄罗斯的能源外交源起于苏联时期石油工业的形成,伴随着石油外交、石油政治乃至石油战争而发展。苏联时期,能源就已经是其对外经济交往中最主要的贸易品。20世纪70年代中期,苏联抓住了历史机遇,在石油输出国组织(OPEC,即欧佩克)开始对西方国家实施石油禁运的同时,推行石油输出战略,一跃成为世界上最大的石油生产国之一。在苏联解体前后,1985年苏联的石油开采量为5.423亿吨,出口量为2.1亿吨;1990年石油开

---

① 参见王海运、许勤华《能源外交概论》,社会科学文献出版社2012年版,第4页。
② [俄]斯·日兹宁:《俄罗斯能源外交》,王海运、石泽译,人民出版社2006年版,第630页。

采量为 5.16 亿吨,出口量为 1.62 亿吨。① 能源出口是苏联获取外汇收入的最主要的方式,从而能够从国外购入农副产品、相对先进的工业设备和技术,见表 6-1。但是,石油也使苏联的命运与国际市场能源价格的涨落密切相关,盖达尔就把 20 世纪 80 年代石油价格下跌看作是导致苏联解体的最后一击。② 苏联解体后,俄罗斯受"休克疗法"的冲击,石油产量开始下降,最低时的石油日生产能力只有 6114 桶(1996 年),1998 年、1999 年的日生产能力也分别只有 6169 桶、6178 桶。③ 即便如此,油气出口依然是俄罗斯经济的主要创汇来源,俄罗斯因石油出口的外汇收入为平衡国际收支起到了积极的作用。21 世纪以来,伴随着世界市场上能源价格屡创新高,俄罗斯作为能源大国再次发力,其围绕着能源的生产、运输和销售所展开的一系列外交活动,也随之倍受关注。可以说,能源外交作为俄罗斯新时期经济外交的最重要的组成部分,在当代俄罗斯增强经济实力、扩大国际影响、重塑大国地位的过程中发挥着极为重要的作用。

表 6-1　　　　　苏联后期主要出口产品结构　　　　　（单位:%）

产品类型	1970 年	1980 年	1985 年	1990 年
机械类产品	21.8	15.8	13.9	10.5
燃料和能源产品	18.0	46.9	52.7	45.1
金属产品	18.7	7.8	7.5	12.5
化工产品	3.4	3.3	3.9	4.1
林产品	6.3	4.1	3.0	4.8
纺织品	3.3	1.9	1.3	0.7
毛皮产品	0.4	—	—	—
农作物和粮食	9.2	1.9	1.5	2.0
日用工业品	2.9	2.5	2.0	2.5

资料来源:宋景义:《转轨时期俄罗斯石油天然气工业及其对外经济联系研究》,中国经济出版社 2008 年版,第 125 页。

---

① [俄] 斯·日兹宁:《俄罗斯能源外交》,王海运、石泽译,人民出版社 2006 年版,第 632、640 页。
② [俄] 盖达尔:《帝国的消亡——当代俄罗斯的教训》,社会科学文献出版社 2008 年版,第四章第七节:《石油价格下跌,最后的一击》。
③ "BP Statistical Review of World Energy June 2004", http://www.bp.com/statisticalreview 2004.

第一节　俄罗斯能源外交战略的形成与发展

21世纪普京主政俄罗斯后，恰逢国际石油价格不断攀升。这不仅使俄罗斯获得了巨额"石油美元"，为其摆脱财政困境和解决社会经济问题提供了条件，同时也使俄罗斯能够以石油和天然气作为经济外交的手段和工具，以实现俄罗斯的强国战略和迈向复兴之路。俄罗斯充分利用其丰富的油气资源出口，在对外关系中大打"能源牌"，开展了全方位、强有力的能源外交活动。

苏联解体后，"休克疗法"的实行给俄罗斯能源工业带来了巨大的冲击。首先，私有化政策使能源领域的大量国有资产转移到私人手中，虽然造就了大量的寡头，但却没能提高企业的生产能力，私人瓜分、掠夺、侵占国有资产的行为，甚至在短期内造成了对既有生产能力的严重破坏。其次，激进的自由化政策在很短时期内迅速割断了原有企业之间的联系，造成"生产链条的断裂"①。再次，苏联解体和"经互会"瓦解后，俄罗斯传统能源消费市场迅速萎缩，外部需求急剧减少。而国际市场的能源价格在20世纪90年代一直波动，在1991年价格冲高之后持续走低，使俄能源的生产和出口受到很大的影响。在这样的背景下，俄罗斯实行"向西方一边倒"的外交政策，把曾是昔日兄弟的独联体国家视为经济改革和社会转型的包袱，在独立后的第一年就要求以接近世界市场的价格同独联体国家进行能源交易，不再延续以往低价销售的政策。在此之后，俄罗斯在能源领域颁布了一系列的文件，以确立俄罗斯能源发展的改革任务、基本战略、方向目标、实施手段和优先方向。例如：1992年9月，在叶利钦的主持下召开的俄罗斯政府会议讨论并通过了《俄罗斯在新经济条件下能源政策的基本构想》；1995年5月第472号总统令批准的《关于2010年前能源政策和燃料动力系统机构改革的主要方针》；1995年10月第1006号俄罗斯联邦政府决议《2010年前俄罗斯能源战略纲要》；1997年8月俄罗斯政府令批准的《自然垄断领域结构改革、私有化和强化监督措施纲要》；1998年俄罗斯安全会议批准的《俄罗斯能源安全学说草案》。

---

① 经济学家布兰查德和克莱默对此做了非常好的理论描述，参见 Oliver Blanchard and Michael Kremer, Disorganization. Quarterly Journal of Economics, Vol. 112 (4): 1091-1126, 1997.

综观这些文件，它们反映出来这一时期俄能源外交以下几个特点：第一，能源问题以及能源外交问题，开始受到俄罗斯领导层的重视，从而确保国家的能源独立。第二，俄政府积极探索新条件下加强对其能源生产和出口的管理，解决"休克疗法"造成的能源开发、利用与出口的混乱，强化了对能源出口的管理。第三，使俄能源出口更加注重服务于本国的经济发展。第四，加强与独联体国家在能源生产和运输方面的合作日益成为俄罗斯能源政策的重点。第五，该举措着重强调能源产业如何摆脱危机，如何确保国民经济中总的能源供应以及能源产业内的各项改革。① 从实际情况来看，在这一时期，能源出口依然是俄罗斯获取外汇、增加政府收入的最主要手段。并且，俄罗斯能源出口的对象国因受历史因素的影响，仍为欧盟国家和独联体的传统销售地区，与苏联时期有所不同的是，能源出口的价格在提升。应该说，这一时期俄罗斯的能源出口规模还不足以使能源成为外交手段。

普京时期，俄罗斯的能源外交作为国家的重要政策和发展战略趋于成熟。俄罗斯政府和普京意识到，能源资源作为国家战略性资源，对于俄罗斯的发展至关重要。因此，普京执政后首先对俄能源企业进行了大规模的改造，所采取的主要措施有以下几个方面：

第一，俄罗斯政府对私有化后的石油、天然气企业进行重组，收回并强化俄罗斯政府对石油、天然气产业的控制权和主导权。以尤科斯石油公司为例。该公司曾是俄罗斯最重要的国有企业，其所掌控的石油储量位居俄罗斯第一，其开采量位居俄罗斯第二。在1995年的私有化过程中，霍多尔科夫斯基仅以8亿美元的价格获得该公司的股权，而到1997年该公司市值已经骤升至90亿美元。2003年，尤科斯宣布同俄罗斯第五大石油公司西伯利亚石油公司合并成尤科斯—西伯利亚石油公司，成为俄罗斯第一、世界第四大私营石油公司，它的原油日产量甚至比科威特整个国家还要多。据俄罗斯《共青团真理报》2003年11月11日的消息披露，霍多尔科夫斯基曾打算以250亿美元的价格向美国石油财团（艾克森美孚公

---

① 相关论述部分地参考了庞昌伟：《俄罗斯能源外交：理论与实践》，博士学位论文，中国社会科学院研究生院，2002年，第46—47页；郑羽、庞昌伟：《俄罗斯能源外交与中俄油气合作》，世界知识出版社2003年版，第70页；徐向梅：《当代俄罗斯经济外交研究》，博士学位论文，外交学院，2008年，第117页。

司）出售尤科斯公司的股份。① 在这种情况下，为了加强国家对石油产业的掌控，普京下令逮捕了尤科斯公司总裁霍多尔科夫斯基，并对尤科斯公司进行破产清算。这一做法削弱了私人企业对俄罗斯战略性资源的控制，为俄罗斯国家掌控能源资源、开展能源外交创造了条件。

第二，俄罗斯政府下大力气整合国内的能源产业，使国家对石油、天然气的控股权大大增加。俄罗斯的天然气储量和产量均居世界前列，作为俄罗斯该领域的自然垄断企业，俄天然气工业公司的产量占全国产量的86％以上，拥有世界最长的天然气运输系统，包括约1.5万公里的输气管道干线（约占世界输气管道总长的15％）、245个压气站以及总有效容量为540亿立方米的地下储气库。②"休克疗法"之后，该公司的股权几经转变，国家所有权份额不断减少。2005年夏，俄罗斯国有企业"俄罗斯石油天然气"公司购买了俄"天然气工业"公司10.74％的股份，使俄罗斯联邦所持有的股份占到"天然气工业"公司全部股本的50％，达到了绝对控股，为强化国家对具有战略意义公司的控制提供了可能。③ 可见，石油资源的控制以及由此导致的对石油价格的影响，对于俄政府的经济政策尤为关键。按照西方学者的说法，俄罗斯天然气工业公司作为俄罗斯天然气垄断巨头，成为普京能源战略的旗帜，推动了"能源帝国"的形成。因此，西方学者也将其称为"俄罗斯能源地缘政治学"④。

第三，俄罗斯联邦政府推出能源发展战略。经过长期的修订、磨合、妥协、交涉，俄联邦政府在2003年5月22日批准了《2020年前俄罗斯能源战略基本纲要》，成为俄罗斯发展能源产业、维护能源安全和开展对外能源合作的重要指导性文件。《2020年前俄罗斯能源战略基本纲要》明确能源是俄罗斯推行内外政策的工具，俄罗斯在国际能源市场上的作用很大程度地决定着俄罗斯的地缘政治影响力。在能源的对外政策方面，俄罗斯的目标是从单纯的原料供应者，逐渐转变为可在国际能源市场执行独立

---

① 曲文轶：《从尤科斯事件看普京政府对寡头经济的治理》，载《世界经济》2004年第3期。
② [俄] 斯·日兹宁：《俄罗斯能源外交》，王海运、石泽译，人民出版社2006年版，第503页。
③ 曲文轶：《试析俄罗斯经济政策调整的新动向：强化国家对自然垄断的所有权控制》，载《俄罗斯中亚东欧研究》2008年第2期。
④ [美] 迈克尔·伊科诺迷迪斯、唐纳马里·达里奥：《俄罗斯的石油政治之路：石油的优势》，徐洪峰等译，华夏出版社2009年版，第286页。

政策的重要参与者。俄罗斯实施对外能源政策的主要手段是：从对外经济活动中获取最大的国家利益，同时要评估进出口和运输领域相关政策的影响，以及俄公司在世界能源和资本市场的存在；推动能源出口商品结构多元化，扩大高附加值产品的出口规模；实现能源销售市场的多元化，在保障经济合理性的前提下扩大俄公司在国际市场的存在；扶植可以吸引外资的项目；在能源领域发展新型国际合作模式；在能源领域建立国家外贸政策的协调机制。

第四，明确新时期俄罗斯在能源外交方面的主要任务。这些任务大致包括如下方面：为实施俄能源战略提供外部政治保障；保护俄能源公司的海外利益；与独联体、欧亚经济共同体、欧盟、美国、东北亚国家，以及其他国家和国际组织积极开展能源对话；作为世界上最大的能源生产国、出口国和消费国之一，俄将与能源生产和消费国开展积极对话，参加国际能源会议的工作，在国际能源机构（IEA）合作宣言的基础上和八国集团框架内与工业发达国家开展合作，与主要石油出口国（既包括独立出口国，也包括欧佩克出口国）相互配合，协调行动，保障公平的能源价格。此外，建立相应的跨部门协调委员会，协调对外能源经济活动并对俄能源公司进行外交援助，提高"俄白联盟"框架内能源综合体管理机构的工作效率，制定能源出口的长远规划。[①]

总的来看，这一时期俄罗斯的能源外交构想已经形成。其核心目标是：围绕着把能源作为执行对外政策和调整国际关系的有效手段，走能源强国的道路。因此，俄罗斯的能源战略中包括了全球、地区和国家三个层面，针对各大洲、各个国家、各地区和大型能源公司的具体目标和任务，形成了一个比较完整的体系。能源外交成为俄罗斯促进国家经济复苏、参与世界经济体系、维护地缘政治影响、改善国际环境的重要手段。已有数据显示，21世纪以来俄能源收入占外贸收入的比重不断提高，这些年该数据均在50%以上，2007年达到64%，2008年达到67.7%，使得普京在2005年12月国家安全会议上提出"俄罗斯要成为世界能源领导者"，将能源作为带动经济增长的发动机，成为执行对外政策的强有力工具和全面

[①] 冯玉军、丁晓星、李东编译：《2020年前俄罗斯能源战略》（上），载《国际石油经济》2003年第9期。

振兴的战略基础。①

2008年后,受国际金融危机的影响,国际市场能源价格大幅下跌,俄罗斯经济也遭受重创。在这样的背景下,俄罗斯于2009年11月13日正式批准了《2030年前俄罗斯能源战略》,取代之前的《2020年前俄罗斯能源战略》成为俄罗斯在新形势下发展能源产业、维护能源安全和开展对外能源合作的重要指导性文件。同时,金融危机使俄罗斯认识到,过去10年间俄罗斯经济对能源和原材料的出口过度依赖,这虽然导致俄罗斯在国际能源价格高涨的过程中实现了经济增长,但是也使其经济与国际能源价格之间的关系过于紧密,俄罗斯的经济增长受国际能源价格的影响过大,这种依赖性和不稳定性不利于俄经济的长期发展。为此,俄罗斯联邦政府在《2030年前俄罗斯能源战略》中提出,未来的能源发展目标是建立创新和高效的国家能源行业,实现能源产业由在国家经济中发挥主导作用向为国民经济发展提供高效稳定的动力资源功能转变。具体来讲,燃料能源部门将按三个阶段发展,从常规的石油、天然气、煤炭等能源转向非常规的核能、太阳能和风能等:第一阶段从2013年到2015年,主要任务是克服危机;第二阶段从2015年到2022年,主要任务是在发展燃料能源综合体的基础上提高能源效率;第三阶段从2022年到2030年,开始转向非常规能源如核能和太阳能、风能、水能等可再生能源。在对外能源战略方面,俄罗斯所确定的目标是,完全融入世界能源市场并最大限度地利用俄罗斯的资源潜力,使国家从中获得最大利益。为此,俄罗斯既要保持与能源传统消费国的稳定关系,又要与新兴能源市场建立稳固的合作关系,并承诺将在高度负责和相互信任的基础上综合考虑能源生产国和消费国的利益。②

与《2020年前俄罗斯能源战略》相比,《2030年前俄罗斯能源战略》是俄罗斯在经历了能源价格飞涨所带来的经济繁荣、世界金融危机中能源价格暴跌所造成的重大冲击之后,综合考量能源在经济发展中的作用之后所形成的一个更为成熟的能源发展战略。它不再过于强调利用能源出口促进经济增长,提高俄罗斯在国际上的影响力,而是综合考虑到了世界能源

---

① 李中海:《俄罗斯经济外交:理论与实践》,社会科学文献出版社2011年版,第274页。
② 对《2030年前俄罗斯能源战略》的具体内容参考了孙永祥:《俄罗斯〈2030年前能源战略〉初探与启示》,载《当代石油石化》2009年第9期;陈小沁:《解析〈2030年前能源战略〉》,载《国际石油经济》2010年第10期。

结构在更长一段时期的演变趋势，以及能源在国民经济发展中的地位和作用。就此，俄罗斯能源战略的重心是：既要利用能源资源实现促进经济增长、提高国际地位之目标，又要防止经济对能源的过度依赖，从而把能源放在一个更为恰当的位置，处理好短期经济增长和长期经济发展之间、经济增长的数量和经济增长的稳定性之间的矛盾。俄罗斯政府的这一能源战略重心的变化反映在能源外交方面，主要表现为：俄罗斯力图实现平衡发展的能源外交格局。从更深层次的意义上看，在新的能源发展战略主导下，俄罗斯能源外交的目的不仅服务于能源经济自身的发展，还要促进俄罗斯的能源结构转变以及能源领域之外的整个经济的发展。

第二节　新时期俄罗斯能源外交的主要特点

能源外交是俄罗斯新时期经济外交最为典型、最为主要的形式。能源问题不仅仅是一个经济问题，也是是一个政治问题，尤其是在经济全球化条件下，它是涉及国家安全、地缘政治和对外战略等多层面的国际政治和国际关系的重大问题，对于俄罗斯这样一个国家来说更是如此。能源问题已经成为影响俄罗斯在国际政治经济走势中的重要因素，对于俄罗斯的重要性不言而喻。从实践来看，俄罗斯的能源外交具有以下两大特征：一是俄罗斯能源外交对象具有明显的层次性；二是俄罗斯能源外交的手段和形式越来越具有灵活性和多样性。

一　俄罗斯能源外交的对象表现出明显的层次性

第一，独联体国家是俄罗斯能源外交的优先方向。在当今世界，石油和天然气成为全球能源资源结构中最主要的能源资源，全球对石油和天然气的需求约占世界能源需求总量的60%。无论从储量还是从产量来看，俄罗斯都是毋庸置疑的油气大国，见表6－2。从最新数据来看，截至2010年底，俄罗斯已探明的石油储量占世界已探明石油储量的5.6%；2010年俄罗斯石油产量位居世界第一位。俄罗斯已探明的天然气储量占世界已探明总储量的23.9%，居世界第一位；2010年俄罗斯天然气产量占世界总产量的18.4%，仅次于美国居世界第二位。1995年9月，叶利钦批准了《俄罗斯对独联体成员国的战略方针》，把与独联体的关系视为对外政策的优先方向。在此之后，在一系列的指导俄罗斯能源外交的文件中都可以看出，俄罗斯采取了与独联体国家积极开展能源对话的措施,这成为俄罗斯能源外交的一项基本任务。

之后,制约俄罗斯与独联体国家多边外交的因素也在增加。例如,后苏联空间的地区经济一体化进程进展缓慢,而俄罗斯一直试图成为这一地区的核心和主导,使得这些国家对俄罗斯在这一地区推行经济一体化存有戒心。北美、欧盟、印度等外部势力对独联体地区的介入,参与该地区能源利益争夺,加大了独联体国家的离心倾向,使该地区的能源合作局势复杂化,难以形成一个兼顾各方利益的多边合作机制。在这种情况下,俄罗斯只有放下盟主自居的心态,对该区域制定专门的能源外交战略和政策,团结独联体各国,巩固自己的能源强国地位。鉴于独联体国家的复杂性和多样性,只有针对不同国家的不同情况采取更为灵活的手段和形式,才能收到较好的效果,这也决定了俄罗斯对独联体各个国家采取双边外交可能比多边外交更有实效。

表6-2　　　俄罗斯及苏联地区石油、天然气的储量和产量

国家	截至2010年的石油储量（亿吨）	占世界比重（%）	2010年石油产量占世界比重（%）	截至2010年的天然气储量（万亿立方米）	占世界比重（%）	2010年天然气产量（亿立方米）	占世界比重（%）
俄罗斯	106	5.6	12.9	44.8	23.9	5889	18.4
哈萨克斯坦	55	2.9	2.1	1.8	1.0	336	1.1
土库曼斯坦	1	—	0.3	8	4.3	424	1.3
乌兹别克斯坦	1	—	0.1	1.6	0.8	591	1.8
阿塞拜疆	10	0.5	1.3	1.3	0.7	151	0.5
苏联地区	173	9.1	16.8	58.5	31.3	7579	27.3

资料来源:《BP公司2011年世界能源统计评论》(BP Statistical Review of World Energy June 2011), http://www.bp.com/statisticalreview 2011。

第二,与欧盟的能源贸易一直是俄罗斯能源外交的重要方面。俄罗斯是欧盟最大的原油、天然气、煤炭和铀的供应国。欧盟从俄罗斯进口的商品中,能源类产品占到65%左右。2008年,欧盟进口天然气的31%、原

油的27%和煤炭的24%来自俄罗斯；2009年，欧盟进口铀的30%和天然气的24%来自俄罗斯。对于部分欧盟成员国来说，俄罗斯是其唯一的天然气供应国。俄罗斯出口原油的88%、天然气的70%和煤炭的50%销往欧盟。① 可以说，能源合作是当今俄欧最大的经济合作领域。俄罗斯对欧盟的能源外交政策主要是开展对话、化解矛盾、务实合作、争取共赢。

俄罗斯在加强与欧盟的能源合作方面，于2003年先后与欧盟达成建立"四个统一空间"的协议和"构筑欧洲统一经济空间"的构想；与欧盟建立"能源伙伴关系"，成立"高级能源联合工作组"，频繁与欧盟展开能源对话，参加"能源宪章"会议并签署《能源宪章条约》，按照"利益平衡"的原则制定俄欧《长期能源合作纲要》；积极吸引欧盟大国的能源投资，引进其先进的能源技术，从欧洲经济增长中获取最大国家利益；在里海能源开发和外运问题上争取欧盟的支持与合作。俄罗斯还提出与欧盟要双边合作与多边合作并举，根据不同情况争取每一个国家。2006年3月欧盟峰会通过的能源《绿皮书》和2006年6月欧盟峰会通过的《欧盟对外能源政策草案》对俄欧的"能源对话"具有重要意义。② 2009年11月俄罗斯与欧盟在莫斯科签署了一份旨在建立能源领域早期预警机制的备忘录，以确保俄对欧盟的能源供应畅通和应对突发情况。2000年10月的俄欧峰会开始了"能源对话"，双方在这一框架内就包括俄罗斯加入欧盟统一能源体系在内的欧洲能源供应等问题进行了广泛的讨论。在2001年完成了筹备和专家谈论阶段之后，"能源对话"发展缓慢，基本上只停留在政治层面上。

总的来说，欧洲对于俄罗斯能源外交的意义在于，欧盟是俄罗斯最重要的经贸伙伴和投资者，无论是一般生活必需品，还是在高新技术方面，俄罗斯都离不开欧盟的经济援助和技术支持；而欧盟又是俄传统的能源销售市场，在未来的一段时间，欧盟市场仍然是俄罗斯能源资源的主要出口市场。根据欧盟颁布的绿皮书《欧洲能源安全供应战略之路》（欧盟独特的能源战略，2000年11月批准通过）的预测，到2020年，欧盟原油净进口量将达到6.4亿吨，天然气超过4000亿立方米，大部分需求可以由

---

① 岳小文：《俄罗斯与欧盟：能源对话十年》，载《国际石油经济》2011年第1期。
② 转引自徐向梅《当代俄罗斯经济外交研究》，博士学位论文，外交学院，2008年，第88页。

俄罗斯提供。① 因此，俄罗斯和欧盟之间仍将保持能源合作。另外，考虑到亚洲能源消费市场正在兴起，尽管未来中国和印度将大量增加对石油和天然气的消费，但因其所采取的能源进口多元化战略，俄罗斯也难以将亚洲看作是欧盟的完全替代。

第三，积极开拓和发展中国等亚太地区的能源市场，是俄罗斯能源战略的重要选择。亚太地区是近年来经济发展最为迅速和最具潜力的地区。从广义上讲，亚太地区可以包括整个环太平洋地区。亚太地区在经济发展上有世界排名第一的美国、"亚洲四小龙"、金砖国家中的中国和印度，还有工业国家日本。这些国家的能源需求旺盛，是极具潜力的能源大市场。但因种种原因，俄罗斯与亚洲国家的能源关系发展滞后。近年来，俄罗斯提出"大力发展与亚洲国家的能源关系"。其主要考虑是：实现油气出口的多元化，减少对欧洲市场的出口依赖，保证国家能源安全；通过同时运筹对欧、对亚"能源关系"，谋求能源利益最大化；促进俄东部地区的经济发展，搭乘亚太经济的发展快车，服务于国家经济崛起的目标；深化与中国、印度的战略伙伴关系，争取地缘战略的有利地位，保证大国地位的快速提升。因此，亚洲国家成为俄能源外交新的重点方向，近年来俄在与亚洲国家特别是与中国、印度在发展能源合作的问题上表现出很高的热情。据俄罗斯学者分析，俄将把目标主要放在中国。金融危机后，中国的能源需求增长了75%，印度增长了30%。俄罗斯与亚太及东盟国家都建立了广泛的合作联系。② 由于地理位置和历史问题的原因，俄罗斯能源外交在这一区域并没有充分展开，能源外交的力度与该区域在世界经济中的地位极不相符。

俄罗斯学者不断强调，同东北亚地区的中、日、韩等国加强能源合作对俄罗斯非常重要。这在俄罗斯的能源经济战略中被称作"新东方战略"，中俄在亚洲的能源合作将极大提升俄罗斯能源安全。③ 普京总统提出的所谓"欧亚联盟"，即旨在为欧亚大陆的东部和西部打造一个能源、

---

① ［俄］A. M. 马斯捷潘诺夫：《马斯捷潘诺夫文集：俄罗斯能源战略和国家油气综合体发展前景》（第1卷），毕明等译，世界知识出版社2009年版，第105页。

② 鲁班：《如何扩大俄罗斯与亚太地区国家之间的能源往来》，载第一财经研究院研究报告《构建中俄能源经济共同体》第18期（总第93期），2012年1月28日。

③ ［俄］萨涅耶夫：《俄罗斯的东方战略》，载第一财经研究院研究报告《构建中俄能源经济共同体》第18期（总第93期），2012年1月28日。

交通通道，特别考虑到和中国的战略合作伙伴关系，在维护本国利益最大化的同时向欧亚国家出口。① 对于俄罗斯，加大开拓亚太市场力度的重要意义在于：首先，亚太地区的能源消费前景巨大。有数据显示，亚太地区每年需要进口的石油约 10 亿吨。日本和韩国是对外天然气（包括液化气）依存度极高的消费国，中国和印度的石油和天然气消费则进入增长阶段。因此，即使俄罗斯有足够的油气进入这一市场，也只能满足亚太地区国家很小一部分的消费需求。② 其次，长期以来，俄罗斯能源开发一直存在着"重西轻东"的情况，西伯利亚和远东巨大的石油、天然气等资源潜力并未得到充分利用。亚太地区与远东和西伯利亚毗邻，拥有丰富的资本、劳动力和技术，这有助于俄罗斯开发西伯利亚和远东，从而发展更为平衡的资源型经济。最后，发展同亚太地区国家的能源合作有助于俄罗斯摆脱对欧盟市场的过度依赖，从而实现油气出口多元化，在能源谈判中获得更大的回旋余地，实现经济利益乃至政治利益最大化。从发展前景来看，亚太地区的东北亚将是俄罗斯未来的拓展重点，在俄《2030 年前俄罗斯能源战略》中已经指出，俄拟在东西伯利亚和远东、极地周边地区建立新的油气综合体。这意味着在未来的时期，俄罗斯与亚太地区尤其是与中、日、韩的能源合作将会更加紧密，亚太地区将成为俄罗斯在能源外交布局中最具发展潜力的地区。

二 能源外交的手段和形式具有灵活性和多样性

随着俄罗斯能源外交的逐步展开，能源外交的手段和形式越来越具有灵活性和多样性。目前，俄罗斯能源外交的手段和形式主要有以下几种：

第一，俄罗斯建立、参与地区或多边能源对话机制，为能源合作和能源谈判搭建平台。在地区对话方面，1996 年俄罗斯与中国在关于建立总理定期会晤机制的文件中就提出要成立能源合作分委员会。2002 年，在独联体阿拉木图峰会上，俄罗斯与哈萨克斯坦、乌兹别克斯坦、土库曼斯坦宣布建立"天然气联盟"，在该联盟中协调天然气出口政策，共同管理和运营天然气管道运输系统。目前，欧亚经济共同体（ЕврАзЭС）是后

---

① [俄]萨涅耶夫：《俄罗斯的东方战略》，载第一财经研究院研究报告《构建中俄能源经济共同体》第 18 期（总第 93 期），2012 年 1 月 28 日。

② 丁佩华：《俄罗斯石油地位的博弈——基于 21 世纪初的分析》，上海人民出版社 2009 年版，第 157—158 页。

苏联空间规模最大、最重要的区域性经济一体化组织，其前身为俄罗斯、白俄罗斯、哈萨克斯坦、吉尔吉斯斯坦、塔吉克斯坦五国海关联盟，现在正式成员国包括以上五国，观察员国有亚美尼亚、乌克兰和摩尔多瓦。欧亚经济共同体的目的是，成为协调成员国之间能源、基础设施等方面合作的有效机制。近期，该组织把一体化的目标确定为建立统一的运输空间和能源市场。欧亚经济共同体下一阶段的发展目标是建立统一的经济空间，这有助于俄罗斯通过采取诸如购买和投资开放等多种形式，集合独联体地域丰富的能源，占领独联体大部分能源消费市场，扩大俄罗斯控制的能源数量和在世界能源市场的份额。

俄罗斯同时积极参与多边合作，增强其在国际能源合作领域的话语权。2000年在俄欧巴黎峰会上俄罗斯提出，俄欧双方将在联合能源工作组框架下设立"能源战略供需平衡"、"技术转移与基础设施"、"投资"、"能源效率与生态环境"四个常设工作小组，成为俄欧能源对话的依托。2006年俄罗斯作为圣彼得堡八国集团峰会的主席国，提议讨论全球能源安全问题，并促成各成员国通过了《圣彼得堡能源安全行动计划》。2006年，俄罗斯总统普京提出建立上海合作组织能源俱乐部，将能源供应者、消费者以及运输者三方联合在一起。俄罗斯还与欧佩克保持密切的联系，参与欧佩克框架下稳定国际油价的合作。[①] 2008年5月梅德韦杰夫首次以总统身份访华，商定建立俄中两国副总理级能源合作协调机制。

第二，通过能源出口数量变化、出口对象国选择、出口路线建设联动各国，掌握能源外交的主动权。2001年伊始，国际市场的石油价格暴跌，石油输出国组织（OPEC）决定大幅度减产，压缩出口配额，以求稳定能源市场价格。俄罗斯抓紧时机扩大产量增加出口，将10%的市场份额收入囊中。对此，当时的俄罗斯外交部长伊万诺夫曾直言不讳，能源强国要制定自己的能源外交政策，俄罗斯必须大幅度增加自己的石油产量以支配能源外交政策，把阿拉伯竞争对手挤出去。[②] 21世纪以来，俄罗斯与乌克兰之间的天然气争端"三起三落"吸引了全世界的目光，很好地展现了俄罗斯经济外交的手段和作用。乌克兰是一个能源短缺的国家，其95%

[①] 参见李中海《俄罗斯经济外交：理论与实践》，社会科学文献出版社2011年版，第276—279页。

[②] 成键等：《春眠不觉晓——困境中复苏的俄罗斯经济》，重庆出版社2007年版，第167、171页。

的天然气需要从俄罗斯进口，但是长期以来俄罗斯出口到乌克兰的天然气都低于世界市场的价格，因此俄罗斯希望能够按照市场原则重新制定天然气价格，要求涨价。俄罗斯和乌克兰在天然气过境费用和销售价格方面摩擦不断，俄罗斯出口到欧洲的 80% 的天然气要通过铺设在乌克兰境内的油气管道输送，因此在过境费用和天然气价格之间，俄乌两国存在着讨价还价的空间。俄罗斯为了加强对乌克兰的控制，几次以切断对乌天然气供应为筹码，保持能源外交的强硬态度。虽然有观点认为这是俄罗斯能源外交的一个败笔，但不可否认，在乌克兰一直在"往东走"和"往西走"之间摇摆的情况下，俄罗斯的这一举措使其在俄乌天然气之争中掌握了主动权。

俄乌天然气之争的"三起三落"案例。2005 年 3 月，乌克兰建议俄罗斯将天然气从乌克兰过境的价格提高到每千立方米每百公里 2 至 2.5 美元，而俄罗斯则提出从 2006 年 1 月 1 日起以每千立方米每百公里 1.5 至 1.75 美元的价格向乌克兰支付过境费，同时把向乌克兰提供的天然气价格提高到每千立方米 160 美元，后来又进一步提高到每千立方米 230 美元。这与乌克兰所预期的每千立方米 50 美元的价格相去甚远，从而引发了俄罗斯与乌克兰之间的第一次天然气争端。在这次争端中，俄罗斯拥有比较明显的优势：第一，无论是对乌克兰还是对欧盟国家而言，俄罗斯都处于单边垄断的地位，其所关注的只是如何消除油气过境的障碍；第二，虽然乌克兰在 2004 年"颜色革命"以后采取的是疏远俄罗斯、倾向西方的政策，但是乌克兰在过境费用上做文章使其在经济利益上与欧盟国家并不一致，因而无法联合欧盟国家展开对俄罗斯的谈判。所以当俄罗斯在 2006 年的新年来临之际切断了对乌克兰的天然气供应之后，无论从其自身而言还是从欧盟国家的压力而言，乌克兰都被迫重新回到谈判桌上。

回到谈判桌上的俄罗斯并没有固守自己之前提出的条件，而是采取妥协、变通的办法，在寻求与乌克兰利益结合点的基础上，采取新的手段来追求自身利益。2006 年 1 月 4 日，俄罗斯与乌克兰就天然气价格等相关问题达成了为期 5 年的合同，俄天然气工业公司以每千立方米 230 美元的价格把俄天然气出售给俄乌能源公司，俄乌能源公司把俄罗斯的天然气与来自土库曼斯坦、哈萨克斯坦和乌兹别克斯坦等中亚国家的廉价天然气进行混合后，再以每千立方米 95 美元的价格出售给乌克兰，而俄天然气经乌克兰境内到欧盟国家的过境费由原来的每千立方米每百公里 1.09 美元提高到 1.6 美元。通过这样一个方案,不但更大限度地满足了俄罗斯和乌克兰两个国家的利益诉求,也使俄罗斯能够加强俄对乌天然气市场的垄断。因为俄罗斯掌握着俄乌能源公司 50% 的股份,而俄乌能源公司的主要职责是为乌克兰购买土库曼斯坦等中亚国家的天然气,然后取道俄罗斯运往乌克兰。通过俄罗斯与乌克兰签署的天然气合同,俄乌能源公司成为乌克兰天然气的直接供应商,俄罗斯则垄断了中亚输气管道的使用权,切断了乌克兰与中亚国家的油气联系,控制了乌天然气的外部来源,加强了俄在对乌天然气市场的垄断地位。

2008 年 3 月,随着俄罗斯与乌克兰之间关于乌克兰偿还天然气债务问题的谈判破裂,两国之间再起争端。俄罗斯天然气工业公司先后两次削减了对乌克兰的天然气供应,总幅度达 50%。乌克兰石油天然气公司也声称要削减俄罗斯向欧洲供应天然气运输量。这次争端表面上看是天然气债务和价格问题,实质上却是乌克兰要试图摆脱俄乌能源公司对乌天然气工业的控制。在 2008 年 3 月签署了新的发展天然气领域合作关系的合同之后,两国争议焦点最终交汇于俄乌能源公司上。从合同内容来看,主要是从 2008 年 3 月至 12 月俄罗斯天然气工业公司向乌克兰提供不少于 498 亿立方米的中亚天然气,价格为每千立方米 179.5 美元,这部分天然气由乌克兰石油天然气公司直接购买;从 2008 年 4 月 1 日起,俄罗斯天然气工业公司的子公司可以每年直接向乌克兰工业用户提供至少 74 亿立方米的天然气,这占乌克兰天然气年消费量的 10%。合同的内容最直接和表面的结果并没有提到俄乌能源公司,但事实上俄罗斯仍坚持要保留俄乌能源公司。在这种情况下,乌克兰提出俄乌能源公司即使保留也不能够进入乌克兰境内,只能在俄罗斯境内将天然气销售给作为乌的石油天然气公司,原来的乌克兰天然气能源公司将不复存在。乌克兰石油天然气公司将获得所有来自俄天然气并向乌克兰国内销售。俄罗斯天然气工业股份公司的子公司——天然气工业乌克兰销售公司将从 5 月 1 日起向俄乌能源公司合伙人德米特里·费尔塔什控制的工业企业销售天然气。这样,在天然气供应模式的框架内,俄天然气工业股份公司将向俄乌能源公司出售天然气,而俄乌能源公司将把天然气转售给乌克兰石油天然气公司,后者将把天然气销售给天然气工业乌克兰销售公司。天然气工业乌克兰销售公司则是俄乌能源公司共同所有者名下的下属单位。可见,俄罗斯依然保留了其对乌克兰天然气领域的影响力。

2008年，国际金融危机的爆发使俄罗斯和乌克兰再次就天然气价格和过境费用展开谈判。俄罗斯希望天然气价格能从之前的每千立方米179.5美元提高到每千立方米250美元，而天然气过境费则维持在之前的每千立方米每百公里1.7美元水平，乌克兰所能接受的天然气的价格则是每千立方米201美元，过境费用则不应低于每千立方米每百公里2美元。随着谈判的破裂，俄罗斯经济外交手段再出新招。2009年1月1日，俄全面中断对乌天然气供应。1月7日，俄罗斯以乌克兰无法保障全部输送过境天然气为由，切断了经过乌克兰向欧盟国家的天然气供应，从而挑起了乌克兰与欧盟国家的矛盾，俄在与乌克兰的对抗中再次掌握了主动权。经过欧盟紧急斡旋，俄罗斯、乌克兰与欧盟三方最终达成了新的供气协议。俄罗斯此举所收到的另外一个效果，就是延缓了乌克兰加入欧盟的进程，削弱了乌克兰亲西方势力的政治威望。

再如，俄罗斯在能源设施建设上大打"能源牌"，特别是在中俄能源管道上，尽可能造成多国竞争的态势，以谋求自身经济利益最大化。在石油管线建设上，最引人注目的莫过于从"安大线"到"安纳线"再到"泰纳线"的变化。由于"安大线"会增加俄罗斯对中国这个唯一消费国家的依赖性，一旦中国切断石油管道，俄罗斯将无法向日本或韩国出口石油，而"泰纳线"全线处于俄罗斯境内，便于俄罗斯控制。因此，经过俄、中、日三方十几年的较量，"泰纳线"才最终确定下来。[①] 从"安大线"方案提出，俄、中、日、美、韩等国家就对此事极为关注，并积极进行斡旋使最终方案有利于本国。从某种程度上说，中、日、韩等国家之间的竞争使俄罗斯掌握了更大的主动权，能源出口线路的不断变化中的最终赢家仍然是俄罗斯。

第三，能源交易方式和实现机制日趋多样化，除传统的交易方式外，近年来俄罗斯能源的交易方式与实现机制不断创新。俄罗斯在向他国提供油气的同时，总要提出与其他领域的合作"挂钩"、"捆绑"的要求，通过能源外交来谋求国家整体利益最大化。

首先，长期以来，俄罗斯没有处理好能源经济与非能源经济发展之间的关系，出售自然资源所获取的大量财富，被其投入到非生产领域或生产

---

① "泰纳线"是一条以东西伯利亚的泰舍特为起点，途经贝加尔湖北部，后沿着贝加尔—阿穆尔大铁路和中俄边境地区，一直通往俄罗斯远东港口纳霍德卡的石油管道。

效率低下的领域，因而继续增加投资，引进外国先进能源技术和管理经验，以确保国家能源生产安全和能源供应的稳定。根据俄联邦能源部的估计，俄罗斯在 2020 年前投入能源领域发展的资金总数将达到 4200 亿美元。俄罗斯的能源交易正是打"能源牌"所产生的结果。例如，中俄就石油管道的谈判最终以"石油换贷款"的方式敲定。中俄于 2009 年 2 月 17 日签订石油换贷款协定，中国将分别向俄罗斯石油公司和俄罗斯石油管道运输公司提供 150 亿美元和 100 亿美元的贷款，俄方则承诺在 2011—2030 年向中国提供 3 亿吨的原油供应。

其次，俄罗斯还在能源交易中采取现代公司化运作来实现股权控制。在俄罗斯与乌克兰的能源交易中，俄乌能源公司发挥着重要作用。俄乌能源公司成立于 2004 年，由俄罗斯天然气工业银行、奥地利赖夫埃森银行和少量的乌克兰私人投资者共同注资成立，注册地点是瑞士，主要负责为乌克兰购买土库曼斯坦等国家的天然气，然后将所购买的天然气过境俄罗斯运往乌克兰。在 2006 年俄乌两国的天然气买卖合同中，首先是俄罗斯天然气工业公司按每千立方米 230 美元的价格将天然气卖给俄乌能源公司，然后俄乌能源公司将俄罗斯的天然气与从土库曼斯坦、乌兹别克斯坦和哈萨克斯坦以每千立方米 55—60 美元购进的天然气相混合，再以每千立方米 95 美元的价格卖给乌克兰。可见，俄乌能源公司是俄乌天然气买卖得以实施的关键，而俄罗斯握有俄乌能源公司 50% 的股份，因而这种股权控制基本使俄罗斯垄断了中亚输气管道使用权，阻止竞争者进入欧洲市场，切断乌克兰天然气的亚洲来源，增强俄罗斯对乌克兰的控制力。俄罗斯还通过收购白俄罗斯天然气运输公司 50% 股份的方式实现了对白俄罗斯天然气管道运输的控制。①

最后，俄罗斯通过资产置换的方式完成能源交易。例如，2010 年 4 月，俄罗斯天然气公司与意大利埃尼公司达成了通过一项资产交换协议参加利比亚大象油田开发项目的条款。大象油田估计拥有 7 亿桶的可采石油储量，俄罗斯天然气公司将获得埃尼公司在大象油田的一半股份（项目 33% 的股份）；作为交换，埃尼公司将参加开发俄罗斯北极天然气公司拥有的西伯利亚西北部资产的项目。

---

① 刘锦明、丁安平等：《经济外交案例》，辽宁人民出版社 2011 年版，第 34—40 页。

第三节 俄罗斯对不同对象国能源外交策略

俄罗斯能源战略要求广泛发展与不同国际能源组织间的"能源关系",并依据俄罗斯国家利益采取有所区别的能源外交政策。这是俄罗斯能源外交的一个非常重要的手段与方式。

一 俄罗斯对国际能源组织的能源外交

目前,在国际能源政治中,具有重要影响的全球性能源组织有国际能源机构、石油输出国组织(欧佩克)、国际能源论坛、世界能源理事会(非政府组织)以及世界贸易组织和八国集团框架内的国际能源协调机制,以及联合国所属与国际能源问题相关的机构;具有重要影响的地区性能源组织有"能源宪章"会议以及欧盟、亚太经济合作组织、"北美自由贸易协定"、经济合作与发展组织、欧亚经济共同体等组织框架内的能源协调机制。其中:国际能源机构作为发达工业国家的能源合作组织,其主要努力方向是建立全球集体能源安全体系,确保世界能源市场的平稳、"合理低价"和全球能源的可持续发展;而欧佩克作为主要油气输出国家争取自身权益的国际组织,虽然它也追求国际能源市场的稳定,但其更多的诉求是油气的"合理高价";"能源宪章"会议主要是欧洲国家的能源合作组织,现其成员已辐射到欧洲以外的国家,既包括油气输出国也包括油气进口国,其主要目标是"为在欧亚地区开展能源互利合作创造良好的政治条件"。俄罗斯作为能源输出国,与以能源消费国为主体的国际组织在油气价格问题上有着天然的矛盾,但在稳定国际油气市场问题上则与其具有相近的理念;与以油气出口国为主体的国际能源组织有着共同利益,但作为能源独立输出国又要极力避免受到其规则的束缚。

俄罗斯对各个国际能源组织的基本政策是:广泛参与各组织的活动,争取在现有国际能源秩序中拥有更多的话语权,在新的国际能源秩序形成中拥有更大的影响力;有选择地参加部分国际能源组织,在大部分组织中仅作为观察员参与活动而不谋求成为正式成员国,以避免承担过多义务,避免卷入不同取向组织间的纷争;充分利用各组织制定的于己有利的规则,保障自身能源安全,谋求最大能源利益;推动能源输出国、消费国、过境国的各类组织开展广泛的全球对话,完善国际能源政治和多边能源外交机制，实现能源利益的平衡和全球能源市场的稳定。

二 俄罗斯对主要能源过境国的能源外交

能源过境运输问题的复杂性，不仅在于发展运输基础设施需要大规模投入，其中还存在着经济、技术、生态安全问题，并且严重受制于国家间的相互关系。俄罗斯能源外交理论认为，随着全球能源贸易规模的扩大，能源从生产国输往消费国将越来越多地穿过他国国境，"国际过境运输问题在能源外交中越来越频繁地出现"，对能源安全的影响越来越大，在过境国能源外交中的地位显著上升。俄罗斯油气外送的过境国主要集中在一些独联体和中东欧国家。其中，俄输往西欧的石油、天然气主要过境乌克兰、白俄罗斯、摩尔多瓦、波罗的海国家以及斯洛伐克、捷克、波兰等国；输往亚洲的油气主要过境中国、蒙古、哈萨克斯坦、阿富汗等国；里海油气的外送则要经过格鲁吉亚、土耳其等国，俄罗斯国土也是环里海油气的重要过境地。如果从更广泛的意义上理解过境问题，世界许多海峡、水道的控制国也可被视为过境国。

因此，俄罗斯能源外交投入极大力量发展与过境国的"能源关系"。俄罗斯对主要过境国的基本政策可概括为以下几点：与过境国发展互利合作的"能源关系"，使过境国得到俄油气过境的经济实惠，包括过境费和一定数量的油气；通过发展与过境国的国家关系及在其他领域开展合作，排除油气过境的障碍；通过扩大俄在过境国的政治、经济、军事存在，诱压并施，加大对过境国政府决策的影响；尽可能从友好国家过境，尽可能避开局势动荡地区，尽可能减少过境国数量，尽可能从本国直接将油气输往消费国；争取临近地区首先是里海国家的油气尽可能多地过境俄国土，以增大俄对里海油气的控制能力，增强俄地缘战略地位；充分利用国际能源组织的影响、国际能源游戏规则以及通过签订长期合同，解决过境问题上出现的矛盾和分歧，保证俄油气的长期稳定过境；加强国际反恐合作，确保俄过境管道系统、海上运输、港口终端的安全和过境运输的畅通。

近几年，俄罗斯在油气过境问题上运用经济外交手段最多，其所进行的博弈引人注目：围绕里海油气外运问题，俄与美等展开激烈的地缘政治博弈，美极力主导修建绕开俄国土的巴库—杰伊汗管道，俄则努力推动经俄领土管道的修建；围绕穿过波罗的海海底从俄本土直达德国管道的修建，引发一些中东欧国家、波罗的海国家的强烈不满，俄则通过对西欧国家的能源外交保证了该项目的实施；在远东管道问题上，俄最终决定管道只经本国领土直通太平洋，同时修建通往中国的支线，规避油气过境问题上的斗争。

三 俄罗斯对跨国能源公司的能源外交

俄罗斯认为，在能源全球化进程不断提速的21世纪，大型跨国能源公司对能源政治和能源外交的影响越来越大。目前在世界能源舞台上活跃着数百家跨国能源公司，其活动涉及能源行业的各个领域。它们大多具有强大的实力，不仅资金雄厚、技术先进，拥有丰富的国际活动经验，而且有国际财团的大力支撑，又往往可以得到本国政府的政策和外交支持，因而处于强势地位。

这些公司不仅是所有国经济的重要支柱，而且公司高层主管多是政府前高官，具有很强的院外活动能力，对本国政府的外交政策具有重大影响力。这些公司与俄罗斯的油气公司可能构成竞争，也可能成为合作伙伴；可能在油气产地与俄公司展开激烈争夺，也可能成为俄油气开发和外运的投资和技术来源；在世界和地区能源秩序与游戏规则的制定中，既具有施加影响的实力，也具有施加影响的经验。目前，几乎所有的大型跨国公司都以某种形式在俄罗斯和独联体一些国家中开展活动。"加强与大型跨国集团的互动是俄能源外交的重要方面"，与大型跨国公司的"能源关系"对俄罗斯能源产业的发展乃至国家能源安全都具有重大意义。

俄罗斯处理与外国大型跨国能源公司关系的基本政策是：推动本国大型油气公司与其发展各种形式的合作关系，广泛建立"战略伙伴关系"，充分利用其资金、技术、营销网络和管理经验，促进本国大型油气公司的发展；在保持国际市场油气"合理高价"的问题上与外国大型跨国公司协调行动；帮助本国公司利用外国跨国公司间的激烈竞争，在一些重要项目竞标中争取主动；通过外交运筹协助本国公司处理与外国公司间的利益冲突和争端；对外国公司进入本国油气产业的上游和下游持谨慎态度，仅有选择地开放部分项目，并以合资形式运作，既吸引跨国公司的投资和技术，又确保国家的油气主权和本国公司的主导权。

四 俄罗斯对能源出口国的能源外交

作为能源出口大国，俄罗斯与其他能源出口国的关系是既有竞争又有合作。俄罗斯对主要能源出口国能源外交的基本思路是：加强沟通、推动合作、平等竞争，共同维护世界能源市场的稳定和"合理范围内的高价格"。

第一，俄罗斯与里海地区能源生产国的"能源关系"。里海地区油气资源十分丰富。里海海底石油储量为 120 亿—150 亿吨，天然气储量为 11 万亿—12 万亿立方米，沿海陆上油气储量与海底大体相当，因此环里海地区被国际能源界称为第二个海湾地区。里海地区丰富的油气储量引发了世界各大势力在该地区的地缘政治博弈。俄罗斯自身就是里海国家，里海地区的大部分均位于俄视之为传统势力范围和战略缓冲带的后苏联空间。俄在该地区有重大战略利益，该地区是俄必保的战略要地。因此，与里海地区能源生产国的"能源关系"对俄罗斯是至关重要的。俄不仅要在该地区保持和扩大政治、军事存在，而且要确保对该地区油气资源开发与外运的主导权。只有切实控制里海油气资源的开发和外运，俄罗斯才能成为真正的"能源超级大国"。因此，俄在里海油气问题上投入了比其他任何地区都要大得多的外交努力。俄能源外交在里海地区的主要着力点有六个：一是确立符合俄利益的新的里海法律地位，尽快制定有关公约，解决里海是"海"还是"湖"之争，按照"海底划分、水体共用"的原则确定沿岸国家的权益；二是积极参与里海国家的油气开发，通过投资和并购，控制尽可能多的油气区块；三是大力发展由俄主导的里海油气外运管网系统，抵制绕过俄领土和排斥俄参与的管道建设方案；四是推动建立"里海五国"区域合作机制，发展地区多边能源合作；五是维护里海航运自由和生态安全；六是恢复和发展独联体统一的电力系统。为实现上述目标，俄罗斯领导人、政府有关部门、能源企业界和学术界展开了主动积极且颇富成效的能源外交活动。

第二，俄罗斯与海湾和北非国家的"能源关系"。海湾地区有六个主要产油国：沙特阿拉伯、伊朗、伊拉克、科威特、阿拉伯联合酋长国和卡塔尔。这些国家的石油探明储量占世界总探明储量的 65%，产量占世界总产量的 1/3 多，因而在国际能源政治中占据十分重要的地位。海湾和北非产油国早已被发达工业国家纳入"关键利益带"。由于美国发动伊拉克战争、巴以冲突升级、伊朗核危机陷入僵局、极端伊斯兰势力恐怖活动愈演愈烈，该地区局势动荡不已，其油气生产随时都有遭受严重破坏的危险。

上述国家大都是欧佩克和阿拉伯石油输出国组织的成员国，其中大多数还是苏联的盟友，对俄国家利益影响重大。在叶利钦时代，由于俄实力下降，上述国家在外交上倒向西方、战略上实行收缩，双方关系疏远。普京时代的俄罗斯视该地区为重要利益区，视上述国家为重要的"能源伙伴"，出于地缘政治利益考虑，随着国力的逐步恢复，俄开始了重返海湾与北非的进程。尽管同为能源输出国，在世界市场上存在竞争，但基于国家间的友好关系和政治需要，俄罗斯在能源领域对这些国家采取了积极合作的姿态：共同推动有利于生产国的国际能源秩序的延续，共同稳定国际市场的油气"合理高价"；积极参与该地区的油气开发和加工，为其提供油气开采设备；为该地区国家抵御来自美国等西方国家的军事政治压力提供支持。

在国别能源关系方面，俄与沙特阿拉伯建立起"能源战略伙伴关系"；与伊朗在坚持核能合作的同时共同开发伊天然气田；积极参加伊拉克"石油换食品"计划，酝酿恢复在伊拉克的油气开发；为发展与科威特、阿拉伯联合酋长国、卡塔尔这些"油气小巨人"的能源关系加紧外交运筹；在开发阿尔及利亚天然气资源和建立洲际天然气市场方面与阿加强合作，减弱因同时对欧洲输气而产生的竞争；利用西方取消对利比亚制裁的有利时机，争取以"债务转为能源项目"的形式促进与利能源合作；与埃及的油气开发合作也在积极磋商之中。

第四节 俄罗斯能源外交的意义与基本趋势

应该说，俄罗斯能源外交的实施是在俄政府的推动下得以实现的。首先是政府机构如俄罗斯外交部、燃料动力部以及能源部等，它们对于能源外交和实施企业在政策、手段与财力等方面给予了支持；其次是俄罗斯能源外交的研究者，他们参与了包括各种会谈、论坛、对话在内的国际性能源外交活动，并与主要国际能源机构建立了直接联系，这些都对俄罗斯能源外交的推动起到了重要作用。

一 资源型经济对俄罗斯发展的重要意义

国际金融危机之后，俄罗斯更加坚定摆脱经济对能源和原材料依赖的决心，从而向实现经济现代化和创新型经济发展转变。对于俄罗斯能源外交的实现方式、手段和机制等问题的讨论，还应当从资源型经济对于俄罗斯经济的影响及其作用加以分析。

理论上说，资源型经济是基于丰裕的自然资源禀赋的经济活动，由于丰裕的自然资源是"自然的恩赐"，因此资源型经济自身具有天然的脆弱性和高风险性，例如受自然环境和先天禀赋的限制、产品单一、在外部冲击下容易出现剧烈波动。但是资源型经济的高风险性是可控制的，可以通过签订长期供货合同或者设立稳定基金的办法来锁定和平抑资源品波动的风险。如果一个经济体对资源暴利的使用不当，就会导致经济对资源的依赖，即资源依赖型经济。资源依赖型经济是指在一个经济系统中，非资源型经济部门不具有自生能力，只能依靠资源型经济"输血"才能够维持生存，整个经济体系因建立在具有脆弱性和高风险性的资源型经济基础之上而出现"资源依赖"的特征，经济体系只有在获得资源暴利条件下才能够正常运转。

对俄罗斯而言，资源型经济是俄罗斯经济的一个重要比较优势。俄罗斯经济的主要问题是，它在很大程度上延续了苏联时期经济的资源依赖特征，即资源型经济充当了整个经济的"血液供给"，其所创造的大量财富因被投入非生产领域或效率低下的生产领域而被挥霍一空，没有真正进入到具有良好成长性的产业之中。这种资源暴利的使用不当是不合理的体制和制度造成的，其实质是对资源型经济的管理失当。事实上，从苏联到俄罗斯，其经济体制的变革和调整往往出现在国际能源价格低落的时期（如赫鲁晓夫时期、戈尔巴乔夫时期、叶利钦时期），而普京时期的经济成就则在一定程度上得益于他对资源型经济的重塑，以及国际能源价格的高涨。

迄今为止，能源资源对于俄罗斯经济具有至关重要的作用。第一，能源出口使俄罗斯获得了巨额收益，居民平均收入水平从 2000 年到 2008 年翻了两番，并且使俄罗斯经济实现了复苏和增长；第二，依靠能源出口所获得的大量美元，俄罗斯提前 3 年半（于 2005 年 1 月）偿还了国际货币基金组织的债务，积累了巨额外汇储备，维护了俄罗斯的经济主权，提高了其经济政策的独立性；第三，使能源问题成为俄罗斯外交的"利器"，是俄罗斯与国际组织（如国际货币基金组织、世界银行）、世界大国（如美国、中国）和欧洲地缘政治区域（如欧盟、独联体、中东欧国家）进行政治经济交往的重要支撑，极大地提高了俄罗斯在世界政治经济活动中的地位和发言权；第四，即使考虑到危机的影响，资源型经济依然使俄罗斯成为在 1999—2009 年 10 年间"金砖四国"（BRIC）中人均 GDP 增长最快的国家，如果没有积攒大量的外汇储备，俄罗斯在 2008 年危机中的表现将会更糟。①

展望未来，2008 年的金融危机使西方国家从虚拟经济向实体经济回归，美国等发达国家试图通过出口带动经济增长进而实现结构调整，其第三产业尤其是金融业收缩，第二产业重新加速发展，这种经济的"再实体化"势必会对全球的经济与金融格局产生影响，工业制造业在经济中的比重将得到提升。实体经济的发展离不开能源，从国际大环境来看，能源是全球政治经济博弈的一个关键领域。从目前来看，到 21 世纪中叶，石油和天然气仍将在世界能源供应结构中占据重要地位，拥有丰富石油、天然气储量的俄罗斯在世界能源供应方面的作用依然难以忽视。因此，资源型经济有利于俄罗斯确保其能源大国地位，借此参与全球政治博弈。所以，对于俄罗斯而言，问题的关键不在于要不要资源型经济，而是其能否平衡资源型经济与非资源型经济之间的关系，平抑资源型经济的波动。事实上，俄罗斯在 2004 年所设立的稳定基金，在抵御 2008 年国际金融危机方面发挥了非常好的作用，使俄罗斯较好地保持了宏观经济稳定和预算平衡，没有重演 1998 年金融危机的悲剧。这说明，俄罗斯已经在切断资源型经济向非资源型经济的"血液输送渠道"。

二 制约俄罗斯能源外交的主要因素

1. 俄罗斯尚未掌握世界能源的定价权

在高度货币化的全球经济中，金融功能已经与实体经济密切结合。国际投行把石油价格公认为是影响金融体系稳定性的首要因素，包括期权、期货在内的各类金融衍生品的广泛应用，也给能源买卖带来价格提升、风险对冲、平抑市场波动的重要作用。对于主要的国际衍生品定价中心，其所在国家都从中获得了巨大利益，由金融产品话语权进而获得相关商品的定价权。对俄罗斯而言，成为世界能源大国需要在石油交易规则，包括石油交易货币、交易地点、定价权和保障当前石油交易规则的国际金融基础方面发挥影

---

① 关于俄罗斯财政预算稳定机制的分析参见童伟《抵御经济危机国家安全气囊——俄罗斯财政预算稳定机制分析》，载《俄罗斯中亚东欧研究》2010 年第 4 期。

响力。为此，俄罗斯曾试图削弱美元作为国际石油交易货币的地位，启动以卢布计价的俄罗斯石油交易所，努力打造"石油卢布"，但在当前以美元霸权为基础的国际金融体系下，卢布在国际金融中不具备国际性货币的资格，不是国际交易、结算和储存的货币，因此卢布的地位客观上不允许俄罗斯贸然挑战石油体系的定价和交易规则。① 俄罗斯经济对油价暴跌如此敏感，充分说明了俄罗斯在国际石油市场上对石油价格没有发言权。

2. 俄罗斯能源外交具有很大的保守性

俄罗斯能源产业面临着设备老化、开发资金不足以及技术落后的困境，要想稳定产量、更新设备和开发新的能源基地，引进外国资本和技术无疑是最好的选择。尤其是东西伯利亚和远东地区，油气资源开发困难重重，而中、日、韩三国对该区能源开发抱有强烈的兴趣。日本和韩国拥有丰富的资金和先进的科学技术，中国具有在严寒地区开发油气资源的成功经验和雄厚的资金实力。然而俄罗斯却出于各种原因考虑，对本国能源上游产业控制过紧，对外国资本限制过严，这都制约了这一地区能源的开发利用。

3. 俄罗斯能源外交具有明显的矛盾性

俄罗斯作为世界能源强国的地位已经确立，但是其仍将能源外交目标放在欧盟和独联体。俄能源外交取向并非"无暇东顾"，只是立足现有优势顾虑重重。以俄中石油合作为例，中俄两国为战略协作伙伴关系国，但是俄罗斯对与中国的能源合作仍顾虑重重。从"安大线"到"安纳线"再到"泰纳线"的长期变化过程，我们可以看出俄罗斯对华能源政策举棋不定的态度，俄罗斯既想拥有中国的能源消费市场，又对中国心存戒备。

4. 俄罗斯能源外交政策不够稳定

近些年来，由于国际金融危机和国际能源价格的上下波动，俄罗斯的对外政策乃至其能源外交协定变化频繁，再加上俄借助能源外交以争夺世界能源的话语权，从而导致其政治目的和经济目的相混淆。甚至在某些时候，政治考量成为俄罗斯能源外交的重要目的，政治目的的变化又直接导致能源外交政策的变化。俄罗斯的能源政策频繁更替，反映了俄不是一个很负责任的能源大国，这影响到俄罗斯在国际市场上的声誉，使一些国家质疑俄能否成为一个可以信赖的能源合作国。

---

① 孙溯源：《俄罗斯对世界石油体系的挑战及其局限》，载《俄罗斯研究》2010年第3期。

更进一步看，这里也有俄罗斯对能源安全的考虑。在保障俄罗斯的能源安全方面，很重要的一点是实现多元化的能源政策。但是，俄罗斯外交部经济合作司副司长萨瓦·米认为，所谓的能源多元化其实是有限度的，因为它受到地域的限制。当前，世界上超过50%的天然气储量主要分布在三个国家：俄罗斯、伊朗和卡塔尔。①尽管能源多元化是能源安全的一个主要原则，但它不是唯一的原则。在能源安全方面，俄罗斯是个非常可靠的能源供应方，而俄罗斯可以成为中国和中亚地区以及其他地区能源贸易的一个中转站。中俄在能源方面的合作可以促进双方的经济发展，最终提高居民生活质量，这是一个可预见的未来。目前，中俄两国的能源供需正慢慢达成平衡，中俄之间的经济、能源等各方面的合作将取得长足进步。

5. 俄罗斯能源外交领域发展不平衡

目前，俄罗斯的能源外交更多地集中在石油和天然气上，其他方面特别是下游的能源合作发展缓慢。俄罗斯境内集中了世界天然气储量的1/3，石油储量的1/10，煤炭储量的1/5，铀储量的1/7，除油气以外的资源合作也有广阔的市场，可将它们作为油气外交的有力补充。能源合作的范畴必将影响到下游领域的发展，因此如果俄罗斯不关注这一趋势，势必会影响到俄罗斯能源外交的整体效果。

三 延伸思考：俄罗斯能源及其能源型经济的出路

危机前，俄罗斯已经开始了从资源型经济向创新型经济的转变。国际经济与金融危机对俄罗斯的影响，并不仅仅表现在对其自身经济增长和发展模式的选择上，也表现为外部国际政治经济环境的深刻变化对其经济增长和发展路径的影响。这主要表现在以下几个方面。

第一，新兴市场经济国家的地位和作用正在逐渐增强。一方面，以美国为主导，以世界贸易组织（WTO）、国际货币基金组织（IMF）和世界银行（World Bank）为核心的旧的国际经济治理机制对全球经济的影响力在减弱，而大量的政府间组织、区域性组织和非正式组织等在世界政治经济舞台上的作用也在提升。另一方面，原来主导世界经济格局的八国集团

---

① ［俄］萨瓦·米：《中俄能源合作对确保两国能源安全至关重要》，载第一财经研究院研究报告《构建中俄能源经济共同体》第18期（总第93期），2012年1月28日。

(G8)在一定程度上被20国集团（G20）取代，从而成为国际经济协调发展的首要全球性论坛。显然，这种变化为俄罗斯经济外交提供了更加广阔的舞台，有助于俄罗斯获得更大的话语权，提高其谈判的议价能力。

第二，"石油是工业的血液"，拥有丰裕自然资源的俄罗斯在全球能源供应链中发挥着重要的作用。因此，俄罗斯试图加强能源外交的既有优势。例如：在石油、天然气供应方面开展与欧盟、亚太地区的能源谈判；在石油和天然气开采与生产方面，寻求西方国家的资金和技术支持；在石油、天然气运输和管道建设方面，加强与独联体乃至中东欧国家的合作；等等。如果作为石油和天然气供应大国的俄罗斯能够和石油输出国组织（OPEC）乃至主要的新兴市场经济国家联合起来，凭借巨大的供给量和需求量这两个"强势因素"，重新搭建自己的交易平台，则能提高对资源产品定价的影响力，平抑价格波动对本国经济的影响。

第三，国际金融危机后世界投资格局发生巨大变化，由于美国等西方发达经济体进入调整期，国际直接投资流向新兴经济体，新兴经济体的跨国公司将成为世界投资主体的新成员。据联合国贸易和发展会议出版的《2010年世界投资报告》，发展中和转型中的经济体吸引了全球直接投资流入量的一半，其对外投资占到全球直接外资流出量的1/4。它们引领着对外投资的回升，并将继续成为受欢迎的直接外资目的地。[1]

抓住这次世界投资格局变化所带来的重大机遇，对后危机时期的俄罗斯经济具有重要意义。首先，俄罗斯的能源产业存在着软肋，西西伯利亚老油气区油气产量递减显著，石油峰值后出现了诸多老化的典型现象（如油层压力下降、含水率上升、油质变差等问题）。而在天然气领域，多年来天然气股份有限公司在资源普查和勘探方面投入不足，使天然气的生产能力增长有限，东西伯利亚和远东地区以及北海等新油气区的油气开采受到运输等基础设施的限制。[2] 其次，资源型经济的最大弱点在于其脆弱性，容易因外部冲击而出现剧烈波动，这对资源型经济的投资而言具有很高的风险性。对俄罗斯来说，发展能源型经济的最大风险就在于此，这也是一些学者强调俄罗斯必须实现经济多元化和经济现代化的原因所在。

---

[1] World Investment Report 2010, pp. 18 – 19.
[2] 徐小杰：《俄罗斯的能源软肋与影响分析》，载《转型国家经济评论》第2辑，第191—201页。

第七章　俄罗斯的军售外交

20世纪90年代中期以后,俄罗斯开始新时期的军事技术贸易合作,以探索振兴其军火贸易的路径,实现军工产品出口。目前,俄罗斯是世界上仅次于美国的军事大国,是第二大武器和军事装备的出口国。军事装备和武器出口是俄获取外汇并延续其国际军事影响力的重要手段,也是俄罗斯实现其国家战略的重要领域。同时,它还是俄罗斯国内军工企业赖以生存的经济支柱。进入21世纪,俄罗斯逐步形成其独具特色的军事工业发展政策,军事工业生产逐步走上正轨,军火贸易成为俄罗斯实现其强国战略、恢复大国地位的重要支撑。其出口数额2007年大约为75亿美元,2008年大约为85亿美元,2009年大约为74亿美元,2010年超过100亿美元。据报道,俄罗斯的军火大约有2/3销往中国和印度等亚太国家。进入21世纪后,俄罗斯武器出口仍然保持了11年的连续增长,并坐稳了世界第二的位置。[①]

第一节　苏联时期的军工与军事技术遗产

俄罗斯在军售方面曾经有过"黄金时代"。为了与美国进行全球战略对抗,苏联的军事工业一直处在优先地位。虽然苏联在鼎盛时期的国内生产总值也未超过美国的70%,但是它的军费开支却与美国不相上下,甚至在一些年份超过美国。在20世纪80年代,苏联军费占国内生产总值的比重则高达12%—14%,几乎是美国的2倍,见表7-1。高额的军费开支使苏联经济呈现出高度军事化的特征,其产值约占苏联工业产值的1/5,

---

[①] 《俄罗斯"军售外交"与经济利益并重》,2010年11月20日,国际在线,http://news.21cn.com/today/topic/2010/11/20/7955703.shtml。

机器制造业的1/3，化工、能源产品的1/6；电子工业、集成电路的绝大部分，科研项目的80%以上；科学家和工程师90%以上直接或间接与武器装备的研制和生产有关。

规模庞大、品种齐全、技术领先的自主军事科研和生产体系，是苏联留给俄罗斯的一笔最大经济遗产。苏联解体后，俄罗斯继承了其全部军事科技生产能力及75%的军工厂以及军工产品的90%、军工企业员工的70%，他们占直接从事军事科技工业的科技人员的80%，以及两个航天发射场，绝大部分的武器设计机构和试验场。[1] 可见，军工生产体系完善、武器装备研制门类齐全、生产能力巨大的军事科技工业体系使俄罗斯军工生产的基础雄厚、潜力巨大，这些都为新时期俄罗斯实现军售外交奠定了基础。

表7-1　　　　　　　　1980—1989年苏联和美国军费开支

年份	军费（ME）(百万美元) 苏联	美国	GNP（百万美元）苏联	美国	财政支出（CGE）(百万美元) 苏联	美国	ME/GNP (%) 苏联	美国	ME/CGE (%) 苏联	美国
1980	292000	212100	2257000	4025000	546600	916900	12.9	5.3	53.04	23.1
1981	295200	228400	2284000	4103000	571300	966000	12.9	5.6	51.7	23.6
1982	300500	248000	2337000	3999000	616400	992300	12.9	6.2	48.8	25.0
1983	304900	265100	2390000	4142000	606800	1041000	12.8	6.4	50.2	25.5
1984	309200	277900	2419000	4422000	615500	1051000	12.8	6.3	50.2	26.4
1985	315600	302600	2442000	4571000	630700	1143000	12.9	6.6	50.0	26.5
1986	319200	311700	2525000	4696000	680300	1149000	12.6	6.6	46.9	27.1
1987	325900	309900	2574000	4857000	709900	1137000	12.7	6.4	45.9	27.2
1988	330900	305100	2630000	5073000	712500	1164000	12.6	6.0	46.4	26.81
1989	311000	304100	2664000	5201000	680000	1190000	11.7	5.8	45.7	25.5

注：表中军费、GNP、CGE的数值都是采用1989年的美元不变价格。

资料来源：USA CDA, World Military Expenditures and Arms Transfers 1990. 转引自黄如安、刘燕花等《俄罗斯的军事装备工业与贸易》，国防工业出版社2008年版，第28页。

---

[1] 相关数据参见黄如安、刘燕花等：《俄罗斯的军事装备工业与贸易》，国防工业出版社2008年版，第27—30、96页。

较为稳定的传统的军售市场，是苏联留给俄罗斯的另一重要遗产。在斯大林时期，苏联主要采取军事援助的方式向华约国家和蒙古、越南、古巴等国家出口武器。赫鲁晓夫上台以后，从20世纪50年代中期开始，苏联积极涉足世界军火市场，并在短时期内迅速成为中东地区重型军火的主要供应国，埃及、伊拉克、利比亚、叙利亚、伊朗等国家是其主要的武器购入国。到20世纪70年代，苏联对第三世界的军火出口一度超越美国，见表7-2。20世纪80年代，苏联已经超越美国成为中东地区最大的军火出口国。印度是苏联在亚洲的主要盟友，苏联从20世纪60年代起开始向印度销售军火，随即成为印度武器的最主要提供国。在世界军火市场上，苏联在1980年、1984年和1987年已经超过美国成为世界第一军火巨头，整个80年代苏联军火出口占世界军火出口的35%至40%，见图7-1。持续的军事援助和军火出口加大了华约地区、中东地区以及亚洲相关国家在军事技术和国防工业方面对苏联的依赖，为苏联赢得了较为稳定的传统军火销售市场，为俄罗斯在新时期重振军售外交创造了条件。苏联解体前的武器销售地区见表7-3，主要武器进口国排名见表7-4。

表7-2　　　　　　　　苏美对第三世界的军火输出　　　　（单位：万美元,%）

年份	世界军火输出总额	苏联 总额	苏联 所占比重	美国 总额	美国 所占比重
1957—1960	—	95300	—	198900	—
1960	151500	21500	14.2	71300	47.1
1961—1965	—	288800	—	218700	—
1966—1970	—	560100	—	425100	—
1970	293900	113600	38.7	125800	42.8
1971	370700	151500	40.9	117900	31.8
1972	374300	122500	35.3	116600	33.6
1973	362700	153700	42.2	106100	29.3
1974	506400	193000	38.1	140400	27.7
1975	630400	216000	34.3	234300	37.2
1976	731200	155400	21.3	389200	53.2
1977	816300	217500	26.6	342500	42.0
1978	1394800	402000	28.8	580000	41.6

资料来源：陆南泉、张础、陈义初等：《苏联国民经济发展七十年》，机械工业出版社1988年版，第741页。

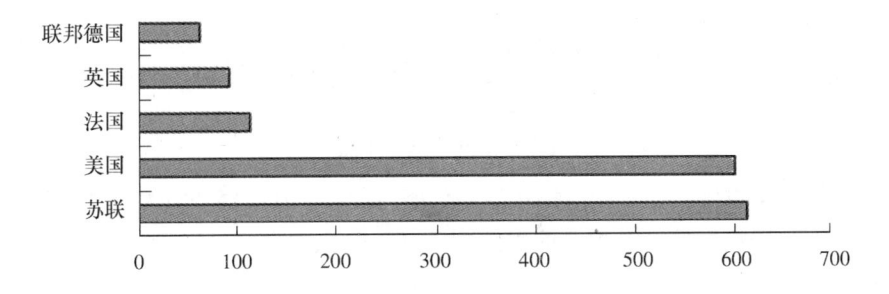

图 7-1　1987—1991 年世界主要国家军火出口统计（单位：亿美元）

资料来源：黄如安、刘燕花等：《俄罗斯的军事装备工业与贸易》，国防工业出版社 2008 年版，第 31 页。

表 7-3　　　　苏联在 1991 年销售和支付武器装备的地区　　　　（单位：%）

地区	所占份额	地区	所占份额
中东	61	近东	8
亚洲（不含中东和近东）	17	非洲	1
欧洲	12	拉丁美洲	1

资料来源：Nezavisimaya Gazeta, 29 Sep. 1992. 转引自黄如安、刘燕花等《俄罗斯的军事装备工业与贸易》，国防工业出版社 2008 年版，第 41 页。

表 7-4　　　　苏联 1982—1991 年的十大武器出口国

排名＼时期	1982—1986 年	1987—1991 年
1	伊拉克	印度
2	叙利亚	阿富汗
3	印度	伊拉克
4	捷克斯洛伐克	波兰
5	民主德国	捷克斯洛伐克
6	保加利亚	朝鲜
7	波兰	安哥拉
8	安哥拉	叙利亚
9	利比亚	民主德国
10	古巴	南斯拉夫

资料来源：黄如安、刘燕花等：《俄罗斯的军事装备工业与贸易》，国防工业出版社 2008 年版，第 40 页。

第二节　新时期俄罗斯军售外交的目的与市场

苏联解体后，俄罗斯开始实行激进的"休克疗法"向市场经济转型，其军售外交也随之进入调整期。一方面，这是因为"休克疗法"使军事工业遭受了重大冲击，生产能力急剧下降。与俄罗斯经济转型相伴随的是其国力的严重削弱，政府对军工企业的投入不足，军费支出占财政支出的比重由苏联时期的 40% 下降到不足 20%，1993 年国防预算支出赤字 11.17 亿卢布，1994 年赤字高达 125.98 亿卢布，1995 年赤字为 117.79 亿卢布。加之激进改革造成社会经济生活混乱，军事人才外流，军工实际产出只能保证生产能力的 10% 至 15%，军工生产规模不得不缩减，其中弹药生产下降 93%，战略火箭和核潜艇的生产已降至"最低水平"。钚、铀等核武器的原料生产完全停止，其他还有大批工厂处于停产或半停产状态。[①] 另一方面，还在于叶利钦政府在转型之初奉行向西方"一边倒"的外交政策，转而实行"纯防御"的军事政策，不再与美国展开军备竞赛。两极世界终结后，国际军火市场迅速萎缩，俄罗斯的军售市场也被压缩。据统计，1991—1995 年的国际军火市场总销售额仅相当于 1985—1990 年的 46%，绝对额减少 373 亿美元。俄罗斯在世界军火市场上的地位也急剧下降，所占份额从霸主地位的 36.2% 跌至 10.1%，远远落后于美国的 45.7%，见表 7-5、表 7-6 以及图 7-2。总的来看，此时军售贸易服从于俄罗斯融入西方的总体目标，试图以妥协、退让的方式换取西方的经济援助，谋求与西方进行经济合作。

然而，向西方"一边倒"的外交政策，并没有使俄罗斯得到其所渴望来自西方世界的经济援助。西方对俄的实际援助不仅远远小于其口头允诺，而且往往按照市场利率提供贷款，并且附带苛刻的条件。在这种情况下，为了解决体制转型和国民经济发展迫切需要的资金尤其是外汇不足，俄罗斯开始意识到军火贸易对于出口创汇的重要意义。1993 年 11 月 2 日，在叶利钦主持的国家安全会议上通过的《俄罗斯联邦军事学说基本原则（草案）》标志着俄罗斯在新时期探索军售外交的开始。新学说将原

---

① 黄如安、刘燕花等：《俄罗斯的军事装备工业与贸易》，国防工业出版社 2008 年版，第 52、56 页。

来苏联军事学说中的"两原则",即政治原则和军事原则,改为"三原则",即政治原则、军事原则、军事技术和军事经济原则。[①]

表7-5　　　　俄罗斯1992—1999年军费开支变化情况　　（单位:亿美元,%）

项目＼年份	1992	1993	1994	1995	1996	1997	1998	1999
军费总额	232	205	198	125	114	122	88	104
占GDP比重	5.5	5.3	5.6	3.76	3.59	3.82	2.97	2.34
占财政支出比重	16.4	16.6	20.89	20.85	18.92	19.76	17.32	16.29

资料来源:黄如安、刘燕花等:《俄罗斯的军事装备工业与贸易》,国防工业出版社2008年版,第231页。

表7-6　　　　国际军火市场1985—1995年的主要变化

（采用1995年的固定价格,单位:百万美元,%）

	1985—1990年	占总额比例	1991—1995年	占总额比例
总出口	69618	100	32302	100
苏联/俄罗斯	25192	36.2	3526	10.1
美国	18196	26.1	14770	45.7
北约欧洲部分	13958	20	9555	29.6

资料来源:[美]武器控制与裁军署:《世界军费与贸易》,1996年,转引自黄如安、刘燕花等《俄罗斯的军事装备工业与贸易》,国防工业出版社2008年版,第7页。

俄罗斯的"新军事学说"将开展对外军事技术合作的目标明确为:(1)增强俄罗斯军事—政治国际地位;(2)为国家赚取国防和经济建设需要的"硬通货",为军事工业转型发展以及军工企业的发展,为武器的拆除与回收,为国防企业重组筹措资金;(3)维持国家在常规性武器装备出口能力上的必要水平;(4)发展军事科学技术以及以试验为基础的国防工业,维持其研究设计及组织试验方面的先进性;(5)为军工企业

[①] 其中的军事技术和军事经济原则主要包括军队军事技术保障的目标与措施、武器研制的重点和方向、国防工业发展战略、与外国的军事技术合作等。

员工以及为研发和生产武器、军备及特别装备的企业提供社会保障。[①] 总之，新军事学说从指导思想上突出了俄罗斯的国家利益。相应地，在军售问题上摒弃了苏联时期的意识形态决定论，以俄罗斯的国家利益特别是经济利益作为其根本出发点，注重通过军火出口增加财政收入进而推动经济复兴。另外，新军事学说更加强调国家的主权与领土完整以及俄罗斯切身利益，通过军火出口实现"以军养军"，也有利于走出军费不足的困境，维持俄罗斯国防发展所需要的资金，加快军队武器装备更新换代的步伐。正如有学者所说，在苏联解体之后的一段时期，甚至在普京的第一任期内，相对于俄罗斯每年不到 100 亿美元的军费来说，几十亿美元的军火外汇收入可谓举足轻重。[②]

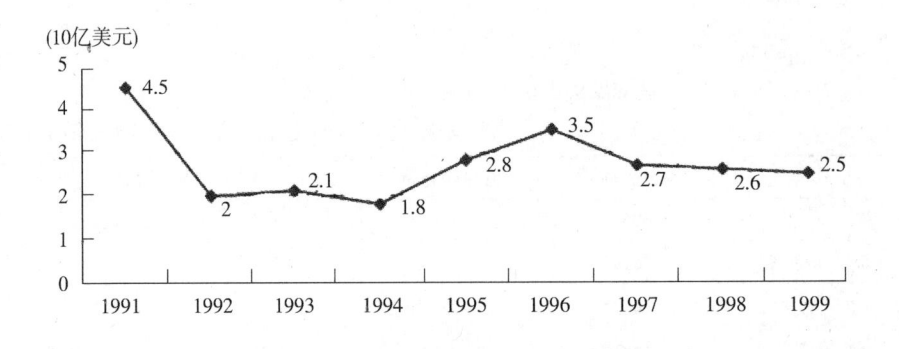

图 7-2　1991—1999 年俄罗斯军火销售额

资料来源：黄如安、刘燕花等：《俄罗斯的军事装备工业与贸易》，国防工业出版社 2008 年版，第 59、183 页。

为了给军售提供稳定的保障，俄罗斯从 1994 年开始重新加强了国家对武器出口的垄断，政府开始尝试建立军技合作垂直贸易管理体系，成立了直接对总统负责的国家武器装备和军事技术进出口公司。同年，设立了总统军事技术合作助理一职，并组建了对外军技合作委员会和军技政策跨部门协调委员会，将军火贸易的监督和管理权直接纳入总统权力核心体系中，基本形成了"总统—政府—专营出口商—国防企业"的垂直贸易管

---

① 黄如安、刘燕花等：《俄罗斯的军事装备工业与贸易》，国防工业出版社 2008 年版，第 123 页。
② 徐向梅：《当代俄罗斯经济外交研究》，博士学位论文，外交学院，2008 年，第 142 页。

理体系。总统在国际舞台上大力推销俄罗斯武器装备，无论是出国访问还是接见外国领导人，只要有合适的机会，总统就会亲自出马，力争促成俄罗斯武器出口。[①] 俄罗斯前总统叶利钦曾公开暗示"在销售武器问题上俄罗斯不必谦让"，而俄罗斯外交部也一时间成为出口军火的商业窗口和中介。[②]

新时期的俄罗斯军售外交是从其传统的军售市场发展来的。

第一，俄罗斯与印度及埃及、伊朗、叙利亚、阿尔及利亚等中东国家有着传统的军事合作关系。新时期俄罗斯与中东国家军事技术合作的政策是，在对苏联时期武器装备进行现代化改造的基础上，向该地区推销先进的防空、飞行和反导武器系统。1995—1999年，俄罗斯向中东出售武器的规模为13.96亿美元。[③] 正如俄罗斯武器出口公司首次访英代表团团长华莱理·切特亚克所说，此时莫斯科的传统军售地区——东欧仍是其武器销售的重要市场。当时，东欧武器装备的90%都是俄罗斯制造并向这些国家出口的，它们需要在俄罗斯的帮助下获得弹药和武器装备的修理、维护、保养，并实现装备现代化。[④] 从1993年开始，俄罗斯开始恢复与东欧国家的军事技术合作关系。1995年之后，俄罗斯政府对东欧国家开展公关工作，力图介入东欧的军事工业调整、苏制武器改造升级，提供零配件和技术服务，甚至成立合资企业共同进行军品贸易。波兰在20世纪90年代中期恢复与俄罗斯的双边军事技术合作。1994年5月俄罗斯与保加利亚在军事技术合作上成立了双边委员会，为国防工业的军事合作创造法律、经济和财政条件。2000年初，俄罗斯与南斯拉夫签署了扩大军事技术合作的计划，增加对南斯拉夫的作战飞机、防空导弹等武器的出口。[⑤]

第二，俄罗斯在亚洲市场的主要军售国家——印度和中国。过去年代，尽管面临着美国的挤压，俄罗斯仍然是印度最大的武器供应国。相关

---

① 徐向梅：《当代俄罗斯经济外交研究》，博士学位论文，外交学院，2008年，第144—145页。

② 成键等：《春眠不觉晓——困境中复苏的俄罗斯经济》，重庆出版社2007年版，第96页。

③ 黄如安、刘燕花等：《俄罗斯的军事装备工业与贸易》，国防工业出版社2008年版，第132页。

④ 蒋波：《俄罗斯武器出口新动态》，载《军事经济研究》1995年第5期。

⑤ 黄如安、刘燕花等：《俄罗斯的军事装备工业与贸易》，国防工业出版社2008年版，第125—126页。

统计数据显示，印度全部武器装备库存当中，高达七成来自俄罗斯。此外，印度的军事工业基础也是苏联帮助建立的。其军队现役装备的70%是苏/俄制，在军事技术及国防工业方面对俄罗斯的依赖性非常高。在两国领导的推动下，俄罗斯和印度签署了《俄印友好合作条约》等一系列有关军事合作的协议，包括长期军事合作计划、国防工业合作、军火合同、现代化改造计划等内容。两国间的军事技术合作在1994年叶利钦访问新德里时达到一个新的高点。整个20世纪90年代，印度每年都向俄罗斯购买高达10亿美元的军火。据俄专家估计，俄罗斯对印度和中国的武器出口占俄武器出口总额的60%至70%。1993—1996年，俄罗斯向印度出售了数十亿美元的反坦克武器、地空导弹、通信器材、防辐射和生物化学武器等。① 中国是俄罗斯在亚洲的另一个重要军火出口对象国，由于欧美等国对中国实行"军售禁令"，俄罗斯成为中国最重要的军火输出国。有数据显示，中印两国能达到俄罗斯武器出口额的80%。② 在同中国开展军售的过程中，俄罗斯较早采用了许可证生产的方式，1996年俄向中国提供了苏–27SK型歼击机的生产许可。根据双方协议，中国在15年时间内可使用俄方提供的套件生产200架苏–27SK型歼击机。③

第三，俄罗斯与独联体国家的军售贸易关系和战略。俄罗斯与独联体各国在军售方面的关系非常独特，而且极为重要。这一方面是因为独联体国家是从苏联加盟共和国中独立出来的主权国家，在武器装备方面依赖于苏制装备，与俄罗斯有着天然的联系，是俄罗斯的重要武器销售市场。另一方面则是因为，苏联有约20%的军工生产能力和30%的军工企业员工分散在乌克兰、波罗的海国家境内，而且有的武器设计单位、制造基地、发动机等配件和组装工厂都相互分割，俄罗斯和其他独联体国家都不能单独地制造某种武器装备，只有合作才能完成武器的制造和检验出厂程序。④ 因此，在俄罗斯新时期军售外交中，对独联体国家主要采取军事技术合作的方式。1992年3月20日，8个独联体国家签订了《独联体国家

---

① 成键等：《春眠不觉晓——困境中复苏的俄罗斯经济》，重庆出版社2007年版，第97页。
② 徐向梅：《当代俄罗斯经济外交研究》，博士学位论文，外交学院，2008年，第142页。
③ 李中海：《俄罗斯经济外交：理论与实践》，社会科学文献出版社2011年版，第294页。
④ 黄如安、刘燕花等：《俄罗斯的军事装备工业与贸易》，国防工业出版社2008年版，第124、127—128页。

军队军备、武器装备以及其他战略物资交易及研发工作组织管理协议（草案）》，对独联体国家武器弹药供应、军事技术合作项目和其他材料的发展、武器生产、交易，以及武器采购等组织管理问题都做出了明确规定。1992年7月24日，俄罗斯也通过了《关于在独联体国家进行武器装备系统生产的特别装配与交易许可证条例》，方便了与独联体国家发展国防工业的合作。1995年9月俄前总统叶利钦批准了《俄罗斯联邦对独联体国家战略方针》，把发展互利合作视为解决与独联体国家经济关系和走出危机的重要手段。从1996年起，俄罗斯把对独联体各国外交作为俄罗斯外交的优先方向。在此之后，俄同独联体国家签署了一系列有关友好合作和军事援助乃至经济一体化的协议，这成为俄罗斯新时期军售外交的一个重要组成部分。

总的来看，这一时期的俄罗斯军售外交战略已经恢复，确立了以服务国家的经济利益为主要目标，以独联体国家为优先方向，以巩固传统军售市场为主要内容。这一时期，虽然军售外交在总体上仍处于低迷状态，但却为俄罗斯在21世纪军售外交的发展准备了条件。另外，此时的军售外交对于缓解俄罗斯的债务危机也起到了积极的作用，甚至对于东欧的匈牙利、斯洛伐克、保加利亚、捷克等一些国家的债务，俄罗斯也是采取"以炮易钱"的方式偿还的，这成为身处危机之中的俄罗斯的一根救命稻草。

第三节　新时期俄罗斯军售外交的发展与特点

俄罗斯以及其他武器出口大国依靠"军售外交"不断扩展自己的"势力范围"，被认为是公开的秘密。对这些从事武器和军火交易的国家来说，武器的买卖从来都是一种地缘政治，是其实现国家战略和调整其国际政治关系的重要手段，也是推行其国家军事与外交战略的重要工具。

普京曾表示，他的主要目标是振兴俄的军事工业，强化武器出口，借此恢复国家经济，使俄重返经济强国的行列。[①]进入21世纪，俄政府制定了《俄罗斯对外政策构想》，强调俄对外政策的基础是"务实、经

---

① 转引自陈君、王峰《俄罗斯武器出口现状与趋势》，载《现代国家关系》2009年第2期。

济效益、国家利益"。2000年4月，已当选俄总统的普京签署了关于批准《俄罗斯新军事学说》的命令，开始对俄罗斯的军事政策进行战略性调整，使之成为俄强国战略的重要组成部分之一。相应地，俄罗斯军售外交的目的也更加明确：第一，拉动经济增长。军售和能源、经贸一起，作为普京的三张"大牌"，成为赚取外汇收入的重要手段之一。第二，加强国防建设。与1993年军事学说相比，2000年军事学说更加强调，大规模地区战争将是俄罗斯未来相当长一段时间内面临的主要战争类型，改变了过去曾认为战争的类型是局部战争和武装冲突的认识。在此背景下，2000年军事学说不再提裁军和削减军费，而是强调要加强和改进军队建设。通过开展军售改善国防，加强军工企业设备更新换代的力度，增加新武器研制经费，是俄罗斯官方及军方的基本主张。第三，与美国相抗衡，提高俄罗斯的国际影响力和控制力。与1993年军事学说相比，2000年军事学说的一个重大变化是重新评估了国际军事政治形势，一改俄罗斯独立初期不把任何国家视为敌人的态度，而首次把西方看成俄罗斯军事安全的潜在威胁。

这些威胁中包括：干涉俄联邦内部事务；无视和损害俄联邦的国际安全利益，阻挠俄成为多极世界中一个有影响的中心；等等。因此，俄罗斯的"新军事学说"倡导进行国际军事和军事技术合作，维护集体安全，把发展同独联体集体安全条约签约国的军事与军事技术合作放在优先位置。显然，军售可以成为俄在国际事务中一个可以讨价还价的政治筹码，有利于维护俄罗斯国际形象，对国际政治经济施加影响，以打破来自美国和北约的政治挤压和军事围堵，进而重返大国行列。[①] 法国媒体认为，"军火销售是俄罗斯外交政策的另一个支柱。莫斯科打算以此扩大势力范围之外的接触空间，这也是同美国抗衡的绝对好办法"。日本学者则认为，"俄罗斯目前已经失去了可与美国竞争的经济实力，依靠拥有的唯一国际竞争力——提供武器，俄罗斯无疑将使影响力渗透到第三世界国家，并在逐步地建立友好国家集团方面取得成功"[②]。

在管理体制上，普京执政之后对军工企业做了进一步的调整，形成了

[①] 该材料参考了王纯银、刘春阳：《俄罗斯军事政策的重大调整》，载《现代军事》2000年第8期；何学文：《评俄罗斯新军事学说》，载《现代军事》2000年第2期；徐欧：《俄罗斯新军事学说评析》，载《国防科技参考》2000年第21期。

[②] 徐向梅：《当代俄罗斯经济外交研究》，博士学位论文，外交学院，2008年，第142页。

总统、政府、联邦军品出口专门公司和企业构成的三级垂直管理体系,将军火贸易直接纳入国家最高政治生活。俄罗斯于2000年底合并了"俄罗斯武器公司"和"工业出口公司",成立了统一的"俄罗斯国防出口公司"。另外,普京建立了对外军事技术合作委员会(后改组为联邦军事技术合作局),对"国防出口公司"进行直接管辖,规定武器贸易资金要经国防部检查。同时成立联邦技术和出口监督局,履行由原经济发展和贸易部执行的有关武器出口检查的职能。

这一时期,俄罗斯的军售外交具有以下几个特点:

第一,俄罗斯向国际市场推出"拳头"武器产品,争夺军火市场。俄罗斯制定了积极的军火出口政策,把最有竞争力的军工企业全部投入国际市场,它们所生产的95%的武器产品都被用于出口。[①] 甚至一些俄军队也没有配备最先进的武器,由于成本太高而未打算装备本国军队,也被放在国际市场上出售。俄罗斯"战术导弹生产联合体"市场部经理甚至对媒体说:"只要有钱,什么先进武器都能搞出来。"在武器装备出口结构方面,俄罗斯依然保持传统强项——空军设备的出口,苏联时期飞机出口一直都占武器装备出口的第一位,从1982年到1990年飞机出口比例均在44%以上。通过表7-7可以看出,俄罗斯的空军设备出口仍占据第一位,所占比例一直在50%左右。总的来看,俄罗斯空军装备出口虽有波动,但总体趋于平稳;海军设备出口的比例近年来呈下降趋势;陆军设备和防空设备等有所上升。

第二,亚太市场对俄罗斯的军售外交意义重大。近年来,俄罗斯不断扩大军品的生产与出口,大力抢占亚太军火市场。中国、印度和越南等是我们能够知道的俄罗斯军火销售的主要对象国。据不确切的数据,中俄两国的武器交易采购量每年为30亿—40亿美元,占俄武器出口总量的60%。[②] 在空军方面,21世纪以来,在俄罗斯武器出口中占比重最大的是苏-30MK重型歼击机。从1999年开始,中国购买了100架,印度购买了50架,两国还购买了相应数量的许可证在国内进行组装。在海军装备方面,中国是俄制舰船最大的客户,1999年以来俄罗斯已经向中国出口了3

[①] 黄如安、刘燕花等:《俄罗斯的军事装备工业与贸易》,国防工业出版社2008年版,第201页。

[②] 徐向梅:《当代俄罗斯经济外交研究》,博士学位论文,外交学院,2008年,第97页。也有资料显示这一数字可能达到80%,甚至90%。

艘驱逐舰、10艘潜艇和大量海基导弹。2004年，俄罗斯与印度签订了两国历史上最大的武器出口协议，印度海军签下了舰载型米格-29K的大单，用于装备印度海军的"维克拉特"号航空母舰。印度除购买了俄最新型"塔尔瓦"级护卫舰和"基洛"级潜艇外，还成为俄反舰导弹和海基防空导弹的最大客户。在防空导弹系统和陆军武器装备方面，中国购买了俄10套С-300ПМУ-1型远程防空导弹。俄陆军武器装备的订单主要来自印度，印度从俄进口了700辆Т-90型坦克。[①] 对于亚太市场的重要意义，普京在2007年9月14日会见"瓦尔代"国际论坛代表时表示，俄罗斯与亚太地区国家进行的军事技术合作"从经济角度上看很重要，我们卖给中国价值数十亿美元的武器，当然，这不仅对中国好，对我们国防工业也好。全世界都在争夺市场，这是竞争"[②]。

在亚洲，除了印度和中国之外，越南是俄罗斯目前最大的军事合作伙伴。根据俄官方最近的统计数据，俄越两国近年来签署的军售合同总价值屡创新高。据统计，2008年俄对越武器出口总额超过10亿美元，而在2009年则达到了创纪录的35亿美元，2010年更达到45亿美元，成为当年俄罗斯制造的武器的最大进口国。2008年之后，俄越两国间签署了一系列有关出售空军、海军和防空装备的合同。越方还在考虑从俄进口6艘"基洛"级柴电动力潜艇、大批新型战机、现代化的防空系统和其他一系列装备。此外，印度尼西亚、缅甸、马来西亚、斯里兰卡等国也在进口俄罗斯的武器和军事装备。

表7-7　　　　　2006年俄罗斯武器出口区域分布情况　　　　（单位：%）

亚洲	中东—北非	拉丁美洲	欧洲	独联体	其他地区
65.30	21.70	7.70	3.80	1.10	0.40

资料来源：陈君、王峰：《俄罗斯武器出口现状与趋势》，载《现代国际关系》2009年第2期。

第三，大力开拓新的军火销售市场。拉丁美洲和非洲是俄罗斯新开辟

---

① 陈君、王峰：《俄罗斯武器出口现状与趋势》，载《现代国际关系》2009年第2期。
② 转引自徐向梅《当代俄罗斯经济外交研究》，博士学位论文，外交学院，2008年，第97页。

的军火销售市场，见表7-8。委内瑞拉政府从2005年起开始购买俄罗斯武器，总价值达40亿美元。2007年7月，时任委内瑞拉总统查韦斯访问俄罗斯期间，又达成了30架苏-30战斗机和30架直升机的协议。目前，委内瑞拉已经成为俄罗斯在拉丁美洲最大的军事技术合作伙伴。[①] 俄罗斯还积极拓展东盟这一新兴的武器销售市场，向马来西亚、印度尼西亚、越南、孟加拉国、老挝等国家出口先进的战斗机、直升机、导弹、坦克和大炮。值得注意的是，俄罗斯与美国和西欧国家的军事技术合作关系也在发展之中。2005年，英国花费280万英镑秘密购买了几十枚俄罗斯先进的地空导弹。[②] 另外，美国也向俄罗斯购买了先进的航天技术。2010年，俄制米-17直升机出现在了美国五角大楼的采购单上。[③] 俄罗斯还尝试向美国的盟友泰国、近邻加拿大推销武器。对新军火销售市场的开辟使俄罗斯军火出口的国别结构得到了改善。

表7-8　　　　俄罗斯武器装备出口的种类所占比例　　　　（单位:%）

军种	2004年	2006年	2008年	2009年
空军设备	60	49.9	46	50.3
海军设备	18.8	27.3	32	13.7
陆军设备	12.9	11.4	12	19
防空设备	5.8	9.2	10	13
其他（售后服务等）	2.5	2.2		4

资料来源：陈航辉、张庆中、刘杰：《俄罗斯强化武器出口的动因、举措及前景分析》，载《亚非纵横》2010年第6期。

第四，区别不同武器进口国的财力和经济情况，采取灵活多样的结算方式，以提高俄罗斯武器出口的竞争力。除了单纯的出口贸易方式外，俄还采用向客户租赁、联合生产、帮助改进旧设备、建立培训中心

[①] 转引自李中海《俄罗斯经济外交：理论与实践》，社会科学文献出版社2011年版，第293页。

[②] 转引自黄如安、刘燕花等：《俄罗斯的军事装备工业与贸易》，国防工业出版社2008年版，第126页。

[③] 陈航辉、张庆中、刘杰：《俄罗斯强化武器出口的动因、举措及前景分析》，载《亚非纵横》2010年第6期。

等方式加强军品出口能力。① 例如，在与印度的军售外交中，俄罗斯广泛采用先进采购、补偿贸易、易货贸易相结合等多种方式，且售价大大低于西方国家。2005年8月，俄罗斯国防出口公司总经理谢尔盖·切尔梅佐夫在莫斯科航展上表示，俄国防出口公司计划采取一项特殊政策，以便向印度方面提供一些美国人根本不可能提出的优惠措施。他还声称，这些优惠措施不仅包括提供最先进的武器装备，还包括技术转让和授权印度在本土生产某些型号的武器。② 普京表示："我们现在开始对这类交易提供贷款。我们已向印度尼西亚提供10亿美元购买武器的贷款。这与苏联时期以意识形态为标准提供武器和无偿贷款的政策毫无共同之处。这是市场的决定。"③ 另外，俄罗斯还着力提高军火出口的售后服务，普京执政后在不同场合多次要求俄军工企业和军火贸易企业提高售后服务质量，提高专业技术人员的职业技术水平，并通过建设新的生产企业，同时利用现代化的信息技术，扩大军事装备零部件的生产。同时，缩短零部件的供货时间，提高产品的质量和可靠性。④ 在营销手段方面，俄罗斯通过举办武器装备展览会为俄式武器装备大做广告，同时积极参加世界各国举办的军备展览会，广泛宣传俄制武器，提升俄罗斯军品的知名度。

总之，进入21世纪以来，哪里有武器市场，哪里就会出现俄罗斯。美国蒂尔国际预测公司的研究报告显示，目前全球有140多个国家装备了俄制武器，其中约有90个国家把俄制武器作为国防基础。⑤ 俄罗斯军火销售额也随之迅速攀升，从2000年的36.0亿美元增加到2009年的85亿美元，增幅达2.3倍（见图7-3），在世界军火市场中稳居第二位。军售外交提高了俄罗斯的经济实力，2009年底，俄联邦军事技术合作局局长米哈伊德·德米特里耶夫表示，俄武器出口已经成为继天然气、石油、黑

---

① 高际香：《俄罗斯的军品出口》，载《俄罗斯中亚东欧市场》2007年第7期。
② 转引自陈君、王峰《俄罗斯武器出口现状与趋势》，载《现代国际关系》2009年第2期。
③ 转引自徐向梅《当代俄罗斯经济外交研究》，博士学位论文，外交学院，2008年，第97页。
④ 转引自李中海《俄罗斯经济外交：理论与实践》，社会科学文献出版社2011年版，第293页。
⑤ 转引自陈航辉、张庆中、刘杰《俄罗斯强化武器出口的动因、举措及前景分析》，载《亚非纵横》2010年第6期。

色金属、有色金属之后的第五大出口创汇项目。① 俄罗斯的主要军工企业的实力不断增强，在世界军火市场的地位有了显著提升，根据斯德哥尔摩国际问题研究所报告，按照2004年的军火销售额计算，俄罗斯军工企业仅有4家进入世界前100，名次分别为第39、49、76和89，而2009年俄罗斯已有7家军工企业进入前100，最好排名为第18名。虽然这一水平与苏联时期不可同日而语，但是俄罗斯军售出口实力稳步恢复则是不争的事实，目前俄罗斯已经有足够的实力保持住世界军售第二的位置，领先于英、法、德等欧洲强国。据路透社2011年3月29日报道，俄罗斯著名军事智库"战略科技分析中心"（CAST）表示，从2011年开始至2014年，俄武器出口可能保持在年均100亿美元的水平。②

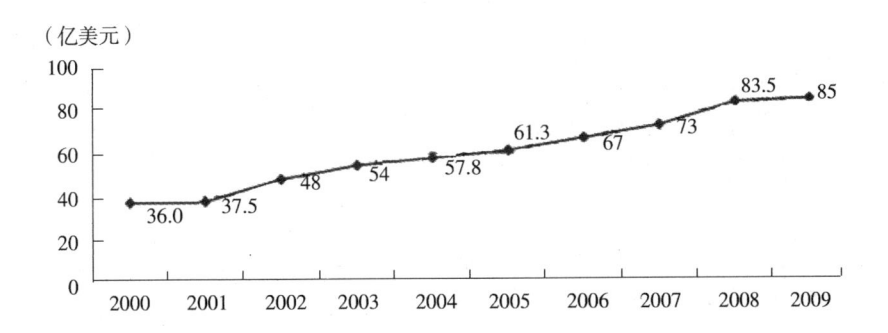

（亿美元）

年份	销售额
2000	36.0
2001	37.5
2002	48
2003	54
2004	57.8
2005	61.3
2006	67
2007	73
2008	83.5
2009	85

图7-3 2000—2009年俄罗斯军火销售额

资料来源：陈航辉、张庆中、刘杰：《俄罗斯强化武器出口的动因、举措及前景分析》，载《亚非纵横》2010年第6期。

第四节 俄罗斯的军事外交是军售的主要手段

俄罗斯军事外交是其军售活动的主要实现手段，军事外交是其军事现代化、加强国家安全工作的一个重要部分。近年来，俄罗斯大力开展军事外交，并服务于它的军售活动。俄罗斯一方面巩固与独联体国家和集体安

---

① 陈航辉、张庆中、刘杰：《俄罗斯强化武器出口的动因、举措及前景分析》，载《亚非纵横》2010年第6期。
② 《俄罗斯智库：中国国防工业迎来春天》，载《莫斯科华人报》2011年4月6日，http://www.uetd.gov.cn/tzfw/news.jsp?urltype=news.NewsContentUrl&wbnewsid=60271&wbtreeid=499。

全组织成员国的军事技术合作，同时加强与其他国家和国家组织的军事活动和军事外交活动。例如，2012年，俄罗斯一共组织了24次各种层次的联合军演。据不确切的统计，俄罗斯国防部与76个国家开展军事合作，自2008年以来共签署大约35个双边军事合作协议，其中与独联体国家的军协议大约有18项。

在普京担任俄罗斯总统期间，俄政府制定并规划了行之有效的军火出口政策。如今，出口武器和军事装备已经成为俄政府财政收入的重要来源。特别是金融危机以来，包括石油等能源产业在内的国民经济各行业都遭受了重创，只有武器出口保持了持续的增长。纵观新时期俄罗斯军售外交的发展演变，一个明显的趋势就是：俄罗斯在军售中越来越明显地暴露出它追求国家经济利益的目的。在销售对象方面，俄罗斯"去意识形态化"；在销售内容方面，俄罗斯积极出口高、精、尖的武器装备，这一做法甚至引来了一些俄罗斯人对其国家安全的担忧。但是，我们也应看到，俄罗斯的军售外交是在政府的绝对主导下进行的，俄罗斯军事发展战略思想也日益成熟。2010年2月5日，俄总统梅德韦杰夫签署命令颁布了最新版的《俄罗斯联邦军事学说》，这是继1993年由叶利钦签署的俄联邦军事学说和2000年由普京签署的俄罗斯联邦军事学说之后的第三版。如果说第一版摒弃了苏联时代透过意识形态多棱镜观察世界的传统做法，开始强调俄罗斯的国家利益的话，那么第二版则放弃了第一版中对西方所抱有的幻想，强调俄罗斯的军事安全所面临的威胁主要来自国外，进而突出了与美国和北约相对抗的姿态，试图把俄罗斯打造成多极世界中的一极。但是，作为一个"正在建立民主和巩固市场关系的过渡时期的文件"，第二版中存在着一些矫枉过正的因素。例如，提出了核打击战略，放宽了核武器使用的限制等。

第三版作为俄联邦最重要的战略规划性文件之一，更加客观地评价了当前的局势。例如，明确北约东扩是俄罗斯面临的主要军事危险之一，但放弃了先发核打击战略，转而强调在俄罗斯受到常规武器的侵略、国家生存受到威胁时，保留使用核武器进行还击的权利。再如，在未来战争问题上也放弃了"世界大战"的提法。与此相对应，在军事经济保障方面，如果说第二版把重点放在对"休克疗法"所造成的冲击的调整方面，强调为军事组织提供财政保障，满足俄罗斯军事安全所需要的武器、装备和物资方面，那么第三版则从更长远的视角阐述了国防工业的发展方向和重点，大力加强高科技武器装备的建设。显然，随着俄罗斯新时期军事发展战略的日益成熟和完善，俄罗斯军售外交的指导思想不会出现大的偏差，更不会出现失控的局面，在可预见的将来，俄罗斯的军售外交依然会比较活跃。

根据斯德哥尔摩国际和平研究所统计，在最近的5年中，全球的军用商品销售规模同比增加了22%，航空技术装备占总销售额的1/3。南美和东南亚国家的采购量大幅度增加。与此同时，各国正在重新瓜分军品销售的市场。销售额居前列的国家是美国、俄罗斯、德国、法国。美国保持了原来的水平，而俄罗斯下降7%，德国增长1倍，法国增长30%，英国减少17%。除德国外，第一集团中还应加上以色列、西班牙和意大利。① 可见，在军售领域，面对日益激烈的国际竞争，美国在军售领域遥遥领先，令俄罗斯无法匹敌；法国、德国、英国等欧洲国家是与俄罗斯实力相当的竞争者，但法国、德国、英国等国综合国力强大，并以欧盟为靠山，优势互补，军工发展势头良好；中国、印度等在该领域不断崛起，虽然目前仍是俄罗斯的重要合作伙伴，但就中国来说，已经对俄罗斯的低端武器出口市场发起冲击，抢占了俄罗斯武器出口的部分市场。

在过去的年代，俄罗斯的军工出口往往带有很浓的政治色彩，从其出口的国家和地区则能看出。但是21世纪以来，俄罗斯受困于经济发展内外部环境的恶化，如今俄罗斯武器出口的政治色彩正在褪去，取而代之的是更大的经济利益。对于俄罗斯，作为经济外交组成部分的军售活动，具有以下三个鲜明的特点：第一，经济形式与外交手段的结合。军售活动是在政府的垄断下通过特殊渠道开展的，即使军售活动以企业间的方式来表现，也要受到政府的严格监控，因而军售活动实际上是政府对外交往的一种形式，而并不完全是一种经济行为。第二，它使经济利益成为外交活动的目的之一。相比于一般的工业产品，武器装备具有高附加值的特点，在很多情况下，政府和外交部门积极推动和促成军售的目的就是增加财政收入，获取经济利益。这就使俄罗斯的军售外交的获取经济利益的目的更加明显。第三，最为重要的特征是，俄罗斯积极开展军事外交并为其经济服

---

① Виктор Мясников: *Пекин занимает чужое место на мировом рынке ВВТ практически без боя*, "Независимое военное обозрение", 2010 – 07 – 16.

务，发展与相关国家的军事技术合作关系。

　　俄罗斯的军事技术合作和军售活动，既是苏联时期所遗留的传统特征，也是当前俄罗斯经济发展的需要。普京在俄政府2012年颁布的《关于制定长期经济发展政策》的总统令中提出，要求俄罗斯立足今后30年至50年，对俄国家安全的主要威胁进行战略分析与研判，制订俄军武器发展计划。根据普京的这一命令，俄将继续落实武器更新计划，至2020年俄军现代化武器份额不少于70％，其领域是：战略核遏制力量、航空航天防御武器、通信、侦察、指挥以及电子对抗武器将是俄军武器发展的重点。进一步加强海军实力，扩大在北极和远东地区的海上军事力量。最近5年，俄将加快对军工系统的改革，将武器采购任务从国防部剥离，在政府下建立专门部门从事武器采购与列装。[①] 这说明，俄罗斯不会放弃军工品和武器的出口，而且将会继续保持一个比较高的出口份额。

　　从国际环境和背景看，新时期俄罗斯保持并大力开展军售贸易外交，乃是全球政治军事格局调整和再平衡的一个结果。在这个过程中，外交因素对于增强俄罗斯军事技术装备和武器出口在国际市场的竞争、扩大军售规模，都起到不可低估的作用。冷战结束后，美国在推行单边主义的同时，出于政治和军事的目的，对亚洲和中东地区的一些国家实行武器禁售，这为俄罗斯的军售活动留出了空间。亚洲的印度和中国之所以是俄罗斯武器装备的最大买家，一方面是由于苏联时期所形成的路径依赖，但更主要的原因在于俄希望能够搭上中国和印度这两个大国经济崛起的顺风车，这也是俄在新时期军事装备出口方面取得成就的主要原因。因此，俄罗斯军售外交的发展，得益于世界政治经济格局的调整，也得益于美国和西欧国家的武器禁售命令。

　　从俄罗斯军售外交的发展过程中可以看出，俄军售外交以实现国家利益为目的，军售外交与经济外交的相互促进与密切协作，为实现俄国家战略和崛起目标服务方面发挥了重要的作用。

---

　　① 《人民日报》莫斯科记者陈志新、施晓慧：《普京签署总统令确定俄未来战略》，载《人民日报》2012年5月9日，http：//news.xinhuanet.com/2012－05/09/c_111911282_2.htm。

第三篇
俄罗斯与国际组织的经济外交

国际组织外交是全球化下一个重要的时代特点,国际组织的活动中涵盖了经济外交的许多特征。通常,国际组织是以国家为单位所构成的国家间多边合作的机构,其成员一般来说是主权国家,国际组织通常起着国家与国家之间联系、交往、合作与磋商的作用。按照俄罗斯著名外交家波波夫的观点,多边外交即多边会议外交,是指为了解决各种国际问题的需要,三个以上的国家通过会谈的形式寻求共识达成协议,具体而言,是以主权国家为主体,以建立交往、扩大合作或缓和矛盾、化解冲突为目的,以高层会谈为主要形式的外交模式。① 俄罗斯的国际组织外交颇具特色。按照俄罗斯学者的解释,多边外交的主体和形式并不局限于由国家和政府首脑或外交部首脑参加的政府间会议。

本篇对于俄罗斯与国际组织的经济外交活动分析,主要包括俄罗斯对独联体的经济外交活动、俄罗斯融入国际经济性组织的经济外交活动、俄罗斯参与国际集团性组织的经济外交活动、俄罗斯参加国际合作性组织的经济外交活动四个部分。

---

① Попов В. И., *Современная дипломатия: Теория и практика*, С. 93 – 97. 2003.

第八章 俄罗斯对独联体的经济外交活动

俄罗斯作为欧亚地区大国，其对外政策的重点首先是俄罗斯与独联体国家的关系，因此经济一体化外交的优先方向在独联体地区。俄罗斯于2013年2月新修订的《俄罗斯联邦外交政策构想》（简称《构想》）是普京第三个总统任期内俄罗斯对外政策的纲领性文件。在新《构想》[①]中，独联体地区成为普京外交和经济一体化的"战略核心"，纲领对独联体、欧亚经济共同体、海关联盟、自由贸易区条约、集体安全条约组织、俄白联盟等给予了特别关注。在对外政策的地区优先方向上，俄罗斯优先发展与独联体国家的双边和多边合作，致力于建立和发展与独联体国家的战略或结盟关系，进一步发展俄白哈关税同盟和统一经济区，加强欧亚经济共同体的作用，实施独联体自由贸易区条约，建立欧亚经济联盟，使其成为联结欧洲与亚太地区的纽带。

俄罗斯在独联体的经济一体化进程中发挥着重要的作用，它促使独联体向区域经济一体化组织方向迈进。在俄罗斯的倡导下，这一地区先后建立了以实现一体化为目标的独联体组织、俄白联盟、欧亚经济共同体、统一经济空间和关税同盟等区域经济组织。虽然这些组织的一体化水平和深度各异，但都在沿着建立紧密型区域经济集团的方向发展。尽管独联体国家间的一体化进程艰难，但是俄罗斯始终在推动独联体的一体化，并不断探索新的途径。这是因为，实现一体化有利于利用这一大容量市场加强各国经济互补性以及稳定的技术合作环节。据俄罗斯政府统计，在独联体自

[①] 俄罗斯外交部网站2013年2月18日公布了由俄罗斯总统普京批准的新《俄罗斯联邦外交政策构想》。新版《俄罗斯联邦外交政策构想》确定了俄罗斯外交的四大优先方向。其中，发展同中国和印度的"友好关系"被视为俄罗斯外交政策的"最重要"的方向之一。

由贸易区条约签订的2011年上半年，独联体国家的贸易额超过1340亿美元，几乎高出2010年的50%[①]。

以俄罗斯为主导的区域一体化组织，成为影响欧亚地区政治经济发展的一种力量。推进与独联体国家的经济一体化外交，是俄罗斯经济外交的一个重点，或可称为重中之重。对于独联体经济一体化，普京认为，"我们彼此之间取消了许多商品的进出口关税。这就意味着，我们相互为自己的商品打开了市场，价格更低廉的商品将进入我们的市场。这还意味着，将更容易建立新的合作企业。所有这些因素将有助于提高我们各国经济的竞争力"[②]。

第一节 俄罗斯对独联体的经济一体化外交

区域经济一体化是随着经济全球化而发展的，两者之间既有关联又有差异。到20世纪90年代末，世界各国间已签订了大约180个区域性贸易和经济协议，全球区域性经济集团的数量超过了30个。[③] 经济区域主义不仅是增强本地区公司国际竞争力的手段，也是国家集团用以增强经济和政治实力的核心战略，成为世界经济和政治中极其重要的特征。[④] 在这种背景下，世界各主要国家都力图通过区域经济安排跻身某一经济集团，经济一体化外交遂成为经济外交的重要内容。独联体的建立是区域经济一体化的一种形式，也是当代国际社会中的一个独特现象，建立这一组织的最初目的是在苏联解体后处理复杂的遗留问题，以及在这个过程中为保持友

---

① ［俄］阿娜斯塔西娅·巴什卡托娃：《独联体克服分歧签署自由贸易区条约》，载俄罗斯《独立报》2011年10月20日，转引自新华社《参考资料》2011年10月26日，第45页。

② 同上。

③ 以自由贸易区和关税同盟为主的区域经济集团有：欧洲自由贸易联盟、比荷卢经济联盟、欧洲共同体、欧洲经济区、中美洲共同市场、澳新自由贸易协定、东南亚国家联盟、安第斯条约组织、西非经济共同体、加勒比共同体、西非国家经济共同体、拉丁美洲一体化协会、东部和南部非洲优惠贸易区、海湾合作委员会、中非国家经济共同体、经济合作组织（中亚和西亚国家建立的一体化组织）、南亚区域合作联盟、阿拉伯合作委员会、阿拉伯马格里布联盟、非洲经济共同体、南锥体共同市场、南部非洲发展共同体、北美自由贸易协定、黑海经济合作组织、中美洲自由贸易区、中欧自由贸易区等。

④ 参阅［美］罗伯特·吉尔平《全球政治经济学——解读国际经济秩序》，杨宇光、杨炯译，上海世纪出版集团2006年版，第324—325页。

好的国家间关系提供一个协商机制。① 应该说，独联体框架内的一体化符合世界发展和区域内国家客观进程，但是由于内外环境不断变化以及各国对独联体一体化的不同需求，导致独联体各国发展呈现出松散化、空洞化和不平衡的局面。努力倡导和推动独联体政治和经济一体化，是俄罗斯对独联体政策的重要内容。

一 独联体的发展阶段及各阶段的基本特点

独联体作为一个区域性组织，迄今为止已在合作与纷争中走过20多年。总体来看，一方面，独联体内部多边与双边关系的纷扰、政治与经济合作的优先次序、成员国之间独立与联合的角力以及外部势力对独联体的渗透，始终困扰着独联体的发展；另一方面，由于独联体成员国之间在政治、经济、人文和历史传统等方面存在着难以割断的联系，保留独联体仍然是该组织发展的主流。

俄罗斯对独联体经济一体化的经济外交大致分为以下几个阶段。②

第一阶段（1993—1998年）是独联体国家寻求重新一体化的时期。1993年9月24日，在莫斯科举行的独联体国家元首和政府首脑委员会第13次会议上各国首脑签署了《经济联盟条约》，这标志着苏联解体后新独立国家之间"分家"进程的结束和重新一体化的开始。在经济危机背景下，独联体成员国开始谋求以新的国家关系为基础恢复传统的经济联系，通过建立新的区域经济合作组织，恢复经济增长和发展。在这一时期，独联体成员国之间建立的具有经济一体化性质的国际组织有俄白联盟、关税同盟和中亚经济共同体（ЦАЭС）。这一时期制定的具有法律意义的区域经济一体化文件有《独联体章程》《关于建立经济联盟的条约》（1993年9月24日）《关于建立自由贸易区的条约》（1994年4月15日）《关于建立跨国经济委员会作为经济联盟常设机构的协议》（1994年10月21日）《关于建立独联体成员国支付联盟的协议》（1994

---

① 郑羽、李建民主编：《独联体十年：现状·问题·前景》，世界知识出版社2002年版，第1页。

② Троицкий В. А., *Формы экономической интеграции государств-участников Содружества Независимых Государств*, изд. С-петербургский университет, с. 20 – 21. 2008 г.

年10月21日）等。① 这些文件提出了独联体经济一体化的措施和形式，为一体化发展奠定了条法基础。

第二阶段（1999—2004年）是独联体国家探索形成新型一体化的时期。到20世纪90年代末，随着原苏联地区各国政治和经济主权的巩固，地区地缘政治格局大体确定，开展区域合作发展和壮大本国经济成为一种必然需要。大多数独联体国家已逐渐确定了区域经济合作的目标和任务。这一时期独联体区域经济合作组织有了新的发展，以关税同盟为基础建立了欧亚经济共同体，中亚经济共同体易名为中亚合作组织（ЦАС）。从2000年起，独联体经济一体化进入了一个新阶段。2000年6月20日签署的《独联体2005年前的发展行动计划》提出，建立自由贸易区是区域经济一体化的首要任务，为此要在2004年之前为资本自由流动创造条件并解决拖欠问题。2001—2002年，为自由贸易区所必需的运输走廊、通信和信息保障体系有效发挥功能创造条件。② 2002年10月7日在摩尔多瓦首都基希讷乌举行的独联体峰会上，批准了提高独联体各机构活动效能和优化组织机构的措施。为落实此次峰会作出的决定，独联体国家元首理事会于2003年9月19日在雅尔塔作出了《关于完成自由贸易区建设阶段和独联体成员国在经济领域发展合作的决定》，批准了2003—2010年独联体经济合作和提高合作效率的行动计划。在雅尔塔峰会期间，俄罗斯、白俄罗斯、哈萨克斯坦和乌克兰签署了《建立统一经济空间的协议和构想》，决定将一体化提高到全新的更高的水平。文件提出，统一经济空间将以自愿和互利为原则，同时考虑到不同水平和不同速度的一体化，将分阶段建立统一经济空间，这反映了成员国的经济和政治特性。在制度建设层面，统一经济空间将采取跨国机构和超国家机构相结合的方式建立组织系统，逐渐提高超国家机构的作用；国家元首委员会是主要的跨国机构，其决策按照协商一致的原则。随着条件的成熟和一体化合作的深化，四国将建立统一的管理机构，成员国将按自愿原则让渡部分主权。

---

① Доклад Рабочей группы Совета глав субъектов Российской Федерации при МИД России, "Проблемы и перспективы развития международных и внешнеэкономических связей субъектов Российской Федерации с партнерами в рамках СНГ". http://www.mid.ru/ns-dipecon.nsf/0/9196146619dfcca4c3256e86002d27e3?OpenDocument.

② Программа действий по развитию СНГ на период до 2005 года. http://www.cis.minsk.by/russian/6-04af.htm.

第三阶段是 2005 年以来独联体探索深化合作模式的时期。在这一时期，独联体形成了以俄罗斯为主体的经济一体化"轴心"，核心成员国开始探索最有效的一体化合作方式。俄罗斯、白俄罗斯、哈萨克斯坦和乌克兰签订了统一经济空间协议，中亚合作组织并入了欧亚经济共同体，独联体内部形成了不同速度和不同水平的次区域一体化组织，俄罗斯的独联体经济一体化外交实际上放弃了独联体组织框架，转向以俄罗斯为核心的"轮轴—辐条"模式的经济一体化。俄罗斯坚持独联体经济一体化的立场没有改变，其原因有二：一是在政治上，俄罗斯面临着巩固其国际地位的任务，需要建立以俄为中心的友好国家地带，欧亚经济共同体成员国正是这样的友好国家；二是各国对发展经济合作有共同的需求，为解决共同经济问题、扩大销售市场，成员国之间需要通力合作。

金融危机后，独联体地区的经济一体化进程加快。2011 年 10 月 18 日，俄罗斯和独联体国家在圣彼得堡签署并批准实施自由贸易区协定，俄罗斯、乌克兰、白俄罗斯、哈萨克斯坦、吉尔吉斯斯坦、塔吉克斯坦、摩尔多瓦、亚美尼亚 8 个独联体成员国在俄罗斯圣彼得堡签署了新的独联体自由贸易区协议，以取代 1994 年的独联体自由贸易区协议。该协议提出进一步取消成员国之间的贸易壁垒，促进成员国之间的经贸合作。2012 年 1 月，由俄罗斯、白俄罗斯和哈萨克斯坦三国组成的统一经济区开始正式运转，三国为推动经济一体化不断采取新的措施。这是因为，这一经济区有占世界 2.4% 的居民，拥有世界 9% 的已探明石油和 25% 的天然气储量，其 GDP 占全球的 2.6%、出口额的 4%。

这一期间签订的两份文件对独联体一体化具有重要意义。其一是《独联体后续发展构想》。2007 年 10 月 5 日至 6 日，独联体和欧亚经济共同体首脑会议在杜尚别举行，会议通过了《独联体后续发展构想》以及在欧亚经济共同体框架下建立关税同盟（俄罗斯、哈萨克斯坦、白俄罗斯）文件，并决定建立超国家机构。2008 年 1 月 5 日，欧亚经济共同体跨国委员会在莫斯科举行会议，签署了有关建立关税同盟的 9 份协议，批准了《建立欧亚经济共同体统一经济空间的构想》。其二是《2020 年前独联体经济发展战略》。2008 年 11 月 14 日，独联体成员国政府首脑理事会在比什凯克签署了《2020 年前独联体经济发展战略》（以下简称《战略》）。这是独联体成员国为实现各自经济发展的战略目标，谋求利用国家间劳动分工优势、专业化生产优势及互利贸易优势而制定的长期经济发展战略。

《战略》确定了独联体成员国经济发展中所面临的主要任务是，有效利用成员国的地理优势、自然优势、经济优势和交通运输优势，造福各国居民；建立和完善经济合作机制，从经济利益的契合点中获得最大效益；提高成员国经济的全球竞争力；扩大高科技产品、深加工产品和高附加值产品的出口，实现出口商品结构的多样化；完善金融制度，提高投资吸引力；加强在社会领域的合作，为成员国教育体系的一体化创造条件，并使其协调发展。

《战略》提出了独联体经济合作的优先方向，即根据世贸组织规则，在独联体框架内完成自由贸易区建设，并使其正常运行；为建立共同经济空间创造条件；发展某些种类产品的共同市场，首先发展农产品共同市场；加强在交通领域的合作，如建立国际交通运输走廊网络；深化在能源领域的合作，提高能源供应的可靠性，优化能源燃料使用效率；以成员国创新体系为基础，建立跨国创新空间，促进科技研发活动的发展；建立有效的支付体系，建立有利于资本流动的证券市场；以扩大经济自由为基础，发展国家与私营部门的伙伴关系。成员国在未来几年的经济政策将致力于发展国内市场，保护本国的生产者和消费者，全面利用好现有的生产能力和新增生产能力。必须保障成员国法律的趋同、经济主体法律和经济条件的趋同，采用统一的技术标准和环保标准。

《战略》还提出独联体经济发展的三个阶段。《战略》指出：在第一阶段（2009—2011年），根据世贸规则完成自贸区的建立并对其进行完善，以此为基础，加快成员国社会经济的发展。采取措施，为商品、服务、资本和劳动力的自由流动创造条件。针对制造业产品和高科技产品，制定更为积极的支持出口的措施，并使其与独联体共同市场的商品和服务准入的管理相结合，这一政策应以公平竞争和促进本国生产者发展为基础。独联体国家在能源、交通、工业、自然资源加工等领域占有竞争优势，应充分发挥并扩大上述优势。在第二阶段（2012—2015年），通过在科技和创新领域进行长期合作以及跨国创新合作计划、跨国产业科技计划，促进科技和创新活动日益活跃，金融和物质资源进一步集中化，最终形成跨国创新空间，进而促进成员国经济社会快速发展。在第三阶段（2016—2020年），建立纳米工业和尖端工业的地区市场，以此促进高科技产业的发展，发挥成员国的科技潜力和教育潜力，保障2020年前使一些高技术产品在国际市场占据主导地位。

在各个时期独联体发展具有不同内容，但还是可归纳出以下几个特点：第一，俄罗斯是独联体的核心和主导国家，俄罗斯对独联体政策决定着该组织的发展前景。正如俄罗斯原外交部部长伊万诺夫所指出的，对于新俄罗斯而言，自它存在的第一天起，就没有也不会有比发展独联体范围内的关系更为紧迫的对外政策问题了。解决在原苏联范围内建立新的国际关系体系的问题，始终被俄罗斯领导层视为国家对外政策的最优先方向。[1] 第二，独联体成员国对该组织存在不同的利益诉求，目前经济合作诉求比政治诉求更为强烈，一些国家出于巩固主权独立的需要，对经济一体化建设中的主权让渡存在强烈的戒备心理。第三，独联体框架内的经济一体化呈现出多水平、多层次的特点。独联体自成立以来，在其框架内建立了多个不同水平的次地区一体化组织，如俄白联盟、欧亚经济共同体、关税同盟和统一经济空间等，这些次地区组织的一体化水平不同，形成了几个以俄罗斯为圆心的同心圆。第四，"独"与"联"的角力始终不断。独联体自成立之日起到2009年11月21日，共举行了国家元首理事会会议37次，元首会晤10次，政府首脑理事会54次，制定各类文件1899份。[2] 从表面来看，该组织在地区政治、经济、军事、安全与人文合作方面非常活跃，但由于成员国之间关系时有龃龉以及一体化进程缓慢，各方对其前景大多较为悲观。加之外部势力对独联体侵蚀严重，间或呈现出濒临解体的征兆。

二 俄罗斯对独联体的经济一体化外交政策

通常，经济一体化是指两个或两个以上经济发展水平相近的主权国家，通过让渡一定的国家主权，使经济达到某种程度的结合以提高其在国际经济中的地位而组成区域性国家集团。从静态角度来看，经济一体化是参与国之间的经济结合体；从动态角度来看，则是追求提高国际经济地位的过程。[3] 区域经济一体化按照发展阶段的先后顺序分为以下类型：一是

---

[1] ［俄］伊·伊万诺夫：《俄罗斯新外交：对外政策十年》，陈凤翔等译，当代世界出版社2002年版，第67页。

[2] Организационный департамент Исполнительного комитета Содружества Независимых Государств, Сведения о состоявшихся заседаниях Совета глав государств СНГ（встречах глав государств-участников СНГ）и Совета глав правительств СНГ и принятых ими документах. http：//www.cis.minsk.by/main.aspx？uid=11034.

[3] 杨逢珉、张永安：《欧洲联盟经济学》，华东理工大学出版社1999年版，第8页。

自由贸易区,即成员国之间取消部分商品贸易限制,北美自由贸易协定就是一例。二是关税同盟,它与自由贸易区相似,但成员国采取统一的关税和其他贸易限制,以对付关税同盟以外的国家。根据1957年《罗马条约》建立的欧洲共同市场(即欧洲共同体)是最突出的范例;三是共同市场,它是关税同盟领域的扩大,把生产要素(商品、服务和资本)的自由流动包括进来。四是经济同盟,这是经济一体化的最高形式,它包括一体化的前几个阶段,同时增加了货币政策和财政政策的协调。欧洲一体化是这种类型的唯一例子。五是政治同盟,经过经济同盟后进入到超国家的不局限于经济决策的同盟,政治同盟是欧洲统一要达到的最终目标。

苏联解体之初,俄罗斯对独联体政策没有清晰的一体化目标。1993年4月30日,叶利钦批准了《俄罗斯联邦对外政策构想》(简称《构想》)。这份文件阐述了苏联解体后独联体的基本形势、独联体对俄罗斯的重要性、俄罗斯在独联体的基本政策目标和若干具体政策。[①]《构想》没有提出建立独联体经济联盟的思想,在独联体经济一体化方面的政策也过于空泛,基本思路还是"在新的市场基础上的一体化",而且俄罗斯对独联体问题的基本立场是"不会为关系的发展付出单方面的代价"。这份构想是俄罗斯第一份系统阐述对独联体政策的文件。

1995年9月14日,俄罗斯总统批准的《俄罗斯与独联体成员国战略方针》是全面阐述和明确俄罗斯对独联体一体化政策的官方文件。[②] 这份文件指出,独联体的发展符合俄罗斯的根本利益,与独联体成员国的关系是俄罗斯融入世界政治和经济体系的重要因素;互利的经济合作是解决相互关系综合性问题的基本前提,实现这一目标的最佳途径是将在经济联盟框架内的多边合作与双边合作结合起来;发展贸易关系是俄罗斯和独联体国家经济实现稳定和摆脱危机的重要工具。

这份文件详细列举了独联体经济一体化所面临的任务:(1)巩固独联体组织的重要途径是逐渐扩大关税同盟,关税同盟成员国与俄罗斯经济之间要深化一体化和政治上的战略伙伴关系。随着条件的成熟,逐渐将独联体经济联盟其他成员国也纳入关税同盟。为巩固和扩大关税同盟,关税

[①] 郑羽主编:《俄罗斯东欧中亚国家的对外关系》,中国社会科学出版社2007年版,第135页。

[②] Стратегический курс России с государствами – участниками Содружества Независимых Государств, "Российская газета", 23 сентября, 1995 года.

同盟成员国与其他国家签订的双边协议提供给伙伴国家的优惠不应高于关税同盟成员国之间的优惠条件。(2) 通过在独联体议会大会框架内完善统一模式的法律,实现各国经济制度的趋同。(3) 俄罗斯提出的在独联体框架内不同速度的一体化不是强制性的,但伙伴国家对这一模式的态度是俄罗斯对其提供经济、政治和军事支持的重要因素。(4) 要实现支付结算关系的正常化。因此,要加快建立支付联盟,对独联体外汇市场确定共同的规则,根据供需确定汇率,实现各国货币的相互兑换,在未来使用俄罗斯卢布作为储备货币。(5) 建立一体化机构,在生产、科学和技术领域进行有效合作。这一工作的重要方向是,发现共同的科技优先方向,落实共同战略,目的在于建设统一的科技空间。(6) 不断完成各国法律和经济条件趋同任务,为的是以企业自由经营为基础,在未来建立共同的资本市场。对建立有独联体国家的企业和银行参与的金融工业集团提供全方位支持。(7) 为独联体经济联盟跨国经济委员会运行创造必要条件,将这一组织视为提高独联体框架内合作效率的国际组织。

1997 年 3 月 28 日在独联体国家元首莫斯科峰会期间,成员国批准了《独联体经济一体化发展构想》。这份文件的核心思想是各国对参与一体化的方向和深度具有自愿性和自主性,落实国家间合作措施具有渐进性和阶段性特征。考虑到每个国家的现实情况和世界各地区建立区域经济组织的经验,独联体一体化将是逐渐推进的,合作形式将是从初级到高级不断递进的。2000 年普京就任总统后,俄罗斯对对外政策构想进行了修订,新版对外政策构想对独联体经济一体化政策没有做出新的阐述,只是进一步强调俄罗斯将根据独联体各国一体化的不同速度和不同水平,决定其与独联体国家合作的内容和性质,即根据实际情况决定与哪些国家进行经济一体化合作。

2008 年梅普权力交接后,俄罗斯再次对其对外政策构想进行了修订。新修订的文件强调,发展同独联体国家多边或双边的合作,是俄罗斯对外政策的优先方面。俄罗斯同独联体的每一个成员国都将以平等、互利、尊重并考虑彼此利益为基础,建立友好关系,并针对伙伴国家的意愿,建立战略伙伴关系或联盟关系。为此,俄罗斯在独联体地区将着重做好以下工作:(1) 继续挖掘独联体作为地区性国际组织的潜力,发挥多边政治对话的作用,发展经济和人文合作,将独联体视为应对传统挑战和新挑战与新威胁的有效机构;(2) 在形成统一经济空间的过程中,按照把俄罗斯和白俄罗斯两国关系分阶段转向市场经济的原则,继续坚持通过协商的办法为建立有效的联盟国家创造条件；(3) 在欧亚经济共同体框架内积极开展工作，同白俄罗斯、哈萨克斯坦建立关税同盟和共同经济区，促进欧亚经济共同体其他成员国加入进来；(4) 继续巩固欧亚经济共同体作为经济一体化的核心作用，促进水电项目、基础设施、工业和其他领域合作计划的落实；(5) 对于那些在独联体国家范围内没有俄罗斯参与的次地区机构和其他组织，俄罗斯的态度是根据其对睦邻友好和稳定的实际贡献来确定。

从上述官方文件可以看出，俄罗斯针对独联体经济一体化问题的政策是一贯的，推动这一地区的经济一体化是俄罗斯对外政策的重心之一。但是随着形势的不断变化，经济一体化的具体政策和国别重点及次区域组织重点都会有所不同。

三　独联体一体化进程中的制约因素及外交困境

独联体成员国对区域经济一体化存在各自的政治和经济动机，这是制约独联体一体化的主要因素。吉尔平认为，西欧的一体化运动主要是政治因素推动的；北美的一体化既出于政治考虑，也有经济考虑，而亚太地区一体化则主要（但并不完全）是由市场推动的。① 独联体的区域经济一体化与其他地区的一体化运动相比有其特殊性，它是政治动因与经济动因相互作用的结果，但政治动因与经济动因不是相互促进的，而是相互制约的。受历史与现实因素的影响，尤其是各国对独联体区域经济一体化的不同的政治动机和经济动机，独联体经济一体化前景面临着挑战。

其一，离心倾向威胁独联体的生存与发展。独联体政治上的离心倾向主要是格鲁吉亚、乌克兰和乌兹别克斯坦等国对独联体组织完整性的威胁。2008年8月格鲁吉亚和俄罗斯发生军事冲突后不久，格鲁吉亚外交部2009年8月18日发表声明说，一年前启动的关于格鲁吉亚退出独联体的程序已于当天结束，格鲁吉亚正式退出独联体。至此，独联体成员国由12个减少到11个。格鲁吉亚虽已退出独联体，但它仍是独联体一系列国际协议的参加国，这些协议适用于非独联体成员，协议总数量约为75份。2008年11月，乌兹别克斯坦申请退出欧亚经济共同体。乌兹别克斯坦认

---

① 我国一些学者则认为，欧洲一体化的发展并不是一种简单的经济一体化，而是政治经济一体化交织并进、相互作用的过程。经济一体化包含着政治一体化，政治一体化推进着经济一体化，而法律化则在其中发挥着主导作用。一般情况下，经济是基础，政治服务于经济。但有时政治也可以为经济发展开辟途径，尤其是世界格局急剧变化时会更重要。

为，欧亚经济共同体的活动没有效率，在组织内没有任何红利。中亚问题专家索洛佐博夫称，乌兹别克斯坦退出欧亚经济共同体是为了与美国新政府建立更为紧密的关系，为此宁可做出牺牲。[1] 俄罗斯战略研究所专家库尔托夫认为，乌兹别克斯坦退出欧亚经济共同体是因为其关于水资源利用问题的建议没有得到理解和采纳。

其二，主权让渡问题制约一体化的深入发展。独联体国家都是在政治上获得独立不久的年轻国家，它们对国家主权的敏感程度高于一般的欧洲国家。由于经济一体化需要让渡部分主权，但这些国家对主权的敏感度成为制约一体化发展的主要因素。独联体一些国家对独联体框架内制定的文件总是提出一些保留条款。比如乌克兰在签订自由贸易区协议时提出的保留条款是"乌克兰将根据现行宪法参与建立统一经济空间及其活动"，这意味着乌克兰不同意向超国家机构让渡部分主权。根据欧盟经验，如果不建立超国家机构和不向其让渡部分主权，一体化难以实现。此外，乌克兰发生"颜色革命"后，加入欧盟和北约成为其对外政策的优先方向，这实际上意味着乌克兰不会无条件地和无限制地参加独联体框架内的自由贸易区。

其三，外部力量对独联体地区的影响增强。美国早在1993年就提出了独联体"地缘政治多元化"概念，并且每年都会划拨专项资金，用于支持独联体地区的有关国家。乌克兰、里海沿岸国家和中亚被美国列为特殊利益区。"9·11"事件后，中亚地区成为美国重点关注的地区。2004年10月美国国防大学举办主题为"我们如何更好地重组欧亚地区"的研讨会，提议扩大美国在欧亚地区腹地的军事存在，首先在高加索地区和里海地区，然后是中亚地区。[2] 2005年后，美国开始与哈萨克斯坦发展全方位合作。美国奥巴马政府上台后推出了对俄缓和的政策，宣布暂不在捷克和波兰部署反导系统，两国开始就签订新的进攻性战略武器条约展开谈判，美国对独联体国家的民主进程关切程度降低，这在一定程度上缓解了俄罗斯防范"颜色革命"和巩固独联体的压力，但是美国始终是影响独联体国家对外政策取向的重要因素。

其四，欧盟对独联体的外交非常活跃。2003年欧盟制定了"欧洲扩大

---

[1] Виктория Панфилова, *Развод с прицелом на Вашингтон*, Независимая Газета, 12.11.2008.

[2] *Новая евроазийская стратегия США: программы и партнерства*, http://www.iamik.ru/18300/html1, 22.10.2004

战略",提出了"欧洲伙伴政策"概念,其目标最初是独联体的6个国家:乌克兰、摩尔多瓦、白俄罗斯、亚美尼亚、格鲁吉亚和阿塞拜疆,2007年也将哈萨克斯坦列入了这一计划。稍后欧盟制定了对中亚国家的战略,将整个中亚囊括在内。欧盟"东部伙伴关系"计划对俄罗斯的独联体一体化外交形成了新的挑战。2009年5月7日欧盟27国与6个欧亚国家的领导人在捷克首都布拉格举行了会议,正式启动了旨在增进双方合作的"东部伙伴关系"计划,涉及乌克兰、白俄罗斯、格鲁吉亚、摩尔多瓦、亚美尼亚和阿塞拜疆6个国家。"东部伙伴关系"计划的主要内容是允许6国的人员、商品、服务、资本更自由地流动。具体而言,就是欧盟将与这些国家逐一建立自由贸易区、为其公民进入欧盟提供签证便利、加强能源安全、提高财政援助、密切安全与防御问题的磋商,鼓励这些邻国相互开展合作,强化区域合作。俄罗斯外交部部长拉夫罗夫就此表态称,欧盟的做法旨在扩展其"势力范围",俄罗斯将对此计划保持警惕,并继续观察欧盟的动向。独联体执行委员会主席列别杰夫认为,该计划将对独联体一体化建设带来消极影响。一般认为,波兰等新欧盟国家力主推出的这一计划,目的在于进一步压缩俄罗斯的战略空间,等同于挖俄罗斯的墙脚。有俄罗斯学者指出,地缘政治竞争对俄罗斯的独联体一体化外交努力带来障碍。[①]

其五,成员国间双边经济摩擦对独联体经济一体化有负面影响。近年来,俄罗斯与独联体成员国之间的贸易摩擦呈现增多迹象。俄罗斯先后与乌克兰、格鲁吉亚、摩尔多瓦、哈萨克斯坦和白俄罗斯等国发生过"天然气大战"、"葡萄酒大战"和"白糖大战"等贸易纠纷,这些问题迄今也未获得令各方满意的结果,这对一体化的发展产生了消极影响。

第二节 俄罗斯推动独联体次区域经济一体化的经济外交[②]

在原苏联国家的范围内,由俄罗斯国家主导的"再经济一体化"[③]进

[①] Косикова А. С., *Трансформация экономических отношений России со странами СНГ: выводы для российской политики в регионе*, Российская политика соседства, Москва, 2008.

[②] 独联体内以俄罗斯为核心的其他次区域组织包括"四国统一经济空间"和俄白联盟。

[③] 所谓"再经济一体化"是指俄罗斯将原来是苏联的国家经济重新整合起来,成立一个在经济上相互联系和依赖的经济组织,也即一体化组织。

展值得关注。这一进程是：2001年5月，自欧亚经济共同体正式成立后截至2012年3月，成员国有俄罗斯、白俄罗斯、哈萨克斯坦、吉尔吉斯斯坦和塔吉克斯坦，观察员国为亚美尼亚、摩尔多瓦和乌克兰。2011年7月，它们取消了相互之间的海关。2012年1月1日，俄、白、哈三国决定在欧亚经济共同体框架内成立关税同盟，同年7月，三国实现对外关税的统一。同时，三国启动统一经济空间，负责三国一体化进程的超国家机构——欧亚经济委员会也同时运行，三国一体化的目标是在2015年前建立欧亚经济联盟。2015年1月，欧亚经济联盟正式启动。

一 俄罗斯推动建立俄白联盟国家的外交活动

苏联解体后不久，俄罗斯和白俄罗斯即产生建立联盟国家的意愿。1992年7月，俄白两国为解决苏联解体后经济合作中所产生的问题，签订了《建立国家间多种法律组织形式的经济机构的协议》。由于俄罗斯和白俄罗斯的许多企业都是苏联时期建成的，两国之间的一些企业本身就是产业链中的上下游关系，可以通过以多种法律组织形式，建立以技术关联度为基础的股份公司，因此通过合作实现规模生产，是当时这一协议的主要思想。1995年2月俄白两国签订了《俄罗斯联邦与白俄罗斯共和国友好、睦邻和合作条约》和《文化、教育和科学领域合作协议》，这份协议的核心内容是恢复俄罗斯与白俄罗斯文化和社会机构之间的联系，扩大相互交流，发展创作协会、各种社会组织和基金会之间的联系，在文化、艺术、信息技术和教育领域加强合作。这是俄罗斯和白俄罗斯走向联合的第一步。

1996年俄白联盟的轮廓开始显现，两国走上恢复和加强经济、政治和历史文化联系，建立统一信息空间及教育标准一致化的道路。是年4月2日，俄罗斯总统叶利钦与白俄罗斯总统卢卡申科在莫斯科签署了《建立俄罗斯与白俄罗斯共同体的条约》。双方决定为使两国经济、政治和智力资源联合起来，两国将建立旨在实现政治和经济深入一体化的共同体。4月29日两国议会领导人在圣彼得堡签署了《俄罗斯与白俄罗斯共同体议会大会协议》。条约签署后，两国开始着手建立一体化的机制。1996年6月，作为落实双边条约常设机构的执行委员会开始运转。同月，共同体最高委员会批准了建立共同体关税委员会的决定，俄白一体化第一阶段以共同体的建立而结束。1997年4月2日，两国总统在莫斯科签订了《俄罗斯与白俄罗斯联盟条约》①,俄白联盟建设进入了新阶段。这一条约的签订,使联盟国家建设的制度基础继续加强,相关机构的功能得到调整,重点任务得以明确。1997年9月,《俄白联盟条约》和《联盟章程》在联合国完成登记。这两份文件是联盟国家建设第二阶段的最重要的基础性文件。

《俄白联盟条约》和《联盟章程》指出,联盟的基本原则是主权平等、民主、尊重人权、合作、互助、友好、承认国际法准则,并承担相应义务。《联盟章程》强调,俄白联盟发展是以两国人民的自由意志为基础,从成员国宪法和公认的国际法准则出发,继续推动两国走向自愿联合。根据联盟国家建设的主要目标,确定了首先需要解决的主要问题。比如,在政治领域,必须在涉及两国利益的国际问题上坚持共同立场,必须尊重人权和保护人的自由。在经济领域,保障联盟成员国稳定的经济发展,为建立统一的经济体系创造条件,发展互利贸易,有效使用两国的经济潜力。在社会领域,保障两国公民的平等权利,社会保障体系趋同化。在安全领域,保障共同安全,制订共同国防计划。在法律领域,发展联盟的法律基础,两国立法趋同化。

1998年12月25日,两国总统在莫斯科签署了《俄罗斯和白俄罗斯继续一体化声明》《俄罗斯和白俄罗斯公民权利平等条约》《俄罗斯和白俄罗斯关于为经济主体创造平等条件的协议》。这些文件成为两国继续深化一体化的基础性文件。这一阶段的一体化进程涵盖了两国政治、经济和社会生活的许多方面,反映出两国领导人在保持国家主权条件下,推动分阶段走向自愿联合的决心。同时,两国总统公开承认,"两国经济和精神潜力联合的可能性还没有被充分利用"②。《关于建立联盟国家的声明》提出了两国一体化的构想和战略目标,提出建立联合的国家政权和管理机关,其中涵盖对外政策、经济社会、保障安全和国防等领域,同时提出,两国将共同应对21世纪的新挑战。1999年4月28日,两国总统在莫斯科讨论了双方工作机构起草的《建立俄罗斯和白俄罗斯联盟国家的条约》,原则上达成了建立联盟国家的协议。1999

---

① Договор о Союзе Беларуси и России.

② Пивовар Е. И., *Постсоветское пространство: альтернативы интеграции*, С – П.: Алетейя, 2008.

年10月8日，两国都公布了《建立联盟国家的条约》（草案）并进行全民讨论。两国最终确定了建立联盟国家的实施阶段以及各阶段的具体任务及完成期限。2000年1月25日，俄罗斯总统普京与白俄罗斯总统卢卡申科签订了这一条约，为发展两国合作关系奠定了新的法律基础。该条约明确了联盟国家的地位问题、建立联盟国家的目标和原则、联盟国家的组织机构及其组建形式等涉及联盟国家建设的核心问题。这样，俄罗斯与白俄罗斯建立联盟国家的协议最后达成，两国关系进入了建立政治和经济一体化最优模式的新时期。

俄白联盟是独联体地区次区域经济一体化最紧密的组织，两国在能源、交通运输、边界管理、海关管理、税收及货币领域进行了广泛合作，经济联系日益密切。但是，俄白联盟国家的建设也遇到了许多困难。近年来白俄罗斯地缘政治取向正在变化。从根本上来说，白俄罗斯希望与俄罗斯拉开距离。白俄罗斯希望一体化进程是以保留国家主权为条件的经济合作，俄罗斯则希望建成某种形式的国家联盟。此外，预算税收体系、支付危机、银行体系制度发展不足都制约着两国一体化的发展。同时，俄白两国在贸易中也存在许多问题。因此，俄白联盟并不是切实的一体化联盟。

二 欧亚经济共同体框架下的经济外交活动

独联体建立之初，虽然各国都认为经济合作对本国经济发展具有重要意义，并表现出推进一体化的愿望，但当时离心倾向更为突出。各国领导人对独联体的战略目标、合作机制和所面临的任务有不同的看法，对独联体范围的合作更多的是出于政治动机，而非经济动机。一些经济联系密切的国家开始寻求促进不同经济水平一体化的替代组织。

1. 欧亚经济共同体（Eurasian Economic Community）的建立过程

欧亚经济共同体成立的宗旨是，在关税同盟的基础上建立统一货币市场和劳动力市场，进而建立统一经济空间。这个共同体自成立以来，一直试图建立由所有成员国参加的关税同盟。1995年1月6日，俄罗斯与白俄罗斯签署首个关税同盟协议；同年1月20日，哈萨克斯坦加入俄白关税同盟。1996年3月26日，三国签订了深化经济和人文领域一体化条约。1997年三国在关税同盟框架内签订了非关税壁垒统一措施协议、关税同盟成员国加入世贸组织国际谈判的议定书等，这些文件规定了签约国在相关领域进行合作的原则和义务。1998年塔吉克斯坦加入了关税同盟。1999年2月，俄罗斯、白俄罗斯、哈萨克斯坦、吉尔吉斯斯坦和塔吉克斯坦五国在欧亚经济共同体框架内，签署了《关税同盟和统一经济空间条约》协定。

《关税同盟和统一经济空间条约》规定，成员国之间对内部边境放宽海关监管，共同协商经贸合作行动，为确定共同关税奠定基础，确立了贸易保护措施的使用原则，对许多商品确定了共同的关税和非关税壁垒措施，并确定了各国立法逐渐趋同和协调等问题。尽管在条约框架内签订了很多协议，但直到20世纪90年代末，缔约国之间并未建立起具有共同外部边界、统一边界管理制度的海关关税，只是部分地实行了自由贸易制度。21世纪初，俄罗斯再次提议继续深化经济合作和协调经济政策，为建立更加紧密的一体化组织创造条件。在2000年5月23日关税同盟成员国跨国委员会会议上，普京提出了提高缔约国合作效率的倡议，提议建立一个完全意义上的国家间经济组织，并具有明确的组织机构和有效的组织机制。各缔约国最后就建立国际组织达成了共识，同意以享有充分主权为条件逐渐扩大经济合作。

在此，需要特别指出的是中亚国家的情况。1994年哈萨克斯坦、吉尔吉斯斯坦和乌兹别克斯坦三国在建立统一经济空间甚至三国经济联盟的条约基础上，组建了中亚经济共同体（Центрально-Азиатское экономическое сообщество）。1998年塔吉克斯坦在内战结束后也加入了这一组织。2001年根据乌兹别克斯坦总统卡里莫夫的建议，中亚经济共同体改称为中亚合作组织（Организация Центрально-Азиатского Сотрудничества，ОЦАС）。2004年俄罗斯加入该组织，随后这一组织又加入了欧亚经济共同体。

2. 关于建立"统一经济空间"的构想与尝试

建立统一经济空间是独联体区域经济一体化的又一尝试。实践证明，独联体作为地区性国际组织，已不能担负起经济一体化核心的角色，欧亚地区面临着推动多水平、多速度经济一体化的任务。因此，在经济上联系更紧密的一些国家，希望建立一个保障一体化进程持续发展的新机制，这就是构建统一的经济空间，也是苏联解体以来原苏联地区最重要的事件。建立统一经济空间的另外一个重要动机是对欧盟扩大的反应，统一经济空间的发起国希望通过建立这一组织，在欧亚一体化框架内与乌克兰进行更紧密的合作。早在1999年2月，欧亚经济共同体成员国就签署了《关于关税同盟和统一经济空间的协议》。① 该协议规定："统一经济空间是指由签约国构成的统一空间，在这个空间里实行以市场原则为基础的统一管理机制，有一致的法规和统一的基础设施，实行协商一致的税收政策、货币信贷政策、外汇和金融政策、贸易政策和关税政策，并保障商品、服务、资本和劳动力自由流动。"该协议指出，建立统一经济空间的目的是，"使统一的商品市场、服务市场、资本市场和劳动力市场发挥作用，为各国的经济结构改革创造条件，以提高各国人民的生活水平；发展统一的交通运输、能源和信息体系；建立统一的国家支持优先经济领域及支持生产和科技合作的措施体系"②。

2003年2月23日，俄罗斯、白俄罗斯、哈萨克斯坦和乌克兰四国总统发表声明，宣布建立统一经济空间，同时决定建立高级工作组，其任务是制定统一经济空间的法律基础并确定四国经济一体化的后续步骤。2003年9月19日，俄罗斯、白俄罗斯、哈萨克斯坦、乌克兰四国元首在雅尔塔举行峰会，签订了建立统一经济空间的协议。协议规定，要制定建立统一经济空间的综合措施，为建立统一经济空间，需要签订约50份条约。会议通过了统一经济空间构想。2004年4月20日，俄罗斯国家杜马批准了建立统一经济空间的协议。2004年4月20日，乌克兰议会以265票赞成的表决结果批准了该协议。乌克兰提出的保留条款是在不违背乌克兰宪法的框架内参与统一经济空间。2004年4月，白俄罗斯和哈萨克斯坦议会先后批准了该协议。

协议提出，统一经济空间的建立及其运转要符合世贸组织的标准和规则，初期将致力于建设统一经济空间的基础阶段，即建立自由贸易区。为此成员国同意建立必要的决策实施机制，完善争端解决机制，建立有关成员国经济和法律资料的数据库，对未按时完成计划的国家可进行必要的制裁。以俄罗斯、白俄罗斯和哈萨克斯坦为核心的统一经济空间成员国最初制定了构成自由贸易区和关税同盟法律基础的38份文件。这些文件为确定统一关税创造了条件，确定了统一的竞争规则和补贴原则以及对第三方

---

① 欧亚经济共同体网站，Евразийское экономическое сообщество（ЕврАзЭС）．，http：//www.evrazes.com/about/lin‐ks/。

② 李福川：《俄白哈关税同盟及对上海合作组织的影响》，载《俄罗斯中亚东欧市场》2011年第7期。

的非关税调节措施,协商改革贸易制度,简化报关手续和成员国之间边境与海关监管办法,直至取消成员国之间的边境和海关。

协议规定,统一经济空间要分阶段完成,考虑不同水平和不同速度的一体化,允许各成员国自主决定一体化发展方向或参加一体化计划和项目。对成员国加入现有协议来说,需要这一协议的所有参加国的同意。统一经济空间不同速度的一体化规定成员国独立确定加入某一协议的时间,这是不同水平的一体化的主要内容,不同水平的一体化是指成员国处在一体化合作的不同水平上。统一经济空间对其他国家是开放的,只要一个国家承诺遵守统一经济空间框架内的文件所规定的义务,符合协议所规定的宏观经济标准和制度标准,在成员国同意接纳的情况下,这个国家就可加入统一经济空间体系。同时,任何一个成员国都有权退出统一经济空间,前提是,退出前该国应履行好其曾在统一经济空间框架内所承担的义务。

统一经济空间的建设和发展是一个漫长的进程。当前,影响统一经济空间建设的主要因素是成员国尤其是俄罗斯和乌克兰对统一经济空间的战略和策略存在分歧,乌克兰不同意签署有关建立统一经济空间的一揽子文件,实际上是缺乏继续推动建立统一经济空间的意愿,其他国家也不同意以关税同盟身份共同进行入世谈判。乌克兰认为,建立统一经济空间的超国家机构是对乌克兰国家主权的威胁。2003年9月乌克兰在签署建立统一经济空间的协议后,就提出了保留条款,即乌克兰在本国宪法框架内参与统一经济空间及自由贸易区,否则乌克兰将退出这一计划。但是,如果没有乌克兰的参与,统一经济空间将难以为继。鉴于这种情况,一些专家建议讨论所谓"3+1"方案,即俄罗斯、白俄罗斯和哈萨克斯坦三国首先实现一体化,乌克兰可视情况决定是否加入这一组织。

3. 欧亚经济共同体框架下的经济合作

欧亚经济共同体的主要目标就是加强成员国之间的经济与贸易的一体化合作。2000年10月,俄、白、哈、吉、塔五国签署条约,决定成立欧亚经济共同体。2001年5月该组织正式成立。欧亚经济共同体成立以后,成员国在经济领域进行了广泛的合作,一体化建设不断深化。2003年2月21日,欧亚经济共同体签订了《保护外部边界条约》,提出在打击非法移民和宗教极端主义领域加强合作。根据这一条约,成员国将在协调法律、相互磋商、协调行动、边防部门加强合作、相互提供金融和技术支持等问题上进行积极合作。2004年6月,欧亚经济共同体跨国委员会在阿斯塔纳召开会议，各方就有效开发水力资源、确定统一的铁路运费、协商各国入世立场、协调边境政策的基本原则、共同体立法的基本原则等问题达成一致，并批准了 2005—2006 年银行调节和监管领域的合作计划和预算咨文，确定了经济领域和预算政策的基本方向。这次会议还批准了《有价证券市场合作协议》，协议的目标是建立统一的跨国有价证券市场，制定和批准共同体框架内保护有价证券投资者利益的措施，建立跨国有价证券的信息库，保障协议方平等参与有价证券交易活动。此次会议还签署了《欧亚经济共同体关于立法的基本原则的条约》，规定了欧亚经济共同体立法的基本原则，以及有关法律的制定、审议、通过、修改、中止和失效的程序。这次会议对欧亚经济共同体发展具有承前启后的重要作用。

2004 年 9 月 21 日，欧亚经济共同体跨国委员会在莫斯科举行会议，通过了商品专营政策自由化和协调化的决定，进出口商品和服务办理许可证的统一规则，以及属于出口管制的商品和服务的清单。2004 年 10 月 25 日，集体安全条约组织秘书处和欧亚经济共同体秘书处签订了《集体安全条约组织秘书处和欧亚经济共同体秘书处合作议定书》，提出在反恐和边境政策方面相互合作。2005 年 9 月，成员国总理在杜尚别签订了成员国能源平衡基础文件，调节粮食进入成员国市场的协议。2005 年 11 月，欧亚经济共同体金融经济政策委员会开始工作，主要任务是制定经济政策和金融政策领域的战略和策略。欧亚经济共同体发展的里程碑事件是 2006 年 1 月建立了欧亚发展银行，该银行是由俄罗斯和哈萨克斯坦提议创建的，俄、哈为银行的创始成员国，欧亚经济共同体其他成员国可加入该银行。该银行的主要任务是为成员国基础设施项目提供金融支持。

反危机合作与一体化建设是欧亚经济共同体 2009 年的主要任务。2009 年 2 月 4 日，共同体成员国在莫斯科召开了一次旨在探讨和协调反危机政策的跨国理事会非例行会议。欧亚经济共同体元首理事会之所以举行此次非例行会议，是由于国际金融危机对成员国经济发展的冲击已充分显现，成员国就落实国际金融危机对成员国经济影响最小化的措施进行了讨论，共同体成员国达成了建立总额为 100 亿美元的反危机基金的协议，其中俄罗斯为基金注资 75 亿美元，哈萨克斯坦提供资金 10 亿美元，其余成员国也确定了数额不等的出资规模，基金将按有偿、定期和偿还原则使用。

4. 建立欧亚经济共同体关税同盟的进程

现阶段，俄、白、哈三国关税联盟的一体化程度最高，欧亚经济共同体次之，自由贸易区最低。关税同盟原创于欧盟，欧盟是区域经济一体化的最具代表性的组织形式。因此，在原苏联地区，关税同盟作为独联体经济一体化的重要步骤，其效仿欧盟的迹象非常明显。

关税同盟是经济一体化的重要阶段，它指两个及以上国家签署建立统一关税区（таможенная территория）的协定，缔约国在统一关税区内，相互减让或取消关税，对原产于非缔约国的商品实行统一进口税率，并采取统一的对外贸易政策。在统一关税区内，关税同盟成员国之间没有贸易壁垒，彼此间贸易完全自由。2009年2月4日，关税同盟委员会举行第一次会议，格拉济耶夫被任命为责任秘书。2009年6月9日，欧亚经济共同体跨国理事会（关税同盟最高机构）会议在莫斯科举行，并最终完成了统一关税的协商。2009年8月12日，关税同盟委员会在莫斯科举行第7次会议，制定了《落实关税同盟准备阶段的行动计划》和《欧亚经济共同体框架内关税同盟行动计划（2009—2010）》。在2009年9月25日关税同盟委员会第8次会议上，成员国签署了关于建立关税同盟的一揽子文件，并批准了《关税法典》《关税同盟关税法典条约》和《实施法典的计划草案》。委员会还审议了统一关税税率、非关税调节问题以及关税同盟委员会规则，原则批准了《欧亚经济共同体法院地位草案》和《关税同盟框架内专家委员会章程》。2009年11月27日，欧亚经济共同体召开第24次跨国国务委员会会议，签署了欧亚经济共同体关税同盟的一揽子文件，标志着关税同盟已具备正式启动的法律条件。梅德韦杰夫总统在会后表示，建立关税同盟是独联体通向统一经济空间的重要步骤。

关税同盟的建成将分为三个阶段。从2009年10月1日到2010年1月1日为第一阶段，其主要任务是起草关税同盟《关税法典》和《关于征收专营税和增值税的条约》等法律文件；从2010年1月1日到7月1日为第二阶段，实施统一的关税和非关税调节，并试行进口关税和专营税的计征与分配机制；从2010年7月1日起为第三阶段，关税同盟《关税法典》正式生效，取消俄、白两国之间的海关，实施进口关税的计征和分配机制，哈萨克斯坦对来自俄罗斯和白俄罗斯的商品取消报关，并从 2011 年 7 月 1 日起取消俄、哈之间的海关，最终建成三国共同关税区。

关税同盟的法律体系分为以下若干层次，分别是：关税同盟《关税法典》——成员国之间所签订的国际条约——关税同盟委员会的决定——成员国《关税法典》——成员国政府的决定——成员国海关部门的法规。海关监管的决策体系分为：欧亚经济共同体跨国理事会——关税同盟委员会——成员国政府、成员国海关领导人协调委员会——成员国海关。同时，为解决关税领域出现的问题，关税同盟将建立成员国海关领导人协调委员会，其职能是对海关报关程序和规则进行跟踪评估，为成员国海关代表的交流意见和政策决策服务。关税同盟《关税法典》是规范关税同盟运转的文件，这一文件的制定过程是：2009 年 9 月 25 日，关税同盟委员会批准了《关税法典》（草案）；2009 年 10 月 10 日，成员国对《关税法典》（草案）进行内部协商；2009 年 10 月 12 日至 16 日，根据各国内部协商结果，对《关税法典》进行修改；2009 年 11 月 16 日前，成员国为签订《关税法典条约》履行必要的国内程序；2009 年 11 月 27 日，通过《关税法典条约》；2010 年 6 月 1 日前，将对《关税法典》的实施履行必要的国内程序；2010 年 7 月 1 日前，欧亚经济共同体跨国理事会做出《关税法典》生效的决定。

俄白哈三国关税同盟的建立，是独联体国家经济一体化的重要成果，是独联体发展历程中具有里程碑意义的重大事件。欧亚经济共同体关税同盟是全新的区域一体化机构，这一同盟与欧洲关税同盟相比存在较大区别。例如：前者没有建立类似欧盟的统一的执行权力机关和立法机关；关税同盟委员会制定和颁布的文件不具有法律性质；关税同盟委员会内部不设立类似欧盟专员那样的职位；关税同盟的文件带有国际条约和协议性质，虽然《关税法典》名为"法典"，但其法律地位是国际条约，需要履行必要的批准程序。[①] 三国关税同盟的建成将为成员国经济发展带来巨大收益。根据关税同盟发表的公报，如果关税同盟运转顺利，三国将作为统一经济空间，实现真正的一体化。

---

① http：//www.customs.ru/ru/tssouz/tssouzrossii/detail.php？id286＝6373&i286＝1.

第三节　欧亚经济一体化的前景：欧亚经济联盟

　　2012年普京在竞选总统期间再次提及"欧亚经济联盟"的构想，这引起俄罗斯和国内外学界与政界的广泛关注。2011年10月普京在俄《消息报》撰文，倡议在目前俄罗斯、白俄罗斯、哈萨克斯坦三国关税同盟的基础上共同组建"欧亚经济联盟"，以有效连接欧洲和亚太地区。普京强调，该联盟是一个类似欧盟的超国家实体，并非重建苏联，其作用是"协调成员国经济和货币政策"，并希望将其发展为当今多极化世界的重要一极。[①]是年11月18日，俄罗斯、白俄罗斯、哈萨克斯坦三国总统在莫斯科共同签署了《欧亚经济一体化宣言》（以下简称《宣言》）《欧亚经济委员会条约》，批准了《欧亚经济委员会章程》，标志着三国向"欧亚经济联盟"的设想迈出了重要一步。《宣言》明确提出，2012年1月1日三国将由"关税同盟"向"统一经济空间"过渡，实现商品、服务、资本和劳动力的自由流动，实行统一关税制度、非关税调节措施、海关及动植物检疫制度，加强各方在法律基础、国家政策、货币、文教、安全等领域的协作，建立和完善超国家机构，并最终在2015年前建立"欧亚经济联盟"。对于俄罗斯来说，现阶段，"欧亚经济联盟"仅仅是原苏联地区共同发展的战略宏图，其目标性质远远大于它的实际作用；长远来看，普京所倡议的"欧亚经济联盟"是各国不断发展的经济合作进程，它与世界上的区域经济一体化组织一样，都需要经历由低级的自由贸易区和关税同盟形式向其高级形式——经济共同体和经济联盟演进。通常，这一历史进程往往需要几十年，例如欧洲联盟。

　　"欧亚经济联盟"的现实意义，大致有以下几个方面。

　　第一，加深区域内的经济一体化。普京关于"欧亚经济联盟"的构想是：以现有的关税同盟、欧亚经济共同体为基础，启动"欧亚经济联盟"后向更高水平的一体化迈进，并将开启政治一体化进程，逐步建成欧亚联盟。俄罗斯主流政治家和学者表示，欧亚联盟除了经济联盟之外，

[①] Путин В. В., *Новый интеграционный проект для Евразии—будущее, которое рождается сегодня*, "Известия". 3 октября. 2011. http://izvestia.ru/news/502761.

还要实现政治联盟、军事联盟等，也就是要建立一个强大的超国家联合体①，例如欧洲联盟。俄罗斯提出建立新欧亚联盟的构想恰逢其时。2011年11月，俄罗斯、白俄罗斯、哈萨克斯坦三国总统在莫斯科共同签署了《欧亚经济委员会条约》；独联体8个国家于2011年10月在圣彼得堡签署了《独联体自由贸易区协定》，2012年9月20日乌克兰议会继俄罗斯、白俄罗斯之后批准了该协定，亚美尼亚则于同年9月11日批准了该协定。2012年俄罗斯又成为WTO正式成员。这些都为新欧亚联盟的提出奠定了一定的前期基础。

以哈萨克斯坦为例，作为独联体国家中的主要成员和主要大国，哈萨克斯坦主要是从经济角度来思考欧亚一体化进程。按照哈萨克斯坦战略研究所外交与国际安全研究室主任阿乌尔巴耶夫的看法，"哈积极参与关税同盟，有助于进一步取消多边经贸技术性壁垒，减少贸易成本，如降低交通运输税、建设统一通信网络平台、共同建设油气管道等。这都可为哈萨克斯坦实现现代化创造有利条件。此外，中小企业是哈萨克斯坦税收的主要来源，加入关税同盟有助于哈国中小企业发展。2014年哈萨克斯坦有望加入WTO，这对哈萨克斯坦大型跨国企业来说是个发展机遇，但对本国中小企业来讲，将会是一场残酷的竞争。关税同盟无疑是哈国中小企业的一把重要的保护伞"②。

第二，促进独联体的经济整合。独联体国家经济潜能尚未被完全挖掘，发展空间很大。独联体国家的自然资源丰富，其拥有量在世界总储量中的比重为：石油占20%，煤占25%，天然气占40%，水资源占11%，森林占25%，耕地占13%；独联体国家的面积是世界的16.4%，人口为世界的4%。独联体内部有2.8亿人，但内部需求严重不足，内部市场未得到充分开发。以2009年为例，欧洲内需与外需之比为2.77，亚洲为1.03，北美为0.92，南美和拉丁美洲为0.35，而独联体只有0.23，只高于贫穷落后的非洲（0.02）和战乱的近东（0.18）③。欧亚经济联盟将更

---

① Евгений Примаков назвал условия для успеха Евразийского союза，"Известия"，24 ноября 2011г. http：//izvestia. ru/news/507752； Нарышкин С.，Евразийская интеграция：парламентский вектор，"Известия"．4 октября 20 12 г. http：//izvestia. ru/news/536755.

② 李兴：《普京欧亚联盟评析》，载《俄罗斯研究》2012年第6期。

③ Зевин Л. З.，*Особенности консолидационных и интеграционных процессов в Евразии*，"Россия и Современный Мир"．№. 2. С. 76. 2012.

有效地使用各成员国的自然、经济和人力资源,是更深程度、更高层次的一体化。如果该联盟被打造为世界经济和政治中强大的、独立的一极力量,从而摆脱欧亚中心地区在世界经济政治中的边缘地位,则能够推动俄罗斯实现"欧亚强国"的梦想。可以说,它既是普京的总统竞选纲领,也是普京再次当选总统后的国家战略。

第三,提升俄罗斯地区和国际地位的战略工具。普京是世界多极化的拥护者,他认为未来的世界应当是多个大国和国家集团形成均势和相互制衡的世界,俄罗斯必然是其中一极。如若俄成为名副其实的世界一极,不仅需要通过改革壮大自身综合实力,还要与欧亚地区的国家结成紧密的合作共同体,这样才能真正有资格成为与欧盟、美国、中国等国平等的一极。普京期望欧亚联盟能够成为与欧盟并行的欧亚大陆"两个最大的联合体"之一,并"根据自由贸易规则和兼容的调节机制进行协作",在"从大西洋到太平洋的整个空间"开展这样的协作。普京认为,"俄罗斯只有与欧亚地区国家联合起来,才能跻身全球发展和文明进步领导者的行列,才能成功与繁荣"①。

俄罗斯对推动独联体地区经济一体化一直不遗余力,对加入欧亚联盟持犹豫态度的国家施以经济外交手段。例如,俄非常希望乌克兰加入关税同盟,对其百般诱压,但是乌克兰却把加入欧盟作为外交的主要方向,对独联体一体化始终保持高度戒备。目前,乌克兰因不是关税同盟成员而受到俄在天然气供应价格上的打压,但俄允诺,如若乌同意加入关税同盟,就可以获得价格优惠的天然气。乌克兰前总统亚努科维奇被认为是对俄非常友好的领导人,他在选择欧盟还是俄罗斯问题上的态度明确。在接受波兰媒体采访时他强调,乌克兰可以与关税同盟和欧亚经济空间寻找任何合作模式,但这种合作绝不能与乌克兰和欧盟的合作相冲突。② 资料显示,乌克兰国内在此问题上的争论非常激烈,主流精英力主把参与欧盟一体化作为国家最主要的战略选择,希望借助欧盟的资金和高新技术来提升乌工业科技创新能力;但是另一部分人却认为,乌加入俄主导的一体化进程才是最明智的选择,因为那样得到的实惠更多,包括可以获得俄廉价的石

---

① Путин В. В., *Новый интеграционный проект для Евразии – будущее, которое рождается сегодня*. Известия, 02 – 10 – 2011г.

② *Янукович божится, что Таможенный союз не встанет между Украиной и ЕС*. 02 апреля 2012. http://podrobnosti.ua/power/2012/04/02/829251.html.

油、天然气，以及保持乌机械设备出口在独联体市场既有的35%至45%的份额，而欧盟根本不需要乌的产品①。

最后，关于欧亚经济联盟的发展对中国的影响，我们同意如下的看法，即欧亚经济联盟会客观上对中俄关系产生影响。与中国相比，俄具有更大的影响和控制中亚的手段，在军事安全、社会文化甚至政治外交方面都占优，唯在经济领域处于劣势。俄罗斯与中亚国家一体化程度加深，在稳定的安全和经济环境的基础上，采取统一的对外经济政策，有利于规范法律、秩序和提高效率，降低成本，对中国也是有利的，而未必是孤立中国、架空上合组织。不过，虽然欧亚经济联盟的发展具有不确定性，是一个长期的艰难的过程，但其主要成员毕竟是中国的近邻，中国理所当然会予以关注。②

---

① Что выгоднее: *Зона Свободной Торговли или Таможенный Союз?*, http://oko-planet.ru/finances/financescrisis/90534. 23.11. 2011.

② 李兴：《普京欧亚联盟评析》，载《俄罗斯研究》2012年第6期。

第九章　俄罗斯融入国际经济性组织的经济外交活动

所谓国际经济性组织，这里主要指世界三大国际经济组织：国际货币基金组织（IMF）、世界银行（World Bank）和世界贸易组织（WTO）。

新俄罗斯成立后，俄罗斯试图全方位融入世界经济，以建立西方模式的市场经济为初衷。叶利钦时期，俄罗斯为了尽快实现向市场经济的转型，在经济衰退的情况下，开始向国际货币基金组织和世界银行进行贷款。1992年6月，俄罗斯成为国际货币基金组织的成员国，入盟后获得该组织的第一笔贷款。据有的学者估计，从1992年6月俄罗斯加入国际货币基金组织到1998年8月俄罗斯金融危机爆发之前，国际货币基金组织一共向俄罗斯提供了附有严格条件的贷款共计180亿美元。[1] 当时，一方面，国际货币基金组织的贷款是附加政治条件的，是作为"贷款人"和"政策建议者"的身份出现；另一方面，这对于正处在经济转轨初期的俄罗斯在弥补市场短缺、稳定宏观经济方面，也起到一定的作用。叶利钦把俄罗斯带入了西方八国俱乐部，可以说是其与西方关系中的主要功绩之一。俄罗斯也认为自己是欧洲国家；特别是2007年以来直到金融危机之前，俄罗斯甚至提出了要成为世界金融中心的口号。即便是在金融危机中，俄罗斯遭受重创，但在一些俄罗斯著名经济专家和学者以及俄领导人看来，俄罗斯仍然是与其他金砖国家不同的"向国民负责的"，"西方式的福利、民主和发达国家"。

自21世纪普京任俄罗斯总统以来，俄罗斯在融入和对待国际经济组织的态度上呈现出强硬和实用的特点。例如，在俄罗斯争取入世的过程

---

[1] 姜睿：《俄罗斯与国际货币基金组织相互关系的发展》，载《俄罗斯研究》2003年第4期。

中，普京却在2007年6月10日的圣彼得堡国际经济论坛上，批评"世界贸易组织实行歧视性保护主义"，建议欧亚国家考虑联合建设世贸组织替代机构，替代落伍的国际组织，保障资金流向的多元化。普京提出："国际（经贸）组织需要重构和改进，这是因为它们是在其他现实条件下建成的，已经不能胜任调控全球国际市场的职能，显得过时、不民主、笨拙、远离现代力量分布的现实。在这样的条件下，这些组织使用的方法已经不再有效，这在已陷入僵局的世贸组织和多哈回合谈判的例子中很明显。"[1] 2008年由美国次贷危机引发的全球金融危机，为俄罗斯争取国际经济领域的话语权提供了机遇。至此，俄罗斯不断在金砖国家会议、G8和G20等首脑会议和高层论坛上发声，并提出建立超主权储备货币的构想，以减少各国货币对美元的依赖等一系列主张，由此表现出其参与国际经济、改革国际金融秩序的强烈愿望。

这些年，俄罗斯在融入国际经济组织的外交活动方面不断取得新的进展。这不仅表现在俄罗斯主动融入重要国际经济组织，而且俄罗斯在其中积极争取它的话语权，坚守其国家理念。目前，俄罗斯是国际货币基金组织、世界贸易组织和20国集团的成员，更是诸如欧亚经济联盟、上海合作组织的主要国家，俄罗斯还是诸如G20、G8和金砖国家以及区域性经济合作的国际机构成员国家。俄罗斯国家的优势在于政治、军事、资源等领域：俄罗斯是安理会常任理事国、八国集团的成员；在核武领域内与美国平起平坐；俄罗斯拥有丰富的资源；等等。苏联解体后，俄罗斯国家的劣势凸显在经济方面。俄罗斯在整体上的实力（经济方面）实际上要逊色于其他国家。有俄罗斯学者甚至指出，中国成为世界力量的一个中心毋庸置疑，印度也会因自己的经济、人才和文化的资源，成为一个有影响的大国；而俄罗斯需要现实地衡量自己在未来世界格局甚至是在金砖国家中的地位。[2]

---

[1] 北京WTO事务信息网。

[2] Кива А. В., Институт востоковедения РАН. Страны БРИК в мечтах и реальности, Общественные науки и современность. С. 26-36, No. 5. 2009. 转引自肖辉忠《试析俄罗斯金砖国家外交中的几个问题》，《俄罗斯研究》2012年第4期。

第一节 俄罗斯对国际货币基金组织的外交活动

一 国际货币基金组织的发展历史及职能定位

苏联解体和全球市场化,使得国际货币基金组织真正成为一个全球性的机构。国际货币基金组织的职能主要有三项:(1)监督职能。包括监管国际货币体系的运行,审视成员国的经济金融政策以及监测各国、地区乃至全球的经济运行情况,并与成员国进行磋商以及提供宏观经济金融政策建议。其中汇率监督是国际货币基金组织的重要职能,其目的在于保证有秩序的汇兑安排和汇率体系的稳定,消除不利于国际贸易发展的外汇管制,避免成员国操纵汇率或采取歧视性的汇率政策以谋取不公平的竞争利益,反对成员国利用宏观经济政策、出口补贴或任何其他手段操纵汇率,反对成员国采用差别汇率政策。(2)技术援助。为了协助主要的中低收入国家更好地调控宏观经济,国际货币基金组织在如何改进制度、如何制定更合理的宏观经济、金融以及结构性政策方面提供指导和培训。(3)金融贷款。国际货币基金组织向陷入国际支付困难的国家提供贷款,以使受援助国能够稳定经济和金融局势。国际货币基金组织还向低收入国家提供优惠贷款,以帮助它们发展经济、缓解贫困。需要指出的是,国际货币基金组织在提供金融贷款的同时往往附带许多限制条件和政策指导,这也是许多国家不愿意申请国际货币基金组织贷款的原因。

二 俄罗斯与国际货币基金组织的外交关系发展历程及其特点

俄罗斯在20世纪90年代初经济危机的背景下以寻求支持者的身份加入国际货币基金组织,其间双方关系大致经历了三个发展阶段。[①]

第一阶段(20世纪90年代):俄罗斯寻求国际货币基金组织的资金援助和其对俄金融制度改革进行所谓"指导"时期,在双方关系中俄罗斯处于被动地位。

俄罗斯加入国际货币基金组织的外交活动可追溯到苏联时期。国际货币基金组织是以美国为代表的发达资本主义国家主导创立的国际组织。基

---

① 参见李中海《俄罗斯经济外交:理论与实践》,社会科学文献出版社2011年版,第201—203页。

于冷战的因素，苏联政权一直认为，国际货币基金组织是资本主义国际货币金融体系的协调工具，与它保持联系甚至合作都是不合适的。20世纪80年代中期戈尔巴乔夫上台之后，一方面搞公开性民主化、向外部世界开放、削弱国家对涉外经济活动控制；另一方面国内经济形势不断恶化、财政困难增加、对外债务不断增多，计划体制危机日益加深，这些新问题和困难最终迫使苏联在1985年提出了分阶段加入国际货币基金组织和世界银行的方针，但以西方国家为主导的国际金融机构对苏联的提议一直持否定态度。①

1990年7月，国际货币基金组织总干事康德苏应苏联部长会议邀请访问苏联，拉开了苏联与国际货币基金组织合作的序幕，但在次年4月举行的国际货币基金组织和世界银行的联席会议上，仍以"苏联没有向市场经济转轨的迹象"为借口，否决了对苏联提供资金支持的提议。在苏联政府积极对国际货币基金组织展开外交的同时，俄罗斯也在做出自己的努力。到1991年10月，俄罗斯获得了国际货币基金组织"非正式成员国"地位，这意味着俄罗斯可以得到技术援助和政策建议，但不能得到金融援助。苏联解体后，俄罗斯政府于1992年1月正式提出加入国际货币基金组织，并请求该组织向俄罗斯提供60亿美元贷款用于建立稳定基金。同年2月，俄罗斯向国际货币基金组织提交了根据基金组织建议制定的1992年改革计划后，国际货币基金组织对俄罗斯加入该组织的态度发生积极变化。4月俄罗斯政府副总理盖达尔参加了国际货币基金组织和世界银行联合年会，国际货币基金组织正式邀请俄罗斯加入该组织。6月1日，国际货币基金组织正式批准俄罗斯加入该组织的申请，俄罗斯成为该组织的成员国。此后，俄罗斯在经济危机、金融和财政危机频发的情况下，多次与国际货币基金组织就政策建议和金融援助问题展开谈判，国际货币基金组织成为俄罗斯应对危机的重要工具之一。这一期间，国际货币基金组织与俄罗斯的经济关系主要表现在以下方面。

国际货币基金组织对俄罗斯实施金融援助。苏联解体后，俄罗斯面临着债务负担沉重、外汇储备减少和对外支付危机等诸多的对外失衡问题，不得不借助于国际货币基金组织的资金援助来缓解压力。自1992年俄罗

---

① Под ред. Л. Н. Красавиной, *Международные валютно-кредитные и финансовые отношения*, М.：Финансы и статистика, С. 554, 2001.

斯加入国际货币基金组织之后至 1999 年期间，国际货币基金组织共计向俄罗斯实施金融援助 215 亿美元，见表 9-1。虽然其金融援助对俄应对危机发挥了重要的作用，但俄也因此承担着巨大的风险。

其一，国际货币基金组织对俄罗斯提供金融援助贷款的同时附带非常苛刻的宏观经济政策的限制条件，对俄罗斯经济主权加以干预。比如，要求俄罗斯执行紧缩性财政、货币信贷政策，恢复并保持宏观经济平衡，严格控制预算赤字，遏制通货膨胀，加快私有化进程，开放市场并实行贸易自由化，等等。在贸易领域，自 1995 年 1 月 1 日起取消石油出口限制，取消满足国内需求的石油及其产品的国际订货，取消专项出口制度和一些出口限额等。在金融方面，允许外国银行和非银行金融机构进入俄罗斯市场。1998 年 1 月 1 日，遵循国际货币基金组织的条款规定，俄罗斯全面放开了资本市场。

其二，国际货币基金组织的援助贷款成功与否在很大程度取决于美国的意愿。1998 年，俄罗斯金融危机的发生造成欧洲金融市场动荡，并影响到美国金融市场的稳定。金融危机爆发之初，叶利钦派时任第一副总理的丘拜斯向克林顿政府和国际货币基金组织求援，克林顿政府表示"如果必要的话"，美国将支持国际货币基金组织提供财政援助。在克林顿政府敦促下，国际货币基金组织表示愿意向俄罗斯提供总数为 226 亿美元的巨额援助，这在国际货币基金组织历史上是无先例的。遗憾的是，这项援助计划很快就因美国态度转变而搁浅。克林顿总统在 1998 年 9 月访俄时否定了由该基金提供大量援助的计划，理由是"不能违背今日全球经济行为规则"。[1]

其三，国际货币基金组织金融援助背后体现着美国的国际政治或经济利益。克林顿时期主管对俄事务的副国务卿塔尔博特曾指出，俄罗斯的经济改革直接影响其国内政治改革，推进经济自由化将导致政治自由的增加，经济和政治自由的根扎得越深，俄罗斯在国际问题上就越容易与美国合作。由此看出，美国支持国际货币基金组织对俄罗斯进行金融援助具有深层的政治和经济目的。尽管俄罗斯已经失去了往昔超级大国的地位，但是它凭强大的军事实力迫使美国在许多国际战略问题上需要与其合作。因此，美国拥有投票决策权的国际货币基金组织贷款就成为美国与俄罗斯谈判的有力工具。例如：1995 年美国以帮助俄罗斯争取在国际货币基金组

---

[1] 关雪凌：《经济全球化与俄罗斯经济转轨》，载《东欧中亚研究》2001 年第 4 期。

织和其他国际金融组织贷款为诱饵,与俄罗斯签署了关于终止向伊朗出售武器的秘密备忘录,以实现美国在海湾地区的战略意图;在北约轰炸南联盟的问题上,为了稳定俄罗斯的态度,国际货币基金组织前总裁康德苏亲自前往莫斯科达成了其向俄罗斯提供48亿美元贷款的协议。

表9-1 国际货币基金组织向俄罗斯金融援助情况 （单位：10亿美元）

年份	实施援助数额	偿还数额	余额
1992	1.0	—	1
1993	1.5	—	2.5
1994	1.5	—	4.2
1995	5.5	—	9.6
1996	3.8	0.5	12.5
1997	2.0	0.5	13.2
1998	6.2	0.9	19.3
1999	—	4.2	15.2
2000	—	2.9	11.6
2001	—	3.8	7.4
2002	—	1.5	6.5
2003	—	1.9	5.1
合计	21.5	16.2	

资料来源：John Odling-Smee. *The IMF and Russia in the 1990s*. IMF Staff Papers Vol. 53, No. 1, 2006.

国际货币基金组织就推进俄罗斯经济改革提供政策建议。国际货币基金组织对于俄罗斯经济改革的建议,主要体现在1995—1996年与世界银行和俄罗斯政府共同制定的政府中期经济改革计划中。这份改革计划提出了俄罗斯1996—1998年的结构性改革日程,包括银行系统、支付系统、银行监管、资本市场、对外贸易、预算体系与过程、能源税改革、政府财政体系、农业、城市土地与房地产、私有化与公司治理、自然垄断部门、社会保障体系、医疗、教育等各个方面,其中国际货币基金组织的政策建议贡献主要体现在银行、金融和财政等方面。[①] 国际货币基金组织对俄罗斯经济改革的政策建议通过以下渠道发挥作用：第一,通过国际货币基金

[①] John Odling-Smee. *The IMF and Russia in the 1990s*. IMF Staff Papers Vol. 53, No. 1, 2006.

组织欧洲二部的代表与俄当局进行磋商从而贯彻其建议,这也是最主要的渠道。在1992—1994年和1997—2001年之间,每年举行5—6次磋商讨论,每次持续两个星期;1995—1996年间,每月举行一次,每次持续7—10天。第二,通过国际货币基金组织驻莫斯科办事处直接向莫斯科当局提供建议。第三,国际货币基金组织派出相关专家就具体问题尤其是关于货币和财政政策,进行具体指导。1991年5月至2001年4月,国际货币基金组织为俄罗斯提供技术援助达63人次,占全球范围的4%。[1]

第二阶段(2000—2003年):俄罗斯偿还欠国际货币基金组织的债务,并寻求平等合作的时期。

21世纪,俄罗斯经济逐渐恢复稳定。2000年4月,普京总统在会见到访的国际货币基金组织副总干事费舍尔期间,双方商定共同制订双方关系发展计划,其中涉及俄罗斯税制改革、预算政策调整和社会改革等问题,并承诺将上述政策作为新政府经济政策的基础。俄政府副总理赫里斯坚科认为,俄罗斯新的领导阶层将改变与基金组织的合作方针,双方合作将不再以获得贷款为目的,而是转向技术性合作。同时,随着俄罗斯经济形势的好转,俄政府开始以积极态度就偿还贷款问题进行谈判。2001年4月28日,俄罗斯政府副总理兼财政部长库德林在率团参加国际货币基金组织的会议时指出,俄罗斯在世界经济中的地位正在提高,它不再寻求对外举债,而是开始探讨偿还所欠债务,这种状况提高了俄在国际货币基金组织范围内进行对话的地位。他还强调,由于俄罗斯在解决独联体地区经济问题和债务问题方面仍然是起主导作用的国家,以及俄作为石油输出国在稳定世界经济方面可发挥重要作用,俄罗斯将继续与国际货币基金组织保持密切合作。

俄罗斯针对国际货币基金组织解决贫穷国家债务问题及其他活动发出声音。2001年5月7日,俄罗斯代表在国际发展融资论坛筹备委员会会议上的发言中提出,债务负担的缓解是发展融资的主要资金来源,俄罗斯欢迎国际货币基金组织和世界银行在解决债务问题上所取得的进步,认为这有助于高债务贫穷国家减轻债务负担。此外,俄罗斯还积极参与国际货币基金组织的其他活动。例如,2002年8月8日俄罗斯政府做出两项决定:一是从俄政府储备基金向国际联谊城市协会拨款。国际联谊城市协会

---

[1] John Odling-Smee. *The IMF and Russia in the 1990s.* IMF Staff Papers Vol. 53, No. 1, 2006.

是非政府组织，在国际组织中代表成员（俄罗斯各城市和独联体国家城市）的利益。俄罗斯外交部认为，俄罗斯代表继续参加国际城市联盟和世界联谊城市联合会有政治意义。俄政府考虑到外交部的意见，将拨款20万美元用于缴纳会费。二是俄联邦参与国际货币基金组织建立非洲技术援助地区中心创造的融资计划。国际货币基金组织决定对撒哈拉南部地区非洲提供技术援助，通过建立技术援助地区中心，进行人员培训和组织建设，俄罗斯政府决定拨款25万美元，为期三年，每年拨付8万—9万美元。由此可见，俄罗斯经济形势改善后，它对国际货币基金组织的外交活动已趋于积极主动。

第三阶段（2004年至今）：是俄罗斯对国际货币基金组织政策从被动走向主动、外交姿态更为积极的阶段。

在这一时期，俄罗斯对国际货币基金组织金融外交的主动性，主要体现在以下四个方面。

其一，加快偿还贷款。到2004年俄罗斯提前偿还了所欠国际货币基金组织的全部债务，同时注销了贫穷国家的部分外债。2004年11月普京在会见国际货币基金组织总干事拉托时指出，俄罗斯在注销贫穷国家债务方面做出了巨大贡献，按绝对额计算，俄罗斯注销贫穷国家债务规模仅次于日本和法国，居世界第三位；按债务额与GDP之比计算，俄罗斯是世界上注销贫穷国家债务最多的国家之一。

其二，积极参与国际货币基金组织新任总干事人选的推选。2007年8月在国际货币基金组织总干事拉托任满、欧盟推举法国前财政部长卡恩作为新任总干事人选之际，俄罗斯推举捷克前中央银行行长多索夫斯基担任新的总干事，俄罗斯这一举措令美国和欧盟颇感意外。按惯例，世界银行总裁一般由美国人担任，国际货币基金总干事由欧洲人担任。[①] 在拉托任满之际，欧盟和美国决定推选卡恩担任新的总干事。俄罗斯此时提出新的人选，实际上是对美国和欧洲主导的总干事人选产生办法提出了挑战。针对俄罗斯这一举动，欧盟认为，俄罗斯提出自己的基金组织新任总干事人选是一个"小把戏"，其目的一方面是为了挖苦欧洲人，另一方面是为了给美国制造一点小麻烦，以改善其在导弹防御系统谈判中所处的被动

[①] 国际货币基金组织总干事由董事会24个成员选举产生，欧盟和美国占多数票，其中欧盟成员国占33%，美国占17%。

地位。

其三，通过国际货币基金组织向独联体国家施加压力。2003年11月13日，普京在会见国际货币基金组织总干事科勒时提出，俄罗斯对基金组织在独联体地区的所有合作计划都很感兴趣，并表示愿意参与这些计划。2009年6月1日，俄罗斯副总理兼财政部长库德林向媒体透露，俄罗斯总理普京致函国际货币基金组织，敦促该组织向乌克兰提供财政援助，以使后者有能力为其秋冬季天然气进口支付款项，普京还表示，俄有意参与国际货币基金组织发放100亿美元债券的行动。此外，普京也向欧盟发出了内容相似的信函，并承诺如果国际货币基金组织和欧盟同意对乌克兰提供支持，俄罗斯也将作出相应让步。俄前总统梅德韦杰夫对此表态称，俄对乌克兰支付天然气进口款项的能力感到怀疑，"我们怀疑乌克兰的支付能力，合作伙伴们应向其提供援助，俄也准备向其提供援助，但希望欧盟承担主要责任，因为欧盟更加重视能源合作的可靠性和安全性，他们应该承担主要责任"。

其四，通过国际货币基金组织向其他国家提供反危机贷款。在2008年国际金融危机影响下，中东欧国家财政金融状况也出现了危机，国际货币基金组织董事会决定向罗马尼亚提供175亿美元的反危机贷款，向匈牙利提供157亿美元，俄罗斯参与了向上述两个国家提供贷款的活动，自2009年初到5月14日向国际货币基金组织提供了相当于3.1亿特别提款权（1特别提款权相当于1.5美元）的资金[①]，其中2亿划拨给罗马尼亚，1.1亿划拨给匈牙利。

三 俄罗斯与国际货币基金组织关系的展望

根据目前的局势，展望未来俄罗斯与国际货币基金组织的关系发展，笔者有以下几点看法：

第一，经济实力增强为俄罗斯与国际货币基金组织未来合作提供有力

[①] 特别提款权（Special Drawing Right, SDR）是国际货币基金组织创设的一种储备资产和记账单位，亦称"纸黄金"（Paper Gold）。它是国际货币基金组织分配给会员国的一种使用资金的权利。会员国在发生国际收支逆差时，可用它向国际货币基金组织指定的其他会员国换取外汇，以偿付国际收支逆差或偿还国际货币基金组织的贷款，还可与黄金、自由兑换货币一样充当国际储备。但由于它只是一种记账单位，不是真正货币，使用时必须先换成其他货币，不能直接用于贸易或非贸易的支付。因为它是国际货币基金组织原有的普通提款权以外的一种补充，所以称为特别提款权（SDR）。

的谈判条件。自普京执政以来，实施了强有力的经济改革措施，俄罗斯经济实现连续快速增长。经济实力的增强使得俄罗斯摆脱国际货币基金组织金融援助和政策指导的依赖，美国无法再将国际货币基金组织的援助作为与俄罗斯谈判的筹码。俄罗斯的政治经济状况的好转以及它的独立自主态度将为俄罗斯与国际货币基金组织未来合作赢得更有利的谈判条件。

第二，俄罗斯的战略调整促使其逐渐摆脱对国际货币基金组织的依赖。在苏联解体之后，俄领导人曾实行向西方"一边倒"的外交方针。随着近年来俄罗斯经济实力得到增强，俄提倡与国际经济组织保持平等互利的关系。俄罗斯的战略调整一方面更加强调内部决策，积极加强政府对贷款方向的控制能力，逐渐摆脱对国际货币基金组织的贷款的依赖；另一方面积极开展与金砖国家以及其他新兴经济体的合作，争取摆脱发达国家主导的全球治理框架。

第三，国际货币基金组织的制度改革将使俄罗斯重新定位两者之间的关系。21世纪以来，为了维护自身地位、保持对俄罗斯等转轨国家的影响力、避免受到国际社会的指责，国际货币基金组织开始转变对俄罗斯等国家的态度与策略，不再对其经济政策指手画脚，逐渐向政策建议者的角色转变，但国际货币基金组织的制度与治理结构并未发生大的改变。随着全球经济局势的变化，特别是2008年国际金融危机以后，以美国为首的发达国家主导建立的国际货币基金组织治理框架的效率缺乏及功能失灵情况凸显。由此，国际货币基金组织将着力从事自身的制度完善，采取一系列措施以实现它作为国际经济合作与协商机构的公平性。

第二节 俄罗斯对世界银行及相关机构的外交活动

一 世界银行的职能定位及历史发展

与国际货币基金组织（IMF）一样，世界银行（World Bank）是当前三大主要国际经济组织之一。它共由五个机构组成，分别为：国际复兴与开发银行（IBRD，提供贷款和担保、提供分析和咨询服务）、国际发展协会（IDA，促进旨在提高生产率和创造就业机会的改革和吸引外资）、国际金融公司（IFC，对私人经济提供支持）、多边投资担保机构（MIGA，协助发展中国家吸引外资、为外国投资者提供担保）和国际投资争端解决中心（ICSID，促进吸引外资、维护以仲裁方式调节和解决投资争端的国际机制)。世界银行每年向发展中国家政府提供贷款150亿—200亿美元,用于促进经济发展、减少贫穷的项目。世界银行的主要工作是:一是成立新的组成机构,有助于世界银行在不同的领域实现自己的发展目标;二是扶持的对象逐渐从欧洲各国扩展至亚洲、拉美以及非洲等发展中国家或欠发达国家;三是扶持的领域从工业扩展至农业、环境、基础建设等诸多领域,最终将减少贫困列为关注的首要目标;四是扶持方式有贷款援助、调查评估、人员培训以及技术援助等。

二 俄罗斯与世界银行的外交关系发展历程及特点

回顾俄罗斯与世界银行的外交活动,双方关系发展大致可以划分为以下几个阶段。

第一阶段(1992—1997年):双方关系的建立与发展阶段。

1992年1月7日,俄罗斯政府正式提交了加入世界银行的申请。1992年4月,世界银行批准了包括俄罗斯在内苏联13个成员国的申请,俄罗斯正式成为世界银行成员国。1992年6月16日,俄罗斯签署了关于加入国际复兴与开发银行和国际发展协会的协定,成为国际复兴与开发银行的第159个成员国和国际发展协会的第142个成员国;1992年12月29日,俄罗斯签署关于加入多边投资担保机构的协定,成为多边投资担保机构的第98个成员国;1993年4月12日,俄罗斯加入国际金融公司,成为其第156个成员国。至此,俄罗斯参加了世界银行集团除国际投资争端解决中心以外的所有机构。俄罗斯根据国际复兴与开发银行成立文件,在银行董事会派有代表俄罗斯的执行董事,每两年选举一次。此外,俄罗斯作为世界银行主要股东之一,占世界银行资本总额的2.96%,排名第6位。[①]

1993年初,世界银行在莫斯科开办了代表处。总的来说,1992—1993年是俄罗斯与世界银行初步建交时期,世界银行对俄罗斯的具体援助较少。1992年11月16日,世界银行向俄罗斯发放了第一笔贷款,为俄罗斯提供外汇以进口俄罗斯经济改革所需的商品,总额约6亿美元。根据资料统计(见表9-2),两年间世界银行对俄罗斯一共实施了4个合作项目,相应贷款总额为13.7亿美元。

---

① К. Ю. Федотов, Россия, *Всемирный банк и МВФ на рубеже XXI века*, Дипломатический вестник, № 6 2000 года.

1994—1997年期间，俄罗斯与世界银行的合作进入较快发展阶段。1994年，世界银行对俄罗斯的合作项目扩大至8个，贷款金额为16.7亿美元。1994—1997年间，双方合作项目总数为38个，涉及援助资金约85亿美元。合作方式从单纯的资金援助扩展至技术援助、政策磋商以及制度改革等多方面；合作领域涉及工业、金融、基础建设、农业、环境、能源、教育等诸多方面。需要特别指出的是，1997年6月和1997年12月，世界银行对俄罗斯连续实施了两批结构性调整贷款，意味着世界银行开始参与俄罗斯的经济体制转型改革。

第二阶段（1998—2005年）：双方关系的徘徊与争议阶段。

受1998年俄罗斯金融危机的影响，俄利用世界银行的贷款减少，这对双边合作关系曾产生了不利的影响。俄罗斯开始重新审视与世界银行的合作，而世界银行也因为其对俄实施的结构性调整项目饱受非议。例如，斯蒂格利茨认为，世界银行和国际货币基金组织共同实施的结构调整计划，其实就是在俄推广新自由主义的"四部曲"：一是私有化；二是资本市场自由化；三是价格市场化；四是自由贸易。其中，私有化剥夺了俄罗斯的工业财富，导致俄国民生产总值下降了近一半，带来了萧条和饥饿；紧接着，资本管制的取消使大批资本流出俄罗斯，引发金融市场动荡和卢布大幅贬值，最终导致金融危机爆发。[1] 1999年以后，俄罗斯经济连续几年恢复性增长，加之国际市场石油价格居高不下，使俄罗斯大受其益，经济实力增强，其向世界银行的贷款更是逐年减少，贷款额从1997年的33亿美元降至1998年的19亿美元，并再锐减至1999年的6000万美元。

2000年，世界银行对俄罗斯贷款额减少的势头开始有所扭转（见图9-1），世界银行前任行长沃尔芬森在2001年与俄罗斯签署总额为5.73亿美元的贷款协议时，指出了世界银行恢复向俄提供贷款的缘由：世界银行肯定俄罗斯的经济改革，认为俄罗斯的经济形势比一年前大为好转。也就是说，正是基于俄经济转轨取得积极进展，经济和政治的稳定程度提高，再加上贷款项目使用效率指标的改善，世界银行才恢复了对俄贷款。[2] 尽管双方合作有所增强，但并未达到危机前的水平。2002年2月，俄经贸

---

[1] 张文海：《斯蒂格利茨批评新自由主义的结构调整》，载《国外理论动态》2001年第12期。

[2] 郭连成：《俄罗斯与国际和区域性金融机构的合作关系》，载《俄罗斯中亚东欧研究》2005年第6期。

部长格列夫宣布,俄政府已通过决定将其与世界银行合作计划的数额缩减。通过对以往合作情况的分析,俄政府认为借世界银行贷款来顶财政预算以及将世界银行贷款给予私营企业,这些做法的经济效益并不好,因为都需要国家担保。世界银行的贷款只用于以下项目:发展俄基础设施,改革司法系统,教育部门信息化,海关和税务部门的现代化等。

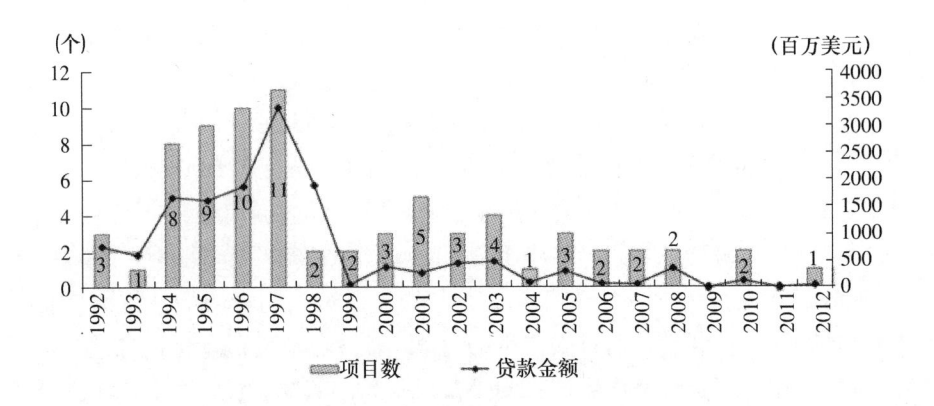

图 9-1　世界银行援助俄罗斯项目及对应资金情况

资料来源:笔者根据世界银行网站提供资料整理。

表 9-2　　　　　世界银行援助俄罗斯项目及对应资金情况

(单位:个,百万美元)

年份	项目数	贷款金额	年份	项目数	贷款金额
1992	3	760	2003	4	481
1993	1	610	2004	1	100
1994	8	1670	2005	3	305
1995	9	1619	2006	2	76.2
1996	10	1872	2007	2	60
1997	11	3344.2	2008	2	350
1998	2	1900	2009	0	0
1999	2	60	2010	2	125
2000	3	382.5	2011	0	0
2001	5	275.75	2012	1	40
2002	3	451			

资料来源:笔者根据世界银行网站提供资料整理。

第三阶段（2006年至今）：双方深化与完善合作的阶段。

随着俄罗斯在国际金融机构中角色的变化，世界银行与俄罗斯合作的性质也发生了重要变化，这突出体现在世界银行制定并批准的伙伴关系战略中。2006年12月14日，世界银行董事会批准了为期三年的世界银行与俄罗斯伙伴关系战略。伙伴关系战略详细阐述了世界银行集团协助俄罗斯实现发展目标的计划，其中包括提供贷款、分析工作和技术援助。新伙伴关系战略的要点是：世界银行协助俄罗斯实现经济持续增长；改善俄罗斯社会部门及其管理体系的运行；向俄罗斯居民提供社会服务和公用事业服务；协助俄罗斯有效承担对外贷款国的角色和在世界舞台上的全面伙伴角色。新伙伴关系战略是世界银行和俄罗斯政府密切合作下制定完成的。与以往不同的是，在新战略执行期间，俄罗斯将更多地利用私人部门的直接融资，减少来自世界银行的贷款；世界银行与俄罗斯的合作将从资金合作转向更为广泛的技术合作；世界银行将更多地向俄罗斯地方提供贷款。从2007年起，世界银行集团与俄罗斯17个州和地方政府进行了直接合作，在"地方和城镇发展纲要"框架下，实施了圣彼得堡和喀山的基础设施项目、提高汉德—曼西自治区地方管理工作效率项目以及沃洛涅日医疗基础设施发展项目等。

俄罗斯与世界银行的广泛合作关系得到了双方领导人的确认。2008年6月17日，佐利克首次以世界银行总裁身份访问俄罗斯，双方就世界银行与俄罗斯在气候变化和粮食危机等全球问题上扩大合作进行会谈，确认双方已从15年前的贷款者与借款者的关系，转变成为全球层次上的广泛合作关系。同时，双方签署了《世界银行集团与俄罗斯开发银行合作备忘录》，世界银行将继续对俄罗斯基础设施项目提供融资，以及促进俄罗斯中小企业发展等。

三 俄罗斯与世界银行合作情况评述及展望

自从俄罗斯加入世界银行之后，其与世界银行的外交活动主要包括以下方面：其一，寻求世界银行对俄罗斯经济制度改革提供支持。世界银行对俄罗斯医疗系统改革提供了技术援助，参与俄罗斯预算联邦制改革和地方财政体系改革，对教育系统改革提供支持。其二，寻求世界银行对俄罗斯基础设施建设提供资金援助。世界银行向俄罗斯发放的信贷集中于恢复工业设施（尤其是能源行业）、基础设施和环境保护项目。

根据世界银行的统计，1992—2012年，世界银行在俄罗斯援助的项目达75项，援助资金约为145亿美元[①]。其三，世界银行针对俄罗斯经济运行状况及特定问题编制报告并提出相关建议。世界银行驻莫斯科代表处定期发布俄罗斯经济形势报告，对经济发展趋势进行评估，指出经济发展中存在的问题，并提出政策建议[②]。尽管一些评论认为，世界银行对俄罗斯经济改革产生了很大的负面影响，但是客观而言，俄罗斯与世界银行每个阶段的相关合作，都是根据自身经济发展和国际地位做出的战略选择。俄罗斯对世界银行的有偿咨询服务需求越来越多，涉及人类发展、社会救助、政府—民间合作以及官方发展援助的能力建设等方面。自从2007年以来，世界银行已经对俄罗斯30多个地方政府提供了官方认可的有偿技术援助。

就双方的合作地位而言，20世纪90年代，俄罗斯更多处于被动地位，对世界银行的贷款项目以及技术援助具有一定的依赖性。与国际货币基金组织一样，世界银行对俄罗斯提供贷款和经济援助也往往附带严格而苛刻的条件。例如，强化税收和预算体系的基本管理职能、进行国家行政管理和国家服务机构的系统改革等要求。不仅如此，还对俄履行与世界银行的合同和协议提出硬性要求。对于这些条件和要求，俄罗斯由于加快经济发展需要世界银行的贷款援助，因此一般都会尽力满足。一般来说，回顾过去，当俄罗斯经济形势恶化或急需资金时，其与世界银行的接触就会较为密切，从而也使世界银行对俄罗斯的影响力得到加强。之所以出现这种情况，是因为一旦俄罗斯被迫求助于世界银行，就意味着不管它愿意不愿意都必须听从世界银行的建议，同意世界银行干涉其经济主权。这样一来，世界银行对俄罗斯就会有更大的发言权。然而，经过几年的调整，俄罗斯立于更加平等的地位与世界银行展开合作，俄罗斯对世界银行的贷款利用越来越少，双方的合作方向不再限于俄罗斯国内发展，而是将目光转向全球事务，共同扶持贫穷国家。

关于俄罗斯与世界银行未来的合作方向，根据世界银行发布的文件

---

① 详细参见世界银行网站，http：//www.worldbank.org/projects/search?lang=en&searchTerm=&countryshortname_exact=Russian Federation&src。
② 详见世界银行官方网站，http：//www.worldbank.org。

《世界银行与俄罗斯联邦在 2012—2016 期间的国家合作战略（CPS）》①的表述主要包括以下方面：第一，通过提高公共财政管理水平、改善投资与创新环境、促进金融部门发展、完善基础设施、提高环境保护效率等措施推动俄罗斯经济发展与现代化进程；第二，通过完善教育、医疗与社会保障等民生问题提升俄罗斯人力资本水平；第三，与俄罗斯就援助欠发达国家和提供全球公共产品等方面开展合作，促进俄罗斯国际与区域地位提升；第四，在行政管理、公共财政与采购管理等方面，提供更多培训与咨询服务，使俄罗斯的政府治理更加完善与透明。

在 2008 年国际金融危机发生后，随着新兴经济体的崛起，俄罗斯也开始和其他国家一起推进世界银行的改革，并对世界银行的贷款实施、项目开展等工作进行监督。2013 年 3 月 27 日，第五次金砖国家领导人峰会上决定建立金砖国家开发银行，其职能涵盖共同的外汇储备、应急基金以及对发展中国家的基础设施和工业等中长期的投资提供贷款。2014 年 7 月，金砖国家开发银行正式成立，它的成立将使发展中国家在面临经济和财政困难时，除了向世界银行和国际货币基金组织求援外，也可以向金砖国家开发银行求助，这将拓展新兴市场国家的资金和信贷途径。

第三节　俄罗斯加入世界贸易组织的外交努力

加入世界贸易组织（WTO）是俄罗斯经济外交的重要任务。经过长达 18 年的努力，2012 年 8 月，世界贸易组织（WTO）正式接收俄罗斯为其第 156 个成员国。俄罗斯力争加入世贸组织对其经济影响体现在：第一，加入世贸组织可使俄罗斯商品自由进入国际市场，使俄合理参与国际劳动分工，在融入世界经济的进程中实现利益最大化，并可利用世贸组织的争端解决机制，解决诸如天然气过境运输等问题。由于俄罗斯 GDP 的 1/3 都是对外贸易创造的，加入世贸组织将使俄罗斯每年多收入 80 亿—100 亿美元。② 第二，加入世贸组织可改善俄罗斯的国际投资形象，促进

---

① CPS："Country Partnership Strategy（CPS）for the Russian Federation for the Period 2012 - 2016"，见世界银行网站：http://documents.worldbank.org/curated/en/2011/11/15573196/russian - federation - country - partnership - strategy - period - 2012 - 2016。

② А. Н. Захаров, *Проблемы присоединения России к ВТО*, Внешнеэкономические связи, № 12（декабрь）, 2008.

外资流入，并利用世贸组织的制度优势，获得国际市场的商品信息、价格信息和企业信息，从而加快形成俄罗斯的跨国公司，最终强化俄经济的竞争优势。第三，加入世贸组织可为消费者和企业带来许多额外利益。对普通民众来说，加入世贸组织可提高就业率，降低日用消费品和重要商品的价格水平；对企业而言，可更加有效地保护俄企业在国际市场的利益。第四，加入世贸组织是保障国内改革的重要因素。在入世谈判中，俄罗斯国内相关法律进一步修改和完善，使其与世贸组织规则相适应，有利于俄罗斯巩固市场经济制度，提高企业的技术水平和竞争力。第五，加入世贸组织可使俄有可能参与国际贸易规则的制定，有利于俄以平等身份参与国际经济领域的重大谈判，充分保障其经济和政治利益，在对外经济活动中保障国家主权。俄经济发展部贸易谈判司司长梅德韦德科夫指出，俄罗斯不仅将加入世贸组织作为目标，也将世贸组织作为未来开展经济外交的重要工具，加入世贸组织可为俄带来战略利益和经济利益。

一　俄罗斯加入世界贸易组织的进程

俄罗斯于 1993 年正式申请加入关贸总协定（世界贸易组织的前身），1995 年正式开启谈判进程。1993 年 6 月，俄罗斯向关贸总协定总干事正式递交了加入的申请。1993 年 7 月，关贸总协定成立了由 58 个成员国组成的俄罗斯加入关贸总协定的专门工作小组，着手制定接纳俄罗斯的具体措施和程序。1996—1997 年间，俄政府制定了俄罗斯承担减税义务的初步方案，但遭到该组织大多数成员的强烈反对。自 1998 年，俄罗斯进入入世的第二阶段谈判，开始双边谈判和起草工作组报告。俄罗斯代表团与世界贸易组织（WTO）各成员就关税税率问题进行了一系列的双边谈判，但是进展一直不顺利。直至 2001 年，俄罗斯的入世谈判有了起色，获得了发达国家原则上的支持。2002 年，WTO 开始审议俄罗斯的入世工作组报告，此时俄罗斯被欧盟和美国赋予完全"市场经济地位"国家。2004 年，俄罗斯与欧盟、中国达成了初步协议，2006 年又与美国达成双边入世协议。作为加入协议的组成部分，俄罗斯入世的文本规定了俄的"入世承诺"。在俄罗斯加入世界贸易组织的议定书中，俄与世界贸易组织签署了大约 57 项货物贸易市场准入双边协议和 30 项服务贸易市场准入双边协议。2006 年以后，俄罗斯与世贸组织的多数成员国的双边谈判取得突破性进展。其后，因俄罗斯与格鲁吉亚之间的冲突导致俄罗斯入世进程放缓。

俄罗斯加入世界贸易组织的谈判过程历经 18 年。其中的原因众多，归纳起来主要有经济和政治两方面的原因。经济上，由于与俄罗斯进行双边谈判的世界贸易组织成员数量众多，其中总共 57 个国家与俄罗斯进行商品贸易的双边谈判，进行相关服务贸易双边谈判的参与国总共 30 个。各国由于国情及其所关注的利益不同，俄罗斯为获得成员国的资格问题以及各种 WTO 的条款等，进行了反复的双边和多边谈判。

第一，关于俄罗斯能源出口价格与国内能源供应价格之差问题。俄经济增长很大一部分依赖其能源出口。在 2003 年时曾因俄罗斯石油和天然气出口价格使谈判陷入僵局，俄罗斯国内能源价格较低，而外国则要花数倍于俄国内的价钱购买俄能源。一些谈判国认为这是俄罗斯对能源工业的变相补贴，俄则认为廉价能源是其国家自然优势，它不会在能源问题上让步。经过多轮谈判，欧盟仍坚持要求俄拉平国内外的能源差价，俄则坚持逐步消除国内外能源差价。直到 2004 年这一问题才在欧盟支持俄罗斯入世议定书签署时得以解决。在此协定中，俄罗斯承诺，2004 年俄国内每千立方米天然气价格为 27—28 美元，2006 年提高到 37—42 美元，2010 年上涨到 49—52 美元。

第二，关于俄罗斯粮食出口的价格问题。自 2002 年起，俄罗斯从粮食进口国一跃成为粮食出口国，这给其他的国家造成很大压力。在入世的谈判初期，一些主要农产品出口国要求俄完全取消对农产品的出口补贴，但俄政府认为其农业补贴大大低于许多农产品生产和出口国，不仅不应取消，还应当提高补贴上限。到谈判中期，其他成员则要求俄罗斯对农业财政补贴的最高上限，不能高于俄开始进入入世谈判前 3 年的平均数。然而，俄罗斯仍然表示对此难以接受。这一问题的最终解决方案是，在欧盟签署支持俄罗斯加入 WTO 的议定书上，欧盟同意俄罗斯每年对农业补贴 130 亿美元。

第三，关于俄罗斯开放服务业及其相关的制度规则问题。俄罗斯认为它的服务业非常薄弱，不同意发达国家提出的全面开放航空、金融、保险和电信等服务市场的要求，而坚持有限度地实行服务市场的开放。此外，对外国银行的限制是俄罗斯与美谈判的主要难点之一。同时，俄罗斯在关税、投资、贸易以及市场准入等方面，尚缺乏完善的法律制度。为了达到 WTO 透明度原则的要求，俄罗斯需要修改和完善大量经济和对外贸易调节领域的相关法律法规。

第四，关于俄罗斯与格鲁吉亚的紧张局势与俄格战争因素。俄格战争爆发后，针对西方推迟入世谈判的威胁，俄罗斯声称不排除单方面中止过去达成的对俄不利的协议。因2008年俄罗斯与格鲁吉亚长期摩擦演变为战争，俄格双方断绝了国家间外交关系，这是俄罗斯入世的最大障碍。格鲁吉亚因阿布哈兹和南奥塞梯的地位问题，抵制俄罗斯加入WTO。自从2008年8月的俄格战争爆发之后，俄罗斯就承认阿布哈兹和南奥塞梯这两个分离地区为独立国家，而格鲁吉亚则认为这两个地区为其本国的领土。格鲁吉亚以WTO成员国资格要挟俄罗斯，致使两国的经贸关系几经断裂，俄罗斯入世之旅也因此中断。后在瑞士的调解下，俄格两国达成共识。2011年11月9日，俄格在日内瓦签署有关俄罗斯入世协议。这为俄罗斯入世扫清了政治上的最后障碍。

第五，关于俄白哈关税同盟的启动造成的影响。2009年6月9日，俄罗斯总理普京在欧亚经济共同体跨国理事会上宣布，俄罗斯将以关税同盟的身份进行入世谈判。6月11日，俄罗斯经济发展部贸易谈判司司长、俄罗斯入世谈判首席代表梅德维德科夫宣布，关税同盟将制定加入世贸组织的统一立场，并与世贸组织进行谈判①。欧亚经济共同体关税同盟于2010年1月1日起开始执行统一关税。俄罗斯政府承认，以关税同盟身份加入世贸组织，在世贸组织谈判中是没有先例的，为此关税同盟内部首先应对谈判立场进行协商。白俄罗斯第一副总理谢马什科表示，如以关税同盟身份加入世贸组织，谈判进程至少还需要10—12年或更长时间。事实上，这一做法遭到了美国和欧盟的坚决反对。在与美国和欧盟谈判与磋商后，俄罗斯宣布，它将作为一个单一国家加入WTO。俄在入世文件中承诺，从2012年1月1日起，俄、白、哈三国将成立一个单一的经济空间（SES）。俄罗斯承诺对于关税同盟的所有立法，都将在通过前先行公开。

俄罗斯的入世谈判进程时断时续，致使其入世期限一拖再拖，直到2011年12月才取得最终成果。其全部入世历程持续了18个年头，入世时间比俄方最初预想的晚了整整10年。

---

① Светлана Самойлова, Таможенный союз перестал быть ВТОричным, http://www.politcom.ru/8321.html, 11.06.2009.

二 俄罗斯就入世与美国、欧盟和日本的博弈

对待俄罗斯入世,世界主要国家的态度与想法各不相同。与俄罗斯在入世进程中进行博弈与角逐的重要国家和地区,主要是美国、日本和欧盟。

1. 美国

从国际政治的角度看,俄罗斯入世的障碍首先来自美国。俄罗斯专家认为,俄入世进程缓慢的主要原因在于美国的阻挠,正是由于美国在俄罗斯入世问题上提出了许多额外条件,才使俄入世进程一波三折,这证明美国是俄罗斯安全和主权的威胁。[①] 另外,尽管美国政府一再批评俄罗斯的内外政策,但美国的大企业对俄罗斯入世问题持积极态度。2001年"9·11"事件发生后,尽管美国继续对俄采取挤压战略空间、削弱实力的方针政策,但考虑到在全球反恐行动中需要得到俄方的支持,美国又不得不在一些关键问题如俄罗斯加入WTO问题上做出妥协,以换取俄罗斯的积极配合。

对于俄罗斯入世,奥巴马总统表示支持与俄建立永久的正常贸易关系。希拉里·克林顿认为,美俄之间的贸易近年来有所增加,不过"现在还远远没有达到其全部潜能",因为美国对俄的出口额不到其对全球出口额的1%,而中国这一数值是12%。为了发展与俄罗斯的贸易关系,美国政府敦促国会尽早废除冷战时期制定的《杰克逊—瓦尼克修正案》。但是截至2011年12月16日,俄罗斯正式加入世界贸易组织之际,美国仍宣布将保留不履行多边协议的权利,即保留1974年美国国会通过的《贸易改革法案》的附加法案《杰克逊—瓦尼克修正案》。[②] 俄罗斯方面则认为,《杰克逊—瓦尼克修正案》在苏联时期已实行,迄今尚未废除。俄罗斯入世,意味着美国国会应该批准奥巴马政府提交的赋予俄贸易最惠国地位的法案。世贸组织的所有成员都应享有这种地位,但《杰克逊—瓦尼

[①] А. Н. Захаров, Проблемы присоединения России к ВТО, *Внешнеэкономические связи*, No 12（декабрь）2008.

[②] 《杰克逊—瓦尼克修正案》是美国国会于1974年审议的贸易法。它是由华盛顿州联邦参议员亨利·M. 杰克逊和俄亥俄州联邦众议员查尔斯·瓦尼克提出的一项修正案,要求美国给予非市场经济国家最惠国待遇和提供信贷、投资担保时,必须以对象国允许公民自由移民为条件。该修正案获得通过,写入《1974年贸易法》第402节,把双边贸易关系与人权挂钩,以拒绝给予最惠国待遇为要挟,寻求迫使苏联同意苏联犹太人移民美国。

克修正案》禁止对俄提供这种地位。因此,俄罗斯将对所有世贸组织成员降低关税,但美国除外。按照世贸组织规则,俄罗斯无须为对其依然实行贸易制裁的国家降低关税。主张对俄罗斯持强硬立场的国会议员声称,俄罗斯对美国出口商所采取的反制措施不会有太大的损害,因为美国对俄出口只占美国出口总额的 0.5%。[①] 美国众多在俄罗斯具有经济利益的大企业,如戴尔公司、波音公司、可口可乐公司等,都对俄罗斯市场表现出兴趣。因此,很多大企业都敦促美国国会在大选后废除《杰克逊—瓦尼克修正案》,并和俄罗斯建立永久的正常贸易伙伴关系。因为在俄罗斯已经加入 WTO 下,冷战时期的《杰克逊—瓦尼克修正案》法律违反了 WTO 的规定。

在美国政府、商界和学者中,大多数人对于俄罗斯入世及其给美国带来的影响持积极看法。美国贸易代表柯克表示,俄罗斯入世是美俄关系史上具有里程碑意义的大事。他认为,俄入世有益于俄罗斯、有益于美国、有益于世贸组织。俄罗斯放开市场的承诺及其在知识产权、信息技术、透明度等方面的改革,将为美俄两国间的贸易往来建立一个更强大的新基础。美国彼得森国际经济研究所估计,得益于俄罗斯入世后降低关税和其他改革,美国对俄出口在今后的 5 年有望翻一番,增至每年 220 亿美元;只是短期而言,美对俄出口面临风险,障碍正是《杰克逊—瓦尼克修正案》[②]。

2. 欧盟

从俄罗斯的入世全过程看,欧盟是俄罗斯入世的积极推动者,因为欧盟与俄罗斯的贸易关系最为紧密。在经济关系上,欧盟是俄罗斯最大的贸易伙伴,而俄则是欧盟的第三大贸易伙伴,因此俄罗斯加入世贸组织对于欧盟尤为重要。尽管俄格战争后俄入世进程陷入僵局,但是在 2008 年 11 月欧俄尼斯峰会上,欧盟还是表示对俄罗斯尽早入世的支持,双方达成了俄罗斯入世的"路线图"。2010 年 12 月 7 日,欧盟与俄罗斯就俄加入世贸组织签署谅解备忘录。

欧盟是俄罗斯最大的贸易伙伴,俄主要外汇收入及全部外国投资的

[①] [俄] 欧陆观察:《俄美地位或因俄入世改变》,[俄]《新消息报》,参考消息网,2012年8月24日,http://column.cankaoxiaoxi.com/2012/0824/83098.shtml。

[②] 杨磊:《俄罗斯入世催促美国废陈规 以免累对俄出口》,http://www.chinanews.com/gj/2012/08-24/4131344.shtml。

60%来自欧盟,俄53%的石油、64%的天然气向欧盟国家出口。在俄罗斯与欧盟入世谈判中,最大障碍是俄国内能源价格与俄向欧盟出口的能源价格之间的价格差。多年来,俄罗斯向国内供应的能源价格远远低于其能源的出口价格。欧盟认为,这是俄罗斯对于能源工业的变相补贴;低廉的能源价格让俄生产商获得了竞争优势,这对欧盟厂商不公平。在多次谈判后,俄罗斯承诺:将逐步提高国内天然气价格。尽管如此,2010年,俄国内工业用天然气价格仍低于目前俄对欧洲的天然气出口价格(65美元)。此外,俄天然气工业股份公司是俄唯一有权向欧盟出口天然气的公司,外国天然气企业享受与俄国内竞争对手同等待遇,可利用俄天然气工业股份公司的管道出口少量天然气,但无权自建天然气出口管道。

俄罗斯还对欧盟允诺降低工业品进口关税。俄承诺,在入世后两三年的过渡期内,俄对欧盟产品(汽车、飞机除外)的平均进口关税由现在的11.9%降至10.5%,其中工业品平均进口关税由现在的10%降至8%。在7年过渡期后,俄将降低飞机进口关税,即由目前的20%降至12%—14%;汽车进口关税也将由目前的25%—35%降至略低于20%的水平。欧盟同意俄在2010年前对从欧盟国家进口的猪肉、牛肉和鸡肉继续实行配额限制,但要求俄保持现有的配额分配结构并不再削减配额。此外,俄对欧盟的主要让步是降低木材出口关税。

3. 日本

自20世纪90年代"泡沫经济"破灭后,日本深陷经济困境之中。目前,日本经济面临着人口老龄化、债务负担等结构性问题以及日元升值等多重难题,这些问题仅仅依赖提高内需难以解决,还需依靠对外贸易的拉动,所以日本也寄希望于俄罗斯等国。

2005年11月21日,日与俄达成《关于俄罗斯加入世界贸易组织(WTO)的框架性协议》。日本认为俄罗斯加入WTO总体上将有利于俄日贸易的发展,同时也会给双边贸易带来新的增长点,因此日本对俄入世持积极态度。首先,在日俄签署的《关于俄罗斯加入世界贸易组织(WTO)的框架性协议》中,俄承诺降低9000余种日本进口商品的海关税率,这能够增强日本商品在俄罗斯市场的竞争力。其次,俄入世对日本汽车制造业是利好。汽车出口是日本对外贸易的支柱,俄罗斯是日本最大的汽车出口市场之一。2008年11月,俄罗斯提出提高汽车进口税,日本举国一片哗然。12月,日本主要汽车制造商纷纷宣布削减产量,日产汽车公司同比减产 34％、丰田减产 27％、本田减产 10％①。俄罗斯市场对日本汽车产业的重要性可见一斑。

俄罗斯入世后,根据 WTO 规定在过渡期内不得随意提高关税,随后逐步降低税率。这样,日本出口至俄罗斯的汽车数量将逐年提高,或者保持基本稳定。

最后,俄入世有利于日本参与俄罗斯油气企业的技术改造和石油进口。按照 WTO 规则,其成员国必须逐年削弱政府对国有企业的管理,而俄政府对油气企业的控制远远高于其他行业,国家以入股的方式实际上参与其股份制油气企业的经营。俄承诺,政府将采取公平竞争的市场机制。这样,日本企业可凭借先进的技术参与俄油气企业的改造。同时,俄罗斯加入 WTO 还给日本带来另一大利好,"俄政府宣布 2011 年 10 月 1 日起施行新的石油和石油产品出口税制,自 2012 年 1 月起,俄石油出口税将从目前的每吨 406.6 美元下调至 397.5 美元,降幅 2.2％"②。税制的这一调整可为进口俄石油的日本节省大量资金,减轻日本企业对能源需求的压力。总之,在日本一些学者看来,俄入世有利于俄罗斯与日本之间的贸易发展。③

三 俄罗斯入世的谈判外交及其措施

俄罗斯在不违背 WTO 基本原则的情况下,对世贸规则表现出自己的利益诉求与立场。2007 年普京在葡萄牙俄欧峰会后的记者招待会上表示,只有在符合俄罗斯利益的情况下,俄才会做出加入世贸组织的最终决定。可见,尽管俄罗斯入世历程长,面对的困难多,但俄罗斯最终还是按照符合它的国家利益条件加入世界贸易组织。

为能够加入世界贸易组织,俄罗斯政府在协调政府各部门和立法等方面采取了许多措施。首先,俄罗斯政府建立了世贸问题委员会,政府各部委和社会团体均有代表参加。俄经济发展与贸易部先后组织了 400 多次会议,与相关机构和人员就俄入世问题进行讨论,与俄工业与企业家协会、

---

① Японцы просят Путина отменить пошлины, иначе России грозят закрыть доступ в ВТО [EB/OL]. http://region-yamal.ru/content/view/17706/1/, 12.31.2008.
② 刘恺:《俄罗斯将下调石油出口税》, http://news.xinhuanet.com/energy/2011-12/16/c_122432377.html。
③ 曹阳:《俄罗斯入世与日俄经贸合作走势分析》,载《现代日本经济》2012 年第 6 期。

工商会和其他社会实业团体定期进行协商。2003年3月，政府世贸问题委员会召开会议，决定推动修改国内法以适应世贸组织的要求，成立新的委员会——政府世贸问题和经合组织问题委员会。在立法机构方面，俄国家杜马在经济政策与企业经营委员会内成立了对外贸易与外资立法委员会，其任务之一是协调与入世相关的立法问题。2001年8月，俄政府先后制定了新版《海关法典》《外汇调节与监管法》《国家调节外贸活动基础法》和《商品进口中的特别保护、反倾销和补偿措施》等。此外，俄罗斯还与欧亚经济共同体和独联体其他国家就入世问题交换了意见，2002年5月，欧亚经济共同体跨国委员会决定在入世进程中相互协作。

俄罗斯争取入世的进程是其成功运用外交手段的过程。对于入世，俄罗斯既持积极态度，又不失其国家利益。另外，我们也看到，自2012年以来，在国际贸易组织中出现了新的变化，包括诸如跨太平洋伙伴关系协议（TPP）、欧日启动自贸区谈判，以及美欧宣布在2013年6月底前正式启动美欧双边自由贸易区（FTA）谈判等。可以推测，美欧等国已将贸易发展重心从推动WTO下的多哈回合谈判转移至发展跨地区的自由贸易区（FTA）上，美国主导全球贸易规则新格局的意图显露无遗。一个以发达经济体为主导，试图"排除"新兴经济体的全球贸易格局雏形渐显。[①] 如此发展下去的话，在不久的将来，极有可能出现架空WTO的新的多边贸易安排。如果是这样的话，WTO对于俄罗斯贸易发展的促进作用将十分有限。

四 俄罗斯加入世界贸易组织后的主要承诺

俄罗斯承诺，在加入世界贸易组织后，将进一步开放贸易体制，加速融入世界经济，建立更具可预测性和透明的贸易、投资环境。俄在其入世议定书中做出的主要承诺是：

（1）商品和服务的市场准入。在俄入世议定书中，俄方签署了30个服务市场准入协议和57个货物市场准入协议；俄罗斯就11个服务部门、116个分部门做出具体承诺。俄还废除与违反世贸组织规定的进口数量限制、禁令、许可证、授权的规定。俄承诺对152个发展中国家（或地区，

---

① 倪月菊：《自由贸易区能否拉开重建世界多边贸易体制的序幕？》，中国社会科学院世界经济与政治研究所国际问题研究系列，2013年第6期。

下同）和最不发达国家提供普惠制。

（2）削减进口商品的关税。从俄入世起，90%以上的税率将大于或者等于关税同盟现行的统一海关关税的税率水平。过渡期结束后，大约50%的边际税率不低于现行的关税同盟统一海关关税。大约30%的从价税和综合税中的从价税率下调幅度不超过5个百分点，俄平均进口关税将从10%降到7.8%。农产品平均进口关税从13.2%降为10.8%，工业品平均进口关税从9.5%降为7.3%。其中1/3的商品入世后无过渡期，1/4商品享受三年或更长优惠期。

（3）取消商品的出口关税。俄罗斯承诺超过700个商品税目，包括鱼类和甲壳类动物、矿物燃料和油、生皮、木材、纸浆和纸张以及贱金属部门的某些产品的出口税将受到约束。议定书还规定，在过渡期之后的1—5年内将完全取消上述商品的出口关税，但以下商品除外：油籽、矿物质燃料（石油、石油产品、天然气）、未经加工的毛皮及皮革、未加工的木材以及由一些珍贵树种加工的木材、废金属，铁路机车车辆的车轴。此类商品（除燃料能源类）的关税或者维持在限制性初期水平，或者降低，但不能降至零。

（4）取消工业品和农产品的出口补贴。自加入之日起，俄罗斯承诺不对农业提供出口补贴。需要指出的是，俄农业方面的承诺和世贸组织其他成员的标准承诺有区别。一般做法是，加入成员的"黄箱"补贴标准参照其加入前三年的基准水平确定，之后在此基准上承诺缩减补贴总量。俄罗斯承诺将补贴最终控制在2006—2008年基准水平上，即不超过44亿美元。但是，俄一旦入世支持水平立即变为90亿美元，然后逐步缩减到44亿美元的控制水平（也就是说，实际上俄入世之后与基准水平相比补贴量不减反增）。[①] 这种支持承诺的非标准做法与世贸成员要求俄保证过渡期内维持各项支持措施的比例相关。上述承诺写入议定书中，即到2017年之前的过渡期内（含2017年）（也就是"黄箱"框架内允许的支持水平超过基准水平的时间段），对特殊农产品支持比例（某些特别商品），不得超出非特殊支持产品的30%。应该指出的是，30%的水平总体

[①] 世贸组织的《农业协议》明确规定的各国农业国内支持的一项政策。根据WTO的《农业协议》，其中将那些对生产和贸易产生扭曲作用的政策称为"黄箱"政策措施，要求成员方必须进行削减。"黄箱"政策措施主要包括：价格补贴，营销贷款，面积补贴，牲畜数量补贴，以及种子、肥料、灌溉等投入补贴，部分有补贴的贷款项目。参见百度百科及其相关的解释。

上符合"俄2013—2020年农业发展以及农产品、原料和粮食市场调节国家规划"草案中提出比例的平均水平。俄罗斯绝大部分农产品和农副产品进口关税将保持现有水平。

（5）对部分服务领域和服务部门的承诺。在世贸组织分类的160多个服务贸易部门中，俄罗斯对116个部门做出准入承诺（包括银行和保险服务，证券、电信、交通、经销服务，环保领域的服务，专业服务）。同时，对其在44个服务部门所承担的义务做出一定保留。对30个服务部门实行无限制承诺，在这些领域俄不能采取《贸易服务总协定》第16条（市场准入）和第17条（国民待遇）的措施，即俄不能采取措施对外商进入实行数量限制，或者破坏外商服务和供应商与本国同类服务和供应商的公平竞争。在电信领域，俄承诺在入世4年后，取消电信领域的外资持股比例的限制，同意适用《世贸组织基本电信协议》的条款；在保险领域，俄承诺在入世9年后，允许外资保险公司建立分支机构；在银行领域，俄承诺允许外国银行建立分支机构，但在俄联邦银行体系中外资所占比重不得超过50%；在铁路领域，俄承诺2013年7月1日起根据世贸组织相关规定收取铁路过境货物运输费用，对进口货物与本国境内同类货物收取相同运费；在营销领域，俄承诺允许外国独资企业进入批发、零售和专营领域；在知识产权保护方面，俄承诺在入世后完全按世贸组织规则保护知识产权。此外，俄政府还承诺在入世4年内加入世贸组织政府采购协议。

（6）保护与贸易有关的投资措施。俄罗斯将确保所有的法律、法规及其他与贸易相关投资措施协议符合世贸组织的规定。所有与世贸组织不一致的投资措施，包括优惠关税和关税的豁免，应用于现有汽车投资相关计划以及任何协议都必须在2018年7月1日终止。

（7）保护与贸易有关的知识产权。俄政府完全采用世贸组织《与贸易有关的知识产权协议》，包括强制执行规定，不诉诸于任何过渡期。俄将继续采取措施打击非法销售受到版权或相关权利保护的内容的网站。俄还将查处在互联网上非法传播有版权内容的公司；加入世贸组织时，俄采用伯尔尼公约中所有保护文学和艺术作品的规则。

（8）关于卫生与植物卫生措施委员会（SPS）和技术性贸易壁垒（TBT）的规定。依照世贸组织协定，所有的SPS措施将被开发和应用在俄联邦和海关联盟。俄将确保与技术规范、标准和合格评定程序相关的所有法律规定符合世贸组织技术性贸易壁垒的协议。俄通过成员身份积极参与食品法典委员会、世界动物卫生组织（OIE）及国际植物保护公约。俄政府将定期评估其产品列表，以及所有应用在其领土内的（包括海关联盟和欧亚经济共同体）技术法规，以确保它们符合世贸组织技术性贸易壁垒的协议。

（9）俄罗斯的透明度原则。俄承诺所有公开的贸易法规都将在官方出版物上发布，正式公布后具有法律效力。WTO协定的条款在俄领土内一律适用，包括从事边境交通的地区、经济特区及其他建立关税、国内税和法规等特别制度的区域；所有影响货物贸易、服务贸易及知识产权贸易的立法都将及时公布，与WTO的要求相一致。俄罗斯联邦将定期更新包括网站在内的官方出版物，使WTO成员、个人和企业都能随时获得这些法律；尤其，除非在紧急情况、国家安全、货币政策、出版将妨碍执法、违反公共利益、损害特定的公共或私有企业的商业利益的情况之外，对于所有影响货物贸易、服务贸易及知识产权贸易的立法，俄政府在通过立法前都将先行公开，并提供不少于30天的期限供成员方发表评论。俄向WTO成员提供其进行中的私有化项目进展的年度报告；俄对特定产品和服务采取价格管制，包括天然气、未经加工的钻石、伏特加、供水服务、输气服务、婴儿食品、医疗产品、公共交通服务和铁路运输服务，价格控制措施将不会用于保护国内的产品或提供的服务。

（10）能源定价问题。俄入世后，能源定价政策保证俄天然气生产商和供应商的支出和收入。俄生产商和供应商必须按商业条件运营，而这些规则不适用于向非商业用户提供的天然气。俄保留对这部分天然气价格的调控权，以确保实现社会经济目标和任务。俄会在考虑国内社会政策的基础上，继续调整向家庭和其他非商业用户提供的能源价格。对石油与石油制品（根据当时出口关税的时间段），采用特殊计算公式确定税率。在此前提下，石油的最高税率计算公式，根据俄现行法律确定；俄天然气生产者和分销商将在正常商业对价的基础上，以收回成本和实现利润为目的进行活动。

附录　俄罗斯 18 年入世历程——
一波三折的马拉松谈判

- 1993 年 6 月，俄罗斯向关贸总协定（GATT）递交入关申请。
- 1994 年 3 月，俄罗斯向关贸总协定秘书处递交俄外贸制度备忘录。
- 1994 年 12 月，由于关贸总协定更名为世贸组织（WTO），俄罗斯重新向世贸组织提出加入申请。
- 1995 年 1 月，俄罗斯组织专业工作小组与世贸组织相关机构展开谈判。由于经济严重衰退、政局持续动荡，以及西方大国在谈判中设置障碍，这一阶段谈判进展缓慢。
- 1998 年 2 月，俄罗斯递交调整关税的一揽子建议，开始与 WTO 成员就关税减让问题进行有实质内容的双边谈判。
- 1999 年 10 月，俄罗斯提交关于服务贸易市场准入的方案，为双边谈判提供了可能。
- 2000 年 4 月，在向联邦议会提交的国情咨文中，俄总统普京称"入世是俄罗斯对外经济政策的优先方向"。俄政府将推动入世作为政府工作的最主要任务之一。
- 2001 年 3 月，俄与世贸组织有关成员就包括税率、农业在内的服务贸易问题开始新一轮谈判。根据谈判结果，俄罗斯同意承担 110 个服务领域的义务。
- 2001 年 7 月，包括俄罗斯在内的八国集团首脑会议上，与会各国对俄入世表明支持态度。
- 2002 年 6 月，美国将俄罗斯列入市场经济国家名单，为俄罗斯入世扫清了障碍。
- 2004 年 5 月，俄罗斯与欧盟在莫斯科签署支持俄入世的议定书，这意味着俄欧为期 6 年的马拉松式谈判宣告结束。同年，俄罗斯还与中国签订了关于俄加入世贸组织的市场准入协议。
- 2005 年 2 月，时任美国总统布什在斯洛伐克首都布拉迪斯拉发表示，美国将尽力推动俄罗斯加入世界贸易组织的谈判。同年，俄罗斯与日本达成双边协议。

- 2006年11月，俄罗斯与美国世贸组织谈判代表在越南首都河内签署有关俄入世的原则性协议。
- 2008年8月，俄罗斯与格鲁吉亚发生军事冲突，俄罗斯承认阿布哈兹和南奥塞梯独立，作为世贸组织成员国的格鲁吉亚因此断绝了同俄罗斯的外交关系，也随即中止了同俄罗斯的入世谈判。同时，俄罗斯与西方的关系也陷入僵局。
- 2010年12月，俄罗斯与欧盟签署了关于结束俄入世谈判的谅解备忘录，该文件对调整俄未来加入世贸组织后承担义务问题作出了规定，其中包括出口关税和铁路运费。
- 2011年10月，俄罗斯与格鲁吉亚达成协议，结束了与所有成员的入世谈判。
- 2011年11月10日，世贸组织工作组一致通过俄罗斯提出的入世一揽子承诺，俄罗斯长达18年的入世谈判走到终点。
- 2011年12月16日，WTO第八届部长级会议一致通过俄罗斯加入WTO，按俄入世协议，俄罗斯可在2012年7月22日前完成国内审批程序，并在向WTO正式提交批准书后的30天正式成为WTO成员。①

---

① 引自黄志瑾《俄罗斯入世：历程与成就——WTO第八届部长级会议观察之一》，载《世界贸易组织动态与研究》2012年第19卷第1期。"World Trade Organization Focus", No.1, 2012.

第十章 俄罗斯参与国际集团性组织的经济外交活动

所谓国际集团性组织，这里主要指八国集团和20国集团。俄罗斯独立后积极参与国际经济组织的峰会和以国际性论坛为主要形式的外交活动。初期，俄罗斯争取加入以发达经济体为主体的G7，后来又成为G20的成员国。21世纪以来，俄罗斯以"论坛外交"展开的经济外交活动非常活跃。例如，"俄罗斯经济论坛（叶卡捷琳堡）"、俄罗斯"索契国际经济投资论坛"、"贝加尔经济论坛（伊尔库茨克）"、"圣彼得堡国际经济论坛"等，已经成为俄罗斯招商引资的重要途径。2010年6月举行的第十五届圣彼得堡国际经济论坛成为俄论坛外交的一次成功盛会，包括中国国家前主席胡锦涛在内的50多个国家的5000多名政府高官和工商企业界代表参加了论坛，使得该论坛的影响力正在增强。八国集团和20国集团作为集团以首脑外交、峰会和论坛形式出现，它们不仅是经济外交通常采用的形式，也是俄罗斯实现其国家战略和经济目的的重要手段。

第一节 俄罗斯对八国集团（G8）的经济外交活动

实践证明，对全球经济负有责任的各类经济体举行非正式高层次论坛和对话，是各国应对全球化的一种有效途径。早期，诞生于1986年的"七国集团"（G7）会议，是发达国家非正式地讨论重大国际问题的平台。因此，俄对于加入"七国集团"很重视，俄加入"七国集团"后该集团为八国集团（G8）。在过去的年份，八国集团（以下简称G8）和20国集团（以下简称G20）在国际舞台上曾经扮演重要角色。国际金融危机后，随着新兴经济体的崛起和金砖国家组织的建立，削弱了G8对于全球经济事务的主导权，G20的话语权随之提升。G20的诞生是全球治理中的新的架构，是对二战后旧有秩序的重大改变。

一 八国集团（G8）的发展历程及其特点

G8 即八国集团（Group 8），是指由七大工业国美、英、法、德、意、加、日组成的一个非正式的国际组织，被称为"富国俱乐部"，1998年，在俄罗斯的坚持和美国的主导下，俄罗斯开始参与"七国集团"活动，G7 由此发展为如今的 G8。20 世纪 70 年代，受石油危机的影响，资本主义世界发生经济危机和经济滞胀。1975 年 7 月，美、英、法、德、日、意六国首脑举行会议，讨论解决经济危机和实现资本主义复兴的问题。在这次会议上，与会各国领导人就国际货币体系、国际贸易、能源、通货膨胀以及与发展中国家等问题进行了讨论，强调要加强合作和政策协调，实现共同发展。此次会议后，1976 年 G7 首脑会议作为固定的国际会议被确定下来，七国对话合作进入制度化阶段。

从 G7/G8 集团的发展历程看，该集团在成员国组成、运行机制、职能范围和对外政策等方面形成了以下特点。

首先，在成员组成上，G7/G8 对吸纳新成员国极为谨慎。[①] 从 1976 年 G7 形成至 1997 年接纳俄罗斯加入首脑政治会议的 20 多年时间内，G7 没有接纳任何新的成员国。根据 G7 成立时的声明，成员国应具备两个条件：其一，成员国必须是实行市场经济和西方民主政治的国家；其二，成员国在全球范围内是具有重大影响的强国，二者缺一不可。这一标准将希望加入该集团的其他国家挡在了门外。

其次，在合作领域方面，G8 从最初的宏观经济政策协调向政治、经济、地区安全、环境与气候以及知识产权等多领域扩展。G8 首脑会议的议题更多集中在宏观经济政策领域，国际安全、政治局势等方面；近年来，八国集团会议的议题涉及面越来越广；经济领域的议题是八国财长和央行行长会议的主要议题。

最后，在对外关系上，G8 从仅仅是主要发达国家内部的磋商转变为将部分新兴经济体纳入对话框架。成立之初，G7 的政策协调局限于西方内部。近年来随着全球化的深入发展，全球性问题的不断加剧，G8 为了缓和来自发展中国家和非政府组织的压力，注意与发展中国家和非政府组

---

① 陈晓进：《八国集团 30 周年发展回顾》，载《世界经济与政治》2005 年第 12 期。

织展开对话，以寻求国际社会更广泛的认可和支持。

然而，国际金融危机的发生成为 G8 发展的一个转折点，G20 逐渐在取代 G8 而成为全球治理和协商的重要平台。

二　俄罗斯与 G8 关系的发展历程及相关经济外交活动

回顾俄罗斯与 G8 的外交发展历史，从冷战时期的对立到列席 G7 首脑会议再成为与会正式成员国，俄罗斯加入 G8 是一个曲折和充满博弈的过程。

第一阶段（1989—1993 年）：对 G7 的态度由对立转向合作。

俄罗斯加入 G8 的过程可以追溯至苏联时期。1989 年 7 月 14 日，戈尔巴乔夫致信当年的 G7 主席法国总统密特朗，表示苏联希望与首脑会议进行联系。在此之前，苏联与 G7 集团之间一直处于对立状态，苏联对 G7 的态度之所以出现转折，其原因在于 20 世纪 80 年代后期，苏联僵化的经济体制弊端逐渐显现，其经济实力与美欧的差距呈现扩大之势，当时的苏联领导集团希望得到 G7 国家的支持。1990 年 G7 休斯敦会议之前，戈尔巴乔夫致信当时的美国总统布什，再次表达了这一愿望。随后，戈尔巴乔夫在信中提出的要求合作的愿望得到七国首脑的赞同，他们对苏联经济及其所需援助达成一致。苏联解体以后，叶利钦努力投靠西方，继续向 G7 寻求援助并申请加入 G7 集团。1992—1993 年，连续两年的 G7 首脑会议批准了对俄经济援助的计划。同时，叶利钦均出席会议（但并不参与讨论）。当然，同世界银行或国际货币基金组织的援助类似，G7 集团的援助附加了许多苛刻条件。

第二阶段（1994—1999 年）：从边缘地位转为完全成员国。

1994 年后，俄罗斯加入 G7 的进程加快。一方面，1994 年意大利那不勒斯 G7 峰会后，尽管俄罗斯仍被排斥在关键会议的大门之外，但已被允许参加政治问题的讨论；[1] 另一方面，之前 G7 峰会关于俄罗斯的讨论集中于对俄经济援助问题，在 1994 年 G7 峰会上，俄罗斯被吸收为参加外交政策讨论的完全成员国，双方讨论的议程也由经济议题转变为政治议

---

[1] 会议为期三天，前两天为 G7 首脑会议，最后一天为俄罗斯参与的"政治八国"首脑会议。

题。这种形式被称为"G7+1"机制。[①]"G7+1"模式显示出,俄罗斯远未达到加入这一西方俱乐部所需的经济标准和政治标准,俄罗斯与其他成员之间的关系并不平等。当然,俄罗斯政府也并未满足于"G7+1"机制,1995—1998年间,叶利钦一直就加入G7展开外交对话,希望创建一个完整的G8。1996年里昂峰会上,俄罗斯与G7的关系达到新的水平,在俄罗斯的建议下,此次峰会分为三个阶段:第一阶段为G7就国际经济的一系列问题进行讨论;第二、三阶段吸纳俄罗斯就政治以及其他全球问题进行磋商。

1997年"G7+1"的美国丹佛峰会首次被称为"G8首脑会议"。虽然俄罗斯仍未被邀请参加经济议题的讨论,但首次与"七国集团"首脑以"八国首脑会议"名义共同发表"最后公报"。在此次会议上,经俄提议建立了G8关于能源安全的合作框架,并决定在1998年3月31日至4月1日在俄罗斯举行G8部长级会议,就国际能源问题进行讨论。然而,叶利钦对这种改进的"G7+1"模式表示不满,继续向G7各国首脑施压,要求成为正式与会成员。最终,俄罗斯的努力目标在1998年得到实现。1998年英国伯明翰峰会上,G7完成了向G8的转变,俄罗斯成为G8的完全成员国,即参与G8峰会的所有讨论,包括就业、打击有组织犯罪、包括东南亚危机在内的全球经济问题以及俄罗斯建议提出的全球能源等问题。在1999年G8德国科隆峰会上,俄罗斯的地位有了进一步提高,除了就议题参加讨论外,俄罗斯还对下一届峰会的讨论议题以及如何建立控制导弹及导弹技术不扩散的全球体系等问题,提出了一系列方案。

第三阶段(2000—2008年):从完全成员国到正式成员国。

2000年,普京当选俄罗斯总统后,明确提出外交要为经济发展服务的现实主义外交政策。在外交政策取向上,他对叶利钦时期向西方"一边倒"的对外政策进行了改革,提出以独联体、欧美和亚洲作为俄外交的三大优先发展方向,并实施大国外交方针。随着21世纪俄罗斯经济实力的增强以及在地缘政治中的重要性凸显,普京的大国外交也取得显著效果。2000—2002年间,俄美关系和俄欧关系都取得突破性进展。2002年5月,欧盟—俄罗斯莫斯科首脑会晤期间,双方就建立欧洲共同经济空

[①] 张晓静:《俄罗斯在八国集团中的异质性评析》,载《东北亚论坛》2009年第5期。

间、能源对话和贸易投资等问题进一步进行了磋商。欧盟和美国还先后承认了俄罗斯市场经济国家的地位。在同美欧等西方主要发达国家改善关系的背景下，俄罗斯在 2002 年 6 月加拿大八国首脑会议上正式成为八国集团成员，并受邀于 2006 年作为主席国承办该年度八国首脑会议。

需要指出的是，普京执政以来，在政治方面运用宪法赋予的总统权力和对行政力量的控制力，实行强权政治，加强中央集权；在经济方面加强政府对市场的调控力度，保持政府对战略性企业的控制力，从而稳定社会经济秩序。普京的一系列做法招致西方国家的反对，一些呼声甚至要求把俄罗斯驱逐出八国集团或至少取消它 2006 年峰会的东道主资格。然而，G7 当初吸收俄罗斯作为成员国也有它的目的，一方面是基于俄罗斯的未来发展潜力，另一方面也希望通过磋商方式对俄罗斯国内发展进行干预，实现其全球整合的目的。美国前国务卿赖斯这样说："一个民主的、尊重自由市场原则的、向西方和欧洲—大西洋结构靠拢的俄罗斯，对这一地区和全世界来说都是积极的发展。俄罗斯即使没有实现民主制，也不算是一个经济封闭、外交对抗的独裁主义专制国家，但如果西方把它边缘化处理的话，它很可能会变成这样的国家。"①

俄罗斯参与八国集团的活动：截至 2003 年俄罗斯代表参加了 11 次部长级会晤，包括八国集团成员国的外交部长、财政部长、内务部长、劳动部长和生态部长会议，还参加了 80 个专家小组会议。② 2006 年，俄罗斯作为轮值主席国，第 32 届 G8 峰会在圣彼得堡召开，并首次将能源安全列为 G8 峰会的第一议题。在 G8 各国领导人的博弈中，此次会议通过了《保护全球能源安全的共同行动计划》，提出解决能源安全的措施，包括建立石油信息库，打造竞争、开放、公平以及透明的能源市场等。当时的媒体普遍认为，这是普京树立俄罗斯在世界不可替代的能源大国地位的宣言书。在此次会议上，普京还对美国在伊拉克的所作所为以及英国就民主向俄罗斯施压的问题进行了强有力的批评和回应，充分显现出俄罗斯已经从当初的不平等、被动地位转变为 G8 各国公平、主动的合作伙伴。

之后，随着新兴经济体的崛起和国际金融危机的爆发，G8 在应对全

---

① ［俄］波波罗：《八国集团与俄罗斯》，载《国外社会科学文摘》2005 年第 9 期。
② 俄罗斯驻华大使馆：《2003 年俄罗斯的经济外交》，http：//news.xinhuanet.com/2006russia/2006－02/06/content_ 4142494_ 6.htm。

球问题上越来越显得无力。2012年5月，G8峰会在美国马里兰州举行，俄罗斯总统普京缺席此次会议，指派总理梅德韦杰夫出席。此前，俄美两国因导弹防御体系、叙利亚问题以及俄大选等问题导致紧张关系加剧，此次普京缺席会议表明，当俄国利益受到威胁时，俄罗斯会表现出强硬姿态，而不会屈从于美欧等国的意愿。

三　俄罗斯与G8的外交战略评析

总的来说，自1991年苏联解体至2008年国际金融危机发生之前，俄罗斯始终认为发展与G8的关系仅次于发展其与联合国的关系。俄罗斯当初之所以选择加入G8，主要是为了获得西方国家的经济援助，实现经济发展，进而重振大国地位。从戈尔巴乔夫到叶利钦，俄罗斯对G7的战略主要是以如何说服G7对俄罗斯进行经济援助，但是始终处于被动的状态。而且俄罗斯的发展一直受制于美欧等发达国家，一大批的经济改革计划与政策，也是在美欧等发达国家以及国际货币基金组织、世界银行等国际经济组织的引导和要求下制定的。

2000年普京当选俄罗斯总统之后，俄罗斯对G8的战略发生了一些变化。普京采取务实的大国外交政策，将独联体和亚洲地区作为其对外政策的首要选择，在外交手段上化被动为主动，以使G8成为实现俄罗斯国家利益的平台。通过普京的不懈努力，俄罗斯与G8之间形成了颇有特点的关系。由于俄罗斯充分认识到"就当今重要问题的立场进行磋商和协调的机制是捍卫和开展自己外交利益的一个重要手段"，因此俄罗斯重视与G8的"相互协作"。

普京上台后采取的一系列外交战略表明，俄罗斯试图成为当代国际新秩序的主导者之一。因此，俄罗斯对于G8的外交手段，主要体现在两方面：一方面，通过国内经济改革和外交战略的转变，实现从边缘地位到中心成员国的转变，由被动化为主动；另一方面，充分利用自身的能源、地缘政治角色以及军事实力，成为决策制定的参与者。就G8对于俄罗斯的作用而言，随着国际形势的变化不断转换，G8峰会的议题从经济议题扩展到政治、安全议题乃至全球问题等诸多领域。由于在上述领域中的领导和协调作用，直至2008年国际金融危机发生之前，G8一直被世人誉为正在形成中的全球治理中心。俄罗斯对于G8的参与也已经超越最初狭隘的经济范畴，提升至全球政治秩序重建、建立多极化世界格局的大战略和大视野中。①

通过参与 G8，俄罗斯不仅获得了经济与技术援助，更重要的在于通过对全球治理问题的协商与参与，提升了其国际话语权。俄罗斯联邦委员会外事委员会主席米哈伊尔·马尔格洛夫（Mikhail Margelov）认为，为促进俄罗斯自身利益在非洲的发展，俄罗斯"借鉴了苏联的经验"，即以 G8 集团的名义向非洲大陆提供援助。在 2013 年 3 月于南非德班举行的金砖国家首脑峰会召开之前，他曾对记者表示："今天，非洲大陆上所有的国家都已经做好在政治和经济上与俄罗斯开展合作的准备。"② 当前，俄罗斯在世界发展中的影响力日益提升。

总的来看，俄罗斯从跻身 G8 经历中积累了一定的经验。这个经验就是：与世界各大国保持"务实"的合作关系。普京于 2010 年 6 月 18 日曾经在主题为"中央银行与世界经济发展：新的挑战和对未来的展望"的高级国际会议上表示，俄罗斯仍然是 G8、G20 和其他论坛框架内"可靠、务实的伙伴"。普京特别强调了"务实的"这个定语，强调俄罗斯"将把自己的步伐和全世界，以及与 G8、G20 世界主导国家做出的决议保持一致"。③ 在应对 G20 的过程中，俄罗斯采取了更加积极主动的策略，竭力展示自身的实力与能力。

第二节　俄罗斯与 20 国集团（G20）的经济外交

20 国集团是一个国际性的论坛性质的集团，其宗旨是推动发达国家和新兴市场国家之间就实质性问题进行讨论，以寻求各成员国间的金融稳定和经济发展。在每年的 G20 财长与央行行长会议上，均就全球经济中的各种重要经济问题进行交流，各国力求在其中获得有利于自己国家的规则。从论坛的性质与机制来说，G20 的机制是财长和央行行长的会议机制。在某种意义上，G8 与 G20 的目标范畴具有差异，G8 所讨论的国际问题更加广泛，而 G20 从成立之初就专注于全球性经济问题，如财政政策、

---

① 郑羽、柳丰华：《普京八年：俄罗斯复兴之路（2000—2008）》外交卷，经济管理出版社 2008 年版，第 358 页。
② 《金砖国家组织第一次向美欧垄断地位发非正式挑战》，2013 年 3 月 30 日，人民网，http://world.people.com.cn/BIG5/n/2013/0330/c157278-20971108.html。
③ 俄罗斯政府网站。

货币政策、金融市场政策等。因此，G20 是全球 7 个最富国家与全球 13 个新兴市场国家间的最重要的经济对话论坛与协商机制。俄罗斯是 G20 的成员国之一，本部分论述俄罗斯与 G20 的关系。

一　20 国集团的职能及其发展历程

G20 成员由美国、英国、日本、法国、德国、加拿大、意大利、俄罗斯、澳大利亚、中国、巴西、阿根廷、墨西哥、韩国、印度尼西亚、印度、沙特阿拉伯、南非、土耳其 19 个国家以及欧盟所组成。这 20 个国家和地区的 GDP 总值占全球 GDP 的 90%，人口占世界总人口的 2/3，它们的对话对于全世界的经济趋势和合作规则有着极为重要的影响。

最初由美国等七个工业化国家（G7）的财政部长于 1999 年 6 月在德国科隆提出关于加强国际金融架构的报告中倡议成立 20 国集团。同年 9 月，"七国集团"财长和央行行长在《七国集团财长和央行行长会议联合公报》中确定了此事，并于当年 9 月在华盛顿由 G7 各国财长和央行行长宣布成立。但此时的 G20 论坛只有部长级会议，其成立的背景在于 1997—1998 年金融危机频发，这暴露出国际金融体系的脆弱性，以及发展中国家没能充分参与全球经济问题的讨论和决策。因此，其成立之初就提出让有关国家就国际经济、货币政策举行非正式对话，防范类似亚洲金融风暴的跨国金融危机的重演，以增强国际金融和货币体系的稳定。

第一次 G20 财长及央行行长会议于 1999 年 12 月在德国柏林举行。截至 2012 年，G20 财长及央行行长会议已经举行过近 16 次。总的来看，该会议旨在促进发达工业国和新兴市场国就国际经济货币政策和金融体系问题开展开放性的对话，为讨论协商有关问题奠定基础、寻求合作，推动国际金融体制改革。2008 年国际金融危机的爆发，改变了以往 G20 只有部长级会议的架构，G20 开始设立各成员国领导人峰会以共同商讨如何应对危机以及就各国的经济政策进行协调。从此，G20 取代 G8 成为全球经济治理的协商平台。

二　俄罗斯在 G20 系列峰会上的经济外交活动

从 G20 成立俄罗斯就是其成员国，俄政府每年都参加 G20 财长及央行会议和领导人峰会。然而，在 G20 取代 G8 成为全球治理的协商平台之前，俄罗斯并未能充分重视其在 G20 中的作用。只在 2008 年国际金融危机之后，改革国际金融体系的呼声越来越大，充分利用 G20 这一平台宣扬自己的改革主张，提高自身在全球经济治理中的话语权，进而实现强国复兴，就成为俄罗斯的外交政策和战略之一。自 2008 年第一次 G20 峰会在华盛顿召开以来，俄罗斯通过 G20 展开的经济外交主张主要体现在以下几方面：

第一，俄罗斯阐述其关于全球经济治理的思想，在协调各国经济政策中争取扮演主要角色。2008 年 11 月，第一届 G20 领导人峰会在华盛顿举行，时任俄总统的梅德韦杰夫出席并提出建立国际经济新秩序的基本主张，包括建立危机预警机制和风险评估机制；建立市场主体及金融信息披露机制；协调通用会计准则标准，提高金融机构资本充足率的要求等。2009 年 4 月，在 G20 伦敦峰会上，梅德韦杰夫进一步阐述了俄罗斯关于改革国际金融制度以及全球经济协调治理的系统性主张，要点为"八项建议"、"五项原则"、"四项方针"。关于全球经济治理的"八项建议"是：（1）在宏观经济政策和预算政策领域，必须制定国际公认的标准，各国应遵守这些既定标准。（2）各国必须保证继续落实刺激内需的政策，并使其与中长期可持续发展政策相结合，促进世界经济复苏。（3）加强国家和超国家金融监管机构的作用。俄罗斯建议制定国际协议，对金融市场监管的标准做出规定；国际社会应致力于建立金融工具和市场机制的全球信息披露标准。（4）改革国际货币金融体系，责成国际货币基金组织或 G20 专门工作组研究下列问题：扩大储备货币种类，在此基础上制定发展地区金融中心的促进措施；建立超国家的储备货币，使国际金融机构成为储备货币发行者。（5）改革国际金融机构，尽快完成国际货币基金组织改革，重新分配投票权和各国所占的基金份额，增加新兴国家和发展中国家的投票权；建立地区基金和发展融资制度，吸引与国际货币基金组织无关的超国家金融机构承担监管、最后贷款人以及储备货币发行者的职能。（6）继续向欠发达国家提供发展融资，在危机条件下应集中力量支持发展中国家的贫穷居民和弱势群体，对基础设施项目提供融资，为经济增长和解决就业奠定基础。（7）促进节能型增长，各国应致力于提高核能和现代可更新能源的作用，并开发新的能源技术。（8）向居民普及金融知识。

第二，俄罗斯与发展中国家共同推动国际金融和货币体系改革，争取提高卢布在国际货币体系中的地位。2009 年 G20 伦敦峰会召开前夕，俄罗斯官方网站公布了俄方对峰会提出的关于国际金融体系改革的一系列建议。其中，改革国际金融制度的"五项原则"为：（1）各国的金融监管制度应与国际金融监管制度兼容并相互协调；（2）各国对国际金融组织所作的决定承担平等责任；（3）在国际协调机制法制化的基础上实现高效率；（4）国际金融透明化；（5）建立公正的风险共担机制。"四项方针"是：（1）以有关国际公约为基础，提高国际监管制度的合法性和高效率，旨在保障各国经济战略相互兼容；建立以多中心合作为基础的世界经济体系，取代世界经济的单极结构；重新审视国际组织和制度所承担的作用。（2）通过发展多样性的储备货币体系和金融中心，增强国际金融体系的稳定性；储备货币发行国应实行高度公开化的货币信贷政策，遵守国际经济规则。（3）建立与金融技术发展水平相适应的风险管理机制；对跨国家的监管制度和本国监管制度进行跟踪评估。（4）以风险评估和机遇评估相平衡为基础，建立促进市场主体合理行为的激励机制。国际金融危机后，俄罗斯多次在国际峰会上表示，要加快推动卢布国际化。在2010年6月召开的G20多伦多峰会上，梅德韦杰夫公开表示将推动卢布成为全球储备货币之一。之后，俄罗斯不断就国际金融及货币体系改革问题，重申自己的主张。

第三，俄罗斯借G20峰会契机开展大国外交，拓展与美国、欧盟以及中国等主要经济体的关系。由于G20的讨论议题已经涉及全球经济发展的各个层面，因此利用这一平台，在各个经济领域展开经济政策协调，改善其贸易、投资等国际经济环境，进而为其现代化战略服务，也成为俄参与G20的重要方面。2013年，俄罗斯成为G20的主席国。俄政府认为，俄罗斯在G20中的作用在于，"将那些有利于经济增长的政策推荐给伙伴国家。最重要的一点——恢复对全球市场的信心，发展新的国际金融中心，消除直接投资和全球价值链中的壁垒，提高金融领域和包括对我们国家具有十分重要意义的能源领域在内的其他领域的透明度和调控效率。相信，通过这种消除壁垒和加强国际协调的方式，我们能够重新走上正常的、可持续发展的道路"[①]。2012年，俄罗斯是亚太经合组织的主席国，2013年是20国集团的主席国，2014年将承办八国集团峰会，2015年将

---

① 俄罗斯总理梅德韦杰夫在盖达尔论坛上的演讲：《俄罗斯和世界：一体化的挑战》。见俄罗斯联邦驻华大使馆中文版网站，http://www.russia.org.cn/chn/3082/31295839.html。

承办金砖国家峰会。重复强调一下，现代的经济增长局限在国界之内是不可能的，虽然某些人不希望如此。这对所有国家都是公平的，其中包括像俄罗斯这样拥有庞大国内市场的国家。①

三 俄罗斯对 G20 经济外交战略的简要评论

通过上述分析，可以看出，俄罗斯积极参与 G20 的活动与对话，其目的主要是为了提升其在全球经济治理中的话语权，进而影响国际经济与金融政策的制定，为其经济现代化战略服务。然而，从目前来看，俄罗斯的这一目标还很难实现。

第一，俄罗斯对 G20 的期望过高。俄罗斯认为："G20 的效率将会高于 G8，因为所有涉及全球性的问题都会在 G20 讨论，G8 虽然也很好，但并非是百分之百的高效。"更多人的看法是，"俄罗斯加入 G8 只是为了获取政治地位，但在讨论一系列现实性问题的时候，如世界金融结构的改革问题、建立多种世界货币储备的问题等，俄罗斯永远都是少数派"。②

第二，G20 目前的作用十分有限。在 2009 年 9 月匹兹堡 G20 峰会上，G20 的性质被确定为世界主要国家、主要经济体进行"国际经济合作的主要论坛"。匹兹堡峰会的最大成果是，做出以 G20 取代 G8 的决定，这标志着新兴经济体正式走上全球经济治理的前台，有机会与发达国家平起平坐，共同讨论全球性的经济议题。③ 从根本上讲，这是发达国家的实力相对削弱、新兴经济体迅速崛起、当前国际经济格局的反映，它要求全球经济治理机制必须做出相应调整。然而，G20 作为一个松散的国际论坛性组织，尽管其议题已涉及世界经济发展各个层面，但由于 G20 非机制化的特征，这使得其中的许多决议只能是一些参考性指南，对各成员国并不具有约束力，最终出现决议无法得到具体落实的困境。但是，与 G8 相比，G20 在合作机制诸多方面还不成熟，主导权基本上掌握在以美国为首的发达经济体手中。如果说俄罗斯在 G8 都难有作为的话，则对于 G20 这个集团而言，它的作用也将有限。因此，G20 的代表性与合法性也时常为局外

---

① 俄罗斯总理梅德韦杰夫在盖达尔论坛上的演讲：《俄罗斯和世界：一体化的挑战》。见俄罗斯联邦驻华大使馆中文版网站，http://www.russia.org.cn/chn/3082/31295839.html。

② G8 vs G20: *что предпочтительнее для россии?* ——РИА Новости. 20.09.2010. 转引自汪宁《俄罗斯与 G20：期望与现实》，载《国际观察》2011 年第 6 期。

③ 汪宁：《俄罗斯与 G20：期望与现实》，载《国际观察》2011 年第 6 期。

人所诟病,以至于 G20 峰会达成的一些协议很难在全球范围内推行。[①] 在这样的前提下,俄罗斯要想借助 G20 实现其在全球经济治理中的决策权,还存在许多困难。

第三,俄罗斯的经济实力还有待提高。近十几年来,俄罗斯国际地位之所以明显提升,主要是基于其能源地位、军事实力以及其在地缘政治中的关键作用。然而,要想在全球经济治理中发挥关键作用并影响国际经济政策的制定,还需要其综合经济实力和国际影响力的不断加强。近些年来中国之所以在世界经济发展中的话语权越来越大,正是基于中国强劲的经济增长。显然,同美国、欧洲主要发达国家甚至与中国相比,俄罗斯还有很长的一段路要走。而且,作为主导当前国际经济秩序的美国而言,它一直视俄罗斯为其国际事务中的强大对手,这势必会为俄罗斯的国际经济战略设置一系列障碍,俄罗斯要想跨越这一障碍无论是从经济实力还是从策略上都需要很大的提升。

[①] 张明:《莫斯科 G20 无新意》,FT 中文网,http://www.ftchinese.com/story/001048977?page=1。

第十一章　俄罗斯参加国际合作性组织的经济外交活动

所谓"国际合作性组织",这里主要指上海合作组织（可简称为上合组织）和金砖国家峰会①。在上海合作组织和金砖国家的合作框架与合作机制范围内,各成员国可以进行定期会晤与对话,协调各自对国际重大问题的立场。会晤、对话与协商等机制,能够增进各国相互间的信任,以协商方式解决争端,以和谈手段消除不安全因素,化解矛盾与预防冲突。在这样的机制下,俄罗斯支持并参与上海合作组织和金砖国家合作机制,不仅是受到当时的历史条件与多种因素的推动,也是其国家利益与政治诉求的反映,是俄罗斯施展其外交手段和工具的一个重要平台。从根本上说,俄罗斯参与上合组织和金砖国家的活动,符合它的国家战略利益诉求,是俄罗斯国家的战略选择而不是被动的行为;俄罗斯是上合组织和金砖国家峰会的积极参与者与利益相关者,而非是旁观者。

第一节　俄罗斯与上海合作组织的关系

21世纪之初,中国、俄罗斯、哈萨克斯坦、吉尔吉斯斯坦、塔吉克斯坦和新加入的乌兹别克斯坦在上海签署《上海合作组织成立宣言》,这标志着"上海合作组织"正式成立。

上海合作组织之所以成为有影响的地区性国际组织,是因为它具有一般国际组织的结构、机制与制度。上海合作组织建立了国家元首、总理、安全会议秘书、国防部长、外交部长等部门领导人的会议机制。国家元首

---

① 峰会、论坛和会晤机制等,被作为经济外交的重要手段。近年来,各国都利用这些经济外交的手段阐述并申明自己国家的政策与立场。

理事会是最高领导机构，负责研究、确定上合组织的合作与活动的战略、优先领域和基本方向，通过重要文件。上海合作组织每年举行一次成员国元首正式会晤，定期举行政府首脑会晤，轮流在各成员国举行。上海合作组织的两个常设机构分别是在北京和塔什干的秘书处（Секретариат ШОС）和地区反恐机构（Региональная антитеррористическая структура ШОС），上海合作组织奉行开放性原则，通过制定观察员条例邀请伙伴国以客人身份出席，规范了与第三国及其他国际组织的合作。上海合作组织合作机制中还有非政府的民间协调机制，分别是实业家委员会（Деловой совет ШОС）、银行间联合体（Межбанковскоео бъединение）和上海合作组织论坛（Форум ШОС）。

　　作为一个正式的重要的国际组织，"安全"与"合作"是该组织的宗旨与要义。在《上海合作组织成立宣言》中，明确规定诸如定期元首正式会晤、政府首脑会晤、常设和临时专家工作组等，特别是随着成员国之间经济的互补与依赖程度的不断加深，上合组织的机制性和制度性特点得到展现，各个成员国之间的合作在其框架下得到不断发展。经过上合组织成员国 10 多年的共同努力，上海合作组织充分展示出这一国际组织存在的价值和意义。[①] 作为其中的重要成员国俄罗斯也扮演着重要的角色，这是构成俄罗斯经济外交的一个组成部分。

一　俄罗斯是上海合作组织中的重要成员国

　　经过 10 多年的共同努力，上海合作组织充分展示了这一区域性国际组织存在的价值和特殊意义。作为其中的重要成员国，俄罗斯起着重要的作用，同时它也获得了自己的利益。

---

　　① 关于上海合作组织的形成是这样的。1992 年，俄罗斯、哈萨克斯坦、吉尔吉斯斯坦、塔吉克斯坦四国组成联合代表团与中国进行了谈判。1996 年 4 月，中、俄、哈、吉、塔五国在上海签订《关于在边境地区加强军事领域信任的协定》（上海协定），标志"上海五国"机制（Шанхайская пятёрка）诞生，从而改变了冷战时期遗留的军事对峙，这五国开始了不同于冷战思维新安全合作模式的探索。由于恐怖主义、宗教主义及极端主义势力在高加索、俄罗斯、中亚和中国某些地区的猖獗活动，1998 年起，五国对"三股势力"加强了认同，有意建立新的地区安全体系。之后，乌兹别克斯坦提出加入"上海五国"机制的要求。基于机制目标的不断扩大及乌兹别克斯坦与其他中亚国家相邻的地理位置在地区安全稳定中具有重要意义，各成员国同意乌兹别克斯坦加入合作机制。2001 年 6 月 25 日，中、俄、哈、吉、塔、乌六国元首会聚中国上海，宣告成立上海合作组织。

从上合组织的成因与各国的作用看，俄罗斯的地位与作用不容忽视。俄罗斯不仅是上合组织的重要成员国，俄通过外交努力和外交手段，在上合组织中也谋求其战略目的。近年来，有学者探讨"从1989年中苏边界谈判开始的上海五国为什么会转变为一个全面安全合作组织"这样的问题，他们从"信任、主导国和共同安全利益"三个方面，对上合组织的合作进行了阐释。有文章认为，在1989年中俄边界谈判的时期，中国与俄罗斯、哈萨克斯坦、吉尔吉斯斯坦、塔吉克斯坦形成了重要互信。中俄与哈、吉、塔所形成的这种信任关系，成为日后中俄合作以及使中亚国家加入中俄主导的安全合作组织的基础。首先是中俄边界谈判逐步建立的信任关系，边界谈判的成功又催生出上海合作组织中的中俄主导。随着非传统安全威胁日益突显，"上海五国"提出多边合作并发展成安全会议机制。从1998年至2001年，共同和互补的安全利益更加深化，从而推动"上海五国"提升为上海合作组织。[1]

自1996年起，中、俄、哈、吉、塔五国每年举行"上海五国"元首会议。在1998年阿拉木图举行的第三届"上海五国"峰会上，"上海五国"提出了更新的议题，各国从过去仅就边界地区的军事谈判，变成以维护地区安全为主的多边安全合作，由此打击"恐怖主义、民族分裂主义与宗教极端主义这三股势力"成为五国合作的主要议题和以后上合组织的合作内容。换言之，在1998年举办的第三届"上海五国"峰会上初次萌生了关于进行多边合作可能性的想法，之后在"上海五国"的基础上，建立了这样一个多层次、多领域的多边合作体制——"上海合作组织"。"上海五国"从初期松散的、单项安全会议机制逐渐转变为制度化的机制，成为一个规范的国际性合作组织。可以看出，中俄边界谈判的成功是"上海五国"和"上海合作组织"最初基础。

在我国，对于上海合作组织的研究更多地偏向于其成果和意义，国外学者更加关注上海合作组织产生的动因以及各国在其中的作用。这就必然涉及中国与俄罗斯这两个国家的意图。在这些研究中，中国被认为是上海合作组织的发起国，我们认为，对于俄罗斯在上合组织中的作用及其意图也需加以客观分析，如若没有中国与俄罗斯的共同利益与合作意图，上海

---

[1] 林珉璟、刘江永：《上海合作组织的形成及其动因》，载《国际政治科学》2009年第1期。

合作组织难以走到今天。

二 俄罗斯对上海合作组织的国际政治诉求

在上合组织的发展历程中，俄罗斯的身影与作用是难以抹掉的。上海合作组织也是俄罗斯实现经济外交的一个机构和途径。近年来，俄罗斯越来越积极地运用上海合作组织这个国际平台，发挥其外交手段以实现其国家对外政策与国家利益之目的。

上海合作组织在历史上首次将中、俄、中亚结合在一个利益共同体内，使它们能在其框架内最大限度地缩小分歧及其带来的负面影响，同时最大限度地扩大和巩固共同利益。

"共同利益说"是最为频繁出现也是最广为接受的解释。[①] 以这一观点解释各国在上合组织中的利益，中国与俄罗斯、哈萨克斯坦、吉尔吉斯斯坦、塔吉克斯坦在通过解决边界问题过程中建立的信任，以及中、俄、哈、吉、塔五国间存在着的共同利益，不断推动着各国发展的合作，上海合作组织在不断发展的过程中，各个成员国在这一组织中的国家利益与上合组织追求的利益之间具有共同性，它是这一组织能够维持的基本原因，也即"利益合作论"。[②] 例如，中国、俄罗斯以及中亚各国在打击恐怖主义、民族分裂主义和宗教极端势力等"三股势力"问题上，具有广泛的合作利益。

最初的共同利益是上海合作组织中各国的安全利益。上海合作组织的初衷是为解决传统安全而成立的一个合作组织，随着国际局势和地区形势的不断变化，非传统安全问题日益突出，并成为上海合作组织安全利益合作的重点。在成员国的共同的安全利益方面，地区安全与稳定方面的安全合作，各国在打击恐怖主义、民族分裂主义和宗教极端势力等"三股势力"问题上，具有广泛的安全合作利益；在非传统安全合作方面，对于有组织的犯罪、贩毒、走私、非法移民等，采取协调行动；在反对恐怖主义、推动成员国开展联合缉捕、遣返嫌疑犯的合作，加大对毒品生产和走私、跨国有组织犯罪、洗钱等方面的犯罪活动共同打击的力度，使安全合

[①] 林珉璟、刘江永：《上海合作组织的形成及其动因》，载《国际政治科学》2009年第1期。

[②] 尹继武、田野：《上海合作组织的制度形式选择：一种交易成本分析》，载《国际政治研究》2007年第2期。

作的内容不断扩大，安全合作的伙伴继续增多。因此，共同利益上存在共同诉求，是促成上合组织成立与发展的一个主要动因。

当一个国家具有其核心利益诉求时，与核心利益密切相关的就是该国的"核心利益地区"。由于上合组织中中亚国家被认为是俄罗斯的"核心利益地区"，故俄罗斯对上合组织的诉求就更多些。归纳起来，俄罗斯对上合组织的利益诉求大致包括以下方面。

第一，俄罗斯的安全利益诉求。俄罗斯参与上海合作组织的初衷和诉求之一是安全利益。俄罗斯与上合组织各国共同打击恐怖主义、民族分裂主义和宗教极端主义，利用上合组织能够维护其周边地区安全，这使俄罗斯获得周边的安全与稳定，构筑俄罗斯周边地区的安全带。从"上海五国"的宗旨看，所谓"三股势力"等都属于需要跨国合作才能解决的安全问题。鉴于这一地区复杂的安全局势，"上海五国"自1998年阿拉木图峰会开始，就把安全合作的领域从传统的边界军事安全合作，扩展到包括非传统安全的安全合作。因此，安全合作在上海合作组织发展过程中，始终是促使上合组织的多边合作组织不断发展的主要凝聚力所在。俄罗斯总理梅德韦杰夫认为，共同努力以巩固地区安全和稳定，这是成立上合组织最主要的动因之一。

就中亚对于俄罗斯的安全而言，中亚是俄罗斯的南邻，而南方特别是高加索是俄国内最不稳定的地区。自20世纪90年代后期以来，包括俄罗斯车臣非法武装组织、中国新疆的"三股势力"[①]和乌兹别克斯坦的伊斯兰运动组织在内的三股跨国势力，在中亚及其周边地区十分猖獗。俄罗斯对"三股势力"的威胁认知，来自于车臣分裂主义对俄罗斯安全与稳定的威胁。车臣宣布要脱离俄罗斯，并与俄军开始了军事抗衡。从维护国家领土主权完整的考虑出发，俄罗斯中央政府明确地认识到解决车臣问题的必要性和迫切性。同时，俄罗斯对于打击"三股势力"，也看作是稳定国内政局的必然要求。苏联解体后，车臣进行了两次战争，直至2009年4月才宣布取消在车臣的反恐行动，恢复正常秩序。但是，高加索安全问题并没有彻底解决。自2009年以来，车臣、印古什、塔吉斯坦地区不断发生严重恐怖事件，北高加索局势"仍然非

[①] 所谓"三股势力"，是指宗教极端势力、民族分裂势力、暴力恐怖势力，是由2001年6月15日上海合作组织签署的《打击恐怖主义、分裂主义和极端主义上海公约》作出的明确定义。

常复杂"。显然，这也是俄罗斯利用上合组织实现安全的重要方面，上合组织自然成为俄罗斯实现其安全利益的重要工具。

第二，俄罗斯对独联体的利益诉求。俄罗斯参与上海合作组织的初衷和诉求之二是独联体利益诉求。俄罗斯把上海合作组织作为独联体政策在中亚安全问题上的延伸，试图利用上合组织维护其在中亚地区的势力与影响，实现其在中亚的利益。从历史来看，俄罗斯历来把中亚地区看作自己的势力范围。上海合作组织的"合作模式"早在20世纪90年代初就已在中亚地区出现，在与上海合作组织的功能有所重叠或相似的合作中，俄罗斯从来都是中亚国家的主导。这种权力关系在"上海五国"阶段俄罗斯与中亚三国之间的关系上也有所体现。例如，俄罗斯提出的《独联体集体安全条约》以及2000年3月28日至4月3日俄、哈、乌、吉、塔五国联合举行代号为"独联体——2000南方盾牌"司令部首长演习，均由俄罗斯主导并强调防范非传统安全合作的目的。独联体反恐中心于2000年在莫斯科成立。这些由俄罗斯主导的中亚安全合作，大体上都围绕非传统安全、中亚地区稳定等议题而开展，与上海合作组织所主张的合作方向是一致的。

在俄罗斯联邦政府2000年和2008年发布的《俄罗斯联邦对外政策构想》中，均明确规定独联体特别是中亚在地区优先发展方向上的首要地位。这包括：第一，确保中亚继续成为自己的势力范围，在军事和安全方面依附自己，不让别的国家染指；第二，继续保持传统的经济联系，控制中亚的自然资源，特别是能源及其运输通道；第三，确保中亚的安全与稳定，使自己的南部不受来自中亚的安全威胁。[①] 为此，俄罗斯把稳定中亚作为稳定国内局势的延伸，建立与中亚国家的紧密的国家关系，动用一切资源保证对俄友好的政治势力在中亚执政；在保持传统经济联系的同时，加快俄罗斯与这些国家的经济一体化，形成新的经济影响手段；巩固和加强在中亚的军事存在，使中亚继续成为俄罗斯的"后院"。2010年2月，俄罗斯现代发展研究所出台了《俄罗斯在独联体的经济利益和任务》的报告。该报告强调指出，必须制定和提出供独联体国家共同研究的关系理论，确定加强和提高独联体多方位合作的吸引力，保证原苏联地区的经

---

① 李新：《中国与俄罗斯在中亚的经济利益评析》，载《俄罗斯中亚东欧研究》2012年第5期。

济整合以及所有成员国获取实际利益，要求原苏联地区朝建立广泛的欧亚合作区迈出实质性的步伐，保障俄罗斯在独联体的长远利益。[①] 其根本目的在于，俄罗斯需要在原苏联特别是中亚地区加强它的影响力；将原苏联地区重新整合起来，抵制域外大国的渗透；通过经济和外交等手段，使中亚地区原苏联国家加入其势力范围。

第二节　俄罗斯对上海合作组织的经济利益诉求

追求共同的经济利益，可以解释为俄罗斯参与上海合作组织多边经济合作的诉求。从1996年"上海五国"第一次会晤至2012年，轮流在各成员国举行的会晤已达17次，这些领导人定期会晤的内容广泛，涉及包括经贸、能源、教育、科技、环保、安全、外交等领域的重要问题。

一　俄罗斯促进上合组织的经济贸易合作

进入21世纪以来，俄罗斯努力恢复因苏联解体导致的原苏联地区国家间的经济联系，贸易额和投资额持续上升。在2001—2010年间，俄罗斯与中亚国家的贸易额增加了3.5倍，其中俄罗斯向中亚国家的出口增加了4.3倍。在投资方面，俄罗斯不断加大对中亚国家的投资，它不仅与哈萨克斯坦的能源合作密切，与该地区其他国家的能源合作也在增加，并将其主要集中在俄与中亚国家的能源合作方面。截至2010年初，俄财政对中亚国家的能源投资总额超过110亿美元。绝大部分投资（大约80%）集中在哈萨克斯坦（83亿—85亿美元），对乌兹别克斯坦（大约13亿美元）和塔吉克斯坦（8.15亿—8.35亿美元）投资略少，对土库曼斯坦（大约1.1亿美元）和吉尔吉斯斯坦（5.6亿—5.9亿美元）投资最少。[②]

[①] Кулик Сергей Александрович, Спартак Андрей Николаевич, Юргенс Игорь Юрьевич：*Доклад Института современного развития：экономические интересы и задачи России в СНГ*, февраль 2010г. http：//www.insor‐russia.ru/files/Intrest_ Books_ 02. pdf.

[②] 以下资料见俄罗斯信息分析中心网站发表的帕拉莫诺夫和斯特罗科夫《俄罗斯与中亚五国能源合作现状和前景》中文版，2011年8月12日，http：//www.cetin.net.cn/cetin2/servlet/cetin/action/HtmlDocumentAction；jsessionid＝79C63F068BF49E8C8DCFABCD25357480？baseid＝1&docno＝431261。

俄罗斯与中亚五国能源合作的总体情况如下[①]：

（1）哈萨克斯坦。与20世纪90年代相比，俄罗斯与哈萨克斯坦在油气产业的合作大大加强，已接近苏联时期的规模。但是，俄罗斯油气公司遭遇激烈竞争，在哈萨克斯坦能源行业的地位显然不敌竞争对手。在煤炭和电力行业的合作逐步理顺，可是与苏联时期的水平和规模相去甚远。2005年以后才开始恢复核能合作，但仍然受到巨大风险因素的困扰，而且解决这些问题尚未列入俄罗斯和哈萨克斯坦的优先方面。

（2）吉尔吉斯斯坦。俄罗斯与吉尔吉斯斯坦的合作实际上只限于油气行业，俄罗斯天然气工业股份公司获得了吉油气项目，控制了吉尔吉斯斯坦石油产品市场。总的来看，能源合作前景很不明朗，尤其是吉尔吉斯斯坦的形势并不稳定。

（3）塔吉克斯坦。俄罗斯与塔吉克斯坦在油气行业（对多个矿产地进行地质勘探）和水电行业（桑格图德水电站完工，这是苏联时期的"胡子"工程）的能源合作规模巨大。可是，进一步开展能源合作的前景由于某些主客观原因还存在问题。这和塔吉克斯坦的政策没有远见有关，也和俄罗斯对解决一系列地区性问题（例如，中亚水力发电问题）缺乏综合考虑有关。

（4）土库曼斯坦。与20世纪90年代相比，俄罗斯与土库曼斯坦的贸易合作仍然仅限于天然气领域的贸易。尽管2001—2008年两国的贸易额高于20世纪90年代，但2009年受经济危机影响大幅下降。因此，两国能源合作的前景并不明确，尤其是对土库曼斯坦天然气资源及其输气线路的竞争日益激烈，俄罗斯对土库曼斯坦天然气过境运输的垄断被打破。

（5）乌兹别克斯坦。与20世纪90年代相比，俄罗斯和乌兹别克斯坦在油气行业的合作大大加强，包括地质勘探、开采项目和天然气贸易。目前两国尚未在燃料动力综合体其他行业开展合作，双边合作在很大程度上取决于政治经济因素的复杂组合，其中包括俄罗斯对乌兹别克斯坦的政策，也包括俄罗斯对中亚国家和周边国家，首先是对阿富汗的政策。

[①] 见俄罗斯信息分析中心网站发表的帕拉莫诺夫和斯特罗科夫《俄罗斯与中亚五国能源合作现状和前景》中文版，2011年8月12日，http：//www.cetin.net.cn/cetin2/servlet/cetin/action/HtmlDocumentAction；jsessionid = 79C63F068BF49E8C8DCFABCD25357480? baseid = 1&docno = 431261。

二 俄罗斯促进在上合组织框架内建立"能源俱乐部"

在上海合作组织框架内筹建组织能源俱乐部,以打造"亚洲能源战略",这是俄罗斯经济利益诉求的具体表现。早在2006年上海合作组织成员国元首理事会第六次会议上普京就提出,在本组织框架内建立一个能源俱乐部的建议是有益的,①"能源生产者和消费者的利益,是俄方支持建立能源俱乐部的动因"。例如,2006年2月,俄罗斯工业和能源部长赫里斯坚科以《俄罗斯能源战略:奔向东方》为题撰文,强调俄应"把东方视为一个战略方向",力争以开发东西伯利亚和远东油气资源为突破口,推动该地区经济发展,并搭乘"亚太经济快车"。② 自2011年以来,俄进一步加强了对中亚的能源外交攻势,俄总统普京成功说服哈萨克斯坦,特别是土库曼斯坦领导人,按照俄罗斯的计划,建设新的环里海天然气管道;2012年5月,俄罗斯外交部长拉夫罗夫在上海合作组织成员国外交部长会议上表示,通过各成员国能源部门的努力,在上合组织框架内实际已建立"能源俱乐部",作为能源合作重大问题进行对话的开放平台。这也是俄罗斯一直致力于在上合组织实现的目标,正如普京所指出的,"我们需要在上合组织框架内建立一些真正起作用的融资保障和项目管理机制。应该搭建一些我们可以组建联合计划、制定各种多边方案的平台。我举一个能够说明这种方式的例子——上合组织能源俱乐部,这个俱乐部的筹备工作已经进入冲刺阶段"③。但是,我们也必须看到这其中存在的矛盾,能源是俄强化在中亚—里海地区的主要动力之一,俄罗斯为确保其战略优势,既阻遏美国等西方国家的"石油资本"的渗入,也不愿看到中国同哈萨克斯坦等国家能源合作屡有进展。可见,现实中,中俄围绕上合组织地区能源合作的隐性竞争是存在的。

三 俄罗斯促进欧亚经济一体化的进程

在经济实力迅速提高的基础上,俄罗斯加快了推进原苏联地区的政

---

① 2006年6月15日,中国新闻网,http://news.eastday.com/eastday/node81741/node81762/node141181/userobject1ai2107106.html。

② Виктор Христенко, *Энергетическая Стратегия России: Прорыв на Восток* [N] lВедомости, 06.02.2006. http://www.vedomosti.ru/newspaper/article/2006/02/06/102474。

③ [俄]普京:《俄罗斯与中国:合作新天地》,载《人民日报》2012年6月15日。

治、军事、经济、能源和文化的一体化进程。俄罗斯在促进欧亚经济一体化进程上的基本路线图就是：自由贸易区——关税同盟——统一经济空间——欧亚经济联盟——欧亚联盟，实际上，俄罗斯对于欧亚经济一体化的构想，与欧洲联盟的一体化发展有相近之处。普京期望欧亚联盟能够成为与欧盟并行的欧亚大陆"两个最大的联合体"之一，并"根据自由贸易规则和兼容的调节机制进行协作"，在"从大西洋到太平洋的整个空间"开展这样的协作。俄罗斯一方面强化集体安全条约组织及其快速反应部队的作用，实行安全和军事的一体化；另一方面选择俄白哈关税同盟作为经济一体化的"核心"，加快推进独联体自由贸易区和欧亚经济共同体向欧亚经济联盟发展，统一经济空间，实行统一货币，建立共同能源市场，实现商品和服务、资本和劳动力的自由流动。

近几年，俄在推进欧亚经济共同体方面采取了四步走战略。[①] 第一步，加快俄白哈关税同盟的建设。在俄罗斯总统和哈萨克斯坦总统的倡议下，2006年1月组建了欧亚开发银行，2007年10月三国签署了新的《关税同盟条约》，两年后签署了《关税同盟海关法典》，2009年又成立了欧亚经济共同体反危机基金，以共同抵御全球经济危机。2010年1月正式实行统一关税税率、关税限额使用机制、优惠和特惠体系以及统一地对第三国禁止或限制进出口的商品清单。2011年7月，统一关税空间成立，这标志着关税同盟开始实际运行，一个拥有1.7亿人口、石油储量900亿桶、GDP总量2万亿美元的次区域经济组织诞生。

第二步，将关税同盟提升为统一经济空间。为进一步深化欧亚经济共同体的发展，2007年10月，俄罗斯、白俄罗斯和哈萨克斯坦三国宣布建设关税同盟，2011年7月用不到4年的时间建成了统一关税空间，标志着关税同盟的实际形成。2010年12月，俄、白、哈三国总统在莫斯科发表共同宣言，提出从2012年1月1日起统一经济空间开始全面运作，不仅要实现商品、资本和人员的自由流动，还要建立超国家的协调机构，协调各成员国宏观和微观经济政策，建立统一中央银行，实行统一货币，建立共同能源市场。这将是原苏联地区第一个最为务实的经济一体化组织。

第三步，将统一经济空间进一步升级为欧亚经济联盟。2011年10

[①] 李新：《普京欧亚联盟设想：背景、目标及其可能性》，载《现代国际关系》2011年第11期。

月，关税同盟政府首脑会议审议了《关于建立欧亚经济联盟的决议草案》，计划于2013年启动欧亚经济联盟程序，在关税同盟和统一经济空间基础上走向更紧密的经济和货币政策协调，创建真正意义上的经济联盟。2011年11月，三国领导人在莫斯科签署《欧亚经济一体化宣言》和《欧亚经济委员会条约》，在关税同盟和统一经济空间基础上，将向更紧密的经济和货币政策协调发展，创建真正意义上的经济联盟。2015年1月，欧亚经济联盟已经如期启动。

第四步，从欧亚经济联盟迈向欧亚联盟。2010年12月，欧亚经济共同体莫斯科元首峰会就如何在统一经济空间基础上建立欧亚联盟达成一致。普京坚定地指出："我们有完全充分的理由认为我们将于2013年迈出这第三步"[1]；普京还满怀信心地表示："我们不会就此止步，我们为自己提了更具雄心的任务：走向下一阶段更高水平的一体化：欧亚联盟"[2]。欧亚经济联盟成立之后将逐渐走向欧亚联盟。

四 俄罗斯加强沟通与交流的合作愿望

俄罗斯参与上海合作组织的初衷和诉求是，将上合组织作为俄罗斯与中国和中亚主要国家增进沟通与交流的渠道。上合组织的成立，使得中俄及中俄与中亚主要国家的接触和交流的机会大大增加。对于中俄来说，上合组织成为中俄之间联系的一个重要渠道，上合组织不仅提供了中俄直接接触的形式，而且也提供了新的合作议题与内容，并造就了中俄新的共同利益。像反恐、中亚地区安全、区域稳定、反毒、地区交通和能源合作、区域睦邻友好等内容，都是原来中俄双边关系中所没有涉及的。

俄罗斯能够以上合组织为国际合作的一个重要载体，宣扬它的政治和安全观念，提升其本国的战略地位。这是因为，上合组织在其共同活动中，通过了大量宣言、声明、协议、公约、条约，形成了一些具有共识性的默契，它们在一定程度上形成了上合组织的机制化或非机制化的政治规范，这些宣言、声明、协议、公约、条约等都成为上合组织成员国之间相互关系的重要原则。从中俄关系的角度来看，这些原则也对中

---

[1] Путин： *Евразийский союз заработает в 2013 году*，http：//www.centrasia.ru/newsA.php?st＝1310494440，12.07.2011.

[2] 普京在2011年10月20日独联体政府首脑委员会、欧亚经济共同体跨国委员会和关税同盟高级机构会议记者招待会上的讲话，http：//www.tsouz.ru/news/Pages。

俄关系的发展产生一定的影响，对两国关系产生有形或无形、机制化或非机制化的规范作用。应该说，这是上合组织对中俄关系带来的外交收益，尤其是在中亚地区，它使中俄在中亚有了某种"游戏规则"，尽管它并不十分清晰，也没有完全的约束力，但它被俄罗斯和中国共同遵守并发挥积极作用。

俄罗斯能够通过上合组织实现更好地维护俄罗斯在这一地区的威望之目的。上合组织以中亚为政治地理中心，其成员包括了中国、俄罗斯和大多数中亚国家，它的观察国包括了印度、巴基斯坦、伊朗、蒙古等，这使上合组织成为以中亚为中心、辐射南亚和西亚的地区组织。因此，上合组织有更广泛的代表性，也更具国际影响力。

第三节 "俄罗斯因素"在上合组织中的作用

作为苏联的继承国，冷战结束后的俄罗斯国力与苏联时期不可同日而语。自20世纪90年代后期到普京任俄罗斯总统以来，俄罗斯始终推行东西方兼顾的所谓"双头鹰"外交政策。叶利钦时期，俄罗斯的外交重点是平衡东西方国家关系，普京继承了叶利钦时期国家对外政策的基本理念，"我们不可能有向西的也不可能有向东的倾斜。现实的情况是，像俄罗斯这样的地缘政治大国，到处都有它的民族利益"[1]。世纪之交，除确保国家安全与主权完整等根本原则外，俄罗斯对外政策的基本目标大致包括两个主要方面。其一是，加强与周边国家的睦邻友好关系；其二是，与外国及国际组织寻求共识和利益，改善国际合作条件与同盟关系体系。[2]

出于这样的考虑，上海合作组织建立后，俄罗斯表示其参与目标是为了对付共同的非传统安全威胁，该组织的成立有利于推动国际安全新机制的建立。按照上海合作组织秘书长Б.努尔加利耶夫的解释，上合组织的出发点是"任何分歧、矛盾、争论和纠纷可以而且应该通过对话、协商和互让的途径加以解决；对挑战与威胁性质的共同理解、在尊重彼此合法

---

[1] [俄]普京：《外交政策的优先任务是为社会经济发展创造外部安全环境》（2001年1月26日，莫斯科），普京：《普京文集》，中国社会科学出版社2002年版，第254页。

[2] [俄]伊·伊万诺夫：《俄罗斯新外交：对外政策十年》，陈凤翔等译，当代世界出版社2002年版，第149页。

利益基础上探寻解决甚至是最复杂问题的共同理念，使上海合作组织成员国团结在一起"①。一些人认为，俄罗斯希望上海合作组织成为有名无实的地区领导人对话机制，因此俄罗斯对上海合作组织框架下的会晤机制表现出一定热情，对国家元首、总理、总检察长、安全会议秘书和外交、国防、文化、交通、执法安全、边防、紧急救灾等部门领导人以及国家协调员共13个会晤机制的建立起到积极作用。在另外一些专家看来，俄罗斯对上合组织保持着一贯立场和积极态度，他们认为俄罗斯的这一表态是真实的可信的。② 2001年上合组织成立时，普京代表俄罗斯参加上海合作组织的成立大会并指出，上合组织能够更合理和更有效地发挥成员国的潜力，能促进中亚地区的和平与稳定，普京的政治表态奠定了俄罗斯对上合组织外交态度的基调。2006年上合组织成立5周年之际，普京撰写题为《上合组织——国际合作成功的新模式》文章发表在俄《独立报》上，对上合组织的作用进行了详细的论述。

上海合作组织是俄罗斯实现周边外交的主要途径。普京要的是俄罗斯的强大，而并非面子上的老大或老二。因此，面对其他国家，俄罗斯在战略高度考虑问题，其对上合组织对俄罗斯的利弊，哪些可以合作，哪些属于敷衍了事，想得很清楚。因为俄罗斯知道这个组织无法与北约抗衡，但俄可以通过这个组织，防止中亚邻国向华盛顿靠拢，同时也防止其他大国向中亚渗透；在伊朗核问题上，莫斯科表态可以与美欧联手制裁伊朗，因为它知道，欧洲大国尤其是德国与法国很在乎莫斯科的立场。在朝鲜问题上，俄罗斯坚定地站在中国一边，中国与美日在这个区域越对立，俄罗斯的地位就越重要。对于印度，也是如此。俄罗斯知道印度可以牵制中国，也可以给俄罗斯提供巨大的军火市场，对于印度这个军火市场绝不会轻易放弃，因此日益强化俄印关系。2011年，温家宝总理曾经访问新德里，随后梅德韦杰夫立刻访印，在石油输出和军火供应方面与印度签订了远远超过中国的订单。俄罗斯需要的是真正的国家利益，并非是国家的虚荣。

如今，上合组织已成为欧亚空间稳定的一种力量与机制。普京对上合组织的模式给予了高度评价。他指出，上合组织所创造的合作模式也就是

---

① ［吉］Б. 努尔加利耶夫：《上海合作组织：新问题与新方法》，载《俄罗斯研究》2009年第3期。

② 赵华胜：《透析俄罗斯与上合组织的关系》，载《国际问题研究》2011年第1期。

"上海精神",被越来越广泛地接受。我们的组织有明确的原则基础,其中包括相互信任,坦率地讨论任何问题,通过磋商而不是通过施加压力解决问题。实际上这已经是上合组织完整的指导原则,我们希望,它们能使我们的组织在国际社会中继续散发吸引力。自2007年,"上合组织"出现在俄罗斯总统国情咨文中,且在俄罗斯最重要的外交文件中"上合组织"都有体现。2007年,俄罗斯外交部主持撰写了《俄罗斯联邦对外政策概览》,其中这样评价上合组织,"只有通过综合的途径,我们在中亚方向的工作才能成功,包括利用集安组织、欧亚经济共同体和上合组织的可能性……在阿富汗稳定、反恐和禁毒,以及与阿富汗建立现实合作方面,地区组织发挥着积极作用,包括集安组织和上合组织"。[1]

因此,俄罗斯政府对于上合组织的国际作用给予肯定。在2008年7月俄所公布的《俄罗斯外交政策概念》中,继续赋予上合组织特别地位。2008年时任俄总统的梅德韦杰夫在其首个国情咨文中对上合组织的性质这样认识,"自负和强力已经不像过去那样令人信服和有效。世界不可能以一个首都来管理。不理解这一点只会给自己和他人制造更多问题。多数国家转向务实的多方位政策说明了巩固国际制度的迫切性。我们正是从这一立场看待俄罗斯参与多边机制,例如八国集团、上合组织、金砖四国、亚太经合组织等"[2]。2009年2月,俄罗斯外长拉夫罗夫在俄对外工作议会报告中指出,俄罗斯对巩固上合组织给予最高的重视。[3] 梅德韦杰夫表示:"积极参加上合的活动,积极发展这一组织内各领域的合作,这早已是俄罗斯外交最优先的方向之一。"[4] 2009年10月,普京在上合组织总理会晤中强调:"俄罗斯把发展上合作为最重要的外交优先任务之一。我们准备继续以最积极的方式参加它所有方向上的活动。"俄罗斯对上合组织的态度反映出其对上合组织的政治目的和其他诸多的考虑。

---

[1] 中国新闻网于2007年3月28日撰文指出,俄罗斯外交部2007年3月27日在官方网站全文公布了俄国家外交政策的指导文件《对外政策述评》,该文系统分析了俄对外政策的优先方向,提出针对性建议,为当局推行相应方向对外政策路线提供指南,http://www.chinanews.com/gj/xwbj/news/2007/03-28/902432.shtmlhttp://www.chinanews.com/gj/xwbj/news/2007/03-28/902432.shtml。

[2] 赵华胜:《透析俄罗斯与上合组织的关系》,载《国际问题研究》2011年第1期。

[3] Сергей Лавров, "Россия придает первостепенное значение укреплению ШОС", http://www.infoshos.ru/ru/?idn=3632.

[4] 赵华胜:《透析俄罗斯与上合组织的关系》,载《国际问题研究》2011年第1期。

第一,"中俄主导"成为上合组织的现实。国家间的多边合作尤其是在合作组织产生之初,往往由主导国所推动,上合组织的主导国被认为是中国与俄罗斯,因而上合组织就有"中俄主导"之称。从这个意义上来说,在中俄边界谈判时所形成的中俄信任关系,为"上海五国"和上海合作组织的建立提供了强有力的推动力。"中俄主导"上合组织,乃是上海合作组织发展过程中难以否认的事实。"中俄主导"的上合组织可以形成一种合作机制的动力,特别是在苏联解体后,中亚地区变成一个真空地带,美国不断地扩大其在这一地区的影响力。在此情况下,身为地区大国的中国和俄罗斯都有理由牵制美国对中亚地区的渗透。上海合作组织在各个方面都突出了主导国的地位,从"上海五国"到上海合作组织的主要会议所召开的地点、组织名称及其颁布的文件中,都能直接体现出中国与俄罗斯特别是中国的主导。包括2001年6月25日上海合作组织首次会议在内的政府高层会议,都集中在中国与俄罗斯两国。中俄两国的主导作用是上海合作组织多边合作产生的核心动因。

第二,中俄战略协作伙伴关系是上海合作组织的核心。从"上海五国"到上海合作组织的发展脉络与中俄关系的发展看,这一进程呈现正相关的关系。由此一些专家提出,中俄战略协作伙伴关系是上海合作组织诞生的原因。这一点在"上海五国"以及中俄两国缔结的各个官方文件中表现得尤为突出,在同一时期中俄两国间所签署的各种文件中也得到体现。在第一届"上海五国"峰会开幕前的1996年4月25日,中国和俄罗斯发表了《中俄联合声明》。在此声明中强调,中俄决心发展平等互信、面向21世纪的战略协作伙伴关系,这是在1994年9月中俄就构筑"面向21世纪的新型伙伴关系"达成共识后所发展出的具体成果。从1996年"上海五国"成立到2001年提升为上海合作组织,这一期间"上海五国"对于世界格局、合作方式和合作领域等的精神,都在中俄双边的文件中体现出来。可以认为,这是"上海精神"在中俄双边关系中的体现。

第三,推动周边各国经济合作是上合组织发展的原因。周边国家和地区是中国的国家利益最集中的地方,也是中俄"维护良好国际环境"的地区。过去的10多年来,在中国的支持推动下,上海合作组织在发展政治互信、促进经济合作及完善自身制度建设方面取得了很大成就。为推动上海合作组织框架内的经济合作,2004年塔什干首脑会议期间,中国宣布向其他成员国提供9亿美元的优惠出口买方信贷,上海合作组织秘书处会馆及其经济合作网站均为中国无偿提供。2008年全球金融危机给上海合作组织成员国带来了严重的冲击，中国积极协助成员国应对危机。例如，2009年初，中国以"贷款换石油"方式分别向俄、哈两国贷款250亿美元和100亿美元，以"贷款换合作"形式向塔吉克斯坦贷款10亿美元，向吉尔吉斯斯坦提供2亿美元优惠贷款和8000万元人民币无偿援助。特别是，中国政府对于上合组织提供财政支持，向上合组织框架内多边和双边经济技术合作项目提供100亿美元的信贷支持，成为成员国尽快摆脱危机影响的重要保障。

在上海合作组织合作深化的过程中，中国和俄罗斯成为主要推动力，两国的主导角色表现得非常明显。中俄共同领导形成的牵制力，实现了上合组织成员国的互利合作。与此同时，正如一些学者所指出的，俄罗斯对上合组织的态度也有不同的声音。一些持有"防范和抵制中国"观点的人认为，随着中国的快速发展，中国与中亚和独联体其他国家间的经济合作不断取得进展，中国在吉尔吉斯斯坦、塔吉克斯坦的道路交通基础设施投资增长迅速，取得经济效益；中国与乌克兰、白俄罗斯等国的科技、工业项目合作实现双赢；特别是中国与哈萨克斯坦、乌兹别克斯坦和土库曼斯坦的能源合作超出俄罗斯的预想。相比之下，俄罗斯与这些国家的经济合作，无论是投资还是贸易，增长速度似乎都比中国慢，这种趋势引起了俄的不安。尽管如此，仍然难以否认的是，上海合作组织的发展乃是中俄共同推动和努力的结果。其中，中俄主导和中俄战略协作伙伴关系是上合组织的核心与支撑因素，这一因素不仅决定着上合组织的现状，也是关系到上合组织发展前景的一个重要因素。我们认为，只要中俄关系稳定发展，中俄主导的上合组织的趋势也将得到稳定与发展。

第四节　俄罗斯与金砖国家的经济外交活动

新兴经济体为主要成员国的金砖国家，它对于全球多边经济格局的形成具有重要意义。几年来，金砖国家初步形成以领导人会晤为主渠道，以元首峰会为主要形式，以安全事务高级代表、外长、常驻多边组织使节会议为辅助，以智库、工商、银行等各领域合作为支撑的多层次合作架构。自2001年高盛集团首席经济师吉姆·奥尼尔（Jim O'Neill）首次提出"金砖四国"这一概念至今，金砖国家已经由一个合作概念，逐渐发展成为影响全球经济发展的重要实质性团体。2012年，金砖国家GDP占全球GDP比例由2010年的17%上升为20%；人口方面，金砖国家人口占世界总人口的42%；贸易方面，金砖国家占全球贸易总额的15%；另外，从国际投资、企业实力等方面看，金砖国家在世界经济发展中的地位也有明显提升。① 2013年3月，金砖国家领导人第五次峰会在南非举行，此次峰会达成多项实质性的经济合作内容，这意味着金砖国家合作由单纯对话协商转向务实合作，显示金砖国家正在形成一个"联盟"性质的组织，金砖国家紧密合作将对全球格局产生深远影响。

关于金砖国家的定位，代表性观点认为，金砖国家是当代南南合作和南北对话的重要载体。② 俄罗斯作为金砖国家的重要成员，其在金砖国家的合作中发挥着重要作用。

一 俄罗斯在金砖国家合作发展中的作用与目的

1. 俄罗斯在金砖国家合作发展中扮演重要角色

回顾金砖国家的合作历程，俄罗斯起着积极的推动作用。第一次把"金砖"从高盛报告的概念转变为现实的是俄罗斯总统普京。2006年9月20日，在普京的倡议下，金砖四国外长在61届联大会议上举行非正式会谈，由此开始了金砖国家这个组合的建设。③ 2008年5月16日，在俄罗斯叶卡捷琳堡举行的金砖四国外长正式会晤上，各国就千年发展目标、南南合作、气候变化、能源及粮食安全等问题交换了意见，会后发表了共同宣言。这是金砖国家第一次就国际问题发表共同宣言。2009年6月，首次金砖四国首脑会议在俄罗斯叶卡捷琳堡举行。时任俄罗斯总统梅德韦杰夫表示，这种会晤形式的必要性并不仅仅在于通过各国外交部进行联络，而是四人（四国领导人）一起讨论目前世界经济中存在的紧迫问题，进行这样的协调能够更加清楚地表明各自立场，为解决现有问题和改革国际金融体系制定出新的、非常规的途径。俄罗斯外交部门对金砖国家的通常说法是：金砖国家是俄罗斯推行多边外交、实现多极世界构想的重要途径

---

① 陈月石：《金砖"影响力"》，载《东方早报》2013年3月28日第A38版，该报转引社会科学文献出版社《新兴经济体蓝皮书：金砖国家发展报告（2013）》等的数字。

② 杨洁勉：《金砖国家合作的宗旨、精神和机制建设》，载《当代世界》2011年第5期。

③ 安替：《金砖国家的概念在缓慢政治化》，经济观察网，http://www.eeo.com.cn/observer/pop_ commentary/2011/04/17/199231.shtml。

和工具。俄罗斯学术界也包括俄罗斯外交部门的一个基本共识是，金砖国家中的领导国只可能是中国。俄罗斯也承认，中国已经成了金砖国家的参照系（Reference Point）；俄罗斯在金砖框架内的行动，在很大程度上是依托于中国的；俄罗斯无意通过金砖机制成就中国，而是为了达到自身的目的。① 我们认为，这一说法是符合俄罗斯的国家发展战略的。

2. 俄罗斯积极推动金砖国家合作的目的

通过以上论述看出，在金砖国家合作机制建立的初始阶段，俄罗斯发挥了积极的促进作用。然而，与俄罗斯参与 G8 目的不同，俄之所以推动金砖国家的合作，其目的并不仅仅是致力于扩大彼此间的贸易、投资以及经济技术交往，更重要的是，俄罗斯希望通过与当今世界上最重要新兴经济体的合作，改变发达国家主导的国际经济秩序，使国际经济与金融体系有利于俄罗斯的国家战略。就目前情况而言，除中国外，金砖国家中其他国家都不是俄的主要贸易或投资伙伴国，俄罗斯的经贸往来仍然主要集中在欧盟和独联体国家。此外，就今后俄罗斯发展来看，金砖国家难以完全满足俄罗斯经济发展所需资金、技术以及市场，俄罗斯若想顺利推进经济发展和现代化建设，自然离不开西方特别是欧盟的支持。2010 年 6 月 1 日举行的欧盟与俄罗斯第 25 次峰会宣布，欧俄拟启动"现代化伙伴关系倡议"，根据这项倡议，欧俄将在改善投资环境、发展创新合作、发展中小企业、统一技术标准、深化双边经贸合作、保护知识产权、发展低碳经济、节能、反腐以及促进人员交流等领域加强合作，标志着欧俄关系发展进入一个重要阶段。②

然而，由于地缘利益、军事安全以及美国牵制等国际因素，俄欧合作实际进展缓慢。甚至有学者直接指出："到 2011 年底，俄罗斯与欧盟的现代化伙伴计划，基本上是失败的，仅仅是一些多边或者双边的宣言而已，只有个别的小项目在进行。"③ 因此，如何在一些国际问题上得到其他国家的帮助，从而改变俄罗斯在国际关系中的地位，就成为俄罗斯需要考虑的一个重要问题。在此背景下，俄罗斯将对外政策和外交中心转向亚

---

① 肖辉忠：《试析俄罗斯金砖国家外交中的几个问题》，载《俄罗斯研究》2012 年第 4 期。
② 张征东：《俄欧"现代化伙伴关系"的愿望与现实》，国务院发展研究中心欧亚社会发展研究所网站，http://www.easdri.org.cn/_d273325532.htm。
③ Arkady Moshes. Russia's European policy under Medvedev: How sustainable is a new compromise? International Affairs, Vol. 88, Issue 1, Jan. 2012, pp. 17–30.

太地区，发展金砖国家合作正是俄罗斯这一战略转变的体现，因为金砖国家中的两个主要国家——中国和印度都在这个区域。正如俄罗斯外长拉夫罗夫所说，金砖国家是俄罗斯在亚太地区一个非常有前景的合作方式，俄罗斯高度重视金砖国家机制，希望充分利用这种合作，加快俄罗斯经济的现代化进程。① 对此，与国内一些学者的观点相似，笔者认为，俄罗斯参与金砖国家合作机制不但可以参与区域经济合作，更重要的是，俄罗斯能够以此获得金砖国家在国际政治和经济问题中对俄的支持。这种合作机制有利于改善俄罗斯的国际环境，为俄罗斯的经济发展和现代化建设服务。正如俄罗斯的金砖国家问题专家达维多夫所说，对于俄罗斯的外交人员而言，需要明白的一个逻辑是，"美国及其西方盟国对俄罗斯的政策越消极，俄罗斯将越积极地推动金砖国家的机制；俄罗斯与金砖国家的合作越推进，华盛顿和西方对俄罗斯的态度会越客气"②。

二 俄罗斯与金砖国家进行外交合作的基础

1. 改革国际货币金融体系是金砖国家共同的现实要求

2008年的国际金融危机进一步暴露出当前国际货币金融体系的缺陷。从本质上说，现行国际货币金融体系是一个缺乏公平的制度秩序，它主要表现在以下三个方面：首先，美元在现行国际货币体系中长期占据垄断与霸权地位；其次，世界储备货币发行国的权力与责任不对等，缺乏对储备货币发行国的制衡与监督机制；最后，国际金融组织均由七国集团（G7）国家操纵，造成现行国际金融组织的决策难以反映大多数成员，特别是新兴经济体的利益。③ 正是由于这种缺乏公平的国际货币金融体系，使得发达国家将其经济和金融风险得以转嫁。因此，改革现行的国际金融体系，共同维护新兴经济体的利益，就成为金砖国家共同追求的目标。对此，俄总统普京在2007年圣彼得堡国际经济论坛上指出，目前的国际金融体系是在特定历史条件下设立的，如今大多数发展中国家经济稳步发展，国际金融体系已不适应新的现实；世界金融体系与个别货币挂钩且金融中心数量有限，这些情况不符合全球经济当前及长远发展的需要。与世界金融体

---

① Sergey Lavrov, "*BRICS: a new-generation forum with a global reach*", pp. 12 – 13. in John Kirton and Marina Larionovaed, BRICS: The 2012 New Delhi Summit, Newsdesk, London, 2012.
② 肖辉忠：《试析俄罗斯金砖国家外交中的几个问题》，载《俄罗斯研究》2012年第4期。
③ 王永中：《金砖国家经济利益的交汇与分歧》，载《亚非纵横》2011年第3期。

系挂钩的货币汇率不断波动,对众多国家财政储备及其经济行业产生消极影响,解决的出路就在于形成更多种类的全球储备货币和更多金融中心。

俄罗斯认为,目前必须为全球储备货币多样化创造有利条件。[①] 2009年6月,金砖四国首次峰会在俄罗斯举行。会后在金砖四国所发表的联合声明中指出,金砖四国承诺推动国际金融机构改革,使其体现世界经济变化;应提高新兴市场和发展中国家在国际金融机构中的发言权和代表性;国际金融机构负责人和高级领导层选举应遵循公开、透明、择优原则。而一个改革后的金融经济体系应包含以下原则:(1)国际金融机构的决策和执行过程应民主、透明;(2)坚实的法律基础;(3)各国监管机构和国际标准制定机构活动互不抵触;(4)加强风险管理和监管实践。关于首次峰会取得的效果,时任俄罗斯总统梅德韦杰夫撰文指出,正是由于四国采取了协调一致的立场,在匹兹堡举行的G20峰会期间我们能够推动各方做出决定,将国际货币基金组织3%的投票权和世界银行5%的投票权,重新分配给新兴和发展中经济体[②]。同时,金砖国家在国际金融改革方面的努力,也获得俄罗斯国内学术界的认可。例如,莫斯科国立国际关系学院金砖国家研究中心主任柳德米拉·奥库涅娃认为,金砖国家机制是俄罗斯外交政策的重要方向,俄方将积极推动金砖国家在金融方面的合作。[③] 从金砖国家首次峰会至第五次峰会,国际货币金融体系改革始终是会议讨论的重点议题,这期间各国采取了一系列的实质性行动。

2. 提升国际话语权和增强国际地位是金砖国家共同的发展诉求

在俄罗斯国内,关于金砖国家之间的差异与合作的基础,《俄罗斯战略》杂志主编尼科诺夫的观点颇具代表性。他指出,"能否认为金砖国家是天然的盟友?从外表看是不能的,因为它们之间的差异实在太大:没有共同的文化和文明背景;地缘政治和地缘经济的情况十分不同;政治体制、金融体制和经济模式不同;每个国家的外交战略重点也不同。虽然整体而言,金砖国家在同美国的关系中都有紧张的因素,但是金砖国家不可能形

---

① 刘洋:《俄罗斯总统普京10日呼吁改革国际金融体系》,载《经济参考报》,http://jjckb.xinhuanet.com/gjxw/2007-06/11/content_53110.htm。

② [俄]梅德韦杰夫:《金砖四国:共同的目标、共同的行动》,21世纪网,http://www.21cbh.com/HTML/2010-4-13/yMMDAwMDE3MjUyMQ.html。

③ 沈湜漫:《金砖国家机制是俄罗斯外交政策的重要方向》,东方财富网,http://finance.eastmoney.com/news/72517,20120327198281686.html。

成一致的针对西方的议事日程。金砖国家也有共同点,即都想成为有影响力的世界大国"。① 俄罗斯著名经济学家、莫斯科国立高等经济大学教授叶夫根尼·亚辛(Е. Ясин)认为:"金砖国家之间的差异过大,特别是存在着文明上的障碍,无法形成一个类似于八国集团那样的有效联合。另外,不能以经济的增长速度来判断说新兴国家超越了发达国家。金砖国家可能在经济上成为世界经济的火车头,但是金砖国家未必能成为举足轻重的国际组织。"② 尽管这是比较典型的观点,但在俄罗斯国内也具有代表性。

事实确实如此。过去20年来,伴随着经济全球化的不断发展,知识技术的溢出效应不断加大。在这样的背景下,金砖国家充分发挥自身的比较优势,利用世界市场积极开展贸易与投资,有力地推动了各国经济的发展。2012年,除南非外,其他金砖国家的GDP总量都已位居世界前十位,成为名副其实的经济大国。南非的经济总量虽然不及其他四国,但是南非是非洲的第一大经济体,其发展代表着非洲的经济崛起。因此,近年来,金砖国家都在谋求其国际话语权的提升,努力增强其国际地位。2009年举行的金砖国家首次峰会后发表的联合声明中指出,"我们重申,需要对联合国进行全面改革,使其更有效地应对当今全球性挑战"③。尽管中、俄两国都是联合国常任理事国,但在很多国际事务上仍然受制于美欧发达国家。因此,中、俄也需要与其他金砖国家一起作为一个整体,抵制美国的霸权主义,争取实现国际秩序和全球治理体系的多边化。

金砖国家经济发展互补性较强,是其可持续合作的坚实基础。在当前的国际分工体系中,金砖国家均处于产业链的低端,如何在互补的资源结构下开展有效合作,提高各自在国际产业链中的地位,也应成为俄罗斯与其他金砖国家合作考虑的重点。因此,俄罗斯在与其他金砖国家的对话中,除了就全球治理问题开展合作外,也在积极推动彼此的经济贸易往来。中国经济发展以制造业特别是劳动密集型产业为支柱,过去的年份中主要采取"投资主导型"和"出口导向型"的经济发展战略,大量引进

---

① Никонов В., *Пробуждение БРИК*. The Awakening of BRIC. М., 2009. Текст подготовлен В. А. Никоновым по итогам первой конференции экспертов и политологов БРИК, состоявшейся в Москве в декабре 2008.

② Евгений Ясин, *Страны БРИК очень разные для создания международной организации*. 10 июня 2009, http: //www. hse. ru/news/8364926. html.

③ 新华网:《金砖四国领导人俄罗斯叶卡捷琳堡会晤联合声明》,http: //news. xinhuanet. com/world/2009 – 06/17/content_ 11553282. htm。

外资，发展加工制造业，出口劳动密集型产品，成为"世界工厂"和贸易大国。俄罗斯经济发展以资源型产品，特别是能源产业为其支柱。在俄罗斯经济持续快速的恢复性增长中，资源型产品的出口起到举足轻重的作用，俄罗斯能源类产品出口在总出口中比重不断提高。印度经济发展以服务业，特别是以服务外包作为其支柱。与其他新兴经济体相比，印度服务业发展迅猛，其占GDP的比值远高于第二产业，目前印度已拥有占世界65%的离岸信息服务业和占世界46%的外包产业。巴西经济以农业和自然资源特别是农牧业为其支柱产业。巴西的国策是"以农立国"、"以农富国"，大宗农产品以及资源出口是巴西出口创汇的主要来源，农牧业与工业、服务业一起成为巴西国民经济的三大支柱产业。而南非则是世界公认的非洲代表性国家，资源丰富，是世界最大的黄金、铂和钯生产国，为非洲的门户和桥头堡。矿业历史悠久，具有完备的现代矿业体系和先进的开采冶炼技术，是南非经济的支柱。

由此来看，对于俄罗斯而言，尽管与金砖国家开展实体经济合作不能满足其经济发展和现代化的要求，然而互补的经济结构无疑也为俄罗斯经济的长远发展提供了极大的帮助。特别是中俄之间的经贸合作，对于俄罗斯经济发展发挥了重要的作用。

三 俄罗斯与金砖国家的合作机制及其成果

目前，金砖国家的合作机制日臻完善，已初步形成三个层次的合作机制：第一层次为国家级层次合作，包括首脑峰会和安全事务高级代表会议；第二层次为部长级领导层次合作，包括财长会议、外长会议、经贸部长会议、农业部长会议等各部级领导合作会议；第三层次为常驻多边机构的合作，包括工商论坛、智库会议等各个机构的灵活合作机制。合作领域涉及金融、贸易、投资、环境、外交、农业等各个领域。从合作特点来看，虽然目前已经形成多层次的合作机制，但总体而言还只是一种软机制。首先，金砖国家合作仅具有松散的论坛性质，甚至没有总体的秘书处；其次，合作机制也尚未形成一致的指导性规范，内部的稳定性还有待加强。[①]

迄今为止，金砖国家的实质性合作已经取得进展，主要表现在以下

---

① 杨洁勉：《金砖国家合作的宗旨、精神和机制建设》，2011年4月12日，中国共产党新闻网，http://theory.people.com.cn/GB/14366894.html。

方面：

第一，在贸易领域，审议并认可金砖国家经贸合作联络工作组制定的《金砖国家贸易投资合作框架》。2013年3月26日，金砖国家第三次经贸部长会议发布了《金砖国家贸易投资合作框架》文件，并在随后第五次金砖国家领导人峰会上得到认可。合作领域包括以下几方面：（1）多边场合的合作与协调。具体而言，一是加强在世贸组织多哈回合谈判以及涉及贸易投资问题的其他多边场合的协调；二是在涉及贸易投资问题的多边和国际组织中定期召开金砖国家高官会议；三是在支持其他发展中国家发展方面，找出可能的合作活动领域。（2）贸易投资促进和便利化。一是加强相关贸易、投资政策和商业机会的信息交流，建立贸易和投资信息共享网站；二是鼓励各国贸易和投资促进机构建立更密切联系，为互派贸易和投资促进团体访问提供政策支持；三是扩大在展览会、博览会等贸易和投资促进平台方面的合作；四是按照各国法律法规，提高各国贸易投资环境的透明度；五是加强各国标准、认证、检验、检疫等机构的相互交流与合作；六是加强各国贸易救济机构的交流与合作。（3）技术创新合作。一是建立项目对接平台，促进在高科技领域的交流与合作；二是鼓励扩大高附加值产品的贸易和投资；三是推动在新兴产业开展对话交流，促进在技术密集、知识密集、资本密集领域的贸易和投资。（4）中小企业合作。一是在中小企业政府管理、支持政策、发展经验和实践案例等方面加强信息交流；二是签订《金砖国家中小企业合作协议》；三是鼓励各国中小企业协会、中小企业发展促进中心的中介服务机构间建立联系，并鼓励其合作开展中小企业贸易投资、人员培训、信息咨询、举办论坛等活动。（5）知识产权合作。一是通过会晤、研讨会等活动，加强知识产权法律框架、执法守法等方面的信息交流；二是共同开展知识产权领域的能力建设项目；三是促进各国知识产权机构间的合作。（6）基础设施和工业发展合作。一是在基础设施领域加强经验和信息交流；二是鼓励本国企业积极参与金砖国家的基础设施建设发展和工业化，并相互开展技术合作；三是分析金砖国家企业合作承揽国际大型基础设施的可能性。[①] 如果该框架

[①] 商务部网站：金砖国家第三次经贸部长会议发表联合公报和《金砖国家贸易投资合作框架》，2013年3月27日，http://www.mofcom.gov.cn/article/ae/ai/201303/20130300068116.shtml。

得以顺利实施，必将促进金砖国家间贸易、投资和经济合作。

第二，在金融领域，推动本币贸易结算，加强货币互换合作，并设立了金砖国家开发银行和外汇储备库。2011年4月金砖国家领导人第三次会晤上，与会各国就如何开展本币贸易结算、加强金融合作达成了初步意愿。中国国家开发银行、俄罗斯开发与对外经济活动银行、巴西开发银行、印度进出口银行以及南非南部非洲开发银行签署了《金砖国家银行合作机制金融合作框架协议》。根据该协议，五国成员将在以下方面开展合作：一是稳步扩大本币结算，服务便利金砖国家之间的贸易规模；二是加强金砖国家在资源、低碳等重要领域的投融资合作；三是积极开发资本市场间的合作，包括发行债券和企业的相互上市；四是加强金砖国家之间的金融领域的信息交流。① 2012年3月，在新德里峰会上，金砖国家银行合作机制成员行共同签署《金砖国家银行合作机制多边本币授信总协议》和《多边信用证保兑服务协议》，进一步将金砖国家银行合作机制具体化、制度化和机制化。2013年3月，第五次金砖国家领导人峰会上决定建立金砖国家开发银行，银行资金规模为500亿美元，由金砖五国平均分担，其职能涵盖应急基金以及对发展中国家的基础设施和工业等中长期投资发放贷款等。对此，俄罗斯对外经济银行副行长亚历山大·伊万诺夫表示，金砖国家在一定程度上改变了当今全球金融体系，成立开发银行将简化金砖国家间的相互结算与贷款业务，从而减少对美元和欧元的依赖。

在成立外汇储备库方面，金砖国家第五次峰会迈出实质性步伐。金砖国家财长在南非德班就创建1000亿美元应急储备基金达成协议。金砖国家外汇储备库的建立，可以有效地解决金砖国家之间的外汇融通问题，从而防止因为外汇支付问题而影响各国经济发展，对于金砖各国的金融安全和稳定具有重要的意义。更为关键的是，随着金砖国家开发银行和外汇储备库的不断发展，金砖各国可以减少对国际货币基金组织和世界银行的依赖，从而推动国际货币体系和金融制度的变革。

第三，就双边贸易本币结算方面，金砖国家之间尽管已经达成本币结算协议，实质性合作主要在中俄之间展开。2010年12月，中国正式启动了人民币与卢布的兑换交易，中俄两国之间的贸易资金不必再兑换

---

① 新华新闻：《金砖国家首推本币贸易结算 规避汇率及美元风险》，2011年4月15日，http://news.xinhuanet.com/fortune/2011-04/15/c_121307159.htm。

成欧元或美元，从而可有效降低两国贸易成本。2011年6月23日，中国人民银行与俄罗斯联邦中央银行签订了新的双边本币结算协定。根据该协定，中俄本币结算从边境贸易扩大到了一般贸易，并扩大了地域范围。协定规定两国经济活动主体可自行决定兑换货币、人民币和卢布进行商品和服务的结算与支付。据中国海关统计，2012年中俄贸易额达到881.6亿美元，较去年增长11.2%。目前，中俄两国银行业在拓宽清算渠道，推动本币结算方面还有很大合作空间。除在金融领域和贸易领域开展实质性合作外，金砖国家还宣布成立金砖国家工商理事会和智库理事会，在财政、金融、经贸、科技、卫生、农业、人文等近20个领域形成新的合作行动计划，充分发挥金砖国家合作潜力，提高金砖国家在世界经济中的地位。

四　俄罗斯与金砖国家的合作机制简评

总的来说，从俄罗斯倡议并积极参与金砖国家合作机制至今，金砖国家经济合作已经取得显著成果。金砖国家是当今世界为数不多的没有西方插手、更不为美国所主导的国际合作机制。俄罗斯积极参加金砖国家合作，一方面旨在通过这一机制扩大本国政治和经济影响；另一方面，意欲通过这一机制把国内经济潜力转化为国际政治实力，增强本国在国际对话中的分量，提升与发达国家外交合作的筹码。

因此，金砖国家是俄罗斯对外政策中一个具有战略意义的方向。金砖国家的出现有可能促进当今的世界体系由单极向多极化的转变。目前，尽管金砖国家努力提高作为整体在国际中的话语权，但与其经济实力相比，金砖国家的政治实力还有待提高，且金砖国家的合作成果也主要集中在经济合作领域。就金砖国家作为一个区域性国际组织的性质，俄罗斯官方认为，俄加入的不是一个类似南南合作的组织。俄外交部长拉夫罗夫说："俄罗斯希望金砖国家成为一种新型的国际组织，超越以往的'东—西'，或'南—北'的障碍；金砖国家的总人口近30亿，这样一个组织，不能被南北之间桥梁的角色或者是被南南政治空间所限制；如果这样定义金砖国家，那么会限制金砖国家在国际政治事务中追求独立政策的目标和机会。"[①] 也

[①] Sergey Lavrov, "*BRICS: a new-generation forum with a global reach*", in John Kirton, Marina Larionova ed., BRICS: The 2012 New Delhi Summit, pp. 12 – 13. 2012.

就是说，在俄罗斯看来，金砖国家不是南南合作，也不是南北之间的桥梁，而是独立的、不被意识形态和经济地位束缚的新型国际组织。俄罗斯更在意的是，如何保持并提高自身在金砖国家中的位置，以及取得其他金砖国家的支持。[1]

俄罗斯对于开展金砖国家外交的探索，将进入一个更为重要的时期。目前，金砖国家在全球经济与政治中尚缺乏足够的影响力，除中、俄为联合国常任理事国外，还没有在其他世界机构中占据关键的位置。对此普京表示，"金砖国家首先致力于促进世界经济走上稳定的、可持续的增长道路，改革国际金融和经济结构"；"我们没有把金砖国家看作是西方国家及其组织的地缘政治竞争对手"。[2] 然而，对此笔者认为，这样的表态并不能说明，俄罗斯参与金砖国家的目的仅仅在于经济合作。正如普京在当选总统前发表的文章中，在论及金砖国家时指出："俄罗斯一贯，并将继续把与金砖国家的伙伴关系放在一个优先的位置……我们才刚刚开始在金砖国家框架下的合作，我们还需要在外交方面有更为紧密的合作和协调。只有当金砖国家之间全面展开实质性的合作的时候，其在国际经济和政治中才会有实质性的影响。"[3] 因此，在与发达国家的合作中难以实现既定目标的前提下，在未来的外交发展中，俄罗斯必将积极发展同金砖国家的关系，努力与金砖国家实现共同的目标——建立一个反映当今现实的世界秩序。

---

[1] Итоги семинара: *Роль и место Группы восьми в современной международной системе и перспективы ее развития в контексте внешних вызовов и долгосрочных приоритетов российской внутренней и внешней политики*. 9 декабря 2011.

[2] 新华新闻:《金砖国家领导人谈"金砖"》，2013 年 3 月 29 日，http://news.xinhuanet.com/world/2013-03/29/c_124517217.htm。

[3] Путин В. В., *Россия и меняющийся мир*, Московские новости. 27 февраля, 2012.

第四篇

俄罗斯国际交往中的经济外交

考虑到俄罗斯经济外交的主干部分（国际经济与国际组织部分）难以将这部分的内容纳入进去，而这些内容又是俄罗斯经济外交所必须加以阐述的方面。因此，这部分是对俄罗斯经济外交实践上述部分的一个补充，它是俄罗斯在国际交往方面的经济外交活动。

第十二章 俄罗斯对美、欧、日的经济外交活动

俄罗斯作为一个在世界格局中具有重要影响的国家，它十分重视与主要大国之间的经济外交活动。尽管俄罗斯与美国、欧盟和日本之间的关系时有矛盾和冲突，但是俄罗斯能够不失时机地调整对这些国家的关系，为自己的战略目的服务。总的来看，俄罗斯转型以来的外交活动验证了梅德韦杰夫的说法，尽管俄美关系时有波折，但双方能够通过外交手段解决两国之间的矛盾和问题。

应该说，这是俄罗斯对美、欧、日开展经济外交的目的，也是俄罗斯与这些国家关系的基本现状。

第一节 俄罗斯对美国的经济外交活动

一 美国承认俄罗斯市场经济地位中的主要问题

市场经济地位是反倾销调查确定倾销幅度时所采用的一个重要概念。[①] 俄罗斯于2001年7月正式向美国提出了承认其市场经济地位的要求。2001年10月，美国商务部长埃万斯在访问俄罗斯期间承诺，美国将承认俄罗斯的市场经济地位；但又指出，承认市场经济地位需要完成法律程序，为此美国必须首先对俄罗斯进行正式审查并向俄罗斯提出若干质询。2002年3月底，美国就承认俄罗斯市场经济地位问题进行了听证，

---

① 所谓"反倾销"指的是，反倾销案发起国如果认定被调查商品的出口国为"市场经济"国家，那么在进行反倾销调查时就必须根据该产品在生产国的实际成本和价格来计算其正常价格；如果认定被调查商品的出口国为"非市场经济"国家，则引入与出口国经济发展水平大致相当的市场经济国家（即替代国）的成本数据来计算所谓的正常价值，并进而确定倾销幅度，而不采用出口国的原始数据。

俄罗斯代表参加了听证会，并按美国的要求提交了有关数据。俄罗斯代表指出，俄 GDP 的 80% 是私营公司或政府控股低于 49% 的企业创造的；俄罗斯已实现了货币可自由兑换。① 2002 年 4 月 15 日，俄罗斯经济发展和贸易部部长格列夫访问美国，与美国商务部部长埃万斯和能源部部长斯班瑟·艾布拉哈姆进行了谈判，继续游说美国政府承认俄罗斯市场经济地位，同时还就进口美国鸡腿以及美国对俄钢材征收新的限制关税问题进行了谈判。

2002 年 6 月 6 日，美国总统布什与普京通电话，宣布美国准备承认俄罗斯为市场经济国家。普京随后发表谈话表示，美国承认俄罗斯为市场经济国家将成为美俄两国经济合作的强大动力。美国承认俄罗斯市场经济地位采取追溯方式，即从 2002 年 4 月 1 日起生效。美国之所以快速承认了俄罗斯的市场经济地位，首先是美国基于对俄罗斯进行为期 9 个月的评估结果，其次是希望先于欧盟承认。在 2002 年 5 月 29 日俄欧莫斯科峰会期间，欧盟委员会主席普罗迪已经宣布，欧盟准备很快承认俄罗斯的市场经济地位，只需要办理必要的程序。美国商务部部长埃万斯指出，美国政府的这一决定"反映了俄罗斯近年来在经济领域所发生的巨大变化"。这意味着俄罗斯取得了与美国其他贸易伙伴的同等权利。俄罗斯经济发展和贸易部部长格列夫指出，美国承认俄罗斯为市场经济国家，将减少对俄罗斯产品的限制，其中涉及 15 亿美元的贸易额。俄罗斯新利佩茨克冶金联合体副总经理彼得罗西扬指出，"美国承认俄罗斯市场经济地位是俄罗斯政府努力的结果"。②

《杰克逊—瓦尼克修正案》是冷战思维的遗产。冷战时期，美国针对苏联当时情况制定了犹太移民问题的规定。根据该法案，美国给予非市场

---

① 美国提出的市场经济六项标准：货币可自由兑换；劳资双方可进行工资谈判；自由设立合资企业或外资企业；政府减少对生产的控制程度；政府减少对资源配置、企业生产和商品价格的干预；商业部认为合适的其他判断因素。欧盟提出的市场经济六项标准：市场经济决定价格、成本、投资；企业有符合国际财会标准的基础会计账簿；企业生产成本与金融待遇不受此前非市场经济体制的扭曲；企业有向国外转移利润或资本的自由，有决定出口价格和出口数量的自由，有开展商业活动的自由；确保破产法及资产法适用于企业；汇率变化由市场供求决定。按照世贸组织规则，市场经济地位的标准只有两个：一是对市场价格的控制程度；二是政府参与国际贸易的程度。

② Наталья Ильина, Виктория Абраменко, Дмитрий Пономарев, США признал Россию страной с рыночной экономикой задним числом, Газета, 07. 06. 2002.

经济国家最惠国待遇及提供信贷和投资担保，必须以受惠国允许其公民自由移民为条件。因此很长一段时间，《杰克逊—瓦尼克修正案》一直是制约俄美贸易发展的关键。俄罗斯为促使美国取消这一法案进行了长期游说。2002年5月24日，俄总统普京与美总统布什在莫斯科签署俄美关于削减进攻性战略力量条约的同时，还签署了俄美关于新型战略关系的联合宣言，两国重申，取消《杰克逊—瓦尼克修正案》和承认俄罗斯为市场经济国家是十分重要的。2003年9月26日，普京在访问美国期间，与纽约证券交易所及商界人士座谈时着重提出《杰克逊—瓦尼克修正案》问题，这是因为该法案早已超出了立法原意，出现了很多新问题，正如俄罗斯外交部官员所指出的，与这一法案捆绑在一起的问题已经不少，甚至包括俄美间的鸡腿问题。最终在2012年12月21日，美国总统奥巴马正式宣布废除《杰克逊—瓦尼克修正案》。

此外，俄罗斯对美的贸易外交议程中还存在一些被动应对的议题。例如，俄美关于知识产权的外交交涉。根据1990年苏美贸易协议及苏联对外经济联络部副部长丘马科夫的信件，苏美两国建立了知识产权工作组。从90年代中期起，工作组定期在华盛顿或莫斯科召开会议，就相关问题进行磋商。2004年4月19—23日俄罗斯经济发展和贸易部代表团访问华盛顿，就知识产权问题与美国政府和企业界进行新一轮谈判，焦点问题是美国知识产权在俄罗斯的保护问题。2004年5月3日美国贸易代表机构发布报告，继续将俄罗斯列为"重点观察国家"。美方认为，知识产权是俄美经贸关系最敏感的领域之一，其中盗版问题最为尖锐，美国指责俄的反盗版措施不力。俄罗斯则向美通报了俄知识产权保护的法律制度，其中包括俄最近修订了《著作权及相关权利法》，制定了《商业秘密法》等，并向美方介绍了俄罗斯政府打击知识产权侵权活动政府委员会及相关政府部门的活动，此外还提交了反映打击知识产权侵权措施的文件和影像资料。美国代表团对俄方修改法律，使其与现代国际法律要求相适应给予积极评价。同时，要求俄罗斯政府迅速采取措施，制定提高执法机关效率的措施。2005年4月29日，美国贸易代表机构根据境外知识产权保护情况，决定仍将俄罗斯列为"重点观察国家"。

二 俄美经济外交的主要案例

贸易战是当今世界国际贸易中的常见现象。一些国家通过高筑关税壁垒和非关税壁垒,限制他国商品进入本国市场,同时通过倾销和本币贬值等手段争夺国外市场,因此引起报复与反报复的连锁反应,一般将这一现象称为贸易战。在国际贸易中越是活跃的国家,发生贸易战的概率越大。俄罗斯与其他国家发生贸易战的主要诱因是钢铁制成品的出口。由于俄罗斯是钢铁制品出口大国,许多国家都对俄钢材进行过反倾销调查。1995—2006年间,美国对俄钢材发起的反倾销调查案件为208起,欧盟发起111起,加拿大发起89起,阿根廷发起64起,南非发起52起,印度发起49起。① 2006年对俄罗斯钢材实际采取的反倾销措施共28项。

在此以俄美两国的"钢铁大战"和"鸡腿大战"为例,对俄罗斯贸易摩擦与外交交涉进行考察和分析。

案例一:俄美之间的"钢铁大战"。钢铁制品是俄罗斯遭遇反倾销调查的主要商品品种,俄遭遇第一次反倾销调查是1994年由墨西哥发起的。墨西哥政府根据本国企业申请,对自俄进口的热轧厚钢板进行反倾销调查后,作出对俄罗斯钢材征收29%反倾销税的决定。② 美国对俄罗斯热轧厚钢板提起反倾销调查始于1996年底,俄为避免损失与美国展开谈判。在美国的强大压力下,俄被迫在美国商务部提出的《关于停止反倾销调查的协议》上签字。协议规定,美国停止对俄罗斯钢材进行反倾销调查,作为交换条件,俄罗斯对美钢材出口主动设置每年10万吨的配额限制,并规定了最低价格限制。

1998年底,在俄罗斯金融危机尚未缓解之时,美国又对俄热轧卷材发起反倾销调查。从1999年2月起,美国对俄钢材出口施加更大的压力。在这种情况下,俄罗斯不得不再次寻求主动减少输美钢材配额。但美国向俄提出了更高要求,在双方2009年6月的谈判中,美国向俄明确提出两个要求:一是将俄向美出口的热轧钢数额减少一半以上;二是在此后5年内俄罗斯每年向美国出口钢材数量要低于1998年的水平。这意味着俄在此后5年时间里每年将损失8亿美元。俄罗斯对此表示反对,于是美国宣布,将俄向美国出口的各类钢材的关税提高20%—200%,这等于美国对

---

① Алексей Шаповалов, *Запретные материалы*, Коммерсантъ №212(3543)от 14.11.2006.

② 李永全:《"鸡腿"与"钢铁"之间的大战》,载《光明日报》2002年3月22日。

俄关闭了进口钢材的市场。在这种情况下,俄政府紧急派团与美国继续谈判,并在双方各有让步的情况下达成了协议。协议规定,美国同意暂时停止对俄钢材反倾销调查;俄基本接受美国提出的有关两国钢材贸易的所有条件,双方确定了此后5年俄应向美国供应钢材的品种。

2002年3月6日,美国政府宣布自3月20日起的3年内,对大多数进口钢材加收8%—30%的进口税。美国的这项保护主义措施涉及欧盟、俄罗斯、乌克兰、日本、中国、韩国和巴西等国家和地区。由于美国是俄罗斯钢材的重要市场,俄每年出口到美的钢材高达500万吨,美国政府的这一措施对俄冶金行业造成严重冲击。根据俄经济发展和贸易部的估计,美国这项措施给俄带来10亿—12亿美元的损失,即每年损失3.3亿—4亿美元。俄罗斯对此反应强烈,遂以卫生检疫原因为借口,暂时停止从美国进口鸡腿。①

案例二:俄美之间的"鸡腿大战"。俄罗斯是鸡肉制品的需求大国,每年的需求量在200万吨左右。但由于俄罗斯自身的生产能力有限,大部分要依赖进口,美国则是向俄出口鸡肉产品最多的国家,2001年俄罗斯从美国进口了100万吨的鸡肉制品,约占美国出口量的30%。对美国鸡腿的质量问题,俄罗斯兽医检疫部门已经跟踪多年。2002年初,俄罗斯方面要求美国有关部门提供鸡饲料中使用的抗生素种类和有关资料,美方一直未给予回答。此后,俄海关检疫部门在从美国进口的鸡肉中检查出沙门氏菌病,俄罗斯鸡肉消费者和生产者要求政府采取措施的呼声日益高涨。

针对美国对俄钢材采取的保护主义措施,俄罗斯政府决定从2002年3月1日起对来自美国的禽类肉制品停止发放进口许可证。美国鸡腿价格比俄本国鸡腿价格要低,事实上存在倾销嫌疑。进口大量低质低价鸡肉严重冲击了俄国内市场,对生产者造成巨大压力和经济损失。因此,俄农业企业强烈要求政府对进口鸡肉实行限额并提高进口关税。对于俄罗斯的决定,美国立即给予反应,首先是不承认俄方的检疫结果,认为美国鸡腿符合要求,其次是向美国总统求助。2002年9月,经过俄美两国为期半年的谈判,"鸡腿大战"告一段落,自9月15日起实行

---

① 欧盟和日本等世贸组织成员同样反对美国提出的保护主义措施,先后采取了报复行动并诉诸世贸组织,在世贸组织压力下,美国政府于2003年12月宣布废除这一措施。

新的禽肉供货兽检许可证,但俄罗斯从 2003 年起开始对禽肉进口实行配额制度。

三 俄罗斯与美国之间的经济制裁与反制裁

一般而言,经济制裁具有多重目的,诸如制止大规模武器的扩散、保护人权、打击恐怖主义和毒品贸易等。近 20 年来,经济制裁一直是美国的政治工具手段。美国及其盟国是国际经济制裁的主要发动者和实施者。从 20 世纪 90 年代中期至今,美国多次发起针对俄罗斯的经济制裁。其中大部分制裁措施都是针对俄罗斯与伊朗之间的关系而发起的,尤其是牵涉俄罗斯和伊朗在核能和军事技术领域的合作。[①] 美国对俄罗斯施加压力的工具主要包括政府层级的经济制裁和对相关企业进行制裁两个方面。

1995 年,美国副总统戈尔和俄总理切尔诺梅尔金曾经签订一份秘密协议(所谓"戈尔—切尔诺梅尔金备忘录"),协议规定俄罗斯可在 1999 年 12 月 31 日前完成业已签订的对伊朗军火出口的合同,此后俄罗斯不得再向伊朗出口军火。[②] 这份协议与美国 1992 年制定的禁止向伊朗和伊拉克出口军火的法律相抵触。1999 年 1 月 13 日美国国务卿致信俄罗斯外交部部长伊万诺夫,承认"如果没有 1995 年签订的备忘录,俄罗斯向伊朗出口常规武器的行为,将成为美国法律条文所规定的制裁对象"。1999 年底这份秘密协议被媒体披露后,在国内政治压力下,美国宣布对俄罗斯向伊朗转让军事技术的 7 家企业实施经济制裁。

近年来,美国对俄罗斯采取的经济制裁措施还有:1999 年 1 月,对能源技术科学研究设计所、俄罗斯门捷列耶夫化学工艺大学等进行制裁;1999 年 4 月 2 日,以向叙利亚提供反坦克导弹系统为由,对图拉仪器制造设计局、克里莫夫精密仪器中央研究所和沃利斯克机械厂进行制裁。2003 年 9 月,以向伊朗出口最新型军火(防空系统所需的导弹、高精度武器)为由,对图拉仪器制造设计局实施经济制裁;2004 年 4 月,以怀疑向伊朗提供核武器、生物和化学武器生产技术为由,对 13 家外国公司

[①] 1992 年俄罗斯和伊朗签订了布什尔核电站项目协议,自 20 世纪 90 年代中期以来俄伊军事技术合作规模不断提高。

[②] Игорь Коротченко, *Россия и Иран возобновили сотрудничество*, http://nvo.ng.ru/armament/2001-01-12/6_rossiy_iran.html, 12.01.2001.

发起经济制裁，其中包括鄂木斯克巴拉诺夫发动机制造厂（专门生产航空发动机）等俄罗斯企业；2004年7月15日，以违反核技术不扩散制度为由，对阿尔泰科研生产中心实施经济制裁；2004年9月，以向伊朗提供武器和导弹技术为由，对喀山贸易公司实施制裁。2005年底俄罗斯与伊朗签订了29套总值为7亿美元的道尔－M1导弹出口合同，与叙利亚就出口"射手"近程导弹进行谈判，向委内瑞拉出口50架各型军用战斗机，24架苏－30MK2歼击机，10万支AK－103冲锋枪，并签订了这类冲锋枪许可证生产的合同，上述军火贸易引起美国强烈不满，美国多次要求俄罗斯停止向上述国家提供军火，并以经济制裁相威胁。2006年7月28日，以违反美国关于禁止向伊朗提供军事技术的法律为由，美国对俄国防出口公司和苏霍伊设计局发起经济制裁。2007年1月5日，以同样理由，对俄罗斯国防出口公司、图拉仪器制造设计局和克洛缅斯克机械制造设计局提起制裁。2008年10月23日，以参与向伊朗、叙利亚和朝鲜提供国际监督所监管的设备和技术为由，对俄罗斯国防出口公司及其子公司以及委内瑞拉、叙利亚、伊朗、中国、朝鲜、韩国、苏丹和阿拉伯联合酋长国等国的12家公司实施经济制裁。

自俄格战争爆发，欧盟一度威胁对俄罗斯进行经济制裁。2008年8月欧盟对是否和如何制裁俄罗斯进行了讨论，制裁方案有二：其一是意大利提出的柔性方案，具体内容是要求俄罗斯从格鲁吉亚撤军，并要求俄罗斯承诺不对其他国家采取武力行动；其二是波兰提出的对俄罗斯进行严厉制裁的方案，波兰认为对俄采取柔性方案难以解决武力威胁问题，建议欧盟对俄罗斯进行严厉的经济制裁，其中主要措施有减少欧盟大企业的对俄投资，宣布俄罗斯为高风险市场，应建议欧洲银行停止对俄罗斯银行和公司提供信贷。需要指出的是，波兰在加入欧盟后曾多次要求欧盟对俄罗斯实施经济制裁，并且封杀了俄欧新伙伴关系协定的谈判。

第二节 俄罗斯对欧盟的经济外交活动

俄罗斯独立后，努力发展与欧盟的双边经济合作关系。欧盟是俄罗斯最重要的贸易合作伙伴，欧盟与俄罗斯的贸易占俄对外贸易的50％、累计投资的60％、直接投资的45％，俄欧经贸合作对俄经济发展具有重要意义。除独联体地区外，欧盟是俄罗斯明确提出实现经济一体化并切实制定一体化构想的唯一经济体。俄罗斯前外交部长伊·伊万诺夫在其《俄罗斯新外交：对外政策十年》指出，俄罗斯将其与欧盟的全面合作视为本国的优先方面之一，并提出了将此合作提到战略伙伴关系的高度这样一个任务。今天的欧盟，不论在政治对话领域还是在发展经贸与投资合作方面，都是俄罗斯最重要伙伴之一。[1]

一 俄罗斯对欧盟的经济外交活动原则

合作，但绝不让步，这就是俄罗斯与欧盟关系的基本现实。经济和安全方面的密切联系，迫使俄罗斯与欧盟保持合作，但政治上的分歧和冲突又迫使双方保持距离。总体来看，自从1991年12月23日欧盟承认俄罗斯是苏联合法继承国以来，双边关系日愈密切。但由于双方在地缘安全、经济利益等方面歧见颇深，普京所希望的"与邻国有尊严友好和睦相处"的愿望并没有实现。2007年5月17日至18日，俄罗斯与欧盟第19次首脑会议就共同关心的能源、地区安全，以及何时开启"欧俄新型战略伙伴关系"谈判等问题进行了磋商，但俄欧关系未得到实质性改善。这种状况从2008年开始发生变化，全球经济危机的爆发使得欧盟与俄在经济上的相互依赖更显密切，2008年下半年，俄欧关系朝着明显改善的方向发展，共同面临的经济问题把政治分歧暂时降到了次要地位。俄罗斯主动提出了建立俄欧联盟的三个步骤：形成能源联盟——建立统一欧洲能源体系，共同管理和分配天然气及其他能源的开采；俄欧之间应就双方利益相吻合的重要战略问题，如禁止欧洲政策军事化、防止气候变暖和大规模战争以及大规模杀伤性武器扩散、维护国际法和机构的价值观等问题，进行密切协作和协调；双方经过10年努力，将建立俄欧之间的统一市场。

俄罗斯积极主动寻求与欧盟关系的正常化发展，普京在2001年国情咨文中强调指出，"同欧洲一体化的方针是俄罗斯对外政策的关键性方面之一"。[2] 在2003年的国情咨文中，普京对此做了进一步阐述，"我国对外政策的要素是实现与欧洲的广泛接近与现实的一体化。在现阶段，通过

---

[1] [俄] 伊·伊万诺夫：《俄罗斯新外交：对外政策十年》，陈凤翔等译，当代世界出版社2002年版，第89页。

[2] Полный текст. Послания Президента Федеральному Собранию Российской Федерации. http://www.edinros.ru/news.html?id=122048, 03 апреля 2001.

与欧盟发展双边合作和建立战略伙伴关系,以及积极参与欧盟事务,我们的目标正在有条不紊地变成现实。'大欧洲'的利益要求我们互相做出新的实质性让步。这符合公民和商业、文化、科学团体的利益,我国有关全欧发展行动前景的构想包括保证公民的出入境自由和建立统一的经济区"。① 俄罗斯认为,俄欧之间深化合作的主要指标是,能否在建立自由贸易区,在能源、交通、科学教育、生态和电信等领域进行更高水平的合作,在这些领域所取得成就将强化俄罗斯和欧盟的竞争力。同时,建立欧洲共同经济空间不应限制一方参加其他地区一体化进程。如果俄罗斯在中亚、亚太地区承发挥一体化桥梁的作用,欧洲企业也可从中获益。俄罗斯有这样的地缘政治可能性。②

二 俄欧经济一体化思想及合作机制

目前俄欧的经济一体化,只达到相当于自由贸易区层次的水平甚至更低。自由贸易区要求成员国之间的商品和生产要素实现自由流动,但是俄欧谈判多年的关于俄罗斯公民赴欧面签问题,欧盟始终不予松口,这使得普京在2010年俄欧一体化倡议中指出,只要人员和商业往来的障碍继续存在,欧洲就不可能建立真正的伙伴关系,俄欧之间真正一体化进程的第一步应该是互免签证。③ 此外,俄罗斯与欧盟实现自由贸易未必对俄罗斯有利,因为俄出口欧盟的商品以能源等产品为主,产品过于单一,如果开展自由贸易,不但难以为俄罗斯开拓产品市场,反而致使俄在能源出口方面受制于欧盟国家,见表12-1。虽然俄罗斯的经济现代化需要来自欧盟国家的高科技和先进设备,但这并不一定通过采取一体化的方式获得;相反,一体化有可能会使俄罗斯在没有开辟除能源之外的产品市场同时,受到来自国外的更具竞争力商品的冲击,反而不利于俄罗斯现代化产业的发展。

---

① Полный текст: *Послания Президента Федеральному Собранию Российской Федерации.* http://www.edinros.ru/news.html?id=122046, 16 мая 2003.

② Встреча В. В. Путина с представителями Европейского "круглого стола" промышленников и "круглого стола" промышленников России и ЕС, Дипломатический вестник, январь 2004.

③ 陈玉荣:《俄罗斯"现代化外交"评析》,载《国际问题研究》2011年第4期。

表 12 – 1　　欧洲国家对俄罗斯天然气的依赖程度（2005 年）

国家	自俄罗斯进口天然气（百万吨石油当量）	一次能源消耗量（百万吨石油当量）	自俄罗斯进口天然气占一次能源消耗总量的比重（%）
匈牙利	8.1	24.9	32.5
斯洛伐克	4.9	18.2	27.2
土耳其	16.2	89.7	18.1
奥地利	6.1	3.6	17.7
芬兰	4.1	25.6	15.8
捷克	6.7	44.4	15.0
保加利亚	2.8	20.3	13.7
意大利	19.7	183.9	10.7
罗马尼亚	4.1	39.8	10.2
德国	31.4	324.0	9.7
波兰	6.3	91.7	6.9
希腊	2.2	33.5	6.4
法国	11.9	262.1	4.5
荷兰	3.6	94.7	3.8

资料来源：Фейгин Г. Ф., *Национальные экономики в эпоху глобализации*, Санкт-Петербург, С. 132, 2008.

俄欧经济合作关系最初源于 1994 年 6 月 24 日俄罗斯与欧盟在希腊科弗岛签订的《俄欧伙伴关系与合作协定》。[1] 这一文件是指导俄欧关系发展的基础性文件，协定全文共 112 条，附带 10 份附件和 2 份议定书。该协定生效后，苏联时期签订的关于双方经济合作的基础性文件将自动失效。[2] 协定规定，俄欧双方建立伙伴关系的基本目标是促进俄罗斯经济和政治改革，保障协定签约方进行政治对话，扩大经济合作，并为建立俄欧自由贸易区创造条件。这是俄欧自苏联解体后提出的建立自由贸易区的思想，提出"双方将从 1998 年起对建立自由贸易区问题进行研究"。

---

[1]《俄欧伙伴关系与合作协定》1997 年 12 月 1 日生效。该协定第 106 条规定，协定的初始有效期为 10 年，如任何一方至少在 6 个月前均未提出废止协议的书面通知，协定将自动延续。以下为第 106 条原文：This Agreement is concluded for an initial period of ten years. The Agreement shall be automatically renewed year by year provided that neither Party gives the other Party written notice of denunciation of the Agreement at least six months before it expires.

[2] 即 1989 年 12 月 8 日在布鲁塞尔签订的《苏联与欧洲经济共同体和欧洲原子能共同体关于贸易、商业与经济合作的协定》。

这份协定为俄欧关系的全面发展奠定了条法基础。首先，协定确定了俄欧双方的合作架构：一是建立合作理事会（Совет сотрудничества），理事会中的俄方代表由政府官员担任，欧方代表由欧盟委员会和欧盟理事会成员担任。理事会的职能是研究协定框架下产生的所有问题以及与签约方利益相关的国际或双边问题。二是建立由俄政府官员、欧盟委员会和欧盟理事会代表组成的合作委员会（Комитет сотрудничества），其职能是协助合作理事会开展工作，在合作理事会休会期间，根据理事会授权处理各种问题。三是建立由俄罗斯议员和欧洲议会议员组成的议会合作委员会，其职能是质询协定落实情况，并针对双方合作提供建议。其次，协定确定了俄欧双方之间的政治对话机制，规定俄罗斯总统与欧盟委员会主席和欧盟理事会主席每年会晤两次；在合作理事会框架内进行部长层级的政治对话，根据双方意愿与欧盟"三驾马车"进行对话；俄罗斯高级官员每年与欧盟"三驾马车"会晤两次；全面发挥外交渠道的能力，包括专家级会议在内的任何其他接触均将有利于加强和发展对话。更为重要的是，协定规定了俄欧双方在贸易、投资、金融、人员雇用及经济政策协调等领域进行合作的基本原则。实际上，这意味着俄罗斯法律与欧盟共同法（acquis comminitaire）1/3 以上的条款趋向接近。[1]

1999 年 6 月 3 日，欧盟发布了《对俄罗斯的共同战略》，其中与俄欧经济一体化有关的条文指出，俄欧双方都希望俄罗斯能够加入欧洲经济和社会空间，欧盟将促进俄罗斯与欧洲经济空间实现一体化，具体途径是：促进双方法律趋同，首先是海关法、标准和商品品质法、与竞争政策和环境保护有关的法律逐渐趋同；鼓励俄罗斯与多边贸易体系实现一体化，促进俄罗斯努力满足入世条件，进行法律和制度改革；除入世外，还要研究未来建立俄欧自由贸易区所必须具备的条件；鼓励俄罗斯消除贸易和投资壁垒，简化边境手续，提高通关效率，根据欧盟规则，研究俄罗斯进入欧盟市场的准入问题；详细研究与俄罗斯优势领域进行合作的规模（科技、航空、航天、能源）；就欧盟对俄罗斯管理人才和企业家的培训计划加强协调，在必要情况下，扩大现有培训项目的规模。这份文件出台后，俄罗斯对文件中使用"欧洲经济区"（European Economic Area，EEA）一词表

---

[1] May B. A., Ковалев Г. С., Новиков В. В., Яновский К. Э., *Проблемы интеграции России в единое европейское пространство*, М., с. 12., 2003.

示不解，这是因为欧洲经济区作为一个经济合作组织已经存在，其成员包括欧盟国家、挪威、冰岛和列支敦士登。鉴于这种情况，俄欧 2001 年 5 月 17 日峰会所发表的声明将这一术语改称为欧洲经济空间（European Economic Space）。尽管如此，俄罗斯学术界还是对这一术语提出了质疑。其中核心问题是欧洲共同经济空间是一种状态还是一种进程；是俄罗斯单方面接近或融入欧洲，还是双方互做让步，彼此接近；终极目标是建立自由贸易区还是欧洲经济空间。

21 世纪以来，普京在其 2001 年和 2003 年的国情咨文中都提到，实现与欧洲特别是欧盟国家的经济一体化是俄罗斯经济外交的一个重要目标。2000 年 5 月，在俄欧莫斯科峰会上，欧盟委员会主席普罗迪建议成立有俄罗斯参加的"欧洲统一经济空间"。2001 年 5 月，普京正式提出建立欧洲共同经济空间的倡议，从而取代建立自由贸易区的构想，成为消除俄欧贸易障碍、加深俄欧经贸合作的新框架。2003 年 11 月，俄欧罗马峰会上批准了《欧洲共同经济空间构想》，提出"共同经济空间"是指以共同的或兼容的规则（包括行政规范）为基础，以实现相互协同和规模经济为目标的统一、竞争和开放的大市场。该构想还规定，"共同经济空间"应实现在工农业商品贸易、服务贸易、企业开办和经营以及商务人员流动这四个方面的自由。金融危机之后，为了推进俄罗斯的经济现代化，2010 年 11 月普京提出建立覆盖整个欧洲的经济共同体的倡议：第一，建立从里斯本到符拉迪沃斯托克的和谐经济共同体。第二，俄欧实施共同的产业政策，建立战略产业联盟，在欧洲大陆掀起工业化新浪潮。第三，建立统一欧洲能源体系。第四，通过双方密切合作，确保欧洲科技教育水平处于世界领先水平。第五，俄欧双方之间实施互免签证制度。[①]

三 欧洲共同经济空间构想及"路线图"

2001 年 5 月 17 日，普京与欧盟委员会主席佩尔松和欧盟理事会主席普罗迪发表声明，正式提出了建立欧洲共同经济空间（European Common Economic Space）的倡议。这表明，建设欧洲共同经济空间的思想取代了自由贸易区，成为俄与欧盟深化经济合作的新框架。在 2001 年 10 月举行的俄欧峰会上，双方正式达成协议，组建了起草欧洲共同经济空间构想的

[①] 陈玉荣：《俄罗斯"现代化外交"评析》，载《国际问题研究》2011 年第 4 期。

高级工作组。2002年3月,《伙伴关系与合作协定》合作理事会授权高级工作组在2003年10月前完成欧洲共同经济空间构想的制定工作。在2003年5月举行的俄欧圣彼得堡峰会上,双方达成新的协议,提出建设包括共同经济空间在内的四个共同空间,并将其作为一项长期工程。① 2003年11月6日俄欧罗马峰会最终批准了《欧洲共同经济空间构想》。②

《欧洲共同经济空间构想》确定了俄欧双方经济合作的重点领域,对贸易、投资、公司运营及人员流动等问题做出了具体规定。该构想的制定和批准,显示出俄欧双方都有实现经济一体化的意愿,正如构想所指出的,更紧密的一体化将导致俄欧在经济和社会生活中相互依赖的增强,共同经济空间反映了这种新的趋势,它将成为提高俄欧合作效应的重要工具。③ 2005年5月10日,俄罗斯总统普京与卢森堡首相容克、欧盟委员会主席巴罗佐和欧盟对外政策最高代表索拉纳在莫斯科共同批准了《共同经济空间"路线图"》,对欧洲共同经济空间建设做出了具体安排。"路线图"针对贸易与经济合作的一般问题、促进贸易与海关合作、电信和交通运输网络、能源、航天、环境保护六大领域提出了合作目标和具体的行动计划。

《欧洲共同经济空间构想》对俄欧经济合作以及一体化建设的概念和目标做出了规定。首先,构想明确了欧洲共同经济空间的概念,即共同经济空间是俄欧之间开放的一体化市场,这一市场将建立在共同的或可兼容的规则和管理制度之上,实现互补效应和规模经济效应,进而提高双方在外部市场上的竞争力,共同经济空间最终将涵盖双方大部分经济部门。其次,构想提出了双方合作的目标:(1) 以保障持续发展为目标,以市场经济有效运行为基础,根据国际公认的非歧视、透明度和良性管理的原则,促进双方的贸易和投资;(2) 通过确定共同的、协调的或兼容的规则和管理体系以及建立相互联系的基础设施网络,为经济主体创造新的机会;(3) 提升俄罗斯和欧盟的国际竞争力。最后,构想提出了共同经济空间建设的指导原则:(1) 共同经济空间以双方在伙伴关系与合作协议和世贸组织框架内所承担的义务为基础。(2) 共同经济空间涵盖的范围

---

① 其他三个"共同空间"为"共同的自由、安全和司法空间"、"共同外部安全空间"和"共同科教文化空间"。

② Концепция общего европейского экономического пространства, http://www.kremlin.ru/text/docs/2003/11/55347.shtml.

③ Ibid.

广泛，其中包括标准化、技术管理和适应性评估，海关管理，审计和会计核算，政府采购，竞争，金融服务，电信，在航天发射领域的合作等。(3) 共同经济空间的建设将分为若干阶段，并应对行动计划进行中期检验。(4) 在现有合作领域内（如能源对话），继续按照原有的条约法律和规则进行合作，并使合作成果与共同经济空间相对接。

《欧洲共同经济空间构想》及其"路线图"的签署是俄罗斯与欧盟经济外交的重要成果。随着共同经济空间"路线图"计划的实施，双方在经济领域的全方位合作将深化，俄罗斯在与欧盟的经济合作中可得到资金、技术和管理经验等多方面好处，并将有效地促进国内经济改革。但是，同时必须看到，俄罗斯与欧盟之间还存在许多制约双方经济合作和一体化进程的深层次问题，不妥善处理好这些问题，俄欧经济合作和一体化建设必然受到影响。2007年3月25日是《罗马条约》签订50周年纪念日。就在这一天，俄总统普京在题为《欧洲一体化的50年及俄罗斯》的文章中，详细阐述了俄欧关系和立场。普京在文章中强调："发展与欧盟多层次的关系，这是俄罗斯的根本选择。"但是，"在不久的将来，由于十分明显的原因，我们既不打算加入欧盟，也不打算同它一起加入某种联合形式"。不过，"出于对事态的符合实际的考虑，俄罗斯打算在条约的基础上和战略伙伴原则上建立同欧盟的关系"[①]。

欧盟对新时期俄罗斯经济外交的重要意义在于：第一，发展同欧盟国家的关系是俄罗斯平衡俄美关系的一个重要基点，有利于削弱美国的影响，提高俄罗斯的政治经济地位。第二，欧盟国家是新时期俄罗斯最主要的贸易伙伴。俄罗斯同美国的贸易虽然有所发展，但其占俄贸易总额的比重一直不高。相反，在俄罗斯重新调整与西方的关系，把发展与欧洲的关系作为经济外交的优先方向之后，欧盟开始成为俄罗斯的最大贸易伙伴，[②] 到2005年，对欧盟贸易已经占俄罗斯对外贸易的一半以上。第三，与俄罗斯居民生活密切相关的消费品，以及俄推进经济现代化所需的技

---

① [俄] 普京：《欧洲一体化50年及俄罗斯——发表在欧洲一些报纸上的文章（2007年3月25日）》，普京：《普京文集》（2002—2008），中国社会科学出版社2010年版，第425页。

② 事实上在冷战时期，西欧国家出于自身利益的需要就希望发展同苏联的经济关系，以降低对美国的依赖程度。因而从那时起，西欧就在苏联对外经济关系中占有重要的地位。西欧国家占苏联与整个工业发达资本主义国家外贸中的比重一度达到80%，占苏联对外贸易总额的1/4。陆南泉、张础、陈义初等：《苏联国民经济发展七十年》，机械工业出版社1988年版，第650页。

术、设备大多要从欧盟国家进口。从苏联时期开始，俄罗斯与西欧国家的贸易结构一直没有改变，基本上是俄罗斯向西欧国家出口能源和原材料等产品，而从西欧国家进口工业制成品和技术密集型产品，包括工业设备、发电机组、电子设备、农产品、汽车及零配件和化学产品等，还有日用消费品、化妆品、酒精饮料等，从而在很大程度上满足了其在日用品和成套设备方面的需求。对于新时期的俄罗斯而言，随着俄经济现代化的愿望越来越强烈，通过开展与欧盟国家的贸易获得技术和机器设备就越来越重要，因而欧盟对俄罗斯对外贸易的重要意义有增无减，见表12-2。

表12-2　　　　俄罗斯对外贸易的国别（地区）构成

	1997年	1998年	1999年	2002年	2003年	2004年	2005年
欧盟	34.5	33.9	34.4	36.8	36.1	45.1	52.1*
独联体国家	22.2	21.8	18.7	16.9	17.8	18.3	15.2
亚太经合组织国家	16.1	17.7	17.1	16.4	16.1	16.8	16.2
中东欧国家	13.5	12.4	12.9	12.9	12.4	12.9	12.9

注："*"表示包括欧盟25国，在此之前为欧盟15国。

资料来源：冯绍雷、相蓝欣主编：《俄罗斯经济转型》，上海人民出版社2005年版，第135页；高际香：《俄罗斯对外经济关系研究》，博士学位论文，中国社会科学院研究生院，2006年，第19页。

需要指出的是，2008年国际金融危机使俄罗斯经济遭受重创，并暴露其资源依赖型发展模式的缺陷。为应对危机和确保复兴，梅德韦杰夫政府于2009年高调推出旨在对俄经济社会进行全面改造的"现代化战略"，并要求对俄罗斯外交政策进行重大调整，将欧美作为实现现代化的重要外部依托。在这一背景下，2010年5月俄外交部出台《有效利用外交因素推动俄长期发展计划》以及《解决现代化任务的外交活动评价标准》两个指导性文件，强调要"启用现代化的外部资源包括与我们的西欧伙伴主要是欧盟建立'现代化联盟'，同时致力于继续与华盛顿理顺互利、平等合作的全方位关系，尽可能地使用美国的技术潜力并克服仍未消除的美国向俄罗斯转让高新技术的限制"[1]。在2010年7月俄罗斯驻外使节会议

---

[1] "ПРОГРАММА эффективного использования на системной основе внешнеполитических факторов в целях долгосрочного развития Российской Федерации"，http：//www.run-ewsweek.ru/country/34184/.

上梅德韦杰夫强调,俄必须加强经济外交,利用外交推动落实现代化战略,"今天,莫斯科对外政策的优先方向与国家实现现代化的基本政策密切相联……它需要俄罗斯与那些能够提供这些技术的国家（实际上是与西方）建立更为密切的关系"。① 然而,俄罗斯与西方之间的关系盘根错节,从根本上限制了俄罗斯外交"西向化"的幅度与深度。

第三节　俄罗斯对日本的经济外交活动

长久以来,"北方四岛"（南千岛群岛）纠纷一直困扰着俄日关系的发展,见图 12 – 1。进入 21 世纪,普京执政后主张全面发展俄日关系,并于 2000 年 9 月访问日本时表示,"日本无论在亚太地区还是在国际舞台上都是俄具有战略意义的伙伴,俄日关系在新千年进入了一个全新的阶段,我们将按伙伴关系来建设我们的相互关系,并赋予其战略意义"②。此后,俄罗斯对日本展开了一系列的经济外交活动。

图 12 – 1　俄罗斯与日本之争的"北方四岛"（南千岛群岛）

资料来源：Дмитрий Тренин, Ювал Вебер: *Тихоокеанское будущее России: урегулирование спора вокруг Южных Курил*, http: // carnegie. ru/#/slide_ 2346.

---

① "*Модернизация российской внешней политики: интервью с Дмитрием Трениным*", http: // www. carnegie. ru / publi – cations / ? fa = 41324.

② 刘桂玲：《冷战结束以来俄日关系的新变化》,载《现代国际关系》2005 年第 11 期。

第一，建立日俄贸易经济政府间委员会（简称"政府间委员会"）。①日俄贸易经济政府间委员会是两国就经贸关系交换意见的常设机构，轮流在两国举行会议。政府间委员会是日俄之间综合协商关于双边所有经济关系问题的唯一部长级别论坛。1994年11月，俄罗斯第一副总理索斯科维茨（Oleg Soskovets）和日本外务大臣河野洋平（Yohei Kono）签署了一份备忘录，旨在建立由两国部长级领导共同主持的委员会以作为讨论两国经贸问题的论坛；1995年7月，有关双边经贸问题的日俄副部长级会议在东京举行，日本副外务大臣林忠（Tadayuki Hayashi）和俄罗斯对外经济关系部第一副部长米哈伊尔·叶菲莫维奇·弗拉德科夫（Mikhail Efimovich Fradkov）签署了关于日俄贸易经济问题的政府间委员会活动的备忘录；1996年3月20日，日俄贸易经济政府间委员会正式成立，并在东京举行首次会议，原则上每年举行一次例会，以讨论和决定双边经贸关系中的一些重大问题。

为了促进两国经贸关系发展，俄罗斯和日本政府间委员们扮演了以下角色：一是分析和评估双边经贸关系的现状；二是为双边经贸关系的发展清除障碍并改善包括贸易和投资环境在内的发展条件；三是在互惠原则的基础上进一步发展双边经贸关系；四是助推俄罗斯经济改革；五是商讨全球经济问题；六是促进两国企业的区域性合作和贸易往来；七是报告附属委员会的活动状况。政府间委员会下属两个附属委员会：（1）贸易投资委员会——追踪日本在远东和东西伯利亚大规模合作项目的副部长级论坛；（2）区域与区域合作委员会——旨在加强日俄在远东和东西伯利亚地区合作的副部长级论坛。

迄今为止，俄日之间已经举行过10多次政府间委员会会议。最近的一次是在2012年11月20日，日俄贸易经济政府间委员会第十次会议在东京召开，两国就进一步促进经贸合作进行了磋商。在此次会议上，双方签署了促进远东西伯利亚开发合作备忘录，并且同意为改善日本企业在俄罗斯的投资环境建立对话机制；日俄两国今后将重点在能源利用、医疗、农业、高科技等方面加强合作。

第二，俄罗斯与日本签署了一系列经贸合作协议。从叶利钦到普京，俄日之间签署了多项合作协议，为俄日经贸关系的发展奠定了基础。1993

---

① 详见日本外务省网站，http://www.mofa.go.jp/region/europe/russia/index.html。

年10月，俄罗斯总统叶利钦第一次正式访问日本，双方签署了苏联解体之后的第一份经贸合作协议——《经济宣言》，就发展两国经贸合作关系等达成一些共识，① 叶利钦的"破冰之旅"打开了改善俄日关系的大门。1996年4月，日本首相桥本龙太郎应邀访问莫斯科；1997年11月，叶利钦和桥本龙太郎在俄罗斯西伯利亚城市克拉斯诺亚尔斯克举行了非正式会晤，两国首脑提出了在政治、经济及金融等领域发展合作的"叶利钦—桥本计划"。② 1998年11月，日本首相小渊惠三访俄，俄罗斯总统叶利钦和日本首相小渊惠三签署了关于俄日建立建设性伙伴关系的《莫斯科宣言》，小渊惠三主动表示日方愿意继续履行"叶利钦—桥本计划"，同时双方签署了《日俄投资保护协定》，决定成立"共同经济委员会"，并设立北方四岛经济合作分委会，进一步加强经济合作。③

2000年3月，普京当选俄罗斯联邦总统之后，更加重视发展同日本的关系。2000年9月，普京访问日本，与时任日本首相森喜郎就俄日双方签订的"叶利钦—桥本计划"进行了扩充，提出了新的"森喜郎—普京计划"，即"深化经贸领域合作纲要"，重点包括开发西伯利亚及远东能源、促进双边贸易、和平利用原子能、合作开发宇宙及日本支持俄加入世贸组织等内容。同时，双方在会谈中还涉及建立萨哈林—日本能源桥的问题。④ 2003年，俄日首脑共同签署了指导未来两国合作关系的"联合行动计划"。其中，经贸合作的主要内容是：推动双方的贸易投资；俄罗斯的技术和智力在双边合作中的作用；包括核能在内的能源领域内的合作；环境生态保护与利用方面的合作；科技、宇宙、运输和旅游领域内的合作；推动地方间的合作；等等。

第三，俄罗斯与日本之间的多项合作项目得到实施。俄罗斯独立之后，在日俄贸易经济政府间委员会的合作框架指导下，两国间实施了一系列合作项目。根据俄日区域合作委员会的合作框架，俄日计划在以下领域进行合作：（1）能源开发：利用日本先进的技术在远东和东西伯利亚地区进行能源开发，促进俄日公司之间的合作；（2）交通运输：在西伯利亚大铁路基础上完善西伯利亚铁路系统，形成俄日间的运输网络；

---

① 月关山：《日俄经济宣言概要》，载《全球科技经济瞭望》1994年第2期。
② 钱峰：《日俄关系新动向（综述）》，载《人民日报》2000年4月24日第6版。
③ 董青岭：《浅议日本政府的"北方领土"外交》，载《俄罗斯研究》2005年第1期。
④ 刘桂玲：《俄日关系的历史回顾》，载《国际资料信息》2003年第4期。

(3)信息通信：利用日本的顶尖信息通信技术建设远东和东西伯利亚地区的信息网络；(4)全方位的环保合作；(5)加强在远东和东西伯利亚地区的安全合作；(6)提升远东和东西伯利亚的卫生医疗水平；(7)完善贸易投资环境提升双边贸易投资水平；(8)促进包括旅游在内的区域以及国家之间的交往。①

在具体合作实施方面：其一，贸易合作方面，21世纪以来双边贸易发展迅速，俄日贸易总量大约占俄罗斯外贸总额的3%。图12-2表明1991—2002年间，俄日贸易始终维持在35亿—55亿美元，2006年之后，俄日经贸迅速发展。这之后的5年间，俄日贸易从70亿美元增加到300亿美元。截至2012年底，已有185家日资企业在莫斯科设立办事处。

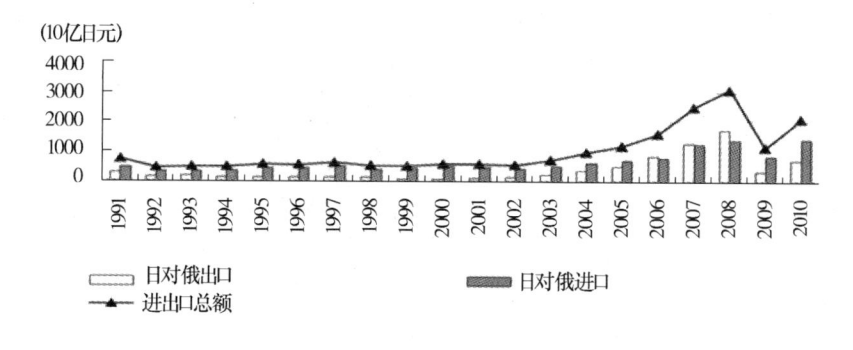

图12-2 日俄贸易发展情况

资料来源：日本外务省网站。

2012年，日本是俄罗斯的第七大贸易国和俄远东地区的第三大国。在贸易结构方面（见图12-3、图12-4），日俄双方呈现互补的局面，这也是俄日贸易快速发展的关键动力。截至2009年底，俄罗斯累计利用外资额为2682亿美元，其中日资占3.1%，在俄罗斯外资中排名第9位。

其二，在俄罗斯与日本的相互投资方面，双方签订了一系列投资项目：一是"萨哈林—日本能源桥"项目。2003年7月1日俄罗斯"统一电力系统"公司与日本"住友"公司签署了建设"萨哈林—日本能源桥"项目的合作协议。该项目包括将在萨哈林建设400万千瓦燃气发电站、变

---

① 详细参阅日本外务省网站：http://www.mofa.go.jp/region/europe/russia/initiative0706.html。

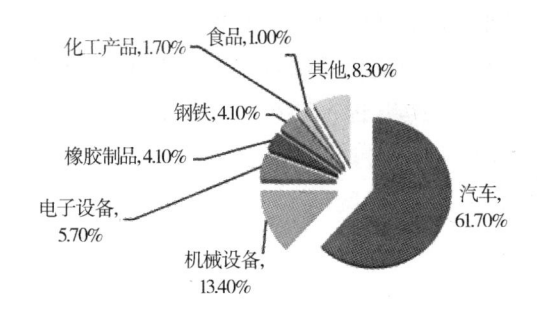

314　第四篇　俄罗斯国际交往中的经济外交

图 12-3　日本对俄罗斯贸易出口

（化工产品 1.70%，食品 1.00%，其他 8.30%，钢铁 4.10%，橡胶制品 4.10%，电子设备 5.70%，机械设备 13.40%，汽车 61.70%）

资料来源：日本外务省网站。

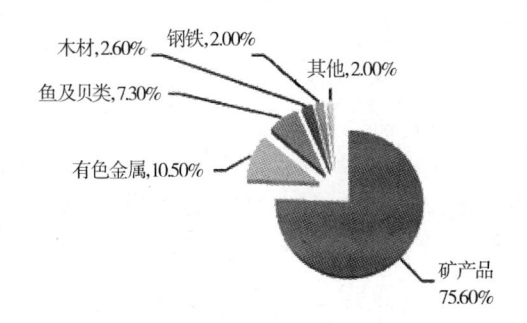

图 12-4　日本自俄罗斯贸易进口

（木材 2.60%，钢铁 2.00%，其他 2.00%，鱼及贝类 7.30%，有色金属 10.50%，矿产品 75.60%）

资料来源：日本外务省网站。

电站、地面直流输电线路，以及铺设直通日本北海道和本州的海底输电电缆。此次签署的合作协议包括进行项目可行性论证，同天然气供方和电力买方进行谈判，以及制定资金结构设计。[①] 目前，萨哈林 1 号、萨哈林 2 号、萨哈林 3 号项目都已经在开发当中，日本公司均参与其中，而且萨哈林 2 号项目已经开始向日本供应天然气，并占到整个供应量的 60%。[②] 二是日本多家汽车企业纷纷在俄设立生产基地。2005 年 6 月，日本丰田公司投资 40 亿美元在圣彼得堡建立丰田汽车生产基地。目前，丰田、日产和铃木三家日本汽车制造商都已经在俄建立生产基地。三是核合作项目。

[①]　商务部网站：http://www.mofcom.gov.cn/article/i/jyjl/m/200307/20030700113992.shtml。
[②]　新华网：《俄萨哈林 2 号项目已开始向日本出口天然气》，http://news.xinhuanet.com/fortune/2009-03/30/content_11098255.htm。

2012年5月，俄罗斯与日本签署的和平利用原子能合作协议正式生效。这份协议的有效期为25年，为两国在核电和核工业领域展开合作奠定了基础。它涵盖的合作范围包括铀矿床的勘探与开采，轻水堆的设计、建设与运营，核安全（包括辐射防护与环境监测）以及核材料的供应。[①] 四是能源管道建设。2003年俄日首脑共同签署的《联合行动计划》首次将"日俄共同建设远东石油管道"（安纳线）计划列入其中。

在俄日的技术合作方面，自1994年以来日本已在俄6个城市建立了日本中心，提供一系列管理学和有关日本方面的课程。1994年10月，日本政府与莫斯科高等经济学校合作成立第一个日本中心。随后日本中心相继在哈巴罗夫斯克（1994年11月）、符拉迪沃斯托克（1996年4月）、萨哈林岛（1996年9月）、莫斯科国立大学（2001年1月）、圣彼得堡（2001年3月）以及下诺夫哥罗德（2001年10月）成立。2003年1月，在日俄双方签署《联合行动计划》的基础上，日本中心项目在俄得到进一步强化。自1994年以来，俄罗斯大约有49000人在日本中心参加培训，并有3900人赴日本接受培训。除了日本中心之外，俄日还建立了公务员培训项目。从1991年到2011年，日本已经邀请676名俄罗斯公务员赴日培训。培训课程涵盖公共部门管理的各个方面，包括税收、司法制度以及人事管理等。

综上所述，冷战结束后俄罗斯对日展开了一系列经济外交活动。然而，俄罗斯与日本国内的一些看法却认为，双方经济关系的潜力远远没有发挥出来，两国在人员、商品和资金的交流等方面的合作空间很大。2013年2月21日，普京在会见日本前任内阁总理大臣、日本自民党领袖森喜郎时表示，俄日在汽车制造、制药、木材加工和能源等领域的合作已成功展开。[②] 然而，相比俄罗斯同欧盟主要发达国家、部分独联体国家、美国以及中国而言，俄罗斯与日本的经贸合作还处于较低水平。究其原因，存在以下因素制约着俄日经贸合作水平的进一步提高：首先，"北方四岛"问题是俄日外交难以破解的死结[③]；其次，俄罗斯与日本的经贸合作的区域主要集中于俄远东和东西伯利亚地区，而该地区的禀赋条件和基础设施

[①] 伍浩松：《日俄核合作协议正式生效》，载《国外核新闻》2012年第5期。
[②] 陆柏春等：《近年俄日关系发展趋势及其对我影响》，载《欧亚社会发展研究》2013年第7期。
[③] 吴大辉：《俄日岛争：难以破解的外交"死结"》，载《当代世界》2010年第12期。

制约着双边经贸合作①；最后，基于地缘政治、意识形态以及国家利益等因素，俄罗斯的外交重心是欧美国家、独联体国家以及中国，而不是日本。

在上述三个制约因素中，"北方四岛"问题是影响俄日经贸合作最大的不确定因素。俄日之间关于"北方四岛"之争已有300多年的历史，关于其归属权问题俄日双方也进行了多次协商，并签订了一系列的合作框架协议，但是就岛屿归属权问题一直未能达成共识。1905年，在日俄战争中战败的沙俄政府被迫签署《朴茨茅斯条约》，向日本割让南库页岛及其附近岛屿。然而，1945年2月，苏、美、英三国缔结《雅尔塔协定》，规定日本战败后将千岛群岛和南库页岛"移交"给苏联，作为苏联参加太平洋战争的交换条件。根据该协议，苏联随后出兵占领"北方四岛"在内的整个千岛群岛。此后，"北方四岛"一直处于苏联（或俄罗斯）事实占领的状态。

苏联解体之后，日本为了解决领土争端问题，主动采取经济外交手段，试图以此化解争端。而俄罗斯出于国家利益也相应采取了经济外交的方式。然而，尽管日本一直采取积极主动姿态同俄罗斯进行经济合作，并向俄提供了一系列的资金和技术援助，俄对"北方四岛"的态度却并没有明显变化。对于俄日两国而言，"北方四岛"不仅仅是领土主权问题，其后还存在战略和利益的冲突。因为，对于俄罗斯而言，"北方四岛"是俄罗斯在远东地区的重要门户，俄罗斯能从这里自由出入鄂霍次克海和太平洋，它成为俄罗斯的海上战略通道；对于日本而言，"北方四岛"是其摆脱战后历史阴影、重返正常大国的重要环节，同时这一问题也涉及它的版图完整和安全纵深。梅德韦杰夫在担任俄罗斯总统期间，对"北方四岛"采取了一系列强化"实际控制"的决策，②梅德韦杰夫视察"北方四岛"的举措，为俄日岛屿之争增添了不确定性；普京就任俄罗斯总统和安倍就任日本首相的2012年，双方都向对方表达了准备进行建设性对话的示意，并积极筹备高层互访。

观察俄日外交历史，笔者认为，在双方的经济外交过程中，日本之所

---

① 米军、李丽、郑雪平：《俄罗斯与日本经贸合作缓慢发展之探析》，载《俄罗斯中亚东欧市场》2005年第3期。

② 详细参阅中国新闻网《日华媒：俄罗斯三招"北方四岛战略"令日本头疼》，http://www.chinanews.com/hb/2012/06-27/3990648.shtml。

以表现出积极主动的姿态，经济利益的考虑是最为重要的原因。一是俄日双方经济具有较强的互补性。日本是典型的资源输入国，俄罗斯是首屈一指的资源出口国；日本资金雄厚技术先进，俄罗斯制造业技术落后、资金匮乏，特别是对于俄远东地区的开发而言。最近的 2013 年 2 月 27 日，俄罗斯远东发展部部长、俄总统驻远东联邦区全权代表维克托·伊沙耶夫指出，俄罗斯与日本经济合作的深化，将有助于减弱日本对"南千岛群岛"领土要求的力度。他还指出，日本是俄罗斯远东最大的三个贸易伙伴之一，2012 年远东和日本的贸易额为 84 亿美元，比危机前的 2008 年增加 14 亿美元。目前，俄日两国合作的战略领域是燃料能源系统：大型石油、天然气合资项目，如萨哈林 1 号和萨哈林 2 号，日本累计向俄罗斯投资约为 100 亿美元。[①] 二是俄日可以借经济合作增加对华经贸合作的筹码，因为中日都是俄罗斯的主要能源出口对象国，日本增加俄罗斯的能源进口，则能够提高俄罗斯在中俄能源合作中的话语权。

因此，我们认为，可以从问题的两个方面对俄日经济外交的发展得出结论，即：一方面，从俄日之间"北方四岛"的地缘战略意义角度看，如果俄日双方对岛屿之争不能取得进展，俄日之间的经贸水平则难以得到提升；另一方面，如果从俄日经济利益倚重看，双方互有需求、彼此借重、相互妥协又互存戒心是一个长期趋势，这是影响与制约俄日经济外交关系发展变化的最重要因素。

近年来，俄罗斯急于找回自己在国际舞台上应有的地位，提高其对世界事务的话语权和影响力。这是俄罗斯与美国、欧盟和日本进行经济外交活动的目的。俄罗斯在强化对独联体外交的同时，也并未放弃对美欧日的外交与经济，即俄罗斯试图通过引进西方的资金和技术实现经济现代化，致力于建立所谓的"现代化伙伴关系"，为谋求在世界新格局中的大国地位打下基础。因此，俄罗斯推动改善与欧洲和美国的关系。从历史的逻辑看，俄罗斯历来把自己看作"欧洲的一员"，"是欧洲文明不可分割的一部分"，在安全、贸易及投资等方面对欧洲依赖度甚高，所以俄欧关系一直是俄外交的重中之重；在俄美日关系上，俄与西方间盘根错节的矛盾，使得俄罗斯难以从根本上实现"西向化"的幅度与深度。

---

① 俄新网 RUSNEWS．CN 哈巴罗夫斯克 2013 年 2 月 27 日电，http：//rusnews．cn/eguoxinwen/eluosi_ caijing/20130227/43704002．html。

第十三章　俄罗斯经济外交活动的次优领域

随着全球经济的相互依赖不断增强，国际经济关系不仅涉及国际贸易、国际金融和国际资本流动，还涉及环境保护、世界人口、生态问题、世界物质资源的占有和保护等，这使得经济外交的范畴"有增大的趋向"[①]。在俄罗斯经济外交方面，改善国家投资形象、实施气候外交、经济制裁以及培养管理人才的"总统计划"等在俄经济外交全局中，处于一个次优甚至边缘的地位。气候外交是近年来世界各国利益碰撞的焦点问题，俄罗斯的立场值得关注；经济制裁是俄罗斯经济外交的传统议题，在新形势下，俄罗斯改变了对外援助的态度和方式，更多地通过采取国际发展援助方式进行对外援助；与其他国家合作培养经济管理人才的"总统计划"是从20世纪90年代开始实施的，对俄罗斯经济外交及促进对外经济合作起到了一定作用。

第一节　俄罗斯在投资领域的经济外交

一　俄罗斯改善国家投资形象的必要性

"国家形象"这一术语是美国政治学者最早提出的，其定义是"一个国家对自己的认知以及国际体系中其他行为体对它认知的结合，它是一系列信息输入和输出产生的结果，是一个结构十分明确的信息资本"[②]。国家形象也称"国际形象"、"国家对外形象"，作为俄罗斯国家形象主要内

[①] 鲁毅：《外交学概论》（第8版），世界知识出版社2010年版，第169页。

[②] 参见何亮亮《国家形象认知——西方对中国不公平》，2009年7月31日，http://news.ifeng.com/opinion/phjd/sh/200907/0731_1920_1278830.shtml。

容的俄政治形象,最近20年随着从苏联到俄罗斯的变化,俄罗斯的国家形象发生了巨大的变化。俄罗斯学者认为,国家形象是境外各类决策者对他国的认知的总和。国家形象这一概念有以下特点:首先,国家形象有各种类型,比如政治形象、文化形象和经济形象等;其次,国家形象具有独特性,它是在一系列标志性事件和符号的影响下形成的,国家形象一经形成,就具有相对的稳定性。① 在国际政治和外交领域,塑造良好的国家形象,不仅是各国政府所追逐的战略目标,也是谋求国家战略利益的重要手段。在经济外交领域,国家形象对吸引外资和对外投资等对外经济活动有重要影响,是经济外交中政府行为者和企业行为者广为关注的问题。

近年来,俄罗斯政府及其领导人对其国际投资形象的重视程度在增加,并要求相关部门采取措施塑造和改善国家形象。如今,俄罗斯以"能源帝国"、"资源大国"等形象著称于世,但其国家投资形象却因投资能力受到限制,这与俄罗斯雄心勃勃的国家崛起的目的极不相称。2005年后,俄经济发展和贸易部曾委托西方咨询公司对俄投资形象进行问卷调查。从国际战略公关公司PBN和彼得哈特研究公司对在俄有投资项目的和有投资意向的国际大公司的问卷调查中看出,不同类型的投资者对俄国际投资形象有不同判断,实际投资者和潜在投资者的评价很不一致,但同时也存在许多相对稳定的评价。

参与问卷调查的国际大公司对俄罗斯的国际投资形象的看法是:(1)现有外国投资者对在俄投资感到满意,70%的受访者指出,他们愿意扩大对俄投资。(2)外国投资者认为决定俄投资吸引力的主要因素有三个:一是国内市场的扩大和居民购买力的提高;二是经济的稳定增长;三是劳动力的质量和价格因素。外国投资者认为制约外国投资的主要因素是腐败、官僚主义以及"有选择地使用和解释法律"。(3)外国投资者认为对俄投资既存在高风险,也存在高收益的可能性。外国投资者可用更高的利润率弥补高风险。② (4)外国投资者对俄政治问题的态度比西方媒体更为冷静。他们更加重视经济利益,而新闻媒体对政治事件和热点新闻更感兴趣。从以上问卷调查可以得出以下结论:第一,外国投资者倾向于对发展

---

① Леонид Григорьев, Сергей Плаксин, *Экономические аспекты изменения имиджа России в мире*, http://www.communicators.ru/library/recommend/image_russia.

② *Имидж России глазами иностранных инвесторов*, http://www.tip-rorj.economy.gov.ru.2007.

速度快、消费市场大的经济体投资，而忽略投资环境；第二，改善投资环境与俄罗斯政治经济改革密切相关；第三，关于俄罗斯是高风险国家的观念在转变，但这种转变的过程很慢。

我们认为，国际投资形象是对一国投资环境带有主观色彩的认识和判断，不同的机构和个人对一国国际投资形象会有不同的看法。就俄罗斯的国际投资形象所产生负面影响的因素而言，主要包括以下方面。

1. 历史和国际因素

首先，沙皇俄国时期的领土扩张对其邻国留下深刻的历史烙印，尤其是波兰和波罗的海沿岸国家认为俄罗斯具有其与生俱来的帝国倾向，对俄罗斯怀有恐惧感。西欧国家许多人认为，俄罗斯是苏联帝国的继承者，他们对苏联的威胁和恶劣的"人权状况"记忆犹新。[1] 其次，车臣战争是影响新俄罗斯国家形象的主要因素。苏联解体后，俄罗斯为维护主权和领土完整，对车臣分裂势力先后发动了两次车臣战争。西方社会虽承认车臣是俄罗斯领土的组成部分，但对俄罗斯以战争方式维护领土完整的做法不满。最后，由于复杂的历史和现实原因，原苏联地区一些国家的对外政策趋向疏远俄罗斯，接近西方，甚至加入欧盟和北约，俄罗斯与这些国家间的关系出现障碍。每当俄罗斯与格鲁吉亚、乌克兰或摩尔多瓦等国发生矛盾和纠纷时，西方国家通常会对俄罗斯进行谴责。

2. 国内政治因素

国际社会和俄罗斯国内对于其国家政治仍然存在各种看法。首先，西方国家认为，俄罗斯政治权力过于集中，新的统治精英控制着国家权力；其次，俄罗斯行政机构庞大，政府机关中的官僚主义、文牍主义严重。近年来，俄高层为提高政府的工作效能对政府机构进行了大改组，但是由于传统思维和惰性的影响根深蒂固，行政改革尚未收到实际效果；最后，俄罗斯存在极为严重的腐败问题，政府官员行贿受贿、官商勾结等问题触目惊心。由于政府机关权力过大，企业在生产经营中遇到的"任何行政障碍都可通过行贿得到解决，障碍越大，索取的贿赂金额越高、腐败官员越多"[2]。

---

[1] Свен Хирдман, *Роль России в Европе*, М.: Центр Карнеги, с. 8 – 10, 2006.

[2] Путин В. В., *Послание Федеральному Собранию Российской Федерации*, http://www.kremlin.ru/appears/2002/04/18.

3. 社会经济因素

苏联解体后,俄罗斯社会结构发生巨大变化,传统道德观念遭到颠覆,新的道德观念尚未确立。加之社会不满情绪加剧,政府对社会的管理能力下降,导致犯罪活动猖獗,治安状况严重恶化。据俄罗斯内务部的报告披露,俄罗斯国内有100多个犯罪集团,其成员多达4000多名;黑社会组织已渗透到一些重要的产业部门,控制着约500个关键性企业,并与境外犯罪组织有紧密的联系。普京执政时期,随着国际石油和冶金产品价格的持续攀升,俄罗斯国家经济实力及抗风险能力明显增强,这对外资的吸引力在增强,国际评级机构不断调高俄信用等级,也证明俄投资环境得到改善。但是由于国家形象具有相对稳定性,俄罗斯吸引外资的经济优势和资源优势并没有得到充分发挥。在2008年的全球金融危机冲击下,俄罗斯经济的脆弱性再次暴露,因而对于国家形象再次产生不利的影响。

4. 外交和公关因素

国际投资形象与外交和公关因素密不可分。俄罗斯学者认为,在塑造国家投资形象问题上,俄罗斯政府和外交部门中存在许多不足。首先,联邦政府各部门、各地区及相关机构在塑造国家投资形象方面协调不力;其次,俄罗斯尚未建立起发达的新闻发布机制和强大的新闻媒体,针对国内投资环境和国际投资形象,没有进行有针对性、协调一致的系统性的宣传和公关活动;最后,俄罗斯缺乏具备必要经验和专业素养的人才。虽然外交部及其驻外机构和企业驻外代表开展了一系列吸引外资的工作,但均存在一定的局限性,在外交和国际公关活动中,没有充分利用政治、文化和其他有利于塑造国家形象的手段和措施。

二 俄罗斯改善国家投资形象的外交活动

俄罗斯是在2004年提出改善国家形象的问题的。同年4月,俄罗斯外交部驻外使节会议对改善国家形象问题进行了专门讨论。时任总统普京在会议上要求外交部重视俄罗斯在西方的形象问题,一方面关注西方国家对俄罗斯的歧视问题,另一方面要增强对外宣传和公关工作。在同年11月26日联邦委员会有关会议上,俄外交部官员指出,目前世界各国都重视国家形象问题,一些国家为塑造良好国家形象不惜巨资,比如美国每年为此拨款10亿美元,沙特阿拉伯每年斥资近60亿美元。俄罗斯外交部认为,对俄罗斯来说,改善国家形象是一项长期工作,需要20年左右的时间，并且每年国家应拨款10亿—15亿美元才能完成。为塑造和改善国家形象，俄罗斯外交部建立了专门的委员会。2009年5月，该委员会升级为国家级机构，划归总统办公厅领导，委员会成员包括总统办公厅主任纳雷什金、副主任格罗莫夫、外交部部长拉夫罗夫和总统国际问题助理普里霍季科。该委员会的主要职责是采取措施消除西方社会对俄罗斯的负面印象，重塑新的国家形象。[1]

为了改善国家投资形象，俄经济发展和贸易部在2007年制定了《改善俄罗斯境外投资形象的构想》。这份文件全面分析了俄罗斯国际投资形象及其问题，并提出改善国家投资形象的措施，指出最终目标是消除外国实业界对俄投资环境存在的误解，使俄罗斯的投资形象与其实际投资环境相符。这一构想指出，俄为改善其国际投资形象必须完成十大任务：(1) 针对联邦和地方投资环境的变化、投资机会和投资条件，创建全面、透明和经常更新的信息系统，并保障系统的开放性和持续性；(2) 建立投资项目数据库，宣传成功的投资案例；(3) 应对不良竞争；(4) 宣传俄罗斯高新技术行业的投资吸引力；(5) 建立垂直的或横向的信息通报体系，吸引地方和私营经济主体参与信息宣传活动；(6) 建立境内外沟通渠道；(7) 支持媒体和专家与境外媒体进行合作，介绍俄罗斯经济状况；(8) 举办各种形式的经济论坛、投资论坛和研讨会；(9) 与境内外经济分析机构和评级机构进行合作；(10) 吸收各类信息咨询机构和广告公司参与分析和传播俄罗斯经济信息。

从经济外交的角度来看，举办和参与国际研讨会、经济论坛和展销会，各种洽谈和招商活动，都是当前各国改善国家投资形象、吸引外国投资的有效手段。俄罗斯也越来越广泛地运用这些手段，促进投资与商贸发展。

其一是国际性论坛。重要国际性论坛总是会吸引境内外媒体的广泛关注和报道。论坛所涉及的问题一般都带有全局性，需要国家最高领导人作出决策。俄罗斯主办的重要国际性论坛有两个：一是圣彼得堡国际经济论坛，每年6月在圣彼得堡举办，它是俄罗斯最重要的经济政策平台。许多国家的领袖人物、商业精英、文化和科技界的大腕及专家都参加这一论

---

[1] Светлана Ходько, "*Россия в поисках образа: Сергей Нарышкин займется международным пиаром страны*", Независимая Газета, 17.06.2009.

坛。二是索契国家投资论坛，每年 9 月在索契举行，它是吸引国内外投资的重要平台。俄罗斯政府领导人、著名的企业界高管和专家都参加这一论坛框架下的大会、圆桌会议和研讨会。

其二是专业性论坛。专业论坛有一定的专业性，可能涉及具体产业发展问题，也可能是主题性研讨活动。例如，"俄罗斯 21 世纪森林工业综合体论坛"是研讨森林工业投资问题的论坛，森工企业参与论坛不仅可提高论坛的权威性，也可提高俄在世界森工行业中的地位。俄罗斯的专业论坛一般由政府行业主管部门或企业独立举办。例如，在交通行业最有影响的论坛是一年一度的"俄罗斯交通论坛"及展览会。

其三是地区性论坛。俄罗斯定期举办的地区性论坛有克拉斯诺亚尔斯克经济论坛、图拉经济论坛、贝加尔经济论坛（伊尔库茨克）和远东经济论坛（哈巴罗夫斯克），此外还有太平洋经济大会（符拉迪沃斯托克）等地区性研讨会。

其四是国家间的双边经济论坛。这类经济论坛侧重讨论和解决国家间经济合作问题。目前，规模较大的国家间双边论坛有中俄投资论坛、俄印投资论坛、俄日投资论坛、俄美投资论坛以及俄罗斯与拉美国家经济论坛和俄欧经济论坛等。

此外，做好媒体工作也是改善国家形象进而增强投资吸引力的重要手段。俄罗斯政府近年来对媒体工作的重视程度有了很大提高。俄经济发展和贸易部所制定的《改善俄罗斯境外投资形象纲要》对做好媒体工作提出了具体措施，旨在向外国投资者、主要国际评级机构、国际组织、工商业行会、国际咨询公司传播关于俄罗斯投资形象的必要信息，并客观宣传俄罗斯的投资形象。其主要措施包括：其一，利用各种新闻传播渠道报道俄罗斯的经济新闻，对各类议题进行广泛深入、视角全面的传播，占据各类信息平台的信息空间。其二，做好高端访谈，邀请俄罗斯和外国高级官员对俄罗斯投资形象进行评价或阐释投资政策。其三，利用专家访谈，邀请权威专家对经济新闻进行背景解读，突出重点议题，消除负面影响。其四，加强官方新闻机构的作用，开辟新的经济新闻传播渠道和平台。

三 俄罗斯重塑国家形象以吸引投资

俄罗斯改善国家形象也是它走向世界的重要组成部分。作为一个主权国家，俄罗斯制定内外战略的基础，是对国家领土完整、国家主权和国家利益的整体考量。解读俄罗斯改善国家形象，需要从俄罗斯的国家根本利益加以理解。"俄罗斯的民族利益和国家利益不会总是和西方的利益，特别是美国的利益相一致。"① 俄罗斯塑造国家形象的根本目的不是为了取悦他国，而是在于增强对其他国家的影响力，从而更好地维护本国利益。一个国家不能维护自己的根本利益，在国际社会就会失去与别国平等交往的权利。②

俄罗斯媒体对塑造国家新形象产生了重要影响。俄罗斯制定国家对外推广战略，成立专业从事对外公关的国家公司，出资支持公关公司定制俄罗斯形象设计等都发挥了积极作用。早在2001年，由俄罗斯总统办公厅牵头，通信和新闻出版部门负责实施，财政部拨上亿美元专款支持，要求文化、艺术、科技等方面的专家参与，通过借助广告、世界巡回演出和展览等形式，在国际上展开广泛的公关和宣传活动，以消除西方社会对俄的偏见和误解，强化俄罗斯"文化软外交"。2005年，作为俄政府喉舌的《今日俄罗斯》英语频道开播。《今日俄罗斯》是一个不间断播出的英语新闻卫星电视频道，它主要针对包括欧盟、亚洲和美国在内的国外观众，其主要任务是向世界介绍俄现代社会生活以及俄在国际事务中的各种立场，使俄罗斯能够在国外树立一个良好的形象。

2007年8月，俄罗斯数家具有政府背景的媒体，诸如《俄罗斯报》、俄新社、《今日俄罗斯》频道和英文杂志《俄罗斯概况》等，它们联合在《华盛顿邮报》《每日电讯报》《印度时报》等媒体上推出了宣传俄罗斯的广告。俄罗斯当局认识到，如果俄罗斯的媒体无法把握世界的脉搏，就只能被动地对国际事件做出反应，而无法主动地进行组织和协调，那么很容易导致负面形象的产生。俄罗斯学习美国政府的经验，由政府出资定向制作新闻或形象宣传材料。据报道，俄罗斯官方雇用了英国唐宁街一位著名的舆论导向专家和英国广播公司一位知名的前驻莫斯科记者，帮助化解外界对俄罗斯人权状况的猛烈抨击；俄罗斯有关方面与总部设在纽约的一家公关公司签订了价值数百万美元的合同，该公司向9个国家派出了50名舆论导向专家和媒体专家，他们工作的目标就是改变当地民众对俄罗斯

---

① ［俄］安·米格拉尼扬：《俄罗斯现代化之路——为何如此曲折》，徐葵、张达楠等译，新华出版社2002年版，第309页。

② 同上书，第125页。

的成见。与此同时，面对美国等西方国家的媒体攻势，俄罗斯也在加强对媒体的管理和控制。例如，2007年7月，俄监管部门迫使60多家电台停止转播《美国之音》和《自由欧洲》电台的新闻节目。

为打造积极主动、充满活力的对外形象，俄罗斯近年来积极参与国际事务。普京总统在国际舞台上积极登台亮相。俄罗斯展示其国家形象的典型事例就是2006年的圣彼得堡八国集团峰会，该峰会使俄有极好的形象展示机会。俄罗斯把能源安全作为核心议题，八国集团峰会上俄罗斯成功地向世界显示，世界经济的发展与俄罗斯的能源出口具有关联，使全球感受到俄罗斯"能源帝国"的力量。通过峰会，俄罗斯试图展示的国家形象是，俄罗斯享有全球性大国的地位，也是国际社会有影响力的一员。

第二节 俄罗斯与国际官方发展援助

在现代国际事务中，经济援助已经成为国际经济关系的一个重要方面。无论是对外援助还是接受援助，也不论这种援助出于何种目的，围绕援助国的附带限制条件以及受援国对外援的吸收能力和偿还能力而展开的斗争，是国际舞台上经济外交的组成部分。① 目前，所有发达国家、经合组织（OECD）国家和发展中国家都对外提供官方发展援助。② 一般来说，官方发展援助的政策目标非常复杂，概括起来大致有三类：一是经济目标，即帮助落后国家和地区的经济社会发展，改善当地人民生活水平；二是政治目标，即扶持某一政权，扩大影响力，提高本国国际地位；三是公共目标，即对其他国家的公共事业发展提供援助，这一目标与经济目标合二为一。提供官方发展援助的主要方式，包括战略型援助、发展型援助和人道型援助等。近年来，各国提供官方发展援助的数额在不断提高，2004年总额为795亿美元，2007年增加到1037亿美元。2000—2007年，加入经合组织发展援助委员会的国家向欠发达国家提供了总额为4200亿美元

---

① 鲁毅：《外交学概论》（第8版），世界知识出版社2010年版，第171页。
② 在对外援助的研究领域，官方发展援助（Official Development Assistance）与对外援助（Foreign Aid）、发展援助（Development Assistance）和发展合作（Development Cooperation）几个词一般可以交替使用，这是因为不同的援助国倾向于使用不同的术语。详见严启发、林罡《世界官方发展援助（ODA）比较研究》，载《世界经济研究》2006年第5期。

的官方发展援助。提供官方发展援助最多的国家主要为美国、德国、法国、英国和日本。

　　由于种种原因，俄罗斯参与官方发展援助的形式单一，规模有限。俄罗斯参与官方发展援助的方式，主要是通过参与国际合作项目、提供人道主义援助、提供资金和贸易特惠等进行的，其中大部分行动是在联合国、国际货币基金组织、世界银行框架下进行的，俄也参与了八国集团成员国的一些集体行动。俄罗斯参与官方发展援助的规模较小，但近年来呈现出逐渐提高的趋势。2005—2006 年，俄罗斯每年提供发展援助的资金近 1 亿美元①，2007 年增加到 2.1 亿美元。俄罗斯政府计划在未来将官方发展援助的数额提高到 4 亿—5 亿美元的水平。

一　俄罗斯官方发展援助的制度建设

　　目前俄罗斯正在分阶段建设官方发展援助的制度体系。第一阶段的任务是制定和批准必要的规范性文件，选择援助的优先方向，建立和理顺与伙伴国和国际组织之间的联系渠道，制定双边和多边的援助送达机制，确定官方发展援助的范围和形式，落实首批发展援助计划，对首批发展援助效果进行评估。第二阶段是以参与官方发展援助的经验和规模为基础，俄罗斯将建立专门的官方发展援助制度和组织，实行专门的计划，落实援助工具，并对现有援助机制进行改革，进而扩大发展援助规模。

　　1. 官方发展援助政策的制定

　　俄罗斯总统根据宪法赋予的职权对官方发展援助政策进行领导，批准俄罗斯参与官方发展援助的战略目标和任务。俄联邦委员会和国家杜马在宪法赋予的职权框架内，进行保证俄罗斯参与官方发展援助的立法工作。俄罗斯政府批准官方发展援助的行动计划，并根据政府部门建议作出提供援助的决定及对落实情况进行监督。财政部、外交部和相关部门直接落实总统的决策，外交部与财政部共同制订计划并协调政府各部门的行动。

　　2. 官方发展援助计划的制订

　　俄政府根据外交部、财政部和相关政府部门的建议，做出提供官方发展援助的决定后，由外交部和财政部经与其他有关部门协商后共同制定发

---

①　Александр Зорин, "*Помощь развитию - не альтруизм*", Российская газета, 25 ноября 2006.

展援助的国家和地区优先方向,明确援助的政治目的,确定援助规模、形式和条件。官方发展援助计划包括以下内容:分析和预测俄经济包括联邦预算收支预测;搜集和分析受援国政治社会经济形势,以及受援国与俄的经贸联系;分析官方发展援助领域内多边倡议的落实情况;分析并预测发展中国家对官方发展援助的需求情况;确定俄罗斯参与官方发展援助的最佳规模,预测俄私营企业和非商业组织对官方发展援助出资规模;确定多边和双边援助的比例以及援助的种类和行业结构。对国内正在发生武装冲突或政治经济局势不稳定的国家,应根据具体情况,结合受援国特点作出是否提供发展援助的决定。为避免在这种情况下受援国不正当使用援助资金,援助应以提供人道主义物资、粮食或技术援助的形式进行。在同等条件下,援助项目和计划应首先考虑使用俄罗斯商品和服务。

3. 官方发展援助的资金保障

俄罗斯参与官方发展援助项目和计划的资金来源是联邦预算资金。根据国际惯例,俄政府计划广泛吸收企业、社会和学术界参与官方发展援助。鼓励企业参与官方发展援助项目,政府将协调参与援助行动的企业和团体,通过各种渠道募集资金。学术界的任务是组织人员培训,为向贫穷国家提供技术援助创造条件。社会团体的任务是与国外社会团体和慈善团体发展合作,促进文化和人文交流,对官方发展援助提供信息保障。外交部、经济发展和贸易部会同财政部,对受援国的政治经济社会和金融形势以及俄与这些国家的经贸联系等提供信息保障和分析材料,并保证使用国际援助资金的透明度。

二 俄罗斯参与国际官方发展援助的目标和原则

2007年6月14日,俄罗斯总统普京批准了《俄罗斯联邦参与官方发展援助的构想》(以下简称《构想》),这份文件是俄参与国际官方发展援助的指导性文件。《构想》提出了俄罗斯参与官方发展援助的目标和原则,俄官方发展援助政策以联合国2001年声明所确定的《千年发展目标》、对外政策构想和国家安全构想为基础,遵循目标与能力平衡的原则,优先关注低收入国家的援助需求,致力于促进国际社会各国实现联合国千年发展目标。

《构想》提出,俄参与官方发展援助的目标为:(1)以国际公认的国际法准则和与各国的伙伴关系为基础建立稳定、公正、民主的世界秩序,对世界进程施加影响；（2）在发展中国家和武装冲突后的国家消除贫穷，保障经济持续发展；（3）消除人道主义灾难、自然灾害、生态灾难以及其他紧急状况的后果；（4）促进受援国民主化进程以及建设市场经济进程，促进受援国尊重人权；（5）与其他国家和国际组织发展政治、经济、教育、社会、文化和科技联系；（6）沿俄罗斯边境形成睦邻友好地带，防范和消除可能引起局势紧张和冲突的策源地，毒品非法交易、国际恐怖主义和跨国犯罪的源头；（7）与伙伴国发展经贸合作；（8）促进受援国与俄罗斯在资本、商品、服务和劳动力市场的一体化进程；（9）提高俄罗斯的国际威信。

《构想》还提出，俄官方发展援助将遵循以下原则：（1）受援国必须以实现可持续发展和消除贫穷为目标，在全面合作伙伴关系框架内，根据援助国与受援国相互承担责任的原则，制定并落实解决贫穷问题以及保障可持续发展的计划和战略；（2）受援国必须制定发展教育、卫生、低收入人群社会保障的社会机制的政策或进行改革；（3）伙伴国在反腐败领域落实有关计划；（4）提供援助和使用援助决策的透明化，联邦预算国际援助资金支出的稳定性和可预见性；（5）官方发展援助与其他双边和多边援助措施相协调；（6）关注相关项目和措施的生态和社会后果；（7）受援国是否有与俄罗斯积极发展双边合作关系的意愿；（8）提供援助将采用个案处理的原则，充分考虑具体受援国的政治、经济、社会和民族特点；（9）与受援国进行积极的对话。

三 俄罗斯参与国际官方发展援助的优先方向及形式

《俄罗斯联邦参与官方发展援助的构想》提出，俄罗斯官方发展援助的重点地区和国别将以俄罗斯对外政策构想为基础，以下地区为重点：（1）统一经济空间协议成员国以及欧亚经济共同体成员国，保障俄罗斯在与上述组织多方位合作中的利益，加强独联体一体化进程；（2）亚太地区的贫穷国家；（3）考虑非洲的特殊需要，协助撒哈拉南部地区非洲国家消除贫困，实现千年发展目标；（4）中东和北非地区的国家；（5）拉丁美洲国家。

俄罗斯参与国际官方发展援助的主要形式是参与联合国反贫困特别计划。这项计划是指援助国以多边和双边形式向受援国提供优惠资金援助。俄罗斯倾向于以多边援助为主，即通过向国际金融组织和国际经济组织缴纳会费的形式提供援助，首先是向联合国的专门机构、地区经济委员会和其他落实发展援助计划的组织提供资金；其次是参与八国集团、世界银行、国际货币基金组织和联合国组织框架下提出的国际倡议。俄罗斯认为，通过国际组织进行的官方发展援助的好处是国际组织的资金监管体系完善，具备援助的技术和知识基础，组织和协调能力强。

同时，在条件允许情况下，俄罗斯也将以双边形式对受援国提供援助，主要形式是：有针对性地提供资金援助或无偿提供商品和服务；根据经合组织"官方发展援助"分类提供信贷，为向受援国供应工业品和在受援国投资项目提供融资；通过向受援国转移技术和经验的方式，提供技术援助，发展受援国的医疗卫生、教育、环保、防灾和反恐机构和制度建设；通过"以发展援助换债务"方式，在受援国同意将减免债务所得资金用于社会经济目的情况下，注销受援国债务，减轻受援国债务负担；对紧急状况和自然灾害提供粮食和人道主义援助；促进资金划拨系统的简化以及援助资金的安全性和有效性；向发展中国家提供关税特惠和其他优惠，降低这些国家商品和服务进入俄罗斯市场的准入条件。

四　俄罗斯培训经济管理人才的"总统计划"

1. "总统计划"的制订与实施

俄罗斯实施与外国合作培训经济管理人才的"总统计划"始于20世纪90年代初，主要方式是派遣高校毕业生或企业管理人员到其他国家的企业实习，以了解西方企业的运作方式和管理经验。无论是俄罗斯还是在其他西方国家，这类人才培养计划均被称为"培训青年领袖的总统计划"。在这项计划实施初期，由于组织者经验不足，实际参与者对俄罗斯现实没有清醒的认识，项目执行比较混乱。[①] 1997年7月23日，叶利钦颁布了关于培训经济管理人才的总统令以后，情况有所好转。由于接受培训的对象多为经济管理人才，他们在实习回国后，都直接或间接地从事经济外交工作，并且这项计划本身也具有外交性质。因此，这一计划可被纳入经济外交范畴内。

优秀管理人才是国家经济发展的重要条件。与外国合作培训经济管理

---

① Фейгин Г. Ф., *Национальные экономики в эпоху глобализации*, Санкт-Петербург, С. 158, 2008.

人才是俄罗斯提高企业管理质量的政策工具之一。在"总统计划"实施的10年时间里,共培训各类经济管理人才43430人,派往境外实习的企业管理人员约1万人,政府职员约1500人。管理人才在境外接受管理培训,不仅可学习发达国家的管理经验,同时也与外国企业建立了业务联系。以俄罗斯与德国为例,在2003年俄罗斯派往德国的管理人才中,有60%的受训者与德国企业建立了业务联系。"总统计划"的实施,有利于俄罗斯创造新的就业机会,有利于企业提高管理水平,也有利于发展对外经济合作。

2. 合作培训青年管理人才

俄罗斯政府为落实"总统计划",与世界很多国家进行了合作。(1) 德国是第一个对俄罗斯关于培训管理人员的建议做出反应的国家。自1998年以来,德国共对俄罗斯60个地区的2700名企业经理进行了培训,占俄境外培训人员总数的30%。为培训俄罗斯管理人员和专门人才,德国从1998年到2007年从"转型计划"项目中共拨款3200万欧元,其中德国企业提供1600万欧元,德国地方政府提供200万欧元。(2) 与美国的合作。俄美"总统计划"合作始于1998年。1998—2000年在切尔诺梅尔金—戈尔委员会框架内,美国为俄罗斯培训管理人才418名。2000年双方终止合作后,美国在其他合作项目框架下,继续对俄罗斯企业管理人才进行短期培训。(3) 与英国的合作。1999年3月4日,俄罗斯和英国外交部签订了关于培养经济管理人才的官方文件。2003年12月英国政府修改对外技术援助的优先方向后,提出重点向更贫穷国家倾斜,与俄罗斯终止了合作。2004年3月俄英协议到期。到2007年,英国已为俄罗斯培训管理人才874名。俄罗斯政府为恢复合作考虑以其他形式取代原有的计划,并多次与英国进行磋商。(4) 与奥地利的合作。1998年10月27日,俄罗斯与奥地利签署了培养管理人员和国家公务人员的备忘录。从2002年起两国开始按备忘录的规定落实合作项目。奥地利承诺在资金允许情况下继续为俄罗斯培训管理人才。(5) 与意大利的合作。俄罗斯与意大利在人才培训领域的合作是以俄意技术合作谅解备忘录为基础的,2005年6月22日俄意经济、工业和金融合作委员会第八次会议决定继续人才培训计划。(6) 与丹麦的合作。1998年俄罗斯与丹麦签订了《在培训国家公职人员和管理干部领域进行合作的协议》,协议有效期为1998年到2004年。2006年双方恢复合作,但将合作重点转向了地方和城镇基层企业。(7) 与加拿大的合作。2002 年俄罗斯与加拿大签订了为期 5 年的管理领域交流和咨询计划,加拿大国际发展署为此拨款 1000 万加元。从 2003 年起,加拿大每年培训 25 名俄罗斯公职人员,2 名国家行政学院教师。(8) 与荷兰的合作。荷兰是俄罗斯"总统计划"的主要合作伙伴。到 2007 年,在对东欧国家进行技术援助计划框架下,荷兰为俄罗斯培训管理人才 250 名。2006 年 10 月 30 日,双方签署了《关于 2007—2008 年培训管理人才的总统计划的合作与实施的谅解备忘录》,确认双方将继续进行相关合作。此外,俄罗斯还与法国、瑞典、西班牙、日本、韩国等许多国家在这一领域进行了密切合作。"总统计划"的实施不仅提高了俄罗斯经济和企业管理者的管理水平和业务能力,也为俄罗斯了解境外先进企业并与其建立经贸联系创造了条件。

综上所述,俄罗斯目前参与国际官方发展援助的规模虽然非常有限,但俄对参与官方发展援助表现出一定的积极性,显示出俄罗斯外交政策特有的进取性。当然,俄参与国际官方发展援助并不是无偿和无私的。俄罗斯外交部副部长雅克文科对此直言不讳地指出,提供发展援助不是利他主义的表现,这一活动的重要性在于以提供发展援助作为对外政策的工具,最终目的是与周围世界发展平等互利关系,对伙伴国家和盟友国家提供支持,提高俄罗斯对外政策的威信,并增强其经济和文化的影响力。[①]

第三节 俄罗斯经济外交中的经济制裁

与经济援助相对立的经济制裁,是经济外交的另一组成部分。经济制裁是一个或多个国际行为体为实现一定的对外政策目标,对某一国际行为体实行经济交往的歧视性限制[②],即有意识地采取限制或剥夺某一国家经济利益的政策,以迫使该国改变对外政策或行为。这种制裁是采用经济压力手段达到一定的政治或经济等目的,主要方式是禁运、联合抵制以及其他的经济制裁措施。联合抵制又称"杯葛"(boycott),它是由国家政府支持,拒绝从特定的国家或国家集团购买(进口)产品。作为贸易政策

---

① Александр Зорин,"*Помощь развитию - не альтруизм*",Российская газета,25 ноября 2006.

② Makio Miyagawa, *Do Economic Sanctions Work*? New York: St. Martin's Press, p. 7. 1992.

的手段，它往往出于经济、政治或安全等的动机，是为达到一定的政治和战略目的而采取的措施[①]；经济制裁的程度，分为低烈度制裁、中烈度制裁和高烈度制裁三种。美国是世界上对他国进行经济制裁最多的国家。

一　俄罗斯采取经济制裁措施的法律依据

在俄罗斯，只有总统才有权决定是否对他国采取经济制裁措施。2003年12月8日《国家调控对外贸易活动基本原则法》第13条规定，总统有权对商品和服务的进口采取数量限制措施，并可对其他国家的相关限制采取反措施。在必要情况下，总统可发布命令。在特殊情况下，联邦政府也可对商品和服务进口采取数量限制措施。2006年底，"统一俄罗斯党"向国家杜马提交了《国际紧急状态下的特别经济措施法草案》，规定在国家出现紧急状态的情况下，总统有权对其他国家提出制裁，直至采取禁运措施；可以停止执行经济计划，禁止金融业务和对外经济合作业务，甚至在境外国际研讨会上，限制与某些个人的接触。

这份《国际紧急状态下的特别经济措施法草案》的主要内容是，在对国际敌对行动需要做出立即反应的情况下，或外国政府、机构和官员做出不友好行动，对俄罗斯联邦利益和安全造成威胁，或损害俄罗斯公民权利和自由的情况下，或根据联合国安理会作出的决议，可采取特别经济措施。这一法律规定，俄罗斯对其他国家采取特别措施的目的是保障俄罗斯的利益与安全和（或）消除对俄罗斯公民权利和自由的损害，或使损害最小化。采取特别经济措施的原则是合法性、公开性、经过论证、客观性。特别经济措施的内容大致包括：（1）中止执行经济援助和技术援助以及军事技术合作的部分计划或所有计划；（2）禁止或限制金融业务；（3）禁止或限制对外经济活动；（4）禁止或中止国际贸易条约和其他经济合作条约；（5）改变进出口关税；（6）禁止或限制制裁对象的船舶和飞行器进入俄罗斯，或使用俄罗斯空域及其他地区；（7）限制旅游活动；（8）禁止制裁对象参加国际学术项目和科技项目，或不参加制裁对象的学术和科技项目。

该法律还同时规定，执行制裁措施对联邦执行权力机关、地方自治机关和俄罗斯司法管辖下的组织和个人具有强制性。针对他国、外国组织和

---

① 鲁毅：《外交学概论》，世界知识出版社2010年版，第172页。

公民、常住国外的无国籍人员采取的特别经济措施的决定及期限，由俄联邦总统根据联邦安全会议的建议做出，同时应立即向联邦委员会和国家杜马通报有关情况。采取特别经济措施的建议，可由联邦安全会议、联邦委员会、国家杜马或联邦政府提出。联邦政府根据总统的决定确定具体行动的清单。如果特别经济措施的执行需要中央银行做出决定，则禁止或限制措施应由中央银行与联邦政府联合做出决定。执行权力机关、中央银行和联邦主体执行权力机关在法律所规定的职权范围内，保障特别经济措施得到落实。在威胁或危害已得到解除的情况下，总统可作出取消特别经济措施的决定。如果制裁所涉及问题已提前得到解决，可提前作出解除特别经济措施的决定；如果问题并未解决，可延长执行措施。俄联邦委员会、国家杜马或联邦政府可向总统提出解除特别经济措施的建议。总统每半年向联邦委员会和国家杜马通报一次特别经济措施执行情况，联邦委员会和国家杜马对特别经济措施实行效果进行讨论，并向总统提出强化或取消措施的建议。

二　俄罗斯经济制裁措施的实际运用

1. 俄罗斯对格鲁吉亚和乌克兰的单方面经济制裁

2008年12月29日，普京签署《对乌克兰输往俄罗斯商品进行国家进口干预的措施》的政府令，其主要内容是：根据1993年6月24日俄罗斯与乌克兰签订的政府间自由贸易协议《自由贸易例外议定书》以及2001年10月4日和2005年11月25日所签订的关于分阶段取消自由贸易例外的议定书，俄罗斯政府决定从2013年1月1日起，取消自乌克兰进口白糖的关税例外；要求俄经济发展部会同工业和贸易部、农业部对白糖市场进行分析，在必要情况下可向政府提出俄乌白糖贸易关税例外截至2012年11月1日的建议；要求联邦海关局向上述联邦机构提交政府令附件所列自乌克兰进口到俄罗斯商品的月度报告；要求联邦主管机关根据联邦海关局提供的月度报告，对乌克兰进口商品采取关税措施。要求外交部将相关决定向乌方通报。该命令2009年1月1日起生效。

如果说关于取消关税例外是正常经济行为的话，那么对多种类商品进行特别跟踪，则明显带有制裁性质。2009年1月16日，俄总统发布《关于禁止向格鲁吉亚出口军用和两用产品的措施》，其内容是：根据2006年12月30日颁布的《特别经济措施法》，为保护俄罗斯利益决定：俄政府、企业和个人从本命令发布之日起到 2011 年 12 月 1 日，禁止向格鲁吉亚供应、销售和转让包括军事装备和军事技术在内的产品以及与此相关的材料，以及可用于军事用途的两用产品；禁止提供与军事装备和军事技术生产、维护和使用相关的咨询、援助和服务以及军事领域专家的培训服务。总统令要求俄政府在发现外国政府、企业和个人或无国籍人士向格鲁吉亚提供军事技术，导致格鲁吉亚增加军事装备和军事技术或导致地区安全形势不稳定时，应立即提出对其采取特别经济措施的建议；在发现外国政府和组织向格鲁吉亚提供、销售和转让俄制（或苏制）军事装备和军事技术时，应提出限制和停止与该国的军事技术和军事合作的建议。

2. 俄罗斯参与对伊朗的多边制裁

俄罗斯发布的对伊朗进行制裁的措施是对联合国安理会 1803 号决议的贯彻落实。2008 年 5 月 5 日，俄罗斯决定对伊朗实施经济制裁。规定国家机关、银行和俄罗斯司法管辖下的所有法人和自然人，从 2008 年 5 月 3 日起，禁止经过俄罗斯领土或从俄向伊朗运输和转让两用设备和材料，以及用于核目的、属于出口管制范围的相关技术。此外，禁止经过俄领土或从俄出口、转让和过境运输用于制造导弹的材料和设备。根据联合国安理会决议，禁止一些参与核设备制造等活动的伊朗人进入俄或从俄过境，这些人士分别是：伊朗原子能组织副主席、铀浓缩企业负责人、原子能反应堆研制企业和核设施建造企业的负责人等。

多年来，俄罗斯一直是制裁伊朗的反对者，尽力维护伊朗的利益。伊朗在俄罗斯对外政策中非常重要。俄罗斯除参与布什尔核电站建设外，还参与伊朗南部天然气开发，航天计划以及民用航空和电信项目。伊朗一直无视联合国关于停止核计划的要求，美国和欧洲对俄罗斯偏袒伊朗不满。俄罗斯也多次警告伊朗。2008 年 2 月 27 日，俄驻联合国代表宣布支持联合国制裁伊朗的决议，其条件是如果伊朗在短期内不停止重水项目的浓缩活动，俄作为调解伊朗问题六方会谈的参加者，将支持制定新的制裁决议。2009 年 9 月 23 日，俄时任总统梅德韦杰夫在纽约与美国总统奥巴马会晤，在谈及伊朗核问题时，首度表态愿意支持以美国为首的国家制裁伊朗。

三　美国和欧盟对俄罗斯提起的经济制裁和制裁威胁

经济制裁的目的在于制止大规模武器的扩散、保护人权、打击恐怖主义，打击毒品贸易等，美国及其盟国是国际经济制裁的主要发动者和实施者。从20世纪90年代中期至今，美国多次发起针对俄罗斯的经济制裁，其中大部分制裁措施都是针对俄罗斯与伊朗之间关系而发起的，尤其是牵涉俄罗斯和伊朗在核能和军事技术领域的合作。[①]

美国对俄罗斯施加制裁的工具，主要包括政府层级的经济制裁和对相关企业进行制裁两个方面。近年来，美国对俄罗斯采取的经济制裁措施主要是：1999年1月，对能源技术科学研究设计所、俄罗斯门捷列耶夫化学工艺大学等进行制裁；1999年4月2日，以向叙利亚提供反坦克导弹系统为由，对图拉仪器制造设计局、克里莫夫精密仪器中央研究所和沃利斯克机械厂进行制裁。2003年9月，以向伊朗出口最新型军火（防空系统所需的导弹、高精度武器）为由，对图拉仪器制造设计局实施经济制裁；2004年4月，以怀疑向伊朗提供核武器、生物和化学武器生产技术为由，对13家外国公司发起经济制裁，其中包括鄂木斯克巴拉诺夫发动机制造厂（专门生产航空发动机）等俄罗斯企业；2004年7月15日，以违反核技术不扩散制度为由，对阿尔泰的科研生产中心实施制裁；2004年9月，以向伊朗提供武器和导弹技术为由，对喀山贸易公司实施制裁。2005年底俄罗斯与伊朗签订了29套总值为7亿美元的道尔－M1导弹出口合同，与叙利亚就出口"射手"近程导弹进行谈判，向委内瑞拉出口50架各型军用战斗机，24架苏－30MK2歼击机，10万支AK－103冲锋枪，并签订了这类冲锋枪许可证生产的合同。上述军火贸易引起美国强烈不满，美国多次要求俄罗斯停止向上述国家提供军火，并以经济制裁相威胁。2006年7月28日，以违反美国关于禁止向伊朗提供军事技术的法律为由，美国对俄罗斯国防出口公司和苏霍伊设计局发起经济制裁。2007年1月5日，以同样理由，对俄国防出口公司、图拉仪器制造设计局和克洛缅斯克机械制造设计局实施制裁。2008年10月23日，以参与向伊朗、叙利亚和朝鲜提供国际监督所监管的设备和技术为由，对俄罗斯国防出口公司及其子公司以及委内瑞拉、叙利亚、伊朗、中国、朝鲜、韩国、苏丹和阿拉伯联合酋长国等国的12家公司实施经济制裁。

俄格战争爆发后，欧盟一度威胁对俄罗斯进行经济制裁。2008年8

[①] 1992年俄罗斯和伊朗签订了布什尔核电站项目协议，自20世纪90年代中期以来俄伊军事技术合作规模不断提高。

月欧盟对是否和如何制裁俄罗斯进行了讨论,制裁方案有二:其一是意大利提出的柔性方案,具体内容是要求俄罗斯从格鲁吉亚撤军,并要求俄罗斯承诺不对其他国家采取武力行动;其二是波兰提出的对俄罗斯进行严厉制裁的方案,波兰认为对俄采取柔性方案难以解决武力威胁问题,建议欧盟对俄进行严厉的经济制裁,其中主要措施有减少欧盟大企业的对俄投资,宣布俄为高风险市场,应建议欧洲银行停止对俄银行和公司提供信贷。需要指出的是,波兰在加入欧盟后曾多次要求欧盟对俄罗斯实施经济制裁,并且封杀了俄欧新伙伴关系协定的谈判。

四 对经济制裁措施及效果的评价

用经济制裁手段维护本国经济和政治利益,迫使对方作出妥协和让步,是经济制裁行为追求的主要目标。同时,由于经济制裁是一种对抗性政策,一旦宣布实行经济制裁,则意味着关闭了以外交磋商途径解决分歧的大门。因此,经济制裁可视为经济外交中的极端手段。经济制裁根据制裁烈度的不同,其效果是不同的。作为一种施压手段,经济制裁能够起到一定的作用,通过实施经济制裁,可部分地实现预期的政策目标。但是,如果制裁的措施不当,则可能导致矛盾升级和激化,甚至引发人道主义灾难或者战争。

第五篇

经济外交推动下的中俄合作模式

  21世纪以来,中国与俄罗斯的市场经济制度逐渐完善。市场经济制度成为两国开展经济贸易合作的体制基础,两国的经贸关系与合作模式在市场经济制度框架下日趋成型,并形成独特的合作模式。这一合作模式不断发展,得益于中俄两国政府对双方经济合作的大力推动,这使中俄经济合作具有"政府导向型"的模式特点。"政府导向型"的经济合作模式及其合作机制,在很大程度上是通过两国政府高层之间的外交努力和政府高层互动发挥作用,这在很大程度可以视为两国之间特有的经济外交手段的体现。正是经济外交努力下的中俄经济合作不断发展,致使中国与俄罗斯的经济贸易合作在机制、政策、制度和模式上都发生了根本性变化,它对于发展两国经济贸易合作产生着深刻的影响。

第十四章　经济外交努力下的中俄合作：模式与机制

从经济外交视角看，经济外交与经济交往不同，它更强调的是国家政府直接参与经济行为或经济活动的一种方式。这一点在新时期的中俄经济合作中得到了显著的体现。21世纪以来中俄经济关系的不断改善，在很大程度上得益于中俄两国国家关系的不断提升和高层外交活动的努力。在2004年10月庆祝中俄建交55周年之际，时任俄罗斯政府办公厅副主任的普里霍季科这样讲，俄罗斯做出同中国发展全方位合作这样的决定并不太容易，几个世纪以来，中俄关系能发展到今天的水平是很不寻常的事情，何况不久的过去，两国还经历了紧张时期甚至是公开对抗阶段。仅仅10多年的时间，中俄两国实现经济转型的时期能够找到最佳的经济交往与合作的模式，的确需要两国领导人付出巨大的政治智慧和努力。这不仅完全符合中俄双方的国家利益，而且也对巩固世界和平与安全做出了贡献。

第一节　经济外交下的中俄经济贸易合作历程

进入21世纪，中俄两国经济贸易模式逐渐显现出"政府导向型"为主体的基本特征，即两国经济合作的"政府导向型"独特性引领着中俄经济合作，我们将中俄之间这一经济合作模式称为"政府导向型"模式。正是由于中俄政府推动两国经济合作这一方式，使得"政府导向型"的中俄经济合作模式，具有了不断发展的基础。中俄两国政府的推动作用，主要通过两国高层之间的外交努力和政府高层互动发挥作用，这在很大程度上可以视为两国之间特有的经济外交手段的体现。因此，经济外交推动中俄经济合作不断向前发展，是中俄经济贸易合作的基本特点。

早在叶利钦执政时期，中俄之间加强经济贸易的合作思想，就已经得以明确并且付诸实践。1992年12月，中国与俄罗斯共同宣布"相互视为友好国家"。1994年，中俄双方提出建立"面向21世纪的建设性伙伴关系"。在同年9月，中俄两国确立了面向21世纪的新型伙伴关系：不对抗、不结盟，建立在和平共处五项原则基础上的长期、稳定的睦邻友好和互利合作关系。1996年4月，俄总统叶利钦在访问中国之际，中俄双方宣布决心发展"平等信任、面向21世纪的战略协作伙伴关系"，同时决定建立两国领导人定期会晤机制。进入21世纪，特别是普京就任俄罗斯总统以后，俄政府"以经济利益为中心"的对外政策更加明确。随着中俄两国逐步实现市场经济，中俄双方一直积极寻求行之有效的合作模式。2001年7月，中俄两国签署了指导中俄关系发展的纲领性文件《中俄睦邻友好合作条约》，将两国间的睦邻友好合作关系以法律形式确定下来，这一条约也成为中俄两国深入发展合作关系的基础。为了落实《中俄睦邻友好合作条约》中的基本原则和主要精神，中俄双方共同制定了《〈中俄睦邻友好合作条约〉的实施纲要》，将这一友好合作的精神加以具体化。21世纪之初，俄罗斯前驻华大使罗高寿在其文章中最为完整地表达了这种观点。他在评价《中俄睦邻友好合作条约》时写到，在条约中"非常周密地研究了涉及具体部门相互协作的条款，而且确立了坚实的法律基础，为与中国发展高质量的经贸合作建立了必要条件"[①]。这个观点与签订条约时两国联合声明里对条约的评价是一致的。联合声明称，该条约是"确定新世纪中俄关系发展的纲领性文件"。

从中俄经济贸易合作的发展历程看，大致可以分为四个阶段。即中俄经济贸易的"自由发展"阶段、"政府推动"阶段、探索"政府导向型"合作模式与"政府导向型"模式稳定发展的阶段。

第一，中俄经济贸易的"自由发展"阶段。中俄经贸的"贸易自由化"阶段，大致在俄罗斯经济最为混乱的1992—1996年期间。苏联解体后的这一阶段，俄罗斯社会进入一个经济政治的动荡时期，也使中俄贸易处于混乱无序的状况。在1992—1993年，中俄双边贸易主要以消费品为主，一度也曾发展较快，1993年中俄双边贸易额曾经达到76.6亿美元的高峰。

---

① Рогачев И., "Историческая Веха в Наших Отношениях с Китаем". Проблемы Дальнего Востока, №.5, 2001.

这一阶段，中俄双边贸易的推动因素主要是因苏联解体后相当一部分国有企业生产滑坡，国内商品十分匮乏，俄罗斯市场亟须从我国进口商品特别是日用消费品。而在中国，由于中国的经济改革比俄罗斯起步早，一些集体和个体经营者在国内已得到一定程度的发展，也有了一定的资本可以自主从事海外经营；同时，中国对易货贸易也实行一系列的优惠政策，为这一时期双边贸易主要是边境贸易的迅速发展起到一定的推动作用。但是到1994年，中俄贸易开始下滑，与上年相比降幅达到33.8%，中俄贸易额降为50.8亿美元。这其中的一个主要原因则是，1993年俄方大幅度提高进口关税，使中国出口商品的盈利率下降，它在一定程度上抑制了中国商品的出口。由于中俄贸易方式由易货贸易开始向现汇贸易过渡，双方企业均显资金不足，而且俄罗斯的一些主要出口商品失去其价格优势，所以这一时期的中俄双边贸易额始终未能超过1993年的水平。

第二，中俄经济贸易的"政府推动"阶段。中俄两国加强政府导向力度的贸易发展阶段，这一时期是在1996—2000年期间。在这个时期，两国贸易主要以边境贸易和地方贸易为主要拉动因素。但是，毕竟边境贸易和地方贸易所能够拉动的贸易额十分有限，这在一定程度上制约了两国的经济贸易的发展。在1996年以后的时期，中俄两国政府开始倡议加强双边贸易合作。这一时期，尽管中俄边境贸易和地方贸易有小幅攀升，约占两国贸易总额的1/3。但是，由于两国的大宗贸易仍然停留在较低水平，大宗贸易和项目需要政府部门出面制定政策，进行协调。因此，中俄都有学者向政府建言，期望两国政府能够在双方经济贸易发展中起推动作用。为了推动两国贸易的发展，双方政府逐渐认识到：中俄两国的政府应该在双边经济贸易中起推动作用，以改变双边贸易额过低的状况。

第三，中俄经贸合作探索"政府导向型"合作模式阶段。21世纪，中俄经济贸易合作走向稳定发展的新时期，它是"政府导向与市场拉动"共同作用的结果。2000年是中俄两国政府签署贸易协定最多的时期，也是两国政府致力于推动双方经济和贸易合作的关键时期。[①] 在2000—2001年，中俄贸易增长速度超过了中国对外贸易总额增长速度（2000年中国

---

① 这一时期，中俄两国政府签署了《中俄政府间2001—2005年贸易协定》，2001年7月，两国又签署了《中俄睦邻友好合作条约》，这些贸易协定为两国贸易的快速发展提供了制度保障。

对外贸易总额同比增长 31.5%）同比增长 39.90%，中俄贸易额突破了 1993 年的历史最高纪录，为 80 亿美元。尽管从绝对值来看这一数额并不是很高，但从中俄之间贸易额来看，这一数额仍然具有标志性意义。2006 年起，中俄贸易结构开始发生变化，机电产品跃居中国对俄出口的第一大类商品。机械设备在中国对俄罗斯出口商品的比重从 1998 年的 5.2% 升至 2007 年的 34.9%。中国对俄贸易首次呈现顺差。① 2008 年以来，中俄经贸关系发展势头良好，中国商务部副部长于广州对此说，近年来双边贸易连续 9 年保持 30% 以上的增长②。

第四，中俄经贸合作的"政府导向型"模式稳定发展阶段。目前，中俄经济贸易合作的"政府导向型"模式处于稳定发展的阶段。随着俄经济进入一个发展的时期，为中俄贸易稳定快速发展带来了机遇。2010 年，中俄贸易达到 600 亿美元。两国政府预计，到 2020 年中俄贸易达到 2000 亿美元，中俄投资达到 120 亿美元。

第二节 经济外交努力下的中俄经贸合作条约

中俄经贸合作规模不断扩大，合作领域不断拓展，中俄两国在双边贸易、相互投资、能源和金融合作等领域都取得了近乎飞跃式的进展。一个重要因素是，中俄之间的经济和对外关系的发展是建立在两国所签订的条约和法律框架之下，这些条款是两国国家和经济关系不断发展的基础。

中俄政府间关于经济合作的协议是双边经济外交条法基础的重要内容，这些协议或确定了两国经济合作的宏观框架，或具体规定了某一特定领域合作的优先方向与合作办法；它们既是双边经济外交的成果，也为经济外交规定了方向。按照时间先后顺序，这些协议大致分为两部分：一是对苏联时期中苏两国政府签订的外交文件进行了清理，对有效的协议加以确认；二是俄罗斯独立后签订的中俄两国政府间涉及经济合作的协议和其他具有条约法律性质的官方文件。

俄罗斯独立后，两国之间顺利实现了由中苏关系向中俄关系的平稳过

---

① 中俄经贸合作网，2008 年 5 月 13 日，http：//www.crc.mofcom.gov.cn/crweb/crc/info/Article.jsp?a_no=126924&col。

② 中国商务部网站的数据。

渡。在中俄双方共同努力下，中俄关系经历了"互视为友好国家"、"建设性伙伴关系"和"战略协作伙伴关系"以及"《中俄睦邻友好合作条约》签署后成熟的战略伙伴关系"时期。① 此后，两国关系不断发展并连续迈上三个台阶：（1）睦邻友好、互利互作。1992年12月，叶利钦总统首次访华，中俄两国元首签署了《关于中俄相互关系基础的联合声明》，两国关系由正常化提升到"睦邻友好、互利合作"。（2）建设性伙伴关系。1994年9月，江泽民主席应邀访俄，两国元首签署了《中俄联合声明》，决定建立"建设性伙伴关系"，两国关系进入一个新的发展阶段。（3）战略协作伙伴关系。1996年4月，在叶利钦总统第二次来华访问时，两国元首发表联合声明，决定共同构筑"平等信任的、面向21世纪的战略协作伙伴关系"，中俄关系由此提升到一个新的更高层次。

在中俄关系发展的各个时期，经济关系的重要性虽不尽相同，但它一直是双边关系的重要内容，双边经济合作问题在两国签订的条约和法律文件中占有相当重要的分量。其中，具有里程碑意义的文件是1992年12月《关于中俄相互关系基础的联合声明》、1994年9月《中俄联合声明》、1996年4月《中俄联合声明》和2001年《中俄睦邻友好合作条约》。这些外交文件构成了中俄双边经济外交的条法基础的核心。1992年12月28日，叶利钦总统首次对中国进行正式访问期间，中俄双方签署了《关于中俄相互关系基础的联合声明》（简称《声明》），它不仅是新俄罗斯与中国发展双边关系的基础性文件，也是中俄双边经济外交的指导性文件。《声明》第16条明确了中俄在贸易领域的合作方向，提出："双方应为国家间协定和议定书范围内的贸易联系，包括边境地区在内的地区间以及企业、组织及企业家之间直接联系基础上的贸易联系创造有利条件"；"双方将促进彼此在经济和金融领域的合作，大力加强双方的经济关系，上述合作将包括下列对两国有重要意义的领域，即：农业；生物技术；能源；和平利用核能，包括核能安全；交通，基础设施；通信；军转民；零售贸易等"；"双方鼓励新的经济合作形式，在投资和兴办合资企业领域加强合作，并为其创造良好条件。双方将促进各自经济组织的高效经营活动，

---

① 吴大辉：《中俄战略协作伙伴关系：十年实践的历史考察》，载《俄罗斯中亚东欧研究》2006年第3期。

并为此尽可能广泛地交流经济信息,使之向两国实业界人士和学者开放"。①

1994年9月在江泽民主席对俄罗斯进行访问期间,中俄两国领导人签署了《中俄联合声明》,宣布两国决心建立"面向21世纪的建设性伙伴关系"。该声明提出中俄经济合作的优先方向:(1)最大限度地利用地缘优势和经济互补性的优势,坚持平等互利的原则,逐步实现向符合国际规范的经济关系形式的过渡;(2)积极探讨经贸合作有前景的新领域,制定并实施科技领域的长期合作规划;(3)提高合作档次和质量,根据需要和可能,增加重大项目合作比重;(4)完善对外经济立法,实现商业活动规范化;(5)采取措施更积极地发展中俄两国地区之间的合作。②1996年4月25日,中俄双方领导人在新的《中俄联合声明》中宣布中俄决心发展平等信任的、面向21世纪的战略协作伙伴关系。该声明强调,两国政府将为经贸合作的主体,双方将在平等互利、符合国际贸易惯例的基础上进一步发展以现汇贸易为主、多种形式并举的贸易和经济技术合作。③

中俄元首2001年7月16日签署的《中俄睦邻友好合作条约》是两国关系史上的一个重要里程碑。条约作为指导新世纪中俄关系发展的纲领性文件,概括了中俄关系的主要原则、精神和成果,将两国和两国人民"世代友好、永不为敌"的和平思想用法律形式确定下来。条约确认,两国的友好关系是建立在不结盟、不对抗、不针对第三国基础上的新型国家关系。《中俄睦邻友好合作条约》确定了中俄经济合作的原则和方向。条约规定,缔约双方将在互利的基础上开展经贸、军技、科技、能源、运输、核能、金融、航天航空、信息技术及其他双方共同感兴趣领域的合作,促进两国边境和地方间经贸合作的发展,并根据本国法律为此创造必要的良好条件。中俄两国元首在签署条约后的联合声明中提出,两国切实落实在经贸、科技及其他领域达成的协议,将不断充实中俄平等信任的战略协作伙伴关系的物质基础。④ 2002年2月28日,中俄两国互换条约批

---

① 《关于中俄相互关系基础的联合声明》(1992年12月28日),新华网,http://news.xinhuanet.com。
② 新华网:《中俄联合声明》(1994年9月3日),http://news.xinhuanet.com。
③ 新华网:《中俄联合声明》(1996年4月25日),http://news.xinhuanet.com。
④ 新华网:《中俄联合声明》(2001年7月16日),http://news.xinhuanet.com。

准书后,《中俄睦邻友好合作条约》正式生效。在上述条约的基础上,于2004年10月14日双方审议批准了《〈中俄睦邻友好合作条约〉实施纲要(2005—2008年)》。该纲要对未来几年两国落实上述条约,深化和扩大各领域合作,推动中俄战略协作伙伴关系不断向前发展具有重要的现实意义。2008年11月,两国首脑批准了第二阶段《〈中俄睦邻友好合作条约〉实施纲要(2009—2012年)》,确立了2009—2012年两国在政治、经济、人文、国防、救灾、司法和执法及国际等多个领域合作的具体方向、项目和目标[①]。

在这个历史进程中,中俄两国还就苏联时期的一些条款进行了清理。中俄两国外交机构就中苏政府间的条约和协议清理问题,进行了四轮磋商和谈判,最终于1999年签订了《中俄两国清理中苏1949—1991年所签条约的协议》。在宣布中苏政府间在1949—1991年签订的12份条约和协议失效的同时,确认27份条约和协议继续有效。这些法律文件涉及双边贸易、投资、信贷和交通运输等问题。[②] 俄罗斯独立后,随着中俄经济合作范围扩大、合作水平的深化,中俄两国又签订了大量的政府间合作协议或部门间的合作协议。例如,2006年11月,中国同俄罗斯正式签署了《中俄鼓励和互相保护投资协议》。该协议规定,除为保护公共利益外,两国政府保证对相互投资的准入适用平等条件,并确保来自对方企业的投资在本国不会被没收或受到歧视。该协议规定,对投资者因战乱等造成的损失予以相应的补偿。2009年6月,两国首脑批准了《中俄投资合作规划纲要》。2009年9月,两国首脑批准了《中国东北地区与俄罗斯远东及东西伯利亚地区合作规划纲要》,确定了两国相互投资和地方合作的优先方向和重点项目。[③]

[①] 中国外交部:《中俄总理定期会晤将深化两国务实合作》,新华网,News. xinhuanet. com/world/2009 - 10/09。

[②] См. Соглашение между РФ и КНР об инвентаризации договоров между СССР и КНР в период с 1949 по 1991 годы, заключено в 1999, Сборник договоров России с 1949 по 1999, http://www.mid.ru.

[③] 本部分参考引用了李中海《俄罗斯经济外交:理论与实践》(社会科学文献出版社2012年版,第310—316页)一书中关于中俄经济合作的条法基础的部分内容。

第三节　经济外交努力下的中俄经济合作原则

一　中俄经济合作的基本前提：互动性与互利性的结合

在中俄经济贸易合作的发展过程中，经济外交的方法和机制为推进两国之间的经济贸易合作起到了积极的作用。俄罗斯外交家、著名外交问题学者利加乔夫在论及经济外交方法时指出，经济外交就如同其他外交手段一样，它的一个基本方法就是以达成发展经济关系的协议为目的，在官方层面与其他国家进行谈判。在商业谈判与经济协商这一点上，经济外交与政府经济政策的不同在于，与其他国家单方面实行的法律行动、强迫单方面的国家利益和经常与其他国家利益相左的经济政策，不属于经济外交范畴。而在对外贸易中经常出现的国与国之间的单方面行动，往往导致国家之间发生冲突。[1]

谈判作为经济外交的最重要实现方式与手段，它在中俄经济合作中起到重要的沟通作用。在一定程度上可以认为，中俄以"政府导向型"为主体的经济贸易合作，其手段是两国之间的协商、谈判、对话、合作，这正是经济外交的基本内容，是中俄两国推进经济外交的努力成果。按照俄罗斯学者利加乔夫的理解，经济外交就其实质而言，是"经济"与"外交"的合成。他认为，第一，经济外交在一定程度上以数据核算和评估、经济数学模型为依据；第二，经济外交正式或者非正式地依赖于有效的相互关系范畴；第三，经济外交的效率与其他外交一样，更加依靠谈判中的积极立场和其他上述有效的相应方法；第四，经济外交的结果，同样取决于谈判中的灵活性。[2] 因此，我们认为，中国与俄罗斯之间的经济外交努力是中俄两国双方经济合作的基础，也是两国之间在经济上的互利合作与互动行为。

中俄"政府导向型"的经济贸易合作，正是中国与俄罗斯之间经济外交努力的实际结果，是两国间合作发生的互动性与互利性的具体体现。从经济外交的角度，经济外交本身就是国家与国家之间的一种双向行为，是经济行为与外交行为活动的互为交叉与相互推动，中俄之间的经济外交也是一种两

---

[1] [R] Лихачев А. Е., Экономическая дипломатия России. : Новые вызовы и возможности в условиях глобализации. Издательство: Экономика, C. 53, 2006.

[2] Ibid., C. 55, 2006.

国相互作用的结果。从中俄经济合作的发展历程与阶段看出，中俄经济合作也是中俄之间在经济贸易中的相互作用。因此，第一，外交活动对于中俄合作起着促进作用，是相互作用与相互促进，因而是"双向"的，是双边互动的结果。第二，经济外交或中俄经济合作具有"互利性"，它不仅体现在当代经济外交中，而且也在中俄经济贸易合作中起着推动作用。

二 中俄政府和高层领导是两国经贸合作的推动者

政府推动的起因。在过去的20世纪90年代，双方的经济贸易合作进展不畅，两国的贸易纠纷时有发生。为了改善和加强两国的贸易合作，从经济上巩固中俄战略协作伙伴关系，中俄两国高层领导人适时地提出倡议：到2000年使两国的贸易额达到200亿美元的目标。然而，这一目标并未如期实现。进入21世纪以来，中俄两国高层领导总结了前期中俄贸易中出现的问题，重新审视并重新定位两国的经济贸易合作关系，确立两国政府在经济贸易合作中的作用，以加强双方之间大项目合作作为主要途径，使得本世纪以来两国经济合作关系得到改善。因此，中俄经济关系的发展与中俄政府和高层领导对于两国经贸合作的推动是分不开的。中俄两国政府都致力于推动双方的经济和贸易发展，因为这符合各方和平与发展的战略利益。正是和平、发展与崛起的共同利益，成为两国政治互信不断加强的基础。也正是出于对和平与发展这一共同利益的深刻认识，中俄顺利地解决了东部边界问题，通过最终确定中俄永久边界，为两国关系稳定发展打下了坚实基础。

高层领导的参与。在世界各国的国际贸易发展中，没有哪一个国家的高层领导人像中俄政府那样，对于两国经济贸易给予如此高的关注。中国领导人从江泽民到胡锦涛，俄罗斯总统从叶利钦到普京，他们不仅反复强调发展中俄两国经济关系的重要性，而且每年中俄双边高层领导互访交流频繁。其中，改善和加强两国之间的经济合作与贸易发展，则是双方领导人必定要商讨的重要内容之一。政府高层推动对于两国经贸关系的发展具有重要意义。具有标志性的事件是中国总理温家宝就加强中俄经贸合作所提出的"三点建议"[①]。这使中俄两国双边关系取得突破性进展。普京总

---

① 《温家宝与俄总理会谈 就加强经贸合作提三点建议》，新华网，2003年9月24日，http://news.xinhuanet.com/newscenter/2003-09/24/content_1097979.htm。

统高度重视俄罗斯与中国的经济贸易合作,他始终以俄罗斯作为一个欧亚国家(俄罗斯大部分领土位于亚洲)的角度,来看待俄中关系与经济合作。中俄经济合作关系的实质性发展,正是在普京出任俄罗斯总统之后,他把中俄政治关系和经济关系带入了新的发展阶段。普京在《俄罗斯:新的东方前景》一文中明确主张,俄罗斯将积极参与亚太国家的经济合作,俄罗斯积极参与亚太国家的经济合作"是自然而必然的";他还说,"俄罗斯和中国坚决奉行建设平等和信任的伙伴关系的方针,这种关系已成为维护全球性稳定的重要因素"。[①] 普京再次就任俄罗斯总统后仍然表示,"对中俄经济合作充满期待"。俄罗斯是亚太地区不可分割的一部分,俄方重视中国在亚太事务中的重要作用,愿同中方加强协调和合作,共同促进本地区和平、稳定和发展。

两国政府的承诺。为促进中俄两国贸易合作的发展,双方政府努力加强政府间大项目合作。早在2004年9月,温家宝总理在对俄访问期间就加强两国经济贸易合作关系,与俄方达成"八项共识",它成为中俄政府间经济贸易合作的纲领性文件。它们是:(1)双方相互承认对方为市场经济国家,中国支持俄罗斯加入世界贸易组织;(2)双方认为有必要制定促进和加强中俄全面合作的中长期规划,努力使中俄贸易额到2010年达到并超过600亿美元;(3)双方采取共同措施,扩大机电产品贸易,提高机械、设备和高附加值产品的比重,改善双边贸易结构;(4)双方要完善敏感商品预警和磋商机制,有效预防和减少贸易争端,减少现有贸易壁垒;(5)加大中俄规范贸易秩序联合工作组的工作力度,依照两国现行法律规范贸易秩序,切实保护对方经商人员在本国的合法权益;(6)积极拓展在投资领域的合作,加快《中俄两国政府关于鼓励和保护相互投资协定》的商签工作,中方计划到2020年向俄投资120亿美元;(7)双方要在制定各自地区发展规划方面加强协调,支持中国企业参与俄西伯利亚和远东地区的开发,鼓励俄企业参与中国西部大开发和振兴东北老工业基地;(8)促进双方在能源领域的合作,继续推动落实中俄在石油、天然气领域的合作项目,包括中俄原油管道建设项目,以及在两国境内共同开发油气田。

---

① [俄]普京:《俄罗斯:新的东方前景》(2000年11月10日),普京:《普京文集》,中国社会科学出版社2002年版,第196页。

三 中俄政府间合作协议为两国经贸合作开创条件

冷战结束后，经济合作越来越成为影响国家间关系的重要因素。在中俄经济合作关系中，这一因素也得到明显的体现，中俄双方的经济贸易合作是以两国政府之间签订的协议和文件、政府部门和领导人的讲话来推动的。多年来，中俄双方就加强两国经济贸易合作，签署了一系列的重要文件，这些文件为两国经济、技术和贸易的发展奠定了基础。[①] 自1992年至今的20余年来，中俄政府间所签署的大宗贸易协定，一直占有相当大的比重。中俄两国已签署的国家间和政府间文件共计180多个，两国已在经济和科技领域成立了8个政府分委会和25个常设小组，在社会和人文领域设立了5个分委会。从中俄政府间签署的文件和协议内容看，它们以旨在促进两国经济、技术和贸易发展的协议性文件居多。

首先，具有战略意义的中俄政府间合作项目是贸易合作的重点。中俄之间大型项目的合作是两国贸易的重点领域，政府间大项目合作主要集中在能源、核能、机电、航天、航空科学、航空材料、汽车制造、核电站建设等领域，以及两国在资源开发和木材、海产品深加工合作、交通运输和基础设施建设的合作等。至2005年底，经商务部批准和备案的中国在俄累计投资项目共657个，协议投资额约9.77亿美元。在俄罗斯的中资企业平均规模为45万美元左右。至2005年底，俄罗斯对华实际投资金额累计约5.41亿美元，累计在华投资设立各类企业1849家，俄罗斯在华建设的最大项目是位于连云港的田湾核电站。众所周知的项目，例如：田湾核电站是中俄两国迄今最大的技术经济合作项目，也是目前我国单机容量最大的核电站；中国在圣彼得堡建设的"波罗的海明珠"地产项目已经启动，属于投资规模较大的项目，该项目的投资总额达13亿美元；等等。中俄两国在军事上的交流合作非常成功，尤其是中俄在军工技术上的合

---

① 中俄经贸合作领域生效的政府间主要协议有：《中苏政府间关于建立合营企业及其活动原则的协定》(1988年)；《中苏政府间关于鼓励和相互保护投资协定》(1990年)；《中苏政府贸易协定》(1990年)；《中俄政府间关于经济贸易关系的协定》(1992年)；《中俄政府间关于对所得避免双重征税和偷漏税的协定》(1994年)；《中俄政府间关于进出口商品合格评定合作协议》(1996年)；《中俄政府间关于解决政府贷款债务的协定》(1998年)；《中俄政府间2001—2005年贸易协定》(2000年)；《中俄政府间关于中华人民共和国公民在俄罗斯联邦和俄罗斯联邦公民在中华人民共和国的短期劳务协定》(2000年)；《中俄政府间关于共同开发森林资源合作的协定》(2000年)；等等。资料来自中国商务部网站。

作。据透露，两国之间的军事技术合作每年大致能够给俄罗斯带来 120 亿—280 亿美元收入，中国用俄罗斯的武器装备自己的空军和海军。[①]

其次，中俄地方政府是部门和地区经济合作的推动者。近年来，中俄边境贸易得到了较快的发展，成为中俄贸易的一个重要的组成部分，中俄两国边境地方政府一直在推进边境贸易合作。迄今为止，中俄之间已有 63 个省、州和市结为友好合作伙伴；中俄各个地区间就加强地区经济合作，签署了 100 多个各种级别和类型的地方性双边协议。最近几年，中俄双方致力于发展东北亚地区的经济合作。2009 年 9 月，中俄政府共同批准了《中国东北地区同远东及东西伯利亚地区（2009—2018）合作规划纲要》，给新形势下中俄地方合作指出了方向，对推动两国毗邻地区合作具有重要意义。中俄双方就制定中国东北地区与俄罗斯远东及东西伯利亚地区间合作规划纲要做了大量工作。同时，俄罗斯天然气工业银行与中国进出口银行还签署了信贷协议，规定为中国出口俄罗斯价值 3 亿美元的设备提供融资，即将出口到俄罗斯的设备用于俄罗斯和外国石油天然气公司在东西伯利亚和西西伯利亚开展大型项目。按照所签协议，这项融资时限可长达 7 年。

以俄罗斯乌苏里斯克经贸合作区为例，这一地区合作是中俄两国政府推动边境经贸合作模式的典范。2007 年，国家商务部等 10 部委招标确定了中国首批八个境外经贸合作区，其中中俄乌苏里斯克经贸合作区就是我国在俄境内投资的第一个经贸合作区，合作区位于俄罗斯滨海边疆区第二大城市乌苏里斯克市。该合作区占地面积大约 228 万平方米，规划建筑面积 116 万平方米，分生产加工区、商务区、物流仓储区和生活服务区，总投资 20 亿元人民币。这一园区的首期建设已于 2006 年上半年开工启动，主要发展产业定位于在国际市场上具有竞争力的加工、家居、鞋类、纺织、皮具、家电、建材、汽配、五金等方面。经过几年的建设，乌苏里斯克市合作区第一期工程开发占地 54 万平方米，该合作区已入驻国内企业 17 家，安排就业人员超过千万人，合作区 60 家企业全部入驻后，乌苏里斯克经贸合作区的生产能力有望达 3000 万双皮鞋、1000 万件服装、60 万套家具等，年销售额 248 亿元、利润 32 亿元、为俄地方政府缴纳税金 14.6 亿元，解决 6000 人的就业，它已经成为乌苏里斯克市第一纳税大

[①] 外论：《首脑会晤推动中俄战略合作进入快车道 外刊论中俄战略合作》，载《国际展望》2006 年第 4 期（总第 538 期）。

户，同时也带动中国国内出口贸易额 26 亿美元。① 该合作模式在一定程度上体现了中俄之间的优势互补、互利共赢。

第四节　经济外交努力下的中俄经济合作机制

中俄经济合作是政府推动的以"政府导向型"为主导的合作模式。相应地，这种合作模式也具有与其相适应的合作机制，即中俄两国之间所特有的经济贸易合作机制。所谓合作机制，就其实质而言，就是两国之间经济合作日益体现出一种互利合作的规则，它体现着中俄两国经济合作向"制度化"迈进的趋势。中俄为发展稳定的双边关系，不断建立起一系列的双边合作机制。中俄新型国家关系的合作机制，既是两国政治关系稳定发展的基础，也是中俄经济合作机制的组成与体现。

俄罗斯政府对于现阶段的中俄关系给予了高度评价，而这一评价正是建立在两国经济合作机制的基础之上。俄罗斯前驻华大使拉佐夫先生在庆祝《中俄睦邻友好合作条约》签署 10 周年会上的讲话中指出，中俄双边关系的发展变得越来越完整并制度化：每四年两国首脑会批准内容丰富、包括数十项条款、涵盖双边合作方方面面的条约实施纲要。第一项条约实施纲要早在 2008 年就已顺利完成。这再次证明本条约的迫切性和重要意义，它不仅是双边关系的法律基础，而且是实际合作至关重要的动力。②中俄之间业已建立的国家间的合作机制，被一些学者归纳为：（1）新型的国家关系机制；（2）最高领导人对话机制；（3）保障睦邻相处的安全机制；（4）经济技术合作机制；（5）国际问题磋商机制。③

实际上，在国际经济合作中，双边或多边的贸易摩擦、经济纠纷、各种争端和矛盾往往难以避免，问题的关键在于能够找到有效的调节机制与协商解决的途径。对于各国之间经济贸易合作中出现的这样或那样的问题，通行的办法是按照国际贸易的惯例与制度加以仲裁并解决。但是，在中俄经济合作的过程中，两个国家的贸易制度都不完善，各国各自的国情差异较大，又缺乏行之有效的国际贸易准则（俄罗斯在 2012 年 8 月正式

---

① http://www.dongning.gov.cn/html/news/shizheng/2010/0601/925.html.
② http://www.russia.org.cn/chn/2920/31293913.html.
③ http://www.cntheory.com/CNTHEORYSF/2012/523/1252395446K1BFFE4H99F9420I914.html.

加入 WTO)。因此，在两国经济合作的发展过程中，中俄两国间的以"政府导向型"为主导的经济合作机制，实际上发挥着协调两国经济贸易关系的作用。

我们认为，中俄经贸的合作机制是中国与俄罗斯两国所独有的经济贸易合作机制，它是中俄两国在经济外交努力下所形成的"政府导向型"经济合作模式的结果。在中俄这一合作机制中，睦邻相处合作机制是中俄两国"政府导向型"经济贸易合作模式的基本出发点；首脑定期会晤机制是两国高层进行经济贸易沟通的重要机制；高层对话谈判机制是中俄两国政府间作为完善经济贸易关系的主要手段；贸易协调磋商机制是两国政府解决具体贸易问题的重要途径。这几个机制共同维系中俄两国间"政府导向型"经济贸易合作模式的功能，完全体现着两国之间经济外交的努力与成效。

一 睦邻相处合作机制

随着冷战的终结，中俄之间建立了睦邻相处的法律基础。这首先是2001年中俄之间缔结的睦邻友好合作条约和2004年签订的关于阿穆尔和额尔古纳河上的若干岛屿的协定，这使中俄边界问题得到解决。发展与邻国之间的睦邻友好相处，是中国走向"和平崛起"、推进"睦邻外交"政策中的主要政策。其中，中国致力于加强区域经济合作，促进与周边国家的友好关系，加强区域间的经济整合，在21世纪之初以来的中俄经济关系中得以体现。从历史角度看，中国与俄罗斯以及中亚国家较好地解决了领土纠纷，通过与周边国家发展经济合作，打造了实现双赢的基础，这些措施在消除周边国家对于中国崛起的担心和忧虑方面取得了成效。在中俄合作中这种睦邻友好合作表现为不结盟而又实行战略协作，关系密切而又不存在依附性，得以使睦邻相处合作机制成为中俄关系中"弥足珍贵的关系特色"。尽管中俄在经济合作的过程中难免出现矛盾或分歧，但是这并没有影响两国的国家关系，经过双方认真对待、平等磋商、及时磨合，两国关系依然朝着共同追求的目标不断发展。有利益分歧能通过协商解决，维护各自尊严和利益而无颠覆对方之心，根据是非曲直处理国际事务而不搞双重标准，推进世界多极化而又不谋求霸权。这种两国关系的基础，使得睦邻相处合作机制成为可能。①

---

① http://www.cntheory.com/CNTHEORYSF/2012/523/1252395446K1BFFE4HI99F94201914.html.

二 首脑定期会晤机制

中俄首脑定期会晤机制是两国经济贸易中特有的合作机制，其宗旨是就中俄经济贸易合作的项目、进展与问题交换意见，进行沟通与协商，解决双边贸易摩擦。早在1996年，为推动和扩大中俄两国在各个领域的经济贸易合作，中俄两国政府就确立了中俄总理定期会晤委员会的"定期会晤机制"。1997年6月，中俄双方签订了《关于建立中俄总理定期会晤机制及其组织原则的协定》，决定设立两国总理定期会晤委员会（副总理级）及其分委会和秘书处。同时，在中俄总理定期会晤委员会的框架下，还相应成立了经贸合作分委会（正部级），其主要职能是协商中俄间的经济贸易发展各项政策措施。目前，该会晤委员会下设立经贸、能源、运输、核能、科技、航天、银行、信息八个分委会（其中五个为正部级、三个为副部级），各分委会下还设立10多个涉及主要合作领域的行业间的分委员会，以及设有相关的常设工作小组。中俄经贸分委会下设立边地贸、林业、商检、投资合作四个常设工作小组（均为副部级）。在这之后，又相继成立了两个中俄经贸分委会：民航与民航制造业合作分委会和环保合作分委会，见表14-1。

如今，中俄之间这种高层领导的定期会晤机制已经逐步"机制化"和"制度化"，为中俄经济有效合作搭建了一座政府间沟通的桥梁。2000年8月，中俄总理定期会晤委员会秘书处正式成立，经中国国务院批准的中俄总理定期会晤委员会秘书处，设在中国外经贸部（现为商务部）。中俄经贸合作分委会的实际职责被确立为：（1）协调中俄两国在经济贸易领域的合作并促进其发展；（2）制定并落实两国大型合作项目与长期合作规划；（3）检查两国政府间经贸合作条约和协定的执行情况，以及两国领导人在经贸合作领域达成共识的落实情况；（4）解决双边合作中的重大问题；（5）向中俄总理定期会晤委员会汇报双边经贸工作情况。定期会晤委员会秘书处的工作职能为：及时汇总上报各分委会工作情况，对各分委会的共性问题进行研究和协调并提出建议；制订会晤委员会会议谈判方案，并起草委员会中方主席的谈话提纲；与俄方秘书处保持经常性磋商，商签委员会会议纪要；督促委员会双方主席达成协议的落实。中俄总理定期会晤机制见图14-1。

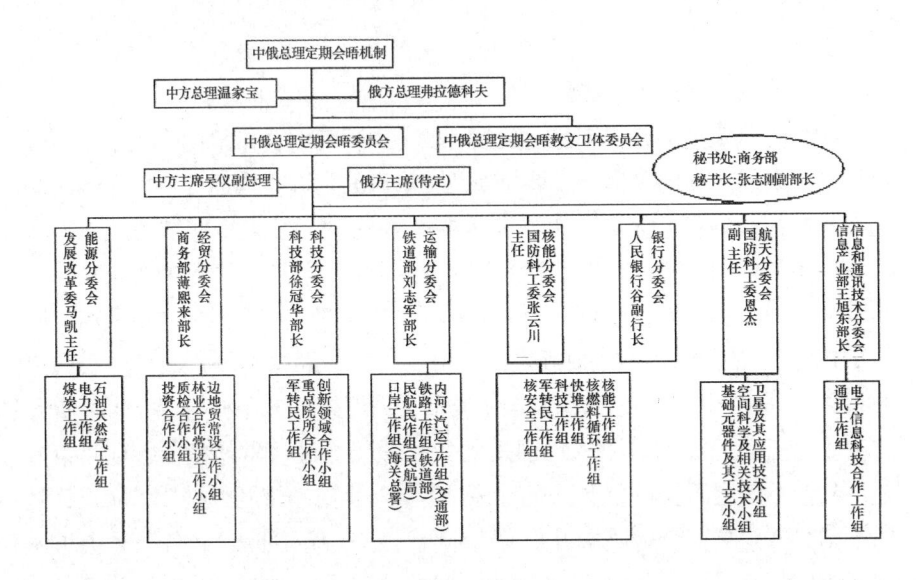

图 14-1　中俄总理定期会晤机制示意图

资料来源：中华人民共和国商务部欧洲司，http://www.crc.mofcom.gov.cn/crweb/crc/info/Article.jsp?a_no=34&col_no=10。

三　高层对话谈判机制

高层对话谈判机制是最能体现中俄两国领导之间外交努力与外交智慧的方式，也是两国政府间完善经济贸易关系的一种形式。近年来，以外交手段解决贸易纠纷，成为解决国家间贸易争端的一种有效方式。在过去的这些年，中俄之间的经济贸易纠纷也主要通过外交途径和高层对话加以解决，其中发挥重要作用的是以下方面。

中俄财长对话。它是中俄两国高层对话机制的主要体现，中俄财长对话成为扩大双方经济领域合作的重要机制。

联合投资基金。2011年11月，时任俄总理的普京访华期间，两国政府首次提出成立联合投资基金的计划。中俄联合投资基金总投资额大约为40亿美元，俄罗斯直接投资基金和中国投资集团将分别注资10亿美元，其余的20亿美元，将从其他的投资者处获得。按照计划，投资基金的首批资金将用于两国在机械制造、农业、林业、木材加工业、交通运输业和物流等领域的合作。

能源对话机制。2008年开启的中俄副总理级能源谈判机制，是中俄总理定期会晤机制在能源领域的延伸。我们看到，中俄能源合作机制提升为副总理级谈判机制,以统筹安排和促进两国之间在能源领域的合作。2008年建立的中俄能源对话机制,于2009年2月在北京举行第三次能源对话,达成了重要合作协议。双方决定继续积极开展石油、天然气、煤炭、电力、核能、能效及可再生能源等领域合作,尽快就开工修建中俄天然气管道达成一致,促进煤矿综合开发,包括铁路、港口建设,进一步开展在电力贸易及电网改造等领域的合作。

四 贸易协调磋商机制

它是解决贸易争端和磋商协调的主要机制。中俄贸易磋商机制是在两国首脑定期会晤机制基础上,对于两国在经济贸易合作过程中存在的纠纷、矛盾与问题,中俄双方政府采取通过制定相应的政策、以磋商的手段和方式予以调节。例如,21世纪以来,中俄双方利用政府间的磋商机制,针对中俄贸易中存在的各种问题,像过去中俄在边境贸易、银行结算和出口信用保险等方面缺乏秩序、从事双边贸易的中小公司和个体经营者素质较低、个别人违法经营、拖欠债务、商品质量纠纷、履约率低等,提出规范两国贸易秩序的对策和措施,并达成若干协议。多年来,中俄经济贸易的合作机制对于化解两国的贸易纠纷、规范民间贸易秩序、制止贸易环境恶化、进一步推动双边贸易稳定发展,都起到了积极的作用。在俄罗斯经贸部的官员看来,中俄经贸合作的显著特点是政府间拥有许多分支机构,按照中方统计,目前两国有超过50个双边工作机构正在运作。[1]

五 中俄地区合作机制

这是指在中俄战略协作伙伴关系框架内,以生产型项目为纽带,由组织协调、资金筹措、信息传播、载体支撑和政策保障等若干个子机制构成,并在中俄地区合作中发挥高效务实的工作机制。例如,在2005年1月,哈尔滨市与哈巴罗夫斯克市共同签署《中华人民共和国哈尔滨市与俄罗斯联邦哈巴罗夫斯克市建立国际合作委员会协议书》,并建立了两市定期会晤机制。此外,在中俄地区合作机制的框架内,针对地区合作中出现的检疫、商检、仲裁和保险等方面的问题,加强中俄地方政府(毗邻

---

[1] 中俄经贸合作网,译自俄国际文传电讯社,http://www.crc.mofcom.gov.cn/crweb/crc/info/Article.jsp。

表14-1　中俄经贸合作分委会下设工作小组及经贸磋商机制

机制名称	级别	牵头单位	是否定期
边境地方经贸合作常设工作小组	副部级	中国商务部	定期
	商务部张志刚副部长任中方组长	俄罗斯经贸部	每年一次
林业合作常设工作小组	副部级	中国商务部	定期
	商务部张志刚副部长任中方组长	俄罗斯工业和能源部	每年一次
		俄罗斯自然资源部	
质检合作常设工作小组	副部级	中国认监委	定期
	国家认监委王凤清主任任中方组长	俄罗斯国家标委	每年一次
投资合作常设小组	副部级	中国发展改革委、商务部	定期
	发改委姜伟新副主任任中方组长，商务部陈健助理任副组长	俄罗斯经贸部	每年一次
机制名称	级别	牵头单位	是否定期
规范贸易秩序联合工作小组	副部级	中国商务部	不定期
	商务部张志刚副部长任中方组长	俄罗斯经贸部	
商务部与俄经贸部部际磋商机制	级别未定	中国商务部	不定期
		俄罗斯经贸部	
双边贸易敏感商品预警和磋商机制	司局级	中国商务部	不定期
		俄罗斯经贸部	

资料来源：http://www.crc.mofcom.gov.cn/crweb/crc/upload/494abtract_table.htm.

省州、结对省州及友好城市）之间的对话与协调，建立地方领导人定期会晤制度。目前，在黑龙江省与哈巴罗夫斯克边疆区已经形成这一制度。该制度对于有效扩大地区贸易及推进地区间合作项目的实施起着推动作用。在地区合作机制的探索上，两国加强经济组织协会的作用也是有必要的。例如，自俄远东及外贝加尔跨地区经济协作协会成立以来，俄远东和外贝加尔地区同中国东北省份的贸易额增加了3倍：1998年双方贸易额为11亿美元，2005年已近40亿美元。[①] 实践表明，加强中俄地区合作机制的组织和协调，有助于推进中俄地区合作的进度，发挥中俄地区合作机

---

① http://finance.ifeng.com/roll/20120704/6705621.shtml.

制在人才、资金、技术和资源方面的整合功能。同时，这既可加快中俄地区间重大合作项目的落实，又可有效地解决中俄两国地方政府在中俄地区合作中的分散作战、缺乏协调和效率低下等问题。

第五节　经济外交推动下的中俄经济合作效果

中俄"政府导向型"的合作模式具有与众不同的特征，这使得中俄经济贸易关系独具特色。作为当今世界上最重要的两个新兴经济体，中国曾被认为是"世界工厂"，俄罗斯被看作"世界能源基地"。中国与俄罗斯对于全球经济的影响至关重要。无论如何，中国和俄罗斯之间的经济合作及其方式与效果，始终不断地受到世界各国的高度关注。

一直以来，中俄双边关系一贯奉行和平共处、睦邻友好和战略协作伙伴关系的原则，积极发展，共同前进。从两国国家的发展战略看，这样一种战略协作伙伴关系符合中国和俄罗斯的根本利益。在中俄两国中，一些学者强调认为，中俄关系"达到有史以来发展的最高水平"[①]。迄今为止，中俄经济贸易合作已经取得了显著的成果。据中国海关总署的数据，2012年中俄贸易额达880亿美元，较2011年增长11.2%。与此同时，中俄两国在相互投资、劳务及工程承包合作以及技术引进等方面的合作也日益紧密。然而，不容忽视的是，尽管纵向来看，两国经贸合作的程度在不断提高，但横向比较而言，2011年中美贸易额达到5032.1亿美元。由此可见，中俄两国的经济合作规模还可以提高。为了说明经济外交对于中俄双方经济贸易关系的相关性，本书构建了一个经济外交对中俄经济贸易关系影响的指标体系，利用贸易引力模型，对中俄经贸合作的影响因子进行量化分析。

一　贸易合作模型的设定

贸易引力模型是20世纪60年代在国际贸易研究中分析双边贸易流量时得到广泛应用的一个模型。之后，国际经济学界根据研究的需要曾经多

---

① [俄] 米·列·季塔连科：《在全球金融危机和维护国际稳定背景下的俄中合作》，载《俄罗斯中欧东亚市场》2010年第3期。

次拓展贸易引力模型，主要方法是适当增设外生变量。① 本书将在贸易引力模型基本设定的基础上适当进行改变，模型设定形式为：

$$\text{lntrade}_{it} = b_0 + b_1 \text{lngdp}^f_{it} + b_2 \text{lnpop}^f_{it} + b_3 \text{lnfdi}_{it} + b_4 \text{lndpgdp}_{it} + b_5 \text{dis}^r_{it} + b_6 \text{drt}_{it} + b_7 \text{wto}_{it} + b_8 \text{apec}_{it} + u_{it}$$

其中：i 表示中国的各个贸易伙伴国；t 表示年份，t = 1995，1996，…，2010；trade 表示中国与贸易伙伴国的商品进出口总额；gdp^f 表示贸易伙伴国的国内生产总值；pop^f 表示贸易伙伴国的人口总量；fdi 表示贸易伙伴国对中国的直接投资额；dpgdp 表示贸易伙伴国与中国的人均GDP 差额；dis^r 表示贸易伙伴国首都与北京之间的相对距离；drt 表示贸易伙伴国的对外贸易依存度；wto 表示贸易伙伴国与中国是否同时属于 WTO 成员（虚拟变量：0 表示不属于；1 表示属于）；apec 表示贸易伙伴国与中国是否同时属于亚太经合组织（虚拟变量：0 表示不属于；1 表示属于）；ln 表示取上述变量的自然对数值。

选取上述变量的理由如下：

第一，贸易伙伴国的国内生产总值。一方面，它反映一国或地区的进口需求能力，经济规模总量越大，潜在的进口能力越强；另一方面，它反映一国提供商品的能力，经济总量越大，可供出口的商品越多。

第二，贸易伙伴国的人口数量。这反映着一国的消费者数量和消费差异化水平，一国人口数量越多，其对外部商品的需求数量和种类就越多，进而导致进口数额越大。

第三，贸易伙伴国对中国的直接投资。根据日本著名学者小岛清教授的比较优势理论，对外投资可以分为贸易创造型和贸易替代型。在垄断优势论指导下，美国式的对外投资导致美国出口减少，贸易逆差增加，是一种"逆贸易导向"的投资；日本式的对外直接投资符合国际分工比较优势原则，形成良性分工，是与贸易互补的"顺贸易导向"的投资。② 自20 世纪 90 年代以来，基于中国的劳动力资源禀赋的优势，发达国家加工制造业向中国转移，具体体现为流向中国的 FDI 不断增加，促进了中国制造业的发展和国际贸易竞争力的提升。因此，一国对中国的 FDI 越多，双边贸易额可能越大。

---

① 谷克鉴：《国际经济学对引力模型的开发与应用》，载《世界经济》2001 年第 2 期。
② ［日］小岛清：《对外贸易论》，周宝廉译，南开大学出版社 1987 年版，第　页。

第四，两国人均国内生产总值之差的绝对值。根据瑞典经济学家林德（S. B. Linder）提出的需求偏好相似理论，两国的人均收入水平越接近，其需求偏好越相似，产业内贸易产生的可能性越大；而两国的人均收入水平差距越大，其需求结构差异性越强，产业间贸易产生的可能性越大。[①]由于中国对外贸易的发展，得益于参与国际分工并成为全球产业价值链中的一环，进而其对外贸易可能更多表现为产业内贸易。一些文献的实证研究结果也证实了这一点。[②] 因此，该变量的系数可能表现为负值。

第五，两国之间的相对距离。两国的贸易运输距离通常代表运输成本的高低，从而成为阻碍贸易的重要因素，该指标与两国的双边贸易额可能成反比。此处的相对距离 $dis^r = GDP^f/GDP^w \times dis$，$GDP^w$ 表示世界 GDP 总额，dis 表示贸易伙伴国的首都与中国首都之间的绝对距离。[③]

第六，贸易伙伴国的贸易依存度。一般地，一国经济对贸易的依赖程度越高，其贸易进出口水平也越高。

第七，是否同时属于世界贸易组织（WTO）和亚太经合组织（APEC）。二者均为虚拟变量，当两国均属于某个贸易集团时，由于优惠贸易安排的贸易创造，相应双边贸易流量将会上升。

还有两点需要说明，第一，传统的贸易引力模型中通常要包含双方的GDP 指标和人口总量指标。这里，我们之所以省去中国的 GDP 和人口指标，是因为，一方面，双边贸易中的一方已经固定为中国，对于所有的贸易伙伴而言，这一指标值均相同；另一方面，在设定的模型中，包含双方人均 GDP 的差额这一变量，如果再同时纳入双方的 GDP 和人口指标，会呈现多重共线性。第二，之所以采用相对距离，原因在于，由于截面数据较少，在使用绝对距离进行计量分析时呈现奇异矩阵的问题，导致估计无法进行，采用相对距离后这一现象消失。

这里选取了中国前 12 大贸易伙伴作为研究对象，考虑到数据的可得性以及俄罗斯的国情，取值区间为 1995—2010 年。其中：中俄双边的贸易总额数据来源于联合国贸发组织（UNCTAD stat），单位为百万美元

---

① 赵春明：《国际贸易》，高等教育出版社 2007 年版，第 128—130 页。

② 黄烨菁、张煜：《中国对外贸易新趋势的实证分析——基于扩展型贸易引力模型》，载《国际经贸探索》2008 年第 2 期。

③ Soloaga, I. and Winters, L. "*Regionalism in the Nineties: What Effect on Trade?*", North American Journal of Economics and Finance, Vol. 12, March 2001.

(现价);国内生产总值(百万美元,现价)、人口总额(万人)以及人均 GDP(美元)来源于世界银行 WDI 统计数据库;贸易依存度根据世界银行 WDI & GDF 数据库提供的各国商品进出口总额和 GDP 总额计算得到,计量过程中舍去了百分号;中国吸收的国际直接投资(FDI,百万美元)数据,来自 1997—2011 年的《中国统计年鉴》;两国之间距离(千米)数据,来自网站 www.indo.com 中的"距离计算器"(Distance Calculator)。

二 验证结果

本书使用的软件为 Eviews 6.0,经检验采用固定效应模型及按截面取权数的广义最小二乘法对上述面板数据进行分析,回归结果如表 14 – 2 所示。

表 14 – 2　　　　　　　　　模型回归结果

	模型(1)	模型(2)	模型(3)	模型(4)
常数项	– 19.55 (– 3.73)*	– 20.22 (– 4.44)*	– 20.11 (– 18.89)*	– 20.25 (– 21.04)*
lngdp^f	3.23 (10.18)*	3.17 (12.90)*	3.19 (16.02)*	3.20 (17.45)*
lnpop^f	– 0.11 (– 0.14)	0.013 (0.02)		
dis^r	– 0.0012 (– 9.56)*	– 0.0012 (– 9.60)*	– 0.0012 (– 9.85)*	– 0.0012 (– 10.0)*
lnfdi	0.20 (5.15)*	0.20 (5.41)*	0.20 (5.32)*	0.20 (5.52)*
lndpgdp	– 1.61 (– 5.69)*	– 1.57 (– 6.93)*	– 1.59 (– 8.69)*	– 1.60 (– 9.22)*
drt	0.0062 (4.30)*	0.0061 (4.30)*	0.0064 (4.35)*	0.0066 (4.49)*
wto	0.39 (9.10)*	0.40 (9.40)*	0.39 (9.21)*	0.39 (9.91)*

续表

	模型（1）	模型（2）	模型（3）	模型（4）
apec	-0.031 (-0.22)		-0.016 (-0.16)	
调整后的 R^2	0.983	0.983	0.983	0.985
F - 统计量	566.98	600.64	628.12	682.2

注：括号内为 t 统计值；"*"表示符合1%的显著性水平；不标注表示不显著。

由表14-2可知，在考虑所有解释变量的情况下，模型（1）的回归结果显示，解释变量 $lnpop^f$ 和 apec 的系数通不过显著性检验，其他变量都呈现一定的显著性。这在一定程度上说明，在依次通过模型（2）和模型（3）的调试之后，得到剔除解释变量 $lnpop^f$ 和 apec 的模型（4），模型的拟合效果和整体显著性都有一定改善，所有解释变量的回归系数符号基本与预期符号相同。具体而言，根据模型（4）可以得出：第一，贸易伙伴国的 GDP 每增长1%，双边贸易额将上升3.2个百分点；第二，贸易双方的贸易距离对于双边贸易额之间尽管呈反方向变化，但其影响较小；第三，贸易伙伴国对中国的 FDI 每增长1%，双边的贸易额将上升0.2个百分点，这与我们之前的分析较为一致；第四，贸易伙伴国与中国的人均 GDP 差额每上升1%，双边贸易额将下降1.6个百分点，根据林德的需求偏好相似理论，说明当前中国的对外贸易确实以产业内贸易为主；第五，贸易伙伴国的贸易依存度上升会导致双边的贸易总额增加，但其影响较小；第六，贸易一体化的制度安排会对中国的对外贸易具有显著的促进作用，这与加入 WTO 之后中国对外贸易总额快速增长的事实相一致。

根据模型的实证结果和本书的分析，从定量分析和国际比较的角度看，制约中俄贸易进一步发展的因素主要有以下几点。

第一，俄罗斯目前的经济总量规模相对较小，这在一定程度上制约了中俄贸易总量更大幅度的提高。根据前述数据，本书计算了主要贸易伙伴国包括俄罗斯对于中国经济的依存度。模型的计算公式为：贸易伙伴国对中国经济依存度 = 双边进出口贸易总额/贸易伙伴国

GDP，根据计算结果得出，与美国、日本、韩国以及德国等中国前四大贸易伙伴相比，俄罗斯对中国经济的依存度明显大于上述四个国家。以2010年为例，俄罗斯对中国经济的依存度为14.00%，而美国、日本、韩国以及德国分为0.31%、1.01%、5.54%和9.00%。因此，俄罗斯与中国经贸合作的相对水平高于美日等中国的主要贸易伙伴。之所以选择上述四国进行比较，是因为中俄的进出口贸易总额还能够有很大的提升空间。目前的关键原因之一就是，在苏联解体后俄罗斯的经济总量仍然比较小。

第二，中俄双方直接投资额不足，两国贸易发展缺乏相应投资的支撑。[①] 2010年，中国实际使用的对俄直接投资为3497万美元，同比增长9.3%；2011年则降为3102万美元，同比下降11.3%。[②] 而根据商务部的统计数据，2011年对华投资前10位国家/地区（以实际投入外资金额计）依次为：中国香港（770.11亿美元）、中国台湾（67.27亿美元）、日本（63.48亿美元）、新加坡（63.28亿美元）、美国（29.95亿美元）、韩国（25.51亿美元）、英国（16.1亿美元）、德国（11.36亿美元）、法国（8.02亿美元）和荷兰（7.67亿美元），前10位国家/地区实际投入外资金额占全国实际使用外资金额的91.61%。[③] 由此可见，俄罗斯对中国的投资欠缺。表14-3显示，2010年我国利用外商投资的行业结构中，有43.22%的资金流入制造业，这在一定程度上支撑了我国对外贸易中工业制成品占主导地位的格局。此外，表14-4列出了2010年中国对外贸易中的企业性质结构，其中外商投资企业在中国对外贸易的出口、进口及其进出口总额的比例分别为54.65%、52.91%以及53.83%。

以上数据充分说明，外商直接投资对于中国对外贸易具有显著的支撑作用。

此外，在中国对外贸易方式中，加工贸易比例占到50%左右。2010年，加工贸易进出口占中国对外贸易进出口总额的比例为48.55%，而且

---

① 中国目前对外直接投资总量还比较低，从投资行业和投资效益来讲还无法对中国对外贸易形成显著的促进作用，所以投资对中国贸易的促进作用更多地表现为贸易合作伙伴对中国FDI的推动作用。

② 驻俄罗斯使馆经商参处：《2011年中俄经贸合作简况》，http://www.ru.mofcom.gov.cn/aarticle/zxhz/hzjj/201203/20120308028666.html。

③ 商务部：《2011年1—12月全国吸收外商直接投资情况》，http://www.mofcom.gov.cn/aarticle/tongjiziliao/v/201201/20120107940573.html。

在中国对外贸易商品结构中，工业制成品占比达到94.82%。这一系列的数据表明，中国当前的对外经贸合作主要以参与国际分工的方式进行，而且中国仍然处于全球产业价值链的低端。之所以形成这样的格局，除了我国的经济发展战略之外，最重要的原因就在于国际资本和跨国公司的主导与资源的优化配置。中俄之间直接投资额不高，导致双方没有形成有效的国际产业链分工，从而制约了双边贸易的发展。

表14-3　　　　　　　2010年外商直接投资行业结构　　　（单位：亿美元,%）

行业名称	实际利用外资额	占比
制造业	495.91	43.22
房地产业	239.86	20.91
批发和零售业	65.96	5.75
金融业	101.22	8.82
其他	244.39	21.3

资料来源：根据《中国统计年鉴（2011年）》整理。

表14-4　　2010年中国对外贸易中的企业性质结构（贸易额占比）　（单位:%）

企业性质	出口	进口	进出口
国有企业	14.85	27.79	20.92
外商投资企业	54.65	52.91	53.83
集体企业	3.16	2.50	2.85
其他	27.34	16.80	22.39
合计	100	100	100

资料来源：根据国研网数据中心对外贸易数据库的资料整理。

第三，中俄贸易结构决定了双边贸易发展的空间局限。在本书选取的12大贸易伙伴中，中俄的人均GDP差额最小。根据林德的需求偏好相似理论，相对别的贸易伙伴而言，产业内贸易在中俄双边贸易中应该占有较大的份额。然而，中俄贸易结构在实际上更多地呈现产业间贸易的格局。2011年，俄罗斯对中国出口的主要产品为矿产品、木材及其制成品和化工产品，三类产品出口额合计占俄罗斯对中国出口总额的83.9%，矿产品占俄对中国出口的70%左右；而中国对俄罗斯出口的主要商品为机电产品、纺织品及原料和贱金属及制品，占俄罗斯自中国进口总额的64.3%，除上述产品外，鞋靴、伞等轻工产品及家具、玩具制品等也是中国向俄罗斯出口的主要大类商品，在进口中所占比重均超过5%。中俄双方互补的贸易结构促进中国对俄罗斯出口快速增长，2011年出口总值增长31.4%，俄罗斯成为中国主要出口国中增长率最高的国家，而且中国目前也已成为俄罗斯的第一大进口来源国。

然而，中俄之间的这种贸易结构却导致俄罗斯对中国的出口特别是技术类产品的出口难以增长。其原因在于：俄罗斯的主要出口产品——能源品和矿产品属于自然资源，它们是俄罗斯国家经济发展的支柱。一方面，当前国际经济体系下，各国对自然资源的争夺日益激烈，资源品成为稀缺性商品，这是俄罗斯具有的"超绝对利益"的体现。它必然导致俄罗斯有能力掌控资源品的出口与规模。另一方面，过去20多年俄经济发展过度依赖能源和矿产品的出口，已经导致其在一定程度显现"荷兰病"的一些症状，如果这一经济结构长期不能得到改善，俄罗斯将有可能陷入所谓的"资源诅咒"。[1]

20世纪90年代以来的世界贸易发展规律表明，在世界贸易结构中，工业制成品和高附加值产品是贸易出口的主要产品，农产品以及燃料和矿产品贸易所占的比例较小，见表14-5。[2] 在工业制成品贸易中，以2010年为例，化学品贸易、机械和运输设备两项贸易的比例达到50%以上，分别为9.51%和41.89%。[3] 可见，目前中俄贸易结构并不完全符合国际贸易的发展主流趋势，这在一定程度上也为目前阶段中俄双边贸易规模相对较小、两国贸易发展空间相对有限提供了一种解释。

第四，俄罗斯经济长期未能被纳入WTO的框架之内（至2012年8月），从制度上影响中俄贸易向深入发展。普京执政以来，中俄两国政治合作不断增强，然而双方的经贸合作发展缓慢，其主要原因之一还在于俄罗斯设置了较高的关税壁垒。[4] 根据中国商务部发布的《国别贸易投资环

---

[1] 韩爽和徐坡岭（2012年）的研究表明，从经济增长、人力资本积累和收入差距、社会秩序等方面看，无法找到确切的证据表明在俄罗斯存在明显的"资源诅咒"现象。至少到目前为止，俄罗斯无法摆脱对能源原材料部门的依赖，是"资源诅咒"可能存在的重要表现。参见韩爽、徐坡岭《自然资源是俄罗斯的诅咒还是福祉?》，载《东北亚论坛》2012年第1期。
[2] 由于篇幅限制，本书只给出了2006—2010年的世界贸易产品结构。
[3] 笔者根据国研网数据整理中心提供的数据计算得出。
[4] 郭力：《俄罗斯关税壁垒对中俄贸易的影响》，载《西伯利亚研究》2010年第6期。

境报告2011》数据,在现有关税水平下,俄罗斯对12%以上的农产品和18%以上的工业品征收15%以上的高关税,存在显著的关税高峰现象。在工业品中,纺织和服装产品的最高关税分别达到了42%和29%;皮革、鞋类制品的最高关税达到了50%;电子产品的最高关税达28%;机械设备的最高关税超过200%。可见,俄关税高峰对中国具有较强优势的纺织面料、服装以及电器电子等产品进入其市场构成严重障碍。为了规避俄罗斯的高额关税,相当一部分的中俄民间贸易转而采取"灰色清关"的方式。①

表14-5　　　　　　　　世界贸易的产品结构　　　　　　　　（单位:%）

	农产品贸易		燃料和矿产品贸易		工业制成品贸易	
	出口	进口	出口	进口	出口	进口
2006年	6.85	6.85	16.66	16.30	76.48	76.85
2007年	7.25	7.21	16.62	16.49	76.13	76.29
2008年	7.64	7.66	19.84	19.82	72.51	72.52
2009年	8.73	8.64	16.31	16.08	74.96	75.28
2010年	8.16	8.24	17.69	17.33	74.15	74.43

资料来源:国研网数据整理中心:世界贸易组织（WTO）数据库。

"灰色清关"的存在的确能够加速中国廉价货物的通关和进入,也能解决俄普通居民对消费品的需求,但其不规范甚至违法的贸易形式,不断引发中俄民间贸易的矛盾和冲突,甚至发展成为制约中俄民间贸易发展的因素。② 俄罗斯加入WTO之后,俄关税壁垒问题以及中俄民间贸易摩擦将会有所缓解。就关税而言,加入WTO之后俄的所有产品平均进口税率从10%降至7.8%,工业产品从9.5%降至7.3%,农产品从13.2%降至10.8%,过渡期3—8年不等。同时,俄罗斯针对纺织品的进口税率,根

---

① 王玉芬和刘碧云（2005）指出,"灰色清关"大约占中俄民间贸易额的30%,主要涉及服装、鞋帽、箱包等商品,在我国广州、温州、义乌等货物集散地都有专门的货运代理承揽到俄罗斯的运输和清关。王玉芬、刘碧云:《中俄贸易中的灰色清关及其对策》,载《国际贸易问题》2005年第4期。

② 田春生:《中俄经贸合作关系新析——经济利益的视角》,载《俄罗斯研究》2010年第1期。

据不同的品种，大多处于5%至20%之间。① 就贸易摩擦而言，一方面俄罗斯关税的降低会大幅度削弱或消除类似"灰色清关"的贸易形式，从而降低贸易摩擦的发生概率；另一方面俄入世后，中国贸易主体可以参照国际惯例解决与俄方的贸易摩擦，从而能够减少中方的风险，促进中俄双边贸易正常发展。

通过对贸易引力模型的基础上构建新的面板数据模型的分析，以中国前12大贸易伙伴为研究对象，本章对影响中国与贸易伙伴国贸易合作的影响因素进行研究，并进一步分析了制约中俄贸易发展的影响因素。分析表明：其一，贸易伙伴国的GDP、对中国的FDI、贸易依存度以及与中国是否同时属于WTO对其与中国的双边贸易具有正向促进作用。其中，贸易伙伴国GDP增长的促进作用最为明显。其二，两国间的贸易距离和人均GDP差额对双边贸易具有反向作用，其中人均GDP差额的影响更为明显。在此基础上，结合俄实际经济指标我们认为，制约中俄双边贸易的因素主要有以下几点：一是目前俄经济总量规模较小，在经济总量层面客观上制约了中俄双方贸易额的扩大；二是中俄间的直接投资不足，导致贸易发展缺乏后劲；三是中俄贸易结构决定了中俄贸易发展空间被限定在某些领域；四是因俄罗斯贸易体系纳入WTO框架的时间很晚，从制度上对中俄双边贸易深入发展形成了制约。

模型分析表明，参考各贸易伙伴国的GDP总量水平，中俄经济贸易在总量上已经处于一个相对较高的水平，俄罗斯对中国经济的依存度已经远远高于其他贸易伙伴国。出现这一结果的原因，除了中俄贸易结构的互补因素外，在很大程度上得益于中俄双方政府的合作意愿，以及中俄之间多年来开展经济外交努力的实践。

---

① 李舒萌：《俄罗斯加入世贸组织的历程、减让承诺和中国的机会》，载《世界贸易组织动态与研究》2012年第2期。

第十五章　经济外交视阈下的中俄经济关系

中俄两国对于双边经贸关系高度重视。在两国政府的共同努力和政策支持下，一方面尽管中俄合作中存在和需要改进的问题不少，另一方面从总体和趋势看，中俄经济贸易合作关系是一个不断向好的发展过程。

第一节　中俄经贸合作中的问题与矛盾

对于中俄经济贸易合作中的问题，我们从经济利益关系的角度做一些解释。

历史地看，早在19世纪前，关于中国与俄罗斯在经济贸易交往中存在的制约与不利因素，就曾有俄国学者加以阐述。俄国著名史学家特鲁谢维奇（Трусевич Христофор Иванович）在其著作中曾指出，19世纪之前，阻碍中俄贸易的不利因素主要来自于：第一，契约当事人的素质。俄国人的漫不经心、懒惰和粗犷天性以及两国人民共有的"欺骗"特征，严重危害了贸易的发展。第二，贸易体制之本身。一方面，俄国和中国商品贸易的利益不对等，俄国商品加工能力不足，只能用原始的、未加工的原材料商品来交换中国的成品，中国获得的利益大于俄国；另一方面，俄国的贸易体制毫无贸易规则可循，缺乏统一的行业标准。第三，政府的经济行为。具体表现在以下几方面：（1）基础设施落后；（2）从贸易之初就具有易货贸易性质；（3）贸易地点的限制；（4）贸易商品种类的限制；（5）贸易权利和规模的限制；（6）政府的政策、官家的利益以及中国人的性格导致双方之间的贸易反复无常；（7）海关条例的限制；等等。① 历史学家所指出的这些问题，在当今的中俄经济贸易合作中仍然依稀可见。

21世纪以来，俄罗斯国家崛起的意愿与成为"世界强国之一"的目标更加清晰，这使得俄罗斯对于本国经济利益的诉求也显得更为突出。在这样的背景下，有的学者提出，国外学者在分析中俄经贸关系时，多数人认为在中俄经贸合作中两国之间存在着利益冲突；而从国内的分析来看，学者们大多从政治关系角度出发，阐述中俄经贸合作关系有巨大潜力，需要进一步开发。② 中国学者中流行的看法是，政治关系良好，经济关系很弱，这种不匹配制约了两国国家政治关系的发展，为了巩固并提升两国之间的政治关系，需要推进经济领域的合作，以夯实政治关系的经济基础。从这种判断出发，推进两国经济合作的意义在于匹配或适应政治关系，经济合作进而成为从属性的并服务于政治战略的需要。③ 据此，一些学者认为，"真正制约两国经济关系走向深化的主要原因，恰恰是缘于俄罗斯高举政治目标而置经济利益于不顾"。④ 从这些论述中可以看出，中俄两国学者对中俄经贸关系的不同看法与争论的焦点，也恰恰集中在对中俄贸易的经济利益认知上；而今，中国学者的观点恰恰起到促进中俄经济关系发展的作用。

一 中俄经贸合作中的利益得失：以能源合作为例

中俄能源合作是两国最为紧密的经济合作领域。过去的时期，石油和天然气领域的贸易合作已经成为中俄经济合作的支撑，在合作的过程中，中俄两国都获得了各自的利益。如果说，中俄两国经济领域具有很强的"互补性"，那么中俄的能源合作应最能体现这一"经济互补性"。因为中国是全球最大的能源消费大国，而俄罗斯是向中国出口能源的主要国家之一；两国既是近邻，又是战略协作伙伴关系。尽管如此，中俄两国之间在能源领域中的利益矛盾时时显现，中俄两国在能源领域的互补合作，进展

---

① ［俄］特鲁谢维奇（Трусевич Христофор Иванович）：《十九世纪前的俄中外交及贸易关系》，徐东辉、谭萍译，岳麓书社2010年版（原书出版于1882年）。
② 佘木兰、苏晓：《中俄经贸合作现状、问题及前景》，载《改革与开放》2011年第5期。
③ 曲文轶：《深化中俄经济合作：未来方向、实质约束与政策含义》，载《中国市场》2011年第29期（总第640期）。
④ 同上。

却并非一帆风顺。

以中俄原油和天然气合作为例。首先是原油合作，以中俄之间最大的石油合作项目——中俄能源管道建设项目"安加尔斯克—大庆"（"安大线"）输油管道合同最具代表性。其合同从"安大线"、"安纳线"再到"泰纳线"方案之变，反反复复到最终签订历经10多年，被称为"世纪合同"。[①] 直至2008年，由于国际金融危机导致俄资金发生严重短缺，2009年4月中俄才最终以"贷款换石油"的方式，落实了《中俄石油领域合作政府间协议》。围绕这条石油管线之争的原因固然很多，但是由于过去几年国际油价持续上涨，俄应按照怎样的市场价格向中国供油，却是双方难以达成最终协议的核心问题。中俄两国政府于2001年签署协议，拟共同修建安加尔斯克至中国大庆的石油管道，并完成了技术论证等工作。后因日本参与该线的竞争，致使俄罗斯在2003年又推出兴建"安纳线"的方案。由于中国方面的努力，2003年3月，俄罗斯出台了一个折中方案，即在兴建"安纳线"的同时，铺设一条通向中国大庆的分管道。于是，引发了众所周知的"安大线"和"安纳线"两线之争。但是，这个方案因未能通过俄罗斯自然资源部的鉴定而再遭否决。2004年3月，俄石油运输公司又推出了"泰纳线"方案，并提出在管道干线中间段的斯科沃罗季诺铺设一条通往中国的支线。"泰纳线"的出炉既有日本与中国竞争的因素，但它更是俄罗斯"能源外交"的产物。对俄罗斯方面而言，"泰纳线"（见图15-1）优于"安大线"，"泰纳线"面向中国、日本、韩国乃至美国等多个市场，终点为太平洋的国际港口，这避免了把鸡蛋放在一个篮子里的风险。这说明俄罗斯的能源外交属于现实主义外交。普京曾多次指出，任何在俄远东地区兴建输油管道的决定，都必须基于自己的国家利益。在中国与俄罗斯之间锲而不舍的综合外交努力下，中俄石油管道历经10多年谈判，最终签约。2009年金融危机后，根据两国达成的"贷款换石油"协议，2011年1月至2030年，在未来20年内中国每天将获30万桶石油，总供应量达到3亿吨。相应地，中国将向俄罗斯提供250亿美元长期贷款。

---

① 2002年尤科斯石油公司、石油运输公司和中国石油敲定合作修建"安大线"。2004年10月俄政府放弃与中国的石油合作项目——"安大线"，2004年12月俄政府决定修建从泰舍特至纳霍德卡的石油运输管道"泰纳线"，2008年10月中俄签署西伯利亚输油线的中国支线协议。

再看中俄天然气项目的合作历程。截至2013年初，中俄天然气合作项目都未取得实质性进展。中俄两国围绕天然气供应的谈判自2006年起时断时续，尽管2009年10月中俄总理签署落实《关于俄罗斯向中国出口天然气的框架协议》，并允诺在确定天然气供应价格后于2014—2015年实现对华供气。然而现实却是，因价格机制等多方面的问题，中俄天然气项目进展缓慢。被称为"战略合作关系"一部分的中俄的天然气供应协议，一直是中俄两国领导人数次会晤与谈判的中心议题。俄罗斯天然气公司（Gazprom）总裁阿列克谢·米勒曾说，两国天然气合作谈判仍未能解决核心问题——价格问题；俄罗斯副总理伊戈尔·谢钦坦言，"我们首先就价格问题进行谈判，随后才签订合同"。① 可见，中俄并未就天然气合作达成最终协议，问题的症结之一在于两国对于"最为关键的价格问题尚未达成共识"，"核心问题不解决，协议只能是一纸空文"。②

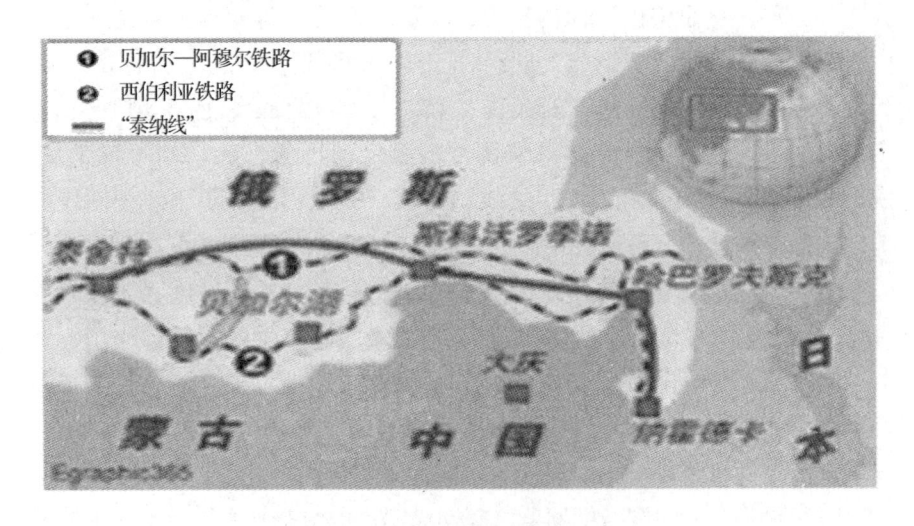

图15-1 "泰纳线"的示意图

事实上，中俄天然气谈判很长时间难以达成协议，一个主要原因就是天然气供货价格难以确定。正如有的学者所指出的，国际油价有涨有跌，

---

① 2009年10月13日俄罗斯天然气公司与中石油签署《关于俄罗斯向中国出口天然气的框架协议》的谈判，http://www.21cbh.com/HTML/2009-10-19/150033.html。
② 程亦军：《俄罗斯学者谈中俄经济问题》，载《欧亚社会发展动态》2009年第30期。

作为长期协议不可能有一个一劳永逸的一口价，这就需要签署符合双方利益的协议。在西方的分析家看来，中俄"两国仍在相互试探，这是一个谁先动摇的问题"。其实，两国就天然气供应与合作的方式始终在探索，但是由于天然气的供应是一个需要铺设管道的长期的供应问题，其中不仅有天然气价格，还包括各种复杂的基础设施投资和修建等中间成本。可见，中俄在能源合作中最大的矛盾和困难，就是如何确定天然气成本与供货的价格，价格问题中包含着如何保障与平衡中俄企业的利益和国家的利益。

二 中俄两国间协议项目的落实程度

21世纪，中俄政府之间的大项目合作成为中俄"政府导向型"经贸合作模式的一个显著特点。在中俄两国经济贸易和技术合作协议中，中俄政府间大宗贸易协定一直占有着相当大的比重。中俄两国首脑每年进行高层互访，其间双方都会以各个政府部门牵头，签署若干份、十多份甚至几十份的经济合作协议或者意向书。例如，2009年10月俄罗斯总理普京访华期间，两国企业签署了30多份合作协议，涵盖能源、金融、交通、基建等各个领域，涉及资金超过55亿美元。[①] 2010年3月，时任中国国家副主席的习近平访问俄罗斯，与俄政府签署了有关中俄经济、技术和人文交流等领域的共13项合作文件，商务合同总金额约67亿美元。[②] 2011年10月，俄罗斯时任总理普京率领庞大的俄商贸代表团访华，普京访华期间中俄领导人达成的协议总金额高达70亿美元。这些协议合同包括：金融领域（1个项目，40亿美元）、投资领域（4个项目，9000万美元）、贸易领域（5个项目，25.5亿美元）以及总额3.8亿美元的10项经济技术合作项目。[③] 2013年3月习近平主席首访俄罗斯，大大推动了两国经贸的务实合作进展。

---

① 俄罗斯副总理、俄中政府间委员会俄方主席亚历山大·茹科夫对中国媒体表示，在普京访华期间，两国计划签署的协议包括中国国家开发银行与俄罗斯外贸银行的5亿美元贷款协议，以及交通、基础设施、采矿等行业的合作项目，中俄两国企业签署价值超过55亿美元的合作协议。新华网，2009年10月10日，http://bt.xinhuanet.com/2009-10/10/content_17903761.htm。

② 田冰：《习近平会见俄罗斯总理普京 中俄签约67亿美元》，载《远东经贸导报》2010年3月30日第2版。

③ 廖伟径：《加快中俄经贸合作转型升级步伐》，载《经济日报》2011年10月14日第4版。

在两国的政府推动和外交努力下，中俄之间一些大项目合作进展较为顺利。这些项目是提升中俄贸易额的主要因素。尽管如此，尚有一些两国政府间合作项目仍停留在文件和协议层面。这些项目的问题在于，其进展往往由于资金等原因而限于停滞，其中的一些政府间项目则不了了之。前几年，俄方更多地强调对华贸易的自由化；但同时，在对华贸易中，俄又带有相当大的随意性，有时甚至出现阻力与障碍。其中，中俄经贸合作中长期存在的经济合同履约率低、债务拖欠、买空卖空、随意扣留货物和资金等问题，仍得不到可靠保障。目前，诸如信用保险制度、银行结算制度、法律仲裁制度、质量监控制度等方面，仍然是中俄贸易中的高风险领域。

实践表明，大项目合作所产生的中俄贸易积极效应最为显著。但是，大型合作项目通常是需历时若干年才能完成的长期项目。中俄经济合作中的大项目中，一些大项目（如能源领域）的技术含量比较低。目前，中俄两国经贸合作中的高附加值、高科技含量产品的贸易规模仅占中俄贸易总额的大约6%，而世界发达国家在对俄经贸合作中的高附加值、高科技含量的产品贸易规模大约平均在40%。因此，中国需要与俄罗斯继续进行更加深入的多层次的大项目合作。在这个方面，诸如中俄双方共同融资、经营建设的黑龙江（阿穆尔河）大桥项目建设则是范例。在俄罗斯一些人看来，中俄之间在经贸与投资领域的合作，仍大大低于中国与美国以及中国与欧盟之间的合作水平。其中的一个原因是，高技术类的大项目合作在中俄经贸中的比重仍然比较低。对此，一些专家建议，中俄两国在战略型大项目合作中成立国际研发小组、共同完成相关技术课题的做法值得肯定。例如，在中国东北地区修建首条源自俄罗斯的石油管线项目（耗资约17亿美元）中，中方通过与俄专家在施工过程中的共事和研讨，很快掌握了俄罗斯大口径石油管线在高寒地区铺设、防冻等技术方面的具有国际水平的先进技术和实践经验，并由此加深了中国在实现相关领域自主知识产权方面的技术创新与进步。[①] 中国企业应利用中俄两国在经济技术领域的互补性，既发展双边资源型产品贸易，又发展高附加值、高科技含量的产品贸易与技术贸易。这可能是中俄在大项目合作中的一个出路。

---

① 中俄经贸资讯：《双边贸易情况》，http：//www.crc.mofcom.gov.cn/crweb/crc/info/ArticleList.jsp？siteid＝crc&col_ no＝104。

三 中俄两国非正常贸易的典型:"灰色清关"及其趋势

中俄经济关系中的非正常现象和矛盾,突出地表现在民间贸易领域。在俄罗斯未加入 WTO 前的时期,"灰色清关"所导致的中俄非正常贸易最为典型。或者说,在莫斯科发生的从"灰色清关"到"大市场"问题,最能够反映出中俄民间非正常贸易的利益冲突。2009 年,莫斯科切尔基佐夫集装箱大市场问题的爆发,可以认为是民间贸易矛盾达到顶点的标志。切尔基佐夫斯基集装箱市场查封事件表明,持续了近 20 年的"灰色清关"贸易方式已经走到尽头。随着俄罗斯加入 WTO,中俄贸易逐渐从"灰色清关"向"白色清关"的转型已是大势所趋。

在苏联解体后的 20 多年时间里,中俄民间贸易走过了一条曲折而畸形的发展道路,也就是所谓的"非正常贸易"。在 20 世纪 90 年代,俄罗斯政治动荡,经济衰退,这导致了俄罗斯商品特别是大众消费品奇缺。为解决民众消费之需,同时也为解决俄罗斯的正规清关(亦称"白色清关")的手续繁杂、海关官员办事拖沓等问题,"灰色清关"应运而生。中俄贸易中的"灰色清关"表现为,清关公司为出口商(货主)代办进口业务,提供运输和清关捆绑在一起的"一站式"服务,被称之为"包机包税"、"包车包税"或"包柜包税"等;操作程序是,出口商向清关公司缴纳一笔费用(主要是运费和进口税),自己不用与海关打任何交道,清关公司就会把所有俄罗斯海关报关手续办好。对于俄罗斯商人和中国商人而言,"灰色清关"比正规清关迅速、便捷。这为不太懂俄文和不熟悉当地复杂报关程序的中国商人提供了方便,使中国商人适时地抓住市场商机,获得贸易利润。因此,中俄民间贸易在苏联解体后得以迅速发展。

历史地看,"灰色清关"是俄处于"转型衰退"时期中俄贸易的产物。在俄罗斯经济转型和商品短缺时期,"灰色清关"和"大市场"的存在对俄罗斯经济没有冲击,反而有助于俄罗斯经济社会的稳定,因此俄罗斯政府采取默许的态度。随着中俄民间贸易的发展,"灰色清关"的弊端不断地暴露出来,表现为:其一,它导致俄罗斯国家税收流失。"灰色清关"和"大市场"给俄罗斯带来的好处并未完全纳入到政府税收中,而是由极少数既得利益者非法攫取,在俄罗斯经济受到金融危机冲击时,俄政府自然会采取措施整治各种非法所得。俄罗斯的清关公司往往都是以低于法定水平的税率清关,将整架飞机的货物以包裹托运的关税形式清关,比正规报关关税便宜50%—70%。俄工业和贸易部长赫里斯坚科曾于2009年6月在向政府提交的一份报告中说，通过非法途径入境的商品不仅对国家税收造成巨额损失，而且不利于俄轻工业发展，主张打击以销售通过"灰色清关"进口的商品和假冒伪劣商品为主的集散市场。[①] 其二，受利益驱使，俄罗斯清关公司与海关及政府机构腐败官员联手，通过对进口商品的高值低报，以多报少，甚至是更改商品名称等不法手段，从中获取非法所得，进而形成一条"灰色利益链"，"灰色清关"已成为俄一些商人避税和部分官员腐败的温床。其三，通过"灰色清关"进入俄罗斯市场的主要是轻纺产品。俄工商会轻纺企业委员会主席证实，目前在俄轻纺市场上，60%的商品为"灰色"，进口产品严重阻碍了俄轻纺工业的发展。其四，就中国商人而言，从最初的受益者成为最终的牺牲品。如上所述，通过"灰色清关"方式入关的商品，报关手续由清关公司一手包办。由于俄罗斯的清关公司并非按照法定的清关程序办理，导致出口商（中国商人）得不到应有的报关凭证，中国出口商品在俄罗斯变成非法的"灰色"商品，甚至被视为走私商品，以至于俄罗斯政府可根据需要随时查扣罚没。[②] 出于长远发展和俄加入WTO的考虑，最近几年俄政府不断清理和整顿"灰色清关"。

中俄民间贸易面临转型的严峻挑战。在这方面，正如莫斯科国际大学国际一体化合作学院院长菲利科维奇所指出的，尽管俄已正式加入世界贸易组织（WTO），但"灰色清关"现象还将继续存在两三年时间，直至俄罗斯新的海关法为通关创造新条件。他指出，依靠海关系统本身的调整，"灰色清关"问题到2015年或将得到显著缓解，"除了现行的海关法典之外，俄罗斯还有成千上万的法规约束通关事宜，关税正是由于这些法规被严重'歪曲'"。俄罗斯加入世贸组织后，开始着手处理"冗余"法规问题，并计划在近年内将法规数量减少至400条。

四　中俄经贸合作中的制度保障：金融与服务体系

俄罗斯国家银行在技术方面相对落后，这对于中俄经贸的发展产生直接影响。按照国际惯例，两国间从事贸易支付时接发信用证应该普遍使用

[①] 新华国际时评：《把握中俄贸易健康发展的重要契机》，2009年7月28日，www.gov.cn。
[②] 李志学：《中俄民贸接受转型烤验》，载《黑龙江经济报》2012年7月5日第B03版。

SWIFT（全球银行间金融电信协会）的技术系统[1]，而俄罗斯国家银行与国际标准不接轨，导致对中国贸易的结算，往往通过欧美或第三方国家在俄罗斯境内银行的分支机构进行信用证业务，这延长了中俄贸易结算的时间，阻碍了双边贸易的发展（至 2015 年，俄国可以用 SWIFT）。目前，中国在俄罗斯境内建立的银行分支机构主要分布在莫斯科市区，金融业务范围相对狭窄，使两国贸易结算的渠道不畅通，按照国际惯例结算方式统计的中俄贸易结算额，在两国的贸易总额中所占比重低。

中俄两国边境贸易结算一般采用卢布、人民币、美元等货币形式，现金交易的比重高，这也在一定程度上抑制了中俄边境贸易的发展。中国与俄罗斯两国国家央行之间签订的结算协议和信贷协议等，也往往是执行力度差，两国金融机构对本国企业的进出口信贷额度控制严格。中国各商业银行与俄罗斯商业银行签订的出口信贷框架协议主要集中在俄罗斯外贸银行，因此俄罗斯外贸银行对出口信贷框架协议的贷款额度要提留 7%—15% 的高额转贷利息，导致俄企业获取中国出口信贷的成本高，俄罗斯进口企业的资金不足。中俄投资难以有较大提高，俄罗斯的一些政策，比如俄罗斯国企不接受国外投资，而能源行业投资也存在门槛等是主要的原因。总之，俄罗斯信用担保体系比较弱，中俄之间的信息的不完整性和不对称性，使中国国内的金融担保针对俄罗斯市场的业务品种非常少。

第二节　经济利益视角下的中俄合作关系：比较利益的抉择

俄罗斯独立后，中俄经济贸易合作总体上是不断完善与发展的。在这个过程中，中俄两国在经贸合作方面出现这样或那样的问题与矛盾，其原因是多方面的，这些问题不是仅仅通过两国政府之间的协议或者外交努力就能够得到完全的改善。例如，对中俄经济关系有负面影响的"灰色清关"等问题，这是因为在市场经济下，经济利益因素往往成为决定两国间经济贸易关系的一个重要因素。很多时候，政府意愿难以替代市场经济

---

[1] 郑陶：《中俄双边经贸合作中俄国的技术性溢出效应分析》，http://epub.cnki.net/grid2008/detail.aspx?filename=2009016790.nh&dbname=CMFD2009。

利益。对于中俄之间的合作来说，现阶段，俄罗斯早已走出"转型衰退"的阶段，经过21世纪以来10多年的经济复苏，以及国际石油价格上涨对俄经济的支撑，使得俄国内经济实力增强，对内甚至对外政策都有变化。如果说，20世纪90年代中俄经贸合作的规模不大、秩序混乱，这可能是因为中国与俄罗斯在转型期的经济水平不高、经济实力不足、制度管理不到位；那么在当前阶段，发展中俄贸易则需从更深层方面寻找原因，特别是由于两国都是市场经济国家，从市场经济下的利益视角来进行分析，对于促进两国经济合作具有积极的作用。

一 中俄经济合作中的"经济利益抉择"问题

中国与俄罗斯向市场经济转型后，都面临经济发展的巨大压力。因此，实现"务实性"的经济贸易合作，这是两国的现实出路与必然选择。其实质就是：在中俄经贸合作中，双方都以追求自己国家的经济利益作为贸易发展的基本条件。

首先，俄罗斯方面坦承中俄贸易中"利益分歧"的存在。俄罗斯的国际问题专家们认为，现阶段俄罗斯国家发展的总目标是加快经济和社会发展，这一目标决定了俄罗斯的对外政策，即利用俄罗斯的现状来谋取国家最大利益，将"利益一致"的领域作为俄外交吸引力的方向，以便重新拥有"软实力"。在全球化与多极化的现实世界中，对俄罗斯而言，上合组织与另一个"力量中心"——中国，在利益协调方面的作用正日益增长，作为比西方弱一些的"力量中心"，俄中在致力于更密切的协作，但是两国的利益并不总是一致。[①]

俄罗斯前驻华大使拉佐夫先生承认，两国间存在利益分歧。他指出，这些分歧既与客观的自然环境有关（如俄罗斯是世界上最大的能源生产国之一，而中国是能源消费国），也与不同国家或国家集团、各主要地区形成的历史特征等因素有关。他还认为，俄中关系也并非毫无问题，尤其现在谈论的是两个超级大国（俄罗斯与中国），它们共同拥有4300公里的边境线。在这一边境线上，人们每天都从事着各种活动与相互协作，两

---

① ［俄］俄罗斯国际关系学院东亚和上合组织研究中心主任亚历山大·卢金：《对外政策：从后苏联对外政策到俄罗斯对外政策》，载［俄］《全球政治中的俄罗斯》2008年第6期，新华社莫斯科2008年12月9日电。转引自新华社《参考资料》，2008年12月6日第29页。

国每年都有数以百万计的公民在这条边境线上穿行往来。因此，他认为，对待问题，战略上应当视为正常现象平静地接受，而在战术上则应采取积极有效的方法，以寻找双方都能接受的解决方案，防止这些问题扩展和导致更为严重的问题，尤其应防止其对双方协作与交流的战略方向构成威胁。重要的是，中俄双边关系已形成一种特别有利的合作氛围，这使得双方能本着"志同道合的精神"寻求解决办法，在捍卫自身立场的同时，尽量了解合作伙伴的意图。[1]

另外，基于两国存在着长期共同的战略依托，国际大格局的变化对中俄经贸合作来说，其有利因素也在增强。这几年来，国际关系特别是大国关系发生了深刻而复杂的变化。从俄美关系来看，俄对美由战略妥协转向战略反制。普京在对外政策方面坚决捍卫俄罗斯的国家利益，不当西方的"应声虫"。从中美关系来看，总体上，保持了稳定发展的势头，但随着中国经济迅速发展，国力的增强，国际地位的上升，美国通过各种方式力图牵制中国。从美对中俄的共同政策来看，由于中俄两国与美国战略利益的不同，因此在一些重大国际问题上矛盾与分歧难以消除，地缘战略的争夺、挤压与反挤压、遏止与反遏止等方面的斗争将会加剧和长期存在。中俄两国都是美国遏制的对象，这是中、俄、美三国关系的一个突出特点。在上述国际格局的大背景下，中俄高层与智库对中俄业已建立的战略协作伙伴关系的重要性，在认识上有了较大提高，清楚地意识到美遏制俄的政策难以改变，两国仍是战略对手，从而认定，中俄在战略利益上更为接近，两国在重要国际问题上有共识，如共同推动世界多极化，反对单边主义，建立公正的民主的国际新秩序，等等。这些因素，使中俄两国间存在着长期的共同的战略依托，在大国关系中，中俄都把对方视为取得有利战略地位的主要对象。正是由于上述原因，在俄罗斯出现了在批驳"中国威胁论"的同时，提出了"中国机遇论"。

其次，俄罗斯方面认同中俄贸易中的经济利益与市场需求。俄罗斯著名中国问题专家、俄罗斯科学院远东研究所所长季塔连科院士对此指出，中俄两国的经贸关系，与其说是友好睦邻，不如说是市场需求。也有俄方学者认为，中国与俄进行贸易主要是从俄获得新的武器，俄从商业利益出发在出售武器中赚钱。可见，在中俄关系中，经济利益是两国交往的一个

---

[1] ［俄］拉佐夫：《俄中关系60年的经验教训》，http://www.russia.org.cn/chn/? ID=1632。

重要考虑。① 这意味着，一旦两国经济合作中出现各种争议，双方就会从各自经济利益最大化角度考虑问题，进行抉择。例如，对于 2009 年夏季发生的莫斯科"大市场"问题，俄移民局副局长帕斯塔夫宁是这样解释的："根据俄国一些学术机构的调查研究结果，如果外国移民在俄罗斯任何一个地区的数量超过当地俄国居民人数的 20%，特别是这些外国移民拥有完全不同的民族文化背景和宗教信仰，那么这将会造成族群紧张，让当地俄国居民感到非常不舒服。"② 俄罗斯官方人士的解释让人们感到，俄频繁地清理中国商人背后的一个原因是，俄罗斯人不愿意看到华商过多与集中，并对其中小商业的发展造成影响。③

最后，中俄经贸合作中的经济利益推动具有务实性。在中俄都实行市场经济的条件下，决定着中俄经贸关系进退的事实上是经济利益动因，而不是其他。21 世纪以来，中俄双方的经济实力与市场程度都得到发展，一方面"务实性"经贸合作推动两国贸易的发展，另一方面经济利益因素已成为两国经济贸易合作的一个重要考虑。④ 俄罗斯学者在谈到中俄天然气合作协议时指出，两国的能源合作必须建立在经济利益的基础上，也就是市场的基础上，因为俄罗斯经济早已不是国家经济、政府经济，而是市场经济、企业经济、私有经济⑤。我们看到，俄罗斯企业在与中国进行贸易时，市场经济的因素、观念与行为已经起到了很大的作用。

经济利益是推动和促进国际贸易发展的一个重要原因。以中美贸易为例，应该说，无论是从国家关系还是从政治利益方面考虑，中俄关系似乎都应重于中美关系。然而，在中国经济发展的历程中，中美经贸关系对于中国乃至全球经济举足轻重，一度被称为影响全球经济的"G2"。我们看

---

① Титаренко М. Л.，*Геополитическое значение Дальнего Востока：Россия，Китай и другие страны Азии*，Москва：Памятники исторической мысли，2008г. 作者在本书中提出，俄罗斯"要么展示自己的政治决心，同中国进行广泛的合作；要么屈从于'中国威胁论'的偏见和神话，失去这个机遇，客观上保持其亚洲部分地缘政治上的弱点，承担由此产生的后果"。http：//www. eastview. com/russian/books/product. asp？sku ＝ 822827B&f ＿ locale ＝ ＿ CYR&Титаренко/Михаил/Леонтьевич/Moskva/Россия/Русский/，http：//confuciushouse. ru/articles/lukyanov － lomanov. pdf.

② 《国际先驱导报》2009 年 8 月 3 日，中国新闻网。

③ 同上。

④ М，Л. Титаренко. *Геополитическое значение Дальнего Востока：Россия，Китай и другие страны Азии*，Москва：Памятники исторической мысли，2008г.

⑤ 程亦军：《俄罗斯学者谈中俄经济问题》，载《欧亚社会发展动态》2009 年第 30 期。

到的是：中美贸易始终以前所未有的规模和速度在发展着。中美两国贸易额自 1979 年的不足 25 亿美元增长到 2005 年的 2100 多亿美元，是 1979 年中俄两国建交之初的 86 倍之多。① 也有的数据显示，中美贸易额在过去的 30 年增长了 130 倍，目前中美互为第二大贸易伙伴。② 与此同时，中美之间的政治取向不同，意识形态不同，国家制度不同，中美对国际问题的立场根本不同。当然，中美贸易之间的摩擦和分歧也未曾停止过，诸如人民币汇率、知识产权和贸易保护等问题，始终是中美两国争论的话题。然而，一个现实却是，中美两国都从迅速发展的中美贸易中获得各自的巨大利益。显然，中美经济关系中的经济利益把两国拴在一起。2008 年后的国际金融危机，更是让人们感受到中美经济关系的"血肉相连"。因为，中美贸易直接关系到中国经济"出口导向型"发展战略的实施。目前，中俄贸易还难有诸如中美贸易合作那样的契合点，中俄关系中也缺少诸如中美关系那样的利益纽带。因此，中俄经贸关系的进一步发展，必须在市场经济互惠互利的原则基础上，寻求中俄之间更多的利益交汇点。

二 中俄经贸结构中的"经济互补性"问题

众所周知，中俄两国之间经济贸易的"经济互补性"，是过去 10 多年来中俄两国开展经济贸易的理论共识之一。20 世纪 90 年代以来，在中俄经济贸易中存在着这样一些突出的问题：诸如两国之间的贸易水平不高、规模不大、贸易不规范与贸易结构不对称、投资合作的数额与层次不高，等等。因此，中方不断有学者阐述"使中俄合作战略升级"③、中俄经贸合作战略升级具有"地缘优势"④ 以及强调中俄"贸易结构互补的优势"等。这说明，中国政府与一些学者所强调的基点是，从经济结构上来看，两国经济贸易之间存在"经济互补"的现实性以及实现的可能性。中国是制造业大国，产业结构以制造业为主；俄罗斯是能源大国，其产业结构属于资源型经济结构，俄罗斯的对外贸易出口构成产品品种单一。中国可以生产制造本国所需的全部商品品种，对俄的重点需求是获取以能源

---

① 《互利双赢的中美经贸关系》，新华网 2006 年 4 月 19 日。
② 数据来自人民网 2010 年 1 月 19 日。
③ 李森：《中俄经贸合作战略升级：依据、现状与对策》，载《理论观察》2006 年第 3 期。
④ 李靖宇、张璐：《关于中俄经贸合作战略升级问题的现实论证》，载《西伯利亚研究》2005 年第 6 期。

为核心的自然资源以及部分高端技术含量的军工工业产品。中俄两国各自国家经济结构的特点决定了两国在国际分工体系中的不同地位，也决定了现阶段中俄双边贸易结构具有一定合理性。但是，在中俄经贸的实际发展过程中，所谓两国的"经济互补性"、"地缘经济合作"的优势等，有时往往难以得到充分体现。这不仅表现在中俄能源等领域的合作，即使是在能够较好体现两国经济互补性的边贸领域，近年来也显得前行无策。

在俄罗斯方面，尽管俄也看到两国之间经济互补性的存在，但是俄方关于中俄经贸合作的论点却是多元的。换言之，俄罗斯更多的说法是强调俄罗斯国家战略利益及其经济利益。例如，在俄罗斯外交学院副院长叶夫根尼·巴扎诺夫看来，中国与俄罗斯的"经济互补性"是两国关系中的积极因素，但是也存在一些消极因素影响着中俄关系。因此他认为，不能排除中俄两国在国际舞台上，特别是在关于蒙古、中亚、朝鲜问题上恢复竞争的可能性；两国在经贸关系或双边关系的其他领域中，还存在一些摩擦；俄罗斯人和中国人的文化背景不同，不是所有的时候都能够相互理解。对于中俄关系中最主要的刺激因素，他认为是远东地区中国公民人数的飞速增长，而西伯利亚和俄罗斯东部地区由于开放，"顶不住精力充沛、办事机灵的中国人的竞争，所以俄罗斯时时出现对于中国邻居的人口扩张的担忧"。还有观点认为，在中俄力量对比上，天平正在向中方倾斜，这使得俄罗斯深感不安。诸如此类的观点说明，俄罗斯方面对于两国之间的"经济互补性"缺乏认知度，而在一部分人中甚至产生恐慌感。

按照国际经济学的理论，经济互补性是指不同国家或地区之间生产力诸要素的相互补偿和相互依赖的关系。这种互补关系一般通过提供产品、劳务、技术、服务或投资表现出来，构成经济上的互补，需要有三个基本前提：一是要互有优势，二是要互有需要，三是要互有愿望。仅仅单方面的优势，不能构成互补的物质基础；互有优势，但双方优势的结构相同或相去甚远，难以达到交流的目的，也不能构成互补；即使互有优势和需要，但双方政治上敌对或单方面闭关锁国，不与他国往来，互补也无法实现。以此分析中俄经济贸易的互补性，所谓中俄经济合作的互补性，中俄学者已经有充分的论述。

从外交战略意义上说，经济互补性指的就是"共生性"。在中俄经济合作中，"超绝对利益理论"可以解释两国经济的相互依赖关系。按照超绝对利益学说，超绝对利益商品不仅是由技术的差异造成的，它还由自然资源和某些特殊技能的特点所造成。例如，某些自然资源在世界各国的蕴藏量是很不均等的。石油输出国组织的石油蕴藏量占了世界石油蕴藏量的2/3，摩洛哥的磷酸盐的出口量占世界磷酸盐出口量的1/3，俄罗斯和南非的金矿开采量超过世界金矿开采量的1/2，如此等等。在这些国家与没有这些自然资源的国家进行相关自然资源产品的贸易时，这些国家具有超绝对利益。又如，在手工艺品贸易中，许多国家的手工艺品制作技能都是祖先传下来的复杂工艺，别的国家难以模仿，它们的手工艺品也具有超绝对利益。在各种超绝对利益商品中，能源和高技术产品既必需也难以被替代，所以在能源和高技术产品的贸易中，寡头垄断定价方式表现得特别明显。

三 中俄经济合作关系"成正比发展"的问题

从国家关系的逻辑出发，中国与俄罗斯国家关系作为一种战略协作伙伴关系，理应在两国经济关系中得以体现。中国与俄罗斯持这种观点的人士不在少数。俄罗斯前驻华大使拉佐夫先生曾经指出，中俄双方"非常有利的政治大局，暂时还没有在务实合作中得到充分有效的利用"（2009年9月27日讲话），特别是在经贸领域。按照这样的思路，中俄保持良好的政治关系，其经济合作必然与政治合作同样发展，经济合作是政治关系的基础，因而经济互利合作也会如政治关系一样，得到"成正比"的提升。

过去10多年的现实表明，中俄经贸合作与政治关系之间并非呈现所谓"成正比发展"。我们认为，中俄经贸的"利益不对称"是制约两国政治与经贸"成正比发展"的原因。所谓"利益不对称"，这里指的是，中国对于俄能源和资源进口需求非常之大，而俄对于中国的消费品进口需求则比较多。但是一般而言，能源等资源型商品具有"超绝对利益"的属性，与一般消费品相比，它在全球商品供给中具有优势地位且是不可再生的商品，因而可以主导国际能源价格的话语权。俄罗斯是能源出口大国，它可以选择其出口的对象国并拥有定价的主动权；而中国作为制造业和消费品出口大国，其向俄罗斯出口的商品主要是以低附加值、可替代商品为主的制造业产品，俄罗斯具有对中国进口商品的选择权。或者说，中国对于俄罗斯出口的能源商品具有较强的预期，甚至一定程度的依赖；而俄罗斯对于中国商品的进口期望与依赖，则具有很大的选择性。中俄贸易中的这种不对称，直接影响到两国之间贸易进出口的类型、结构与规模。

也有人提出，俄罗斯国内市场是一个"多国竞争主体参与的激烈程度较强"的市场，这使得中俄两国贸易结构不平衡性更加严重。俄罗斯对中国出口的产品主要是能源、木材等资源类商品，其中俄罗斯出口中国的油气贸易额占俄罗斯对华出口额的 40% 左右。中国对俄出口产品主要是一些技术含量低的民用消费类生活用品，而中国在全球市场具有绝对竞争优势的高端（技术含量高、附加值高、价格高）产品并没有在俄市场占有更高的销售份额。同时，发达国家向俄罗斯输出的高附加值的工业品，则因原料成本较低的竞争优势，其产品利润超过中国向俄出口的劳动密集型产品。中国与西方发达国家在向俄出口商品结构上的差异，导致中国对俄工业制成品的出口处于相对劣势。此外，俄罗斯对外经贸战略主要谋求其国家战略利益，并以其优势商品（如能源）作为外交手段。在亚太地区，俄罗斯推行以保障经济利益为重点的对外战略，强化和重视其在亚太地区的战略利益，以此来提升俄罗斯作为世界大国的地位与捍卫国家利益的决心。因此，中俄在经贸合作中的"伙伴关系"则略显滞后。

四　中俄经贸关系的延伸理论解析

中俄贸易是否具有经济互补性，一个依据是各自的比较优势能不能得到充分发挥。根据国际贸易学中比较利益学说的分析，国际贸易之所以产生，是因为一个国家某种商品的生产成本或市场价格相对低于另一个国家，因而它的这种商品具有比较优势；国际贸易的流向是各个国家出口本国具有的比较利益的商品，进口本国处于比较不利的商品。但是，在国际贸易中，如果一个国家在某种商品的出口上不能获得绝对利益，具有比较利益也可以出口这种商品。正是在这个意义上，经济学大师萨缪尔森（P. A. Samuelson）把比较利益学说称为"经济学中最深刻的真理之一"。应该指出，虽然比较利益学说能够涵盖绝对利益说，但是绝对成本或绝对价格的差异，在国际贸易中大量存在。

在国际市场上，超绝对利益商品价格的决定与绝对利益或比较利益商品价格决定存在差异。在绝对利益或比较利益的条件下，由于贸易双方都能够生产这些商品，它们国内的商品价格对商品的国际价格具有重要影响。但是，在超绝对利益的条件下，只有贸易一方可以生产这种商品，这种商品的国际价格的形成有着不同的特点。绝对利益假定两个国家都能够生产两种商品，当一个国家某种商品的生产成本或市场价格低于对方国家时，它在这种商品的贸易上具有绝对利益。但在现实的经济中，一个国家能够生产的某种商品可能是另一个国家所不能生产的，这就不存在着在这两个国家里绝对成本或绝对价格的高低问题，因而也就不是绝对利益的问题。假定存在A、B两个国家，某种商品只有A国能够生产而B国不能生产，那么在这两个国家，这种商品的贸易中A具有不可比拟的利益，我将这种利益称为超绝对利益（Super Absolute Advantage）。如果从成本或价格的角度分析，对于贸易双方来说，超绝对利益意味着一个国家生产某种产品的成本或价格为一定，而另一个国家生产这种产品的成本或价格趋向于无穷。例如，目前能够生产大型客机的国家只有美国、英国、法国、俄罗斯，能够向各国提供卫星服务的国家只有美国、俄罗斯、欧盟国家和中国，如此等等。当这些国家与别国进行贸易时，它们在这些商品贸易中就具有超绝对利益。

我们认为，国际贸易中的"超绝对利益"能够很好地解释中俄贸易中的一些问题，特别是两国间以能源贸易为代表的互补性及其困难。这里，本书引用中国著名经济学家李翀教授的理论发现加以佐证[①]。按照李翀教授的解释，在超绝对利益商品中包括自然资源产品。他提出，某种类型的自然资源产品可能只有少数几个国家所拥有，因而它们在这种产品的国际贸易中具有超绝对利益。但是，这些产品能否采取寡头垄断定价方式，取决于其必需程度和可替代程度。如果这些产品不是生产或生活所必需的，它们的需求的价格弹性将较大，其价格的上升将导致需求量大幅度下降。[②] 从超绝对利益的角度看，俄罗斯在中俄经贸合作中占据绝对优势，是因为俄拥有能源资源产品，而能源资源作为其所特有和拥有的自然资源别国并不都有，所以俄罗斯在能源品的出口中具有超绝对利益。

因而，俄罗斯的比较利益优势就是能源等资源品及其出口。其各种资源极为丰富，地下矿藏远景储量巨大，以各种方式对自然资源进行勘探、开发、利用和出口，是其自沙皇俄国、苏联及其继承国——俄罗斯对外寻求合作的主要途径之一。及至全球化经济时代，俄罗斯更拥有了凭借资源优势提升自身经济实力和国际地位的机遇。中国是一个资源禀赋不均衡的

---

① 李翀教授为北京师范大学经济与工商管理学院教授、博导，主授世界经济与国际金融。
② 李翀：《论国际贸易中的"超绝对利益"》，载《新华文摘》2005年第10期。

国度,劳动力资源丰富但耕地、水、矿产等自然资源相对缺乏,难以支撑中国经济持续高速增长,随着经济总量的不断扩大,对海外资源的依赖程度将不可避免地有所提高。从这一意义上讲,中国作为目前世界上最大的资源需求国之一(据估计到2020年,中国对各类矿产品的需求量将增加1倍以上,届时除石油、铀等少数矿产品外,对大多数的矿产品需求量将超过美国而居世界第一),无疑是俄罗斯开拓国际市场当中可供选择的对象之一。

在俄罗斯,具有超绝对利益的产品就是能源和矿产品。实际上,近些年,俄罗斯所取得的经济增长,在很大程度上得益于良好的国际市场行情。以石油为例,国际市场上的石油平均价格一年比一年高,布伦特(Brent)牌号原油2001年为每桶24.5美元,2002年为每桶25美元,2003年为每桶28.6美元;而俄罗斯的乌拉尔牌(Urals)石油的平均价格比布伦特低1美元左右,平均维持在每桶27美元。除石油外,国际市场上天然气、镍及其他原料价格都在上涨。例如,2003年铂上涨后的价格比黄金贵1倍,同时黄金价格也在疯狂上涨。而俄罗斯正是铂、黄金和钻石的重要出口国。资源富有等特点决定俄罗斯在可预期的未来,仍将把能源作为其外贸出口和经济发展的支柱产业之一。

第三节 经济外交视阈下的中俄博弈:合作与竞争

合作与竞争并存,是当代大国体系下新型大国关系的特征。[1] 新时期,随着俄罗斯经济外交的推进,中俄双方在双边经济关系的某些领域形成互补与合作关系,在某些领域又形成强烈的竞争关系,从而为今后中俄合作带来影响。在双方的经济外交努力下,中俄经贸合作关系中,合作将是主流,竞争难以避免,也不排除合作与竞争并存的趋势,合作与竞争将伴随着中俄经贸关系的发展。

一 中俄经济关系中的"合作性"

冷战结束以来的时期,大国关系发展的主要特点是:不结盟、不针对第三方、以长远利益为重,这也成为我们理解中俄合作关系并探索其发展

---

[1] 李文:《稳定性体系下的新型大国关系》,《毛泽东邓小平理论研究》2012年第10期。

前景的出发点。现时代，国与国之间的经济贸易合作关系，成为巩固与发展国家间关系的一种政治需要。同时，国家间关系的战略定位，也是决定国家利益抉择的重要因素之一。在国家对外关系中，各国都会充分利用各种渠道、机会、场合与手段，尽力谋求本国的利益。其中，保持一种伙伴式的合作关系，则是一些大国包括中国与俄罗斯之间国家关系的政治选择定位。这样的国家间的关系定位，实际上有利于中国与俄罗斯的互利双赢。在中俄两国始终将经济发展和国家崛起作为既定国策的前提下，两国间主张合作共赢的声音与意愿是主流声音；推动中俄两国的经济贸易合作是实际现实，发展两国经济贸易的合作关系是主导趋势。在普京总统主政期间，中国和俄罗斯所建立的战略协作伙伴关系，在原有基础上更加突出了和平共处、平等互利、合作双赢等原则，这是中俄两国发展合作的政治基础。

中俄经贸关系的不断发展，来自于双方经济互利合作的需求。从合作的经济学意义来理解，合作是指互相配合做某事或共同完成某项任务，伙伴关系比合作关系要密切一些。成功合作的期望是任何国家进行互利贸易的前提。所谓成功的合作，需具备的基本条件一般认为有以下方面：第一，一致的合作目标。任何合作都要有共同的目标，至少是短期共同目标。第二，统一的认识和规范。合作者之间对共同目标、实现途径和具体步骤等应有基本一致的认识，在联合行动中，合作者应遵守共同认可的社会规范。第三，合作者之间相互信赖的合作气氛。营造相互理解、彼此信赖、互相支持的气氛是有效合作的重要条件。第四，具有合作赖以生存和发展的一定物质基础，必要的物质条件包括设备、通信和交通器材工具等，是合作能顺利进行的前提。[①]

中俄之间的合作则是由合作的认知、目标、市场需求和经济发展水平等因素所决定，主要包括以下几方面。

第一，贸易国双方的市场需求规模。国内市场规模主要受一国的人均收入水平、人口数量等因素影响，如果本国市场规模较大，促进经济增长的主要动力来自于国内市场需求，本国在实行进口替代建立了完整的工业体系后，应具体分析出口的收益；如果一国国内市场狭小，该国经济的发展受到的制约主要是市场需求的约束，该国应发展并实行出口替代战略，

[①] 参见百度百科对"合作"的解释，http：//baike.baidu.com/view/183582.htm#sub5063860。

以出口促进经济增长。

第二,贸易国双方的经济发展水平。一国经济发展水平越落后,其产品的国际竞争力就越低,经济发展受到供给和需求方的约束,该国首要任务是建立起自己的工业体系,提高国内的供给水平。当国内重要产业发展起来且在国际上有一定的竞争力时,就可一方面发展进口替代工业,另一方面对本国有国际竞争力的产业实行出口战略,保持进出口的基本平衡。

第三,贸易国的对外贸易政策。进口替代战略往往实行贸易保护政策,对本国进口替代工业能够生产的产品限制进口,而出口替代战略则实行各种优惠政策鼓励出口替代工业产品的出口,一国这种完全依据本国的经济、产业发展状况制定的贸易发展战略,有时会遭到其他国的贸易报复,使得实施效果大打折扣。如果世界经济低迷,一国实行保护性的进口替代战略,必然影响他国产品的出口,他国必然采取各种措施对该国施压,促使其开放市场;如果一国实行外向型的出口替代战略,鼓励本国产品的出口,势必挤压了他国的市场,他国就会采取对策限制其产品的出口。

第四,贸易国的对外贸易战略。中国与俄罗斯同为世界大国,在制定对外贸易战略时,要充分考虑自己国家与他国的特殊性。从国际贸易的角度看,所谓的大国是指那些具有广阔销售前景的国家,这些国家能够成为足够大的市场,从而有利于幼稚工业大规模生产、较短时间内能获得更高经济收益的水平,同时也能成为为制成品出口提供较大吸收能力的国家;从出口角度看,大国经济具有经济多样性的潜力,因而它们的出口结构在转换速度上也会快于小国。此外,大国的居民收入水平差异比较大,且在人口众多的情况下,其储蓄和投资的绝对水平也要高于小国,它能够为经济发展提供一定的内部储蓄和投资来源。一般来说,在考虑到引进外资的条件下,外国直接投资对拥有内部市场的发展中大国有更大的兴趣。

实践证明,在过去20年的中俄经济合作历程中,中俄经贸关系就是主张"合作"的努力与"不合作"的行为进行博弈的一个过程。在这个过程中,中俄两国政府的努力是推动合作的重要力量,其中中俄政府通过外交努力促进了合作的发展。

二 中俄经济关系中的"竞争性"

在全球竞争日趋激烈的环境下,各国都会面临竞争,竞争就意味着挑战。在中俄经济贸易不断发展的过程中，中国与俄罗斯在国际市场上的经济合作对于两国而言既是机遇，也是挑战。截至2014年，中俄之间的贸易额已经达到约950亿美元，预计到2020年将达到2000亿美元。2011年，中俄贸易占俄罗斯对外贸易的10%，达到历史最高纪录的835亿美元，同比增长40.8%。其中，俄罗斯向中国出口352亿美元，同比增幅高达73.4%；自中国进口483亿美元，同比增长23.9%。尽管两国经济贸易合作紧密，能源供需形成互补态势，但据报道，2010年，俄罗斯仅为中国提供了中国所需石油资源的6%，仅满足其天然气能源需求的3%。因此，斯德哥尔摩国际和平研究所的一份报告指出，"俄中力量对比正向中国方面倾斜，俄罗斯对中国的重要性正在缩减"①。

俄罗斯对于中俄经济合作的担心，主要源自于中国经济日益增长的经济实力与竞争力对俄罗斯可能带来的影响。这种影响有的时候往往和俄罗斯的地域与利益有直接关联。其中，最为突出的问题就是中国不断扩大的与中亚国家之间的贸易交往。能源领域成为中俄在中亚地区的贸易竞争市场，这使俄罗斯感到中国对其"后苏联空间"的潜在威胁。中亚国家与俄罗斯有着历史渊源，中国与中亚的贸易关系不断扩大，将有可能导致中俄在中亚地区的经济竞争日益明显。

中俄之间的竞争，主要原因是两国在国际贸易中所处的地位不同。从当前看，尽管中国与俄罗斯的经济贸易基本上能够实现两国之间的相互依赖，互为补充，但是中俄两国在彼此贸易规模中的地位却不尽相同。中国在俄罗斯对外贸易规模中的比重逐年上升。2012年，中国第三年成为俄罗斯第一大贸易伙伴，2012年中俄贸易总额为875亿美元；2012年，俄罗斯在中国的对外贸易总额中排名第九位，而美国位列中国第二大贸易伙伴国。从长远看，随着俄罗斯加入WTO，对于中国的挑战在于，俄罗斯更加需要的是高科技、资金和技术，而中国能够向俄罗斯提供的大多是以低附加值为主的商品产品。因此，有观点认为，尽管俄罗斯在最近的10年间也许不能对中国制造业及其出口构成威胁，但是其国内市场在俄罗斯加入WTO之后，对于中国的依赖性可能会减少。对于中俄两国在中亚地区能源领域的市场竞争，将可能导致的结果是：第一，中国经济在中亚经

---

① ［美］伊恩·米尔斯：《中俄关系正步入新的时代》，载美国《世界政治评论》网站，2011年10月8日，转引自新华社《参考资料》2011年11月2日第5页。

济中的大量渗透，使中国的政治影响力上升。俄罗斯一些学者认为，"俄中最有可能的竞争领域是土库曼斯坦的天然气……，这意味着，土库曼斯坦的地缘经济方向已经发生重大改变，从向北转为向东"；[1] 第二，中亚经济对中国经济依赖性和金融依赖性在加强；第三，俄罗斯在中亚地区的经济渗透乃至政治影响，在一定程度上将可能被削弱；第四，俄罗斯加大对中亚的战略影响，以及俄罗斯在加强独联体国家经济一体化方面不断迈出实质性进展，例如"欧亚经济联盟"的推进，而"欧亚经济联盟"建立的实质就是要加强俄罗斯在中亚地区的主宰力。

在西方学者看来，中俄之间发展战略性伙伴关系的根本性问题，主要在于以下方面。首先，中俄之间的能源关系。西方有的学者认为，现在、今后和将来，中俄之间的能源关系都是中俄两国经济关系的基础，因此在中俄之间实现贸易多样化，将是一个长期而艰巨的过程。10多年来，俄罗斯政府对于这个现实再熟悉不过。两国之间的贸易结构仍主要由能源贸易构成，尽管两国政府都在最近签署的备忘录中所列出的领域上寻求多样化：中国将在高铁、造船和能源替代等领域向俄罗斯提供帮助。但是，这些项目涉及俄罗斯和中国一些大型企业之间的合作，因此面临严重的后勤困难（如俄罗斯官僚主义）和政治难题。

此外，中俄两国在能源贸易方面存在根本性不平等。在西方学者看来，主导中俄能源贸易谈判的是中国，因为中国不是仅仅从俄罗斯进口能源来满足自己的需求。近几年来，中国不断将目光越过俄罗斯，投向中东和中亚地区的其他天然气生产国（这是另一个争议点，因为俄罗斯将中亚视为自己的势力范围）。另外，中国是除了欧洲之外身为俄罗斯大客户的唯一国家。在军技方面，俄罗斯的很多军事技术滋养了中国的军事工业，但是被中国改造利用，影响了俄罗斯的对外军售。导致问题进一步恶化的是，中国在人口稀少的俄远东地区的势力强大，很多人将这种势力视为中国接管该地区的基础。中国投资者已在俄罗斯远东地区进行了近30亿美元的投资，这个数字是俄政府在该地区投资额的3倍，就连俄政府也承认这种影响力差异的存在，表示需要与中国进行合作，共同开发俄罗斯远东地区。尽管西方学者的看法存在偏颇，但是其中也不乏一些难以回避

---

[1] ［俄］亚历山大·舒斯托夫：《俄中在中亚：竞争还是合作？》，俄罗斯文化基金会网站2011年11月2日，转引自新华社《参考资料》2011年11月2日第3页。

的问题。从俄罗斯不懈地建立和发展欧亚经济联盟的动机看，俄罗斯未必甘心仅仅与中国发展能源及其他领域的贸易。

三 "合作"是中俄经济关系的大趋势

在当前的国际格局大变革中，一个重要的趋势就是：世界经济与政治的战略重心正在向亚太地区倾斜。在中国经济实力和影响力迅速上升、亚太地区格局发生深刻变化的背景下，世界主要大国对亚太地区在世界政治经济版图上的重要性进行了重新认识，对其亚太战略进行了重要调整。我们认为，对于中俄两个在亚太地区经济中具有重要影响的大国，加强和平发展与合作，是两国关系不断发展的主流趋势。国际格局的变化和大国战略的挑战，对于中俄加强合作和互利共赢将是积极的促进因素。

第一，美国"重返亚太"战略。自2009年下半年宣布"重返亚洲"以来[1]，美国利用其经济实力与外交手段频频介入亚洲事务，加强与亚洲盟国及其他国家的安全事务和经济关系，以平抑中国在亚洲影响力的上升，恢复和加强美国在这一地区的主导地位。美国前国务卿希拉里认为，未来的世界政治将决定于亚洲，在这个地区获得稳固的领导地位，攸关美国在整个世界的领导地位，为此美国需要把外交、经济、战略和其他方面大幅增加的投入锁定在亚太地区。[2] 其中，美国不遗余力地推动"跨太平洋伙伴关系协定"（TPP）的谈判[3]，通过推动TPP的发展，维持和加强美国与一些东亚国家的经济联系，则是一个值得加以关注的举动。

第二，日本的亚太战略。日本强化其亚太战略的目标体现为：（1）维持西方国家主导的现存体系、秩序和制度，避免国际体系变动对日本国际地位和国家利益产生不利影响；（2）获得其企望的政治地位和

---

[1] Hillary Rodham Clinton, "*Remarks With Thai Deputy Prime Minister Korbsak Sabhavasu*", US Department of State, 21 July 2009, http://www.state.gov/secretary/rm/2009a/july/126271.htm, 2009.

[2] Hillary Clinton, "*America's Pacific Century*", Foreign Policy, November 2011, http://www.foreignpolicy.com/articles/2011/10/11/americas_pacific_century.

[3] 关于美国推动TPP的战略意图的分析，见李向阳《跨太平洋伙伴关系协定：中国崛起过程中面临的重大挑战》，载《国际经济评论》2012年第2期；沈铭辉：《跨太平洋伙伴关系协议（TPP）的成本收益分析：中国的视角》，载《当代亚太》2012年第1期；盛斌：《美国视角下的亚太区域一体化新战略与中国的对策选择》，载《南开学报》（哲学社会科学版）2010年第4期。

经济实力,保持日本对国际事务的影响力,维持其国际规则制定方地位,而不是国际规则的被动接受者;(3)应对中国等新兴国家的崛起,防止东亚地区被中国主导。在上述基础上,日本着力保持其政治地位和国家安全。可以认为,中日两国在"钓鱼岛"问题上的冲突,则是日本亚太战略的一个表现。

第三,俄罗斯的亚太战略。针对国际形势与亚太地区的变化,俄罗斯从总体战略与国家定位等方面,积极调整其对亚太的战略与政策。在俄罗斯政府中,俄国防与外交委员会主席谢尔盖·卡拉加诺夫的观点认为,"文化欧洲化"的俄罗斯未来更在乎"经济亚洲化"。因此,俄战略重心也应向亚太"东进"。在俄罗斯瓦尔代俱乐部会议的报告《东进:俄罗斯和亚洲还是俄罗斯在亚洲?》明确了俄罗斯的"东进"战略,即在顾及其他亚太地区事务参与者利益的同时,俄必须进一步加强与亚洲国家特别是同中国的经贸往来和政治合作;俄罗斯在该地区树立大国形象,应在俄罗斯亚洲战略的实施中起到重要作用。[1]

亚太格局的变化态势,使俄罗斯更加感到其广袤的远东地区的重要性。因此,俄罗斯不断加强对亚太地区的重视程度,并不断调整其亚太政策。普京在其外交竞选纲领《俄罗斯与不断变化的世界》一文中特别提到了亚太地区在世界事务中作用的提升,并阐述了对俄中关系的看法。普京指出:"俄罗斯需要一个繁荣和稳定的中国,中国也需要一个强大和成功的俄罗斯。"普京称,印度是亚太地区的另一个重要的战略合作伙伴;同时俄还应加强与联合国、金砖国家、20国集团、八国集团、上海合作组织、东盟、亚太经济合作组织等多边机构的联系。2012年2月俄联邦外长谢尔盖·拉夫罗夫称,俄罗斯加强在亚洲和太平洋地区的经济存在是莫斯科的优先发展方向,利用亚太地区的机遇,解决西伯利亚和远东地区振兴问题非常重要。从俄罗斯亚太战略的主要目标看,在亚太地区政治经济安全格局的变动过程中,俄罗斯凭借其地缘政治和地缘经济优势,有选择地融入亚太地区的政治经济发展进程,构建有利于其国家安全与经济发展的和平环境。这一战略的实现路径是,以亚太方向国防能力的构建为先导,打造有利于俄罗斯的地缘安全环境;以得天独厚的能源资源优势为纽

---

[1] 程春华:《俄罗斯如何应对美"重返"亚太》,载《学习时报》2012年6月11日,http://observe.chinaiiss.com/html/20126/11/a4f25f.html。

带，吸引区域内国家全面参与东部大开发；以独一无二的东部地缘优势为跳板，融入亚太地区的一体化进程。①

在政策主张上，关于如何应对美国"重返亚太"，俄罗斯学界众说纷纭，归纳起来，大致有两种主张。第一种主张可称为"协作制美论"，认为美国在亚太影响力上升会损害俄罗斯利益，主张与中国等亚太新兴国家加强战略协作关系，制衡美国在亚太的影响力，其代表人物有弗拉基米尔·波尔加科夫、亚历山大·卢金、米哈伊尔·季塔连科等人。"协作制美论"者从战略上强调亚太对俄罗斯的重要意义与作用。"协作制美论"得到俄罗斯大部分学者乃至高层决策者赞同，主张加强俄中等国之间的战略协作以及金砖国家、上海合作组织等多边框架内的协作，以平衡美国及其盟友欧洲的影响。俄罗斯迫切需要搭乘亚太"经济快车"，积极利用亚太国家的资金、技术与市场为其经济发展服务。例如，俄罗斯科学院远东研究所副所长弗拉基米尔·波尔加科夫教授指出，华盛顿在亚太地区恢复和加强与老盟友的关系，并制定以遏制中国为目标的政策，有损俄罗斯的利益。俄罗斯科学院东方学所东亚研究中心主任德米特里·莫西亚科夫指出，俄罗斯是太平洋国家，整个亚太地区对俄罗斯都是非常有吸引力的。第二种主张可称为"助美制华论"，提出俄罗斯要在中美之间保持"中立"，甚至帮助美国制衡中国，使俄罗斯国家利益实现最大化，代表人物有德米特里·特列宁等人。莫斯科卡内基中心主任德米特里·特列宁认为，中国的崛起对俄罗斯是严峻的挑战，特别是对西伯利亚地区；莫斯科应该避免单边倒向北京，必须加强同中国周边国家的关系，特别是与印度协作以制衡中国。② 俄罗斯地缘政治问题研究院院长列昂尼德·伊瓦绍夫承认俄印加强伙伴关系有遏制中国能量的考虑。

由此可见，美国、日本都在调整其"亚太战略"，加强"重返亚太"的攻势。美国战略东移的步伐加快，日本强化它的亚太战略，这些都直接威胁到中俄两国在这一地区的核心战略利益。在美国"重返亚太"的意图和行动下，中国与俄罗斯都感受到来自美国的战略压力，这为中俄之间进一步加强"合作"的战略协作关系，打下了更为坚实的基础和现实

---

① 参见吴大辉《后危机时代俄罗斯的亚太战略》，中国社会科学院亚太与全球战略研究院网站，http://niis.cass.cn/upload/2013/02/d20130216144332401.pdf。

② 德米特里·特列宁：《可信的朋友？俄罗斯和中国彼此如何理解对方》，莫斯科卡内基中心，2012年。

条件。

第四节　经济外交战略下的中俄关系：路径与前景

普京对于俄罗斯的未来有着清醒的认识。2012年初普京在为竞选俄罗斯总统所发表的题为《我们的经济任务》等文章中，阐述了对俄罗斯前景的基本看法；在2012年国情咨文中普京又指出，未来数年对于俄罗斯将是决定性的。也就是说，普京政府必然千方百计地使俄政治局面保持稳定，促进经济保持增长。如果全球经济或新兴经济体不出现大的经济动荡，俄罗斯国内政局和经济态势保持基本稳定，中俄经济关系将能够得到稳定发展。

一　中俄合作关系的坚守理念：战略协作与互利共赢

中国应坚守并提升中俄合作的理念：战略协作与互利共赢，成为"不结盟的盟友"。"战略协作"伙伴关系意味着，中俄经济合作坚守"互利共赢"，这是两国长期合作的重要保障，也是实现各自发展战略的重要组成，是两国在新时期创建新型国家关系的基础与结果。

首先，要继续推动中俄"互利共赢"的合作理念，以协作、互利和双赢为宗旨，推动中俄两国之间关系向前发展。中俄关系是协作而不"结盟"，是伙伴而不"联姻"。中俄之间不结盟，不建立某种政治、军事集团，也不妨碍两国与第三国建立关系。这一特点反映了多极化世界格局平衡和稳定的客观要求。但是，中俄在战略利益上有契合点，有更为相近的地方，在一系列的重要国际问题和立场上具有共识。例如，中俄两国共同推进世界多极化、反对霸权主义和单边主义、建立国际新秩序等。这些利益共同点和契合点，使中俄两国逐渐认识到双方之间的共同战略依托和共同战略利益。所以，从全球大国关系的角度看，中俄都将对方视为对其具有战略意义的对象国。因此，中俄关系顺应了世界格局向多极格局的重大转变。

其次，中俄两国都将发展与对方国家关系，作为本国外交政策的主要优先方向之一，这是中俄合作能够保持稳定发展的基础。中俄关系是建立在地位平等、彼此信任的基础上，和平共处五项原则和其他国际法原则，成为两国战略协作伙伴关系的基础。在中俄两国的对外政策中，俄罗斯如何认识与看待中国和中俄关系，这对于中俄合作十分重要。我们看到，普京在其总统竞选文章《俄罗斯与变化中的世界》第七篇中对于中俄关系给予了高度评价。他特别强调了俄中关系的重要性，提出要考虑到"不断强化的中国因素"。[1] 他指出，考虑到不断强化的中国因素，俄罗斯对中国应有以下认识：第一，相信中国经济增长绝不是威胁，而是带有巨大实业合作潜力的挑战，这也是一种机遇，要抓住朝着俄罗斯经济"帆船"吹来的"中国风"。第二，中国的声音确实让世界感到它越来越自信，我们欢迎这一点，我们将继续在国际舞台上相互支持，共同解决尖锐的地区和全球性问题。第三，我们解决了俄中关系中所有重大政治问题包括最重要的边界问题。这有利于两国人民本着真正的伙伴关系精神，在务实的原则基础上，考虑彼此利益并采取行动。普京认为，业已建立的俄中关系模式是有发展前途的模式。它有利于两国人民本着真正的伙伴关系精神，在务实的原则基础上，考虑彼此利益并采取行动。由此可见，中俄两国的合作关系，是能够实现以国家和民族的根本利益为重，将各自的国家和民族利益置于优先地位。

最后，中俄之间解决了两国关系中所有的重大政治问题，包括最为重要的边界问题，为今后的国家和平与稳定奠定了牢固的基础。近年来，在金砖国家、上合组织、20国集团和其他多边机制中，中俄之间的合作在加强，共同面对和克服地区和全球性问题，中俄将继续在国际舞台上相互支持。在俄罗斯官方的主流媒体中，俄罗斯积极协调与中国新的合作关系和机遇，使两国的技术和生产能力相结合；俄罗斯还要合理运用中国潜力，来提升西伯利亚和远东经济。[2]

二　中俄合作关系的战略趋向：亚太地区的合作开发

亚太地区是2010年之后的国际热点区域，全球经济和政治的重心正在向亚太地区转移。近几年来，俄罗斯积极推进被称为"东方新战略"的亚太战略。"东方新战略"的概括说法就是远东地区的开发与开放。俄罗斯科学院远东研究所副所长、政治学家谢·卢贾宁较早提出俄罗斯"东方新战略"，强调发展同俄近邻的日本、朝鲜、中国、蒙古、哈萨克

---

[1] ［俄］普京：《俄罗斯与变化中的世界》，载俄罗斯《莫斯科新闻报》2012年2月27日。
[2] 同上。

斯坦、阿塞拜疆和格鲁吉亚的关系，保持同中、日、朝及中亚邻国的关系，它们构成俄主要"切身利益区"，是俄同邻国的主要防御线和协作线，更是潜在的俄影响范围线，它们对俄战略和经济利益至关重要；它们中的每一个国家都在俄罗斯的军事战略和经贸领域占有自己的特殊位置。

俄罗斯确立了其东部的亚太地区经济一体化的发展战略。这一战略体现在《21世纪俄罗斯在亚太地区发展战略》中[①]。该战略的要点是：第一，俄罗斯的国家经济战略适应全球经济一体化进程，包括适应欧洲经济区域一体化、适应亚太地区在各个层次上（全地区的、部分地区的、双边的）一体化进程。第二，按照中俄双方战略协作伙伴关系的要求，通过与中国及东亚周边国家配合，探索在近几年内建立东北亚共同市场的途径，实现俄罗斯西伯利亚和远东地区、中国东北老工业基地振兴和西部大开发战略的对接与发展。第三，在东北亚以不同的形式，比如以"东北亚新市场"的形式建立包括俄罗斯、中国、日本、韩国、朝鲜、蒙古等国家在内的自由贸易区。第四，为优化俄罗斯西伯利亚与远东地区的投资环境，俄罗斯应该推行"稳步优化"的政策，即制定和实施阶段性任务，在中俄边境地区发展不同形式的贸易及投资合作形式。这是俄罗斯出台《中国东北地区同俄罗斯远东及东西伯利亚地区合作规划纲要（2009—2018）》的基础。[②]

2009年9月，中俄两国政府制定了《中华人民共和国东北地区与俄罗斯联邦远东及东西伯利亚地区合作规划纲要（2009—2018）》[③]。同年，中国国务院批准和公布了《中国图们江区域合作开发规划纲要》，这是中国在沿边境省区开展国际经济合作的第一个国家战略。2010年，俄政府正式批准了《俄罗斯联邦远东及贝加尔地区2025年前发展战略》，这意味着对东部地区的开发已成为俄国家战略的重要内容。该战略将分三个阶段实施，通过扩大基础设施建设、巩固采掘业、发展加工业、加强新兴产业建设和科技创新、促进与全俄经济一体化及深化与周边国家的经济合作，实现远东社会经济发展到2025年达到全俄平均水平的目标。按照俄

---

① 宋魁：《俄罗斯亚太战略走向及其对策》，载《俄罗斯中亚东欧市场》2004年第12期。
② [俄]里亚边科·瓦列里：《中国与俄罗斯经济贸易合作研究》，引自中国博士学位论文期刊网，辽宁大学，2011年5月，第40页。
③ 中华人民共和国外交部网站：《中华人民共和国东北地区与俄罗斯联邦远东及西伯利亚地区合作规划纲要》，2009年9月23日。

政府的设想，西伯利亚地区在未来 10 年内国内生产总值的年均增长率将达到 5%—5.3%，年均投资增长为 9%—12%，而居民人均收入每年也将增长 5.5% 左右。2012 年 5 月 21 日成立的"俄罗斯联邦远东发展部"，则标志着俄罗斯针对远东地区的发展战略正式提升至制度化管理范畴。

俄罗斯充分利用外交手段，推动亚太战略的实施。俄政府的具体方法可以归结为：第一，利用资源优势，积极吸引和利用外资，开展与亚太地区全方位的合作；第二，充分发挥俄罗斯的地缘优势，使俄罗斯成为联结欧亚大陆的重要桥梁和纽带；第三，充分发挥俄罗斯西伯利亚和远东地广人稀的优势，吸引亚太国家的资金、技术和人员，开发俄罗斯东部地区。一些学者认为，俄罗斯开发远东及融入亚太经济圈的几个重要"切入口"是能源、交通、农业及"东方首都"的建设。① 总体看，面对全球政治经济重心向亚太倾斜，中俄合作在战略上也应考虑实现对俄经济合作的战略东移，主要包括以下几方面。

第一，加强中俄在亚太地区的合作开发，以促进中俄毗邻地区的经济合作。中国东北地区与俄罗斯远东地理位置毗邻，而且在资源禀赋和产业结构上存在一定的互补性。在经济全球化的背景下，加强区域合作已经成为当今世界各国发展经济的重要途径。所以，中国应抓住俄罗斯发展东部地区这一历史机遇，促使我国东北地区振兴和俄罗斯远东地区大开发相互衔接。考虑到两地现有的要素禀赋及产业结构特点，积极推动两地在农林渔业、人力资源、基础设施建设等领域的互利合作。同时，为促进两地区域经济合作，积极推进双边跨境合作区建设，推动两地以贸易形式为主的经贸合作向资源开发、加工装配、工程承包等多种形式的经济技术合作转变。

第二，参与俄罗斯在亚太地区实施的能源多元化的合作，以及俄设想建立的亚太地区能源合作新机制。俄罗斯东部地区的能源丰富，能源出口主要对象国是亚太国家。为确保俄罗斯在这一区域能源市场的主导地位，俄罗斯学者曾建议在 2012 年 APEC 峰会上提出起草能源公约及构建全面的亚太能源伙伴合作关系的设想，借 APEC 峰会的影响力和凝聚力助其发挥能源优势。目前，中国是全球最大的能源进口国，随着中国经济增长，

---

① 曲文轶：《俄罗斯力推"东方新战略"及中国的应对》，载《中国社会科学报》2012 年 9 月 12 日。

对能源进口的依存度持续增加，据总部位于巴黎的国际能源署（IEA）2012年7月13日发布的报告称，如果中国能保持当前的经济增速，其石油需求在2012年将达到1020万桶/日。[①] 中国政府则应加强中俄能源政策协调，共同开发和加工俄罗斯东部地区的油气资源。同时，要将两国的能源合作进一步延伸到企业层次的合作，如相互股权参与、节能技术交流与合作等各个环节。

第三，与俄罗斯共同建设远东地区的基础设施，将中国东北、俄罗斯远东和东北亚地区的发展连接为一个整体。俄罗斯东部地区交通基础设施落后，不仅严重制约了俄远东地区发展，也使得东北亚地区各国家内部各地区间经济流动滞后。对此，应该从中国在东北亚经济圈的经济作用角度加以优先考虑，在俄大力发展远东地区的同时，促进东北亚各国之间（包括中国）的经济联系，将俄罗斯打造成为连接欧洲与东北亚地区的交通走廊。

第四，与第三个问题相联系的是，中国应积极参与俄罗斯打造"东方首都"符拉迪沃斯托克的城市建设。俄罗斯已流露出打造"东方首都"的意图。俄罗斯权威智库——外交与国防政策委员会主席卡拉加诺夫提出，"俄罗斯在远东迫切地需要一个海洋首都"，"符拉迪沃斯托克自然而然成为了候选地"。尽管目前俄官方尚未作出迁都的计划，但从将亚太经合组织峰会会址定在符拉迪沃斯托克，并斥巨资建设城市基础设施这一举措看，俄罗斯政府有意将该城打造成其融入亚太经济圈的"桥头堡"。

三 中俄合作关系的发展机制：以政府导向的带动

从中俄关系的独特性来看，以政府带动的经贸合作关系不断巩固和发展，是中俄战略协作伙伴关系的重要组成部分。过去的20年（1992—2012年），中俄贸易额增长了12倍。俄罗斯成为中国增长最快的主要贸易对象国，截至2012年末中国已经连续3年成为俄罗斯第一大贸易伙伴国。双方的投资合作也在扎实推进中，两国的大型合作项目在实施之中。中俄双方力争实现两国领导人提出的双边贸易额2015年1000亿美元、2020年2000亿美元的目标。俄罗斯科学院远东研究所高级研究员沙巴林认为，经济因素在中俄战略协作伙伴关系中具有非常重要的作用，因为经

---

① 新浪财经：http://www.sina.com.cn，2011年7月14日。

济合作给两个国家都会带来利益。考虑到经济发展的依赖性等因素，中美在经济方面的合作，可能比中俄合作更为重要。政治问题的解决更具灵活性，经济关系则不同，建立起来很难，改变起来也很难。[1]

对于目前的中俄双边经济合作的现状与结果，双方政府给予了积极的评价。中国商务部副部长钟山曾撰文指出，中俄双边合作机制作用凸显，以中俄总理定期会晤为核心的两国政府间合作机制高效运转，为推动务实合作、实施重大项目、协调解决问题发挥了重要作用，有力促进了两国在经贸、能源、科技、运输、海关、航空、航天、金融、核能、环保、通信和信息技术等领域的合作。[2] 俄罗斯科学院远东研究所副所长、莫斯科国立国际关系学院教授谢尔盖·卢贾宁更加看好中俄合作关系，他认为，尽管俄中贸易和投资额大大低于美中水平，但如果说中国对外政策的非正式首要方向，那么俄罗斯非正式居第二位。[3]

对于中俄合作模式与合作机制的规律，总结如下：

首先，中俄合作模式与合作机制体现了双方政府的外交努力的成果。两国经济贸易的"政府导向型"合作模式是"战略协作伙伴关系"的重要体现。"政府导向型"合作模式及其运作机制，为中俄互利共赢关系奠定了良好基础，促进了两国经贸关系的稳定发展。2012年，中俄贸易额达到881.6亿美元，较上一年增长11.2%。[4] 其中，俄向中国出口357亿美元，同比增长2.0%，中国从俄进口518亿美元，同比增长7.4%。[5] 中国对俄罗斯的投资快速增长，根据中方统计，截至2012年底，中国对俄累计非金融类直接投资44.2亿美元，近10年来平均增长40%以上。其中，2012年对俄投资6.56亿美元，增长了116.2%。[6] 2012年，中国对外贸易增速仅为6.2%，中俄贸易增速已超过中国贸易2012年平均增速的5个百分点。应该说，中俄两国的贸易额不断创下新的历史纪录就是佐

---

[1] ［俄］B. U. 沙巴林：《中俄战略协作伙伴关系中的经济因素》，载《当代中国史研究》2006年第13卷第6期。

[2] 钟山：《深化中俄合作，促进共同发展》，新华网，2012年4月26日。

[3] http：//rusnews.cn/xinwentoushi/20121115/43621017.html。

[4] 新华网莫斯科2013年1月17日电，新华网，2013年1月18日。

[5] 驻俄罗斯联邦经商参处：《2012年俄罗斯对外经贸表现欠佳》，2013年3月15日。http：//ru.mofcom.gov.cn/article/ztdy/201303/20130300051998.shtml

[6] 商务部网站：《习近平访问俄罗斯将对两国经贸有积极促进作用》。中国网 http：//china.com.cn，2013年3月20日。

证。在中国前10个贸易伙伴国中，中国与俄罗斯的贸易增长速度是最快的。如今，更加广义的"中俄合作机制"，已经被视为两国关系的重要实施机制。建立在"战略协作伙伴关系"基础上的这一合作机制，被学者们概括为如下的特点。

其一，两国形成了元首互访、总理定期会晤、外长磋商，以及其他领域各个级别的协商和对话机制，以促进相互沟通和理解，扩大和深化两国在各个领域的全面合作，加强在重大国际问题上的彼此协调，使双方能够为维护世界和平、促进国际合作与发展而共同努力。

其二，两国组建了总理定期会晤会员会、政府间经贸和科技委员会、能源合作委员会、运输合作委员会和边境贸易常设工作小组，还将建立各行业和部门的工商企业联合会等，以解决两国经贸合作的发展问题。

其三，两国建立了由两国各界社会代表组成的中俄友好、和平与发展委员会，以面向21世纪的战略眼光，发展两国长期、稳定的睦邻友好关系。

其四，两国决定建立由边境各省区州参加的地区合作协调委员会，以解决相邻地区的经贸合作、人员往来、互市贸易等问题。于2013年启动的中俄地方领导人会晤机制，将成为促进中俄地区经济合作与贸易发展的新亮点。

其五，两国确立了在军事、安全领域进行战略协作的重要机制。两国及中亚三国（哈萨克斯坦、吉尔吉斯斯坦、塔吉克斯坦）签署的五国关于在边境地区加强军事领域信任和相互裁减军事力量两个协定[1]，就是这一机制的重要体现。它为两极格局解体后的世界提供了一种不同于冷战思维的安全模式，成为国际上解决安全保障问题的良好范例。[2]

其次，中俄合作模式与经济外交的努力，为两国全方位交往提供了机制保障。目前，两国在政治、经济、军事、人文等领域的运行机制均已建立，如高层会晤机制、边境安全合作机制、两军合作机制及中俄友好、和

---

[1] 1996年4月26日，中国国家主席江泽民和俄罗斯总统叶利钦、哈萨克斯坦总统纳扎尔巴耶夫、吉尔吉斯斯坦总统阿卡耶夫、塔吉克斯坦总统拉赫莫诺夫在上海共同签署了《中华人民共和国和俄罗斯联邦、哈萨克斯坦共和国、吉尔吉斯斯坦共和国、塔吉克斯坦共和国关于在边境地区加强军事领域信任的协定》。1997年4月24日，江泽民在俄罗斯同上述国家领导人签署了《关于在边境地区相互裁减军事力量的协定》。

[2] 秦相源、张颖：《中俄战略协作伙伴关系的特点和前景》，载《求是学刊》1998年第1期。

平发展委员会、外交部磋商机制等。这些机制的建立，一方面，中俄之间形成了信息交流的跨政府网络。在这个网络中，信息的传递具有快捷、灵活、广泛与非正式的特点，打破了两国信息传递的某些瓶颈，使两国决策者能够获得通过传统外交途径难以获得的重要信息，促进和保障了中俄战略协作伙伴关系的正常运行和发展。另一方面，两国对达成的协议、规范和原则都非常重视，也即是"根据其潜在伙伴以往的行为方式去推断该国未来最有可能的行为方式，从而产生对于该国未来立场的合理预期"。这样就使得政府的决策程序得到简化，两国之间的广泛合作与协调也越来越快捷和方便。

再次，中俄合作模式与合作机制的形成，为两国提供了交流沟通与解决纠纷的渠道。中俄经贸的现行合作模式及其机制，为两国经贸争议提供了解决问题的途径和协商的渠道。尤其是对于分歧的解决办法，如果没有一些规范和程序性安排，则有可能导致合作的终止和协议的废弃。在俄罗斯尚未加入WTO之前，中俄两国在双边关系机制化建设的过程中，对于出现的问题加强了协商。两国每年都举行定期的会晤和政治对话，经常就双边出现的问题进行沟通、协调、磋商；充分利用北京—莫斯科直通保密电话，提高两国在双边及其他重大问题上的协作水平。同时，中俄两国在各个领域、各个层面的机制化建设，为两国各界、各层次的交流提供了多元的接触渠道，并进一步促成了两国之间的广泛接触。这样，两国对对方国家的观念与利益会有更大程度的理解、接受，从而增强了两国的信任度，为两国进一步发展提供了良好的保障和渠道。

最后，中俄合作模式与合作机制的成型，保障中俄经济关系沿着预期的目标发展。中俄关系的机制化建设经过近20年的发展已经大体成型。如果说1992年的《中俄联合声明》奠定了两国关系的良好基础，即相互视为友好国家，那么1996年的《中俄联合声明》则规定了两国未来的发展方向，即战略协作伙伴关系。2001年《中俄睦邻友好合作条约》的签订，为两国关系的平稳发展提供了法律保障。机制化建设对两国的影响是全面的，又由于它是以各种原则、规范、规则及决策程序的形式来规范两国的行为，所以它对两国的影响是持久的。中俄关系的机制化建设是两国在保持各自独立性、根据自身的利益需要而确立的合作规则、合作机制。它不仅增强了两国的相互依存度与相互协调性，而且由于相互获利而加深了合作的程度，也由于相互依存和能有稳定的预期而保证合作关系的持久发展，两国合作更具有连续性和可预见性，从而使战略协作伙伴关系更加规范和有据可依。

中俄经济贸易合作模式与机制的运转表明，作为全面推动两国经贸、科技和人文合作政策的一个主渠道，定期会晤机制在促进近年来中俄经济、贸易、技术与投资等领域的合作方面发挥了作用。对于中俄合作机制的成效，按照俄罗斯前驻华大使拉佐夫的看法，双边关系的发展变得越来越完整并制度化，每四年两国元首会批准内容丰富、包括数十项条款并涵盖双边合作方方面面的实施纲要，第一项条约实施纲要早在2008年就已顺利完成，2009—2012年实施纲要正在落实中。这一点再次证明实施纲要的迫切性和重要意义，它不仅是双边关系的法律基础，而且是实际合作至关重要的动力。[①] 同时，它极大地巩固和加强了两国共同的需要，在双方沟通信息、增加政策的透明度和可预测性、防止局部问题破坏整个双边关系等方面发挥了积极作用，日益成为两国处理双边重大问题的主要平台，从而保证了中俄关系始终处在良好的发展轨道上。

总之，对于中俄合作关系的未来，我们应以发展的眼光动态的观点，期待中俄经济合作关系沿着既定的方向不断发展与完善。中国和俄罗斯互为最大邻国，两国都是金砖国家，都处在国家经济发展的一个关键时期。在世界格局不断变化的趋势下，中俄作为安理会的两个常任理事国，两国之间的合作对于世界的和平与稳定负有长期的历史责任。可见，中俄两国之间保持发展战略协作伙伴关系，是基于多极世界格局的平衡和稳定、两国的发展和强大等长远根本战略利益的需要。

四 中俄合作关系的制度保障：以制度建设克服问题和矛盾

在俄罗斯2012年正式加入世界贸易组织后，中俄两国应按照WTO的要求，进一步加强和改善中俄贸易合作规范：以制度建设克服两国经贸合作中的问题和矛盾。今后时期，中俄之间的经济贸易关系仍然有待进一步提高，不过仅仅着眼于政府之间和经济层面的努力与作用显然是不够的。从市场经济发展的历程看，最为重要的是加强中俄合作中的制度建设，以完善中俄合作制度及其合作方式与机制，解决并抑制中俄合作中的各种问

[①] 俄罗斯前驻华大使拉佐夫在庆祝《中俄睦邻友好合作条约》签署10周年庆祝酒会上的讲话。中国人民对外友好协会 2011年7月5日，http：//www.russia.org.cn/chn/2920/31293913.html。

题与矛盾。

将 WTO 的贸易规则付之于中俄贸易规则中。对于任何国家间的经济贸易合作，国际贸易的法律制度都起着制约与约束的作用。从世界经济的发展规律看，市场需求是推动两国经济贸易合作的基本动力，而中俄间的"政府导向型"经济贸易合作模式，只是中俄两国在特殊的国情和条件下的权宜合作方式，它的问题在于：一方面，市场和企业的自主调节功能尚不活跃，很多的贸易行为的主体都是政府或者政府机构；另一方面，它缺乏与国际贸易接轨的各种制度，这导致中俄贸易中的合同、协议等带有随意性。长期看，随着两国市场经济的不断发展，市场规律最终会在贸易合作中发挥其规律性作用。因此，中俄两国应不断创造制度性条件，促进经济贸易合作关系从"政府导向型"向"市场导向型"转变。也就是说，中俄经济合作将逐步改变政府推动的"政府导向型"，努力探索各自企业按照市场需求进行自主合作。

促进贸易"多主体"及其职能转变。过去，中俄经济合作的"两国政府牵头、大型企业主导"的经济贸易模式与格局，在短时间内难以改变。随着两国市场经济的不断发展与完善，对政府经济行为加以规范，乃是十分必要的措施。俄罗斯入世以后，将在关税、市场规范等方面做出相应的调整，从根本上修改完善法律制度，增加透明度，严格执法，按国际惯例和市场机制组织经贸活动。这有利于中国公司按正规途径进行报关纳税、销售和结算，有利于参与公平竞争，从而使我国企业的合法利益得到保障。随之，中俄双边的贸易政策也会变得更加宽松，外贸业务审批制会逐渐实现向备案制的转变，这样可以有效减少政府的不正当干预，避免"灰色清关"、"暗箱操作"等现象，增加政府工作的透明度，实现政府工作职能的转变，这对促进中俄双边贸易显然是非常有利的。

加强贸易行为的"规则化"。今后，中国在俄罗斯的经营者需要树立中国企业家的整体品牌形象，重塑中国产品在俄罗斯市场的形象。以中国诚通集团在俄罗斯的经验为例。在中国诚通集团看来，很多在俄从事商业经营活动的中国商人，由于语言、环境等方面的障碍都没有注册公司，从而难以获得长期在俄合法经商的身份。该集团在俄斥资 3.5 亿美元，购买并改造了紧邻莫斯科大环和莫斯科谢列梅捷沃国际机场、占地面积达 20 公顷并拥有 15 栋独立建筑的商业园区，也就是现在的格林伍德国际贸易中心。无论占地面积、楼群数量还是使用面积,格林伍德都是整个欧洲最大的商贸园区,这样的条件是俄罗斯任何一个大市场都无法比拟的。今天的格林伍德,正日益成为提升中俄经贸关系、促进中俄经贸合作的新基石,成为推动中俄实现1000亿美元贸易额目标的有力支撑。

因此,中国应以WTO和市场经济规则为基本准则,促进培育两国经贸合作的制度与机制。作为新兴市场国家的中国和俄罗斯,在两国合作的方式、规则等方面,都将面临国际经济与贸易的考验。短期内,这些变化可能对中俄双方贸易的影响不明显;长期看,两国作为市场经济国家,必须按照国际贸易的规则去运作。因此,调整两国的合作机制,进行制度化的建设并努力按照国际惯例去行事势在必行。

第五节 本篇小结

发展中俄合作的长期保障,中国应把握好中俄合作的战略机遇期和战略主动权。今后时期,中俄经济合作关系能否持久发展,既取决于中俄能否利用两国稳定发展的战略机遇期,更取决于中国能否掌握好中俄合作的战略主动权。

战略机遇期。现阶段是中俄关系最好的时期,这对中俄的国家崛起至关重要。在中俄的国家发展中,双方应该互为利用,互相支持。这对两国而言就是最好的机遇。中俄两国关系历经了"互视为友好国家"、"建设性伙伴关系"、"战略协作伙伴关系"等阶段,正迎来中俄合作新一轮的机遇期。据汇丰银行(HSBC)的预测,在未来15年俄罗斯的国际贸易年均增速将达6.08%,高于全球贸易的增长速度。中俄经济贸易的合作关系以及中俄之间的经济合作模式,都是两国政府间外交努力的成果,中俄之间的长期友好和保持战略协作伙伴关系,对于双方都是战略机遇期,将造福两国人民。

战略主动权。人们说,外交是政治关系的延伸;我们说,贸易是国家关系的延伸和外交关系的体现。中俄合作的现实表明,外交同时服务于国内经济,经济是实现外交和国家战略的手段,它们的合力作用能够使两国之间相互了解,能够推进双方政府的政策实施。这正如中国驻俄罗斯大使李辉所言,中俄两国政府都将发展相互关系作为本国外交的主要优先方向之一①。中俄合作关系体现为两国战略协作伙伴关系，这一国家关系的确立对于两国的经济合作起到重要的作用。在中俄经济外交的实践中，前期的努力已经使两国经济贸易关系得到大大改善。

国际金融危机后，世界政治经济格局处于大变革、大调整、大重组的进程中，其中孕育着诸多机遇与挑战。俄罗斯的变化与发展，对于中国的发展既是机遇，也是挑战。中俄两国所建立的战略协作伙伴关系，不是出于一时利益的需要，也不是权宜之计，而是基于多极世界格局的平衡和稳定、两国的国家崛起和发展等长远根本战略利益的考虑，中俄战略协作伙伴关系是以有效运作机制为保障的两个友好伙伴之间长期、稳定的战略协作。在中俄合作中，中国应把握战略机遇期和战略主动权，推进新时期的中俄经济合作。中国的崛起依靠经济实力的不断强大，要使经济实力不断强大，国力不断增强，需要持续的努力，还需要稳定的国际与周边环境。学者们普遍认为，尽管中俄不致力于建立战略联盟，但是应该加强合作，维持一个更长的战略机遇期。② 通过交好俄罗斯，不仅中俄之间的合作关系而且中国和中亚各国之间的国家关系也将有更为稳固的基础。2013年3月习近平主席首访俄罗斯，就加强中俄全方位战略合作与俄罗斯达成重要共识，双方认为中俄开展大规模经济合作的时机和条件已经成熟。因此，只要中俄双方政府本着"互利共赢"的态度，重视双方在经济贸易往来中存在的问题和矛盾，共同面对全球经济的挑战，中俄双方的经济贸易合作就一定能进入全面发展的新阶段。

---

① 李辉：《中俄关系发展前景无限广阔》，新华网2012年12月6日。
② 所谓"战略机遇期"，通常是指由国际、国内各种因素综合作用形成的，能够为一个国家或地区经济社会发展提供良好条件和契机的，并对其国际地位、历史轨迹等产生长远和深刻影响的特定历史时期。

结束语：对中国经济外交的延伸思考

21世纪以来，随着中国经济实力的增强，中国的国际地位日益提高，中国在国际事务中的影响力与话语权不断提升，中国经济腾飞与崛起越来越成为国际社会关注的热点。这都要求中国的外交重心向经济外交转移。2004年8月末，胡锦涛在中央举行的第10次驻外使节会议中首次提及"经济外交"，"新时期新阶段，我们要加强经济外交"[①]。随后，温家宝总理在2004年3月5日的政府工作报告中又强调，随着经济全球化的深入发展和中国经济实力的增强，经济外交越来越成为中国总体外交的重要组成部分，中国政府"将全面加强经济外交和对外文化交流"。至此，"经济外交"一词首次被写进政府工作报告。

可以认为，过去的年份中中国经济外交推动了中国走向世界。但是，相比中国经济的腾飞与中国国际地位的提升，中国在经济外交的政策方面还应致力于：

第一，充分利用当前和平与发展时代的机遇，在经济外交中发挥和平、发展与合作的相互关系。二战后特别是冷战的终结与当今的时代，和平与发展成为时代的主题，它也是世界各国人民的共同要求。和平、发展与合作之间的关系紧密相联。如果说和平的世界环境能够使发展中国家一心一意谋发展，那么，只有发展才能够增加国家实力，在国际事务和全球治理中具有更大的话语权和影响力。为了维护和平，实现发展，就必然要谋求加强各国之间的合作。因此，尽管国际上地区动荡和冲突不断，但是全球的和平、发展、合作仍将会是主流趋势。今后时期，实现和平与发展，单一国家的努力无济于事，因此合作共赢是各国尤其是中国的经济外交的主要努力方向。

---

① 胡锦涛在2004年8月召开的中国驻外使节会议上的讲话。

第二，提升经济外交在中国总体外交中的地位，加强经济外交与总体外交的一致性与作用力。全球化下，各国的相互依赖与相互依存日益加深，这使合作共赢取代对立而成为当今时代大多数国家的基本共识。中国正在越来越紧密地融入世界，中国的经济发展已处于一个与世界经济互联互动的新阶段。中国的发展已经离不开与世界各国的合作，随着中国经济持续高速发展，中国对能源、粮食、原材料等的国际依赖也越来越大，运用经济外交加大与世界各国的经济合作，减少对中国的负面影响与发展的各种约束与各类制裁，是中国国家战略和对外政策的需要，也是当今时代的客观要求。经济外交就其本质特性与功能作用而言，它是世界大国实现其国家战略的主要手段，也是各国在国际舞台上发挥其政治作用的重要工具。因此，中国应以经济促外交、以外交服务于经济，使经济与外交的作用、手段、目的、政策与战略互为一体。这应该是我国对外政策应该加强的方面。

第三，掌握经济外交的各种手段，充分运用谈判、交涉、制裁、援助、会晤、论坛、国际组织等平台，扩大经济外交的运用领域和手段机制。近年来，伴随着世界经济的快速变化，能源外交、气候外交等新的经济外交形式在外交中逐步得到体现。但是，中国经济外交的水平还存在提升的空间，经济外交的质量和意识还有待提高。中国强化经济外交意识，不仅要把国家经济利益放在对外工作的重要位置，而且要善于利用经济外交的各种手段，诸如谈判、交涉、会晤、论坛、制裁、援助、国际组织等多个平台，推动中国走向世界，这是中国经济稳定发展和维护国家利益的需要。

第四，进一步发挥中国在国际性组织中的影响力与话语权。经济全球一体化推动经济外交加速发展，"外交"的内涵、功能、作用范围、手段和机制等都在发生变化，外交已经从传统的以政治外交、安全外交为主的外交范畴，向经济外交、文化外交、公共外交、企业外交等变化，外交手段和机制多样化与全球经济一体化向纵深发展相辅相成。其中，经济外交是外交形式多样化的一个热点领域。伴随着中国总体经济实力的增强，中国经济外交业已具备以经济实力提升国家对外战略的能力。因此，中国政府在经济外交方面可以进一步加大运用经济外交的手段与方式，建立具有国际影响的、能够施展经济外交的各种平台，诸如积极参与国际组织和各种论坛等。以此利用中国业已形成的各种优势，在国际事务中充分展示中国的国际影响力。

主要参考文献

参考书目

[1] 程毅：《国际关系中的经济因素》，华中师范大学出版社2001年版。

[2] 成键：《春眠不觉晓——困境中复苏的俄罗斯经济》，重庆出版社2007年版。

[3] 冯玉军：《当代俄罗斯对外政策决策机制研究》，博士学位论文，外交学院，2001年。

[4] 高际香：《俄罗斯对外经济关系研究》，中华工商联合出版社2007年版。

[5] 何茂春：《经济外交学教程》，世界知识出版社2010年版。

[6] 何中顺：《新时期中国经济外交：理论与实践》，时事出版社2007年版。

[7] 黄如安等：《俄罗斯的军事装备工业与贸易》，国防工业出版社2008年版。

[8] 金熙德：《日美基轴和经济外交》，中国社会科学出版社1998年版。

[9] 李中海：《俄罗斯经济外交：理论与实践》，社会科学文献出版社2012年版。

[10] 李渤：《俄罗斯政治与外交》，时事出版社2008年版。

[11] 林军：《俄罗斯外交史稿》，世界知识出版社2002年版。

[12] 刘锦明等：《经济外交案例》，辽宁人民出版社2011年版。

[13] 鲁毅：《外交学概论》（第8版），世界知识出版社2003年版。

[14] 倪世雄：《当代西方国际关系理论》，复旦大学出版社2004年版。

[15] 欧阳峣：《大国综合优势》，格致出版社2011年版。

[16] 潘德礼、许志新：《俄罗斯十年：政治 经济 外交》，世界知识出版

社2003年版。
- [17] 秦亚青：《权力政治与结构选择》，载《权力·制度·文化》（国际关系理论与方法研究文集），北京大学出版社2005年版。
- [18] 王海运、许勤华：《能源外交概论》，社会科学文献出版社2012年版。
- [19] 王树春：《经济外交与中俄关系》，世界知识出版社2007年版。
- [20] 王逸舟：《当代国际政治析论》，上海人民出版社1995年版。
- [21] 王逸舟：《全球政治与中国外交》，世界知识出版社2003年版。
- [22] 徐向梅：《当代俄罗斯经济外交研究》，博士学位论文，外交学院，2008年。
- [23] 徐振伟：《美国对欧经济外交》（1919—1934），知识产权出版社2012年版。
- [24] 阎学通：《中国国家利益分析》，天津人民出版社1997年版。
- [25] 张学斌：《经济外交》，北京大学出版社2003年版。
- [26] 张蕴岭：《世界经济中的相互依赖关系》，经济科学出版社1989年版。
- [27] 张建：《战后日本的经济外交》，天津人民出版社1998年版。
- [28] 张宇燕：《国际关系的新政治经济学》，中国社会科学出版社2010年版。
- [29] 张幼文：《世界经济学——原理与方法》，上海财经大学出版社2006年版。
- [30] 张幼文：《中国经济外交论丛》，经济科学出版社2009年版。
- [31] 郑羽：《俄罗斯东欧中亚国家的对外关系》，中国社会科学出版社2007年版。
- [32] 郑羽、李建民主编：《独联体十年：现状 问题 前景》，世界知识出版社2002年版。
- [33] 郑羽、柳丰华：《普京八年：俄罗斯复兴之路（2000—2008)》外交卷，经济管理出版社2008年版。
- [34] 郑羽、庞昌伟：《俄罗斯能源外交与中俄油气合作》，世界知识出版社2003年版。
- [35] 周永生：《经济外交》，中国青年出版社2004年版。

参考译著

[36] [俄] A. M. 马斯捷潘诺夫：《马斯捷潘诺夫文集：俄罗斯能源战略和国家油气综合体发展前景》（第1卷），毕明等译，世界知识出版社2009年版。

[37] [俄] 安·米格拉尼扬：《俄罗斯现代化之路———为何如此曲折》，徐葵、张达楠等译，新华出版社2002年版。

[38] [俄] 普京：《普京文集》，徐葵、张达楠等译，中国社会科学出版社2002年版。

[39] [俄] 普京：《普京文集》（2002—2008），徐葵、张达楠等译，中国社会科学出版社2008年版。

[40] [俄] 伊·伊万诺夫：《俄罗斯新外交：对外政策十年》，陈凤翔等译，当代世界出版社2002年版。

[41] [俄] T. U. 特鲁谢维奇：《十九世纪前的俄中外交及贸易关系》，徐东辉、谭萍译，长沙岳麓书社2010年版。

[42] [俄] 斯·日兹宁：《俄罗斯能源外交》，王海运译，人民出版社2006年版。

[43] [俄] 外交与国防政策委员会：《未来十年：俄罗斯的周围世界——梅普组合的全球战略》，万成才译，新华出版社2008年版。

[44] [俄] B. U. 沙巴林：《中俄战略协作伙伴关系中的经济因素》，《当代中国史研究》2006年11月第13卷第6期。

[45] [俄] A. B. 奥斯特洛夫斯基：《俄罗斯与亚太经合组织及中国在其经济互动中的战略作用》，《西伯利亚研究》2012年第39卷第4期。

[46] [美] 亨利·基辛格：《美国对外政策》，复旦大学资本主义国家经济研究所译，上海人民出版社1972年版。

[47] [美] 亨利·基辛格：《大外交》，顾淑鑫、林添贵译，海南出版社1998年版。

[48] [美] 哈罗德·尼科尔森：《外交学》，眺伟译，世界知识出版社1957年版。

[49] [美] 卡普兰：《国际政治的系统与过程》，薄智跃译，中国人民公安大学出版社1989年版。

[50] [美] 罗伯特·基欧汉：《霸权之后：世界政治经济中的合作与纷争》，苏长、信强等译，上海人民出版社2001年版。

[51] [美] 罗伯特·基欧汉、约瑟夫·奈：《权力与相互依赖》，门洪华译，北京大学出版社2002年版。

[52] [美] 罗伯特·吉尔平：《全球政治经济学——解读国际经济秩序》，杨宇光、杨炯译，上海世纪出版集团2006年版。

[53] [美] 罗伯特·吉尔平：《国际关系政治经济学》，杨宇光、杨炯译，经济科学出版社1992年版。

[54] [美] 莱斯特·瑟罗：《二十一世纪的角逐——行将到来的日美欧经济战》，张蕴岭译，社会科学文献出版社1999年版。

[55] [美] 迈克尔·伊科诺迷迪斯、唐纳马里·达里奥：《俄罗斯的石油政治之路：石油的优势》，徐洪峰等译，华夏出版社2009年版。

[56] [美] 威廉·内斯特：《国际关系：21世纪的政治与经济》，姚远、王恒译，北京大学出版社2005年版。

[57] [日] 吉田茂：《十年回忆录》，韩润棠、阎静先译，世界知识出版社1965年版。

[58] [日] 山本满：《日本经济外交——其轨迹与转折点》，转引自周永生《经济外交》。

[59] [日] 小原雅博著：《日本走向何方》，加藤嘉一译，中信出版社2009年版。

[60] [英] R. P. 巴斯顿：《现代外交》，赵怀普等译，世界知识出版社2002年版。

[61] [英] 哈罗德·尼科尔森：《外交学》，眺伟译，世界知识出版社1957年版。

[62] [英] 杰夫·贝里奇：《外交理论与实践》，庞中英译，北京大学出版社2005年版。

[63] [印度] 基尚·拉纳：《双边外交》，罗松涛、印敬译，北京大学出版社2005年版。

参考论文

[64] 蔡翠红、倪世雄：《国际体系解构分析：结构、变迁与动力》，《教

学与研究》2006年第7期。

[65] 陈玉荣：《俄罗斯"现代化外交"评析》，《国际问题研究》2011年第4期。

[66] 丁佩华：《俄罗斯外交曲线与外交变数》，《世界经济研究》2003年第11期。

[67] 高尚涛：《主流国际体系理论研究述评》，《外交评论》2006年第2期。

[68] 蒋莉等：《试析俄罗斯国家发展战略》，《现代国际关系》2006年第4期。

[69] 金熙德：《战后日本经济外交的作用及其演变》，《日本学刊》1995年第4期。

[70] 李中海：《梅德韦杰夫经济现代化方案评析》，《俄罗斯中亚东欧研究》2011年第4期。

[71] 李福川：《俄白哈关税同盟及对上海合作组织的影响》，《俄罗斯中亚东欧市场》2011年第7期。

[72] 李翀：《论国际贸易中的"超绝对利益"》，《新华文摘》2005年第10期。

[73] 李兴：《普京欧亚联盟评析》，《俄罗斯研究》2012年第6期。

[74] 李新：《中国与俄罗斯在中亚的经济利益评析》，《俄罗斯中亚东欧研究》2012年第5期。

[75] 刘志云：《国家利益观念的演进与二战后国际经济法的发展》，《当代法学》2007年第1期。

[76] 刘晓强：《经济外交：范畴、背景及中国的应对》，《国家行政学院学报》2004年第6期。

[77] 庞大鹏：《国家利益与外交决策——普京执政以来的俄罗斯外交》，《世界经济与政治》2003年第2期。

[78] 孙午生：《经济外交——俄罗斯强国的关键》，《南开大学法政学院学术论丛》2002年第S2期。

[79] 王志远等：《转型国家联盟化发展趋势分析》，《当代经济管理》2012年第34卷。

[80] 王永中：《金砖国家经济利益的交汇与分歧》，《亚非纵横》2011年第3期。

［81］肖辉忠：《试析俄罗斯金砖国家外交中的几个问题》，《俄罗斯研究》2012 年第 4 期。

［82］杨洁勉：《论"四势群体"和国际力量重组的时代特点》，《世界经济与政治》2010 年第 3 期。

［83］俞正樑：《论当前国际体系变革的基本特征》，《世界经济与政治论坛》2010 年第 6 期。

［84］张曙光：《中国经济外交战略考察》，《文汇报》2012 年 8 月 20 日。

［85］张文茹：《俄罗斯的"世界新秩序"论与外交选择》，《俄罗斯研究》2004 年第 4 期。

［86］赵可金：《经济外交的兴起：内涵、机制与趋势》，《教学与研究》2011 年第 1 期。

［87］赵华胜：《透析俄罗斯与上合组织的关系》，《国际问题研究》2011 年第 1 期。

［88］郑羽：《俄罗斯国家经济安全战略与 1998 年金融危机》，《东欧中亚研究》1999 年第 6 期。

［89］周永生：《经济外交面临的机遇和挑战——经济外交概念研究》，《世界经济与政治》2003 年第 7 期。

俄文参考文献

［90］Путин В. В., *Россия и меняющийся мир*, Московские новости, 27 февраля, 2012.

［91］Федоров В. П., *ФРГ: экономика и экономическая дипломатия*. М: Издательство Международные отношения, 1977.

［92］Иванов И. Д., *Хазяйственные интересы России и ее экономическая дипломатия*. М: Росспэн, Москва, 2001.

［93］Зонова Т. В., *Современная модель дипломатии: истоки становления и перспективы развития*. М: РОССПЭН, 2003.

［94］*Зонова Т. В., Дипломатия - наука и искусство*. Дипломатический вестник, №10, 2000.

［95］Зонова Т. В., *Экономическая дипломатия. Внешнеэкономическ-ие связи*, №6, 2005.

[96] Орнатский И. А., *Экономическая дипломатия*. М.: Издательство Международные отношения, 1980.

[97] Лихачев А. Е., *Экономическая дипломатия России: новые вызовы и возможности в условиях ~ лобализации*. М: Издательство Экономики, 2006.

[98] Капица Л. М., ПРОГРАММА курса "Экономическая дипломатия", МОСКОВСКИЙ ГОСУДАРСТВЕННЫЙ ИНСТИТУТ МЕЖДУНАРОДНЫХ ОТНОШЕНИЙ (Университет) МИД РОССИИ, 2004.

[99] Ги Каррон де ла Каррьер, *Экономическая дипломатия: Дипломат UЯ и рынок*. М: Росспэн, 2003.

[100] Градобитова Л. Д., Пискулов Ю. В., *Экономика и дипломатия*, Москва: Наука, 1985.

[101] Иванов И. Д., *Хозяйственные интересы России и ее экономическая дипломатия*, М.: Росспэн, 2001.

[102] Морукова А. А., *Экономическая дипломатия как элемент механизма обеспечения экономической безопасности*, М.: Изд-во Акад. налоговой полиции ФСНП России, 2003.

[103] Градобитова Л. Д., Пискулов Ю. В., *Экономика и дипломатия*. М.: Наука. 1985.

[104] Попов В. И., *Современная дипломатия: теория и практика.*, *Дипломатия наука и искусство: Курс лекций 2-е изд*. http://review3d.ru/popov-v-i-sovremennaya-diplomatiya-teoriya-i-praktika.

[105] Щетинин В. Д., *Экономическая дипломатия: Учебное пособие*. М.: Междунар огного отношения, 2001.

[106] Павол Баранай, *президент* "Diplomatic Econotnic Club", "*Современная экономическая дипломатия*", http://www.proza.ru/2010/10/30/706.

[107] Амиль МАГЕРРАМОВ, Гаджиага РУСТАМБЕКОВ, *ЭКОНОМИ-ЧЕСКАЯ ДИПЛОМАТИЯ КАК ИНСТРУМЕНТ РЕАЛИЗАЦИИ НАЦИОНАЛЬНЫХ ИНТЕРЕСОВ*. http://www.ca-c.org/c-g/2011/journal_rus/c-g-1-2/06.shtml, 2011.

[108] Савойский Александр Геннадьевич, *Экономическая дипломатия как средство внешней политики（на примере экономической дипломатии россии в отношении соединённых штатов америки）*, http：//dis. podelise. ru/docs/index－1389. html, 2009.

[109] Мавланов И. Р., *ЭКОНОМИЧЕСКАЯ ДИПЛОМАТИЯ В НАЧАЛЕ XXI В. ВЫЗОВЫ И ТЕНДЕНЦИИ РАЗВИТИЯ*, 2008. http：//iwep. kz/stariysite/index. php？option＝com_content&task＝view&id＝1109&Itemid＝63 Наши координаты.

[110] Симчера В. М., *Развитие экономики России за 100 лет*, М.：Экономика, 2006.

[111] Под общ. Ред. С. А. Ситаряна, *Стратегические ориентиры внешнеэкономических связей России в условиях глобализации.* М.：Наука, 2005.

[112] Фейгин Г. Ф., *Национальные экономики в эпоху глобализации*, изд. Санкт-Петербург, 2008 .

[113] Сергей Расов, *Триединый "Зерновой ОПЕК"*, http：//www. politcom. ru/8316. html, 11. 06. 2009.

[114] Приходько С. В., *Стимулирование экспортной деятельности в зарубежных странах и практика поддержки экспорта в России.* Москва, 2007.

[115] Троицкий В. А., *Формы экономической интеграции государств-участников Содружества Независимых Государств*, изд. Спетербургский университет, 2008.

[116] Титаренко М. Л., *Геополитическое значение Дальнего Востока：Россия, Китай и другие страны Азии*, Москва：Памятники исторической мысли, 2008.

[117] Косикова А. С., *Трансформация экономических отношений России со странами СНГ：выводы для российской политики в регионе*, Москва, 2008.

[118] Андрей Злобин, *МИД уполномочен продавить：Что мешает нашим послам лобби ровать интересы российских компаний*, ht-tp：//www. smoney. ru/article. shtml？2006/04/03/282.

[119] Попов В. И., *Современная дипломатия: теория и практика*, *Дипломатия: наука и искусство: Курс лекций 2-е изд*, http://rudocs.exdat.com/docs/index-546611.html?page=19#423041.

[120] Константинов А., *Будущее рубля как международной валюты*, Институт Европы РАН, Мировая валютная система и проблема конвертируемости рубля. М.: Международные отношения, 2006.

[121] Свен Хирдман, *Роль России в Европе*, М.: Центр Карнеги, 2006.

[122] Леонид Григорьев, Сергей Плаксин, *Экономические аспекты изменения имиджа России в мире*, http://www.communicators.ru/library/recommend/image_russia.

[123] Фейгин Г. Ф., *Национальные экономики в эпоху глобализации*, изд. Санкт-Петербург, 2008.

[124] Кулик Сергей Александрович, Спартак Андрей Николаевич, Юргенс Игорь Юрьевич: *Доклад Института современного развития: экономические интересы и задачи России в СНГ*, февраль 2010г. http://www.insor-russia.ru/files/Intrest_Books_02.pdf.

[125] Евгений Ясин, *Страны БРИК очень разные для создания международной организации*. 10 июня 2009. http://www.hse.ru/news/8364926.html.

[126] Мау В. А., Ковалев Г. С., Новиков В. В., Яновский К. Э., *Проблемы интеграции России в единое европейское пространство*, М. 2003.

[127] "*ПРОГРАММА эффективного использования на системной основе внешнеполитических факторов в целях д олгосрочного развития Российской Федерации*", http://www.run-ewsweek.ru/country/34184.

[128] "*Проблемы и перспективы развития международных и внешнеэкономических связей субъектов Российской Федерации с партнерами в рамках СНГ*", http://www.mid.ru/ns-dipecon.nsf/0/9196146619dfcca4c3256e86002d27e3?.

[129] Итоги семинара: *Роль и место Группы восьми в современной*

международной системе и перспективы ее развития в контексте внешних вызовов и долгосрочных приоритетов российской внутренней и внешней политики. 9 декабря, 2011.

[130] Счетная палата Российской Федерации, *Анализ и оценка мер, направленных на повышение эффективности системы регулирования внешнеторговой деятельности в условиях присоединения России к ВТО?*, Материалы с официального сайта Счетной Палаты РФ, № 12 (132), 2008. http：//www. ach. gov. ru/ru/bulletin/313//.

英文参考文献

[131] Arkady Moshes, "*Russia's European policy under Medvedev：How sustainable is a new compromise?* ", International Affairs, Vol. 88, Issue 1, Jan. 2012.

[132] E. Anthony Wayne, *U. S. Economic Diplomacy：Priorities and Concerns*, http：//www. state. gov/e/eeb/rls/rm/2006/59303. htm, January 13, 2006.

[133] Elmer Plischke, Summit Diplomacy：*Personal Diplomacy of the President of the United States*, Westport：Greenwood Press, 1974.

[134] The Columbia University School of International and Public Affairs, "Exploring Public and Economic Diplomacy", School of International and Public Affairs, Columbia University Capstone Project Final Report – Spring 2012, http：//sipa. columbia. edu/academics/workshops/documents/FORPUBLICATION_ BAHDiplomacy_ Report. pdf.

[135] Hillary Rodham Clinton, "Remarkswith Thai Deputy Prime Minister Korbsak Sabhavasu", US Department of State, 21 July 2009, http：//www. state. gov/secretary/rm/2009a/july/126271. htm.

[136] Jeffry A. Frieden, David A. Lake, *International Political Economy：Perspectives on Global Power and Wealth*, Peking University Press, 2003.

[137] Langhorne R., "History and evolution of diplomacy", In Kurbalija J. (ed). Modern Diplomacy. Malta, 1998.

[138] Nikolai Petrov, "Russia in 2020: Scenarios for the Future", http://carnegieendowment.org/2011/11/21/russia-in-2020-scenarios-for-future/8kik.

[139] Sergey Lavrov, "BRICS: a new-generation forum with a global reach", in John Kirton, Marina Larionova ed., BRICS: The 2012, New Delhi Summit.

[140] Soloaga, I. and Winters, L. "*Regionalism in the Nineties: What Effect on Trade?*", North American Journal of Economics and Finance, Vol. 12, March 2001.

[141] William Hague, *The Business of Diplomacy – Speech to the Confederation of British Industry*, 21 November 2011, http://www.fco.gov.uk/en/news/latest-news/?id=694968482&view=Speech.

主要引文的网站

[142] 世界银行网站：http://www.worldbank.org。

[143] 国际货币基金组织网站：http://www.imf.org。

[144] 经合组织网站：http://www.oecd.org。

[145] 俄罗斯政府网：http://www.government.gov.ru。

[146] 俄罗斯经济部网站：http://www.economy.gov.ru。

[147] 俄罗斯外交部网站：http://www.minfin.ru。

[148] 俄新网：http://rusnews.cn/。

[149] 俄罗斯驻华大使馆：http://www.russia.org.cn/chn/。

[150] 欧亚经济共同体（Евразийское экономическое сообщество）网站：http://www.evrazes.com/about/lin。

[151] 新华社新华网：http://news.xinhuanet.com/world/。

[152] 参考消息网：http://column.cankaoxiaoxi.com。

[153] 商务部网站：http://www.mofcom.gov.cn/。

[154] 环球时报网站：http://military.china.com/zh。

附　　录

关于中俄经济外交与合作的主要文件数目（1992年1月至2012年12月）

年份	高层互访次数（次）	政府协议（个）	公司合同或协议（个）	政府与公司合计（个）
1992	9	28	0	28
1993	6	1	0	1
1994	4	14	0	14
1995	10	2	0	2
1996	15	18	1	19
1997	3	11	0	11
1998	3	5	0	5
1999	10	7	12	19
2000	22	29	1	30
2001	19	13	1	14
2002	18	10	1	11
2003	15	9	1	10
2004	12	12	1	13
2005	10	16	12	28
2006	16	14	8	22
2007	15	17	24	41
2008	11	10	12	22
2009	13	16	12	28
2010	12	16	7	23
2011	10	12	7	19
2012	12	34	24	58
总计	**245**	**294**	**124**	**418**

注：

（1）高层互访包括：主席、总理、外交部长、经济部长、央行行长、能源部长等。

（2）关于大型国企或者公司之间签订的合同，目前仅限于领导人互访期间所签订的合同。

（3）部分只是公布了签署文件数目，但是没有详细列明签署的文件。

后　　记

本专著是教育部人文社会科学重点研究基地（华东师范大学俄罗斯研究中心）2009年度重大项目《俄罗斯经济外交与新时期的中俄合作》（2009JJD810006）的最终成果，由田春生教授主持完成。本项目的参加者有辽宁大学转型国家经济政治研究中心副主任徐坡岭教授、中国社会科学院俄罗斯东欧中亚研究所李中海研究员、南开大学经济学院孙景宇副教授和首都经济贸易大学经济学院郝宇彪博士。本书的绪论由田春生教授撰写；第一篇由田春生教授、徐坡岭教授和郝宇彪博士完成；第二篇由李中海研究员、孙景宇副教授和郝宇彪博士完成；第三篇由李中海研究员、田春生教授、孙景宇副教授、郝宇彪博士完成；第四篇由田春生教授和李中海研究员完成；第五篇由田春生教授和郝宇彪博士完成。全书由田春生教授进行统稿修订。

本专著的最终完成得到了华东师范大学社科处的鼎力相助和华东师范大学俄罗斯研究中心各位同仁的大力支持与无私帮助，本专著的出版得到中国青年政治学院经济管理学院的大力资助，以及中国社会科学出版社的支持帮助，在此一并致以真诚的谢意。